EU개인정보보호법

EU PERSNAL DATA PROTECTION LAW

EU개인정보보호법

EU PERSNAL DATA PROTECTION LAW

함 인 선
HAM, IN SEON

maronie

서문

2016년 5월에 드디어 EU 일반정보보호규칙(이하 '2016년 규칙')이 제정되었다. 동 규칙은 EU의 개인정보보호법제에서 일반법적 지위를 누리던 1995년 정보보호지침을 대체하는 것으로서, 2012년 1월에 유럽위원회가 일반정보보호규칙안을 EU의 입법기관인 유럽의회와 이사회에 제출한 이래 4년여만에 성립된 것이다. 2016년 규칙과 1995년 지침의 입법목적은 '자연인의 개인정보보호권(프라이버시권)의 보호'와 '개인정보의 자유로운 이동(유통)'에 있는 점에서 공통된다고 할 수 있다. 2016년 규칙은 1995년 지침에 비하여, 조문수에 있어서도 34개조에서 99개조로 대폭 증가한 데에서 알 수 있듯이 많은 부분에 있어서 변경이 이루어졌다. 특히 전자의 입법목적과 관련하여서는, '잊혀질 권리'가 명시적으로 규정되었고, '정보이동권'이나 '처리제한권' 등이 신설되었다. '잊혀질 권리'와 관련하여서는 그간 미디어를 통하여 그 도입의 당부를 둘러싼 많은 논란이 소개되었고, 또한 2014년 5월의 Google Spain Case에서 EU사법재판소에 의하여 동 권리가 인정된 사실도 널리 알려지게 되었다. 또한, 후자의 입법목적과 관련하여서는 현대정보사회에서 그 필요성이 널리 인식되고 있으며, 2016년 규칙에서는 "EU 역내에서의 개인정보의 자유로운 이동은 개인정보의 처리에 대한 개인의 보호와 관련되었다는 이유로 제한되거나 금지되어서는 안된다"(1조 3항)고 규정하고 있다. 그러나, 여기에서 유념해야 할 것은 '개인정보의 자유로운 이동'에는 'EU 역내에서'라는 제한이 붙는다는 점이다. 2016년 규칙은 '개인정보의 제3국으로의 이전'에 대해서는 유럽위원회의 적합성결정 등에 의해 통제를 강화하고 있다. 현대정보사회에서의 정보는 종래의 산업사회에서 석탄, 석유, 가스 등의 화석연료가 차지하였던 위상을 대체하고 있다고 말하여진다. 2016년 규칙은 그러한 정보에 대한 통제력을 강화하겠다는 입장을 명확히 드러낸 것이라고 할 수 있을 것이다. 개인정보의 국외이전과 관련하여, 미국과 EU간에 체결된 세이프하버협정을 무효화시킨 2015년 10월의 Maximillian Schrems Case는 이러한 EU의 입장의 예고편이라고 할 수 있을지 모른다. 2016년 규칙이 2018년 5월 25일부터 적용되기 시작하면, 현대정보사회에서 어떠한 변화가 발생하게 될지 자못 궁금해지지 않을 수 없다.

본서를 집필함에 있어서, 독자들이 'EU개인정보보호법'을 보다 잘 이해할 수 있도록 하기 위하여 그 구성에 나름대로 고심을 하였다. 먼저, EU개인정보보호법의 법원(法源)과 입법목적, 적용범위를 다루어 그 기초에 대한 이해를 돕고자 하였으며(제1장), EU개인정보보호법이 성립되기 전에 개인정보 보호와 관련하여 이루어졌던 국제적 동향에 대해서 살펴본 다음(제2장), EU개인정보보호법을 그 일반법적 지위를 갖는 것과 특별법적 지위를 갖는 것으로 나누어, 전자에 대해서는 그 성립과정과 제정법의 구체적 내용을 EU사법재판소의 관련 판례와 함께 기술하였고(제3장~제5장), 후자와 관련하여서는 각 개별영역별로 다수의 특별법이 존재하지만 그 중 가장 대표적이라고 생각되는 통신분야를 선택하여 관련법안의 성립과정과 제정법의 구체적 내용을 EU사법재판소의 관련 판례와 함께 기술하였다(제6장). 마지막으로, 이상의 고찰을 토대로 하여, EU개인정보보호법이 우리에게 주는 시사점과 앞으로의 전망에 대해서 저자 나름의 생각을 기술하였다(제7장).

저자는 2011년 12월의 학회에서 한 '잊혀질 권리'의 발표를 계기로, EU개인정보보호법을 주된 연구테마로 할 것을 결심하였다. 그 이후, 그와 관련하여, 여러 편의 관련논문을 발표하였고, 저·역서를 출판하였다. 그 동안 출판한 저·역서들로서는 <정보사회와 법>(2012.2 ; 개정판, 2013.2), <EU법 입문>(역서, 2014.2), <EU개인정보판례>(2015.1.), <유럽정보보호법>(역서, 2015.10)을 들 수 있다. 이러한 저·역서 목록을 살펴보면서, 그동안 저자가 크게 게으름 피우지 않고 나름대로 초지를 지키려 하였으며, EU개인정보보호법이라는 목적지를 설정한 이래 순로를 따라서 꾸준히 여정을 밟아온 것이 아닌가 생각해본다. 돌이켜 보면, EU개인정보보호법에로의 연구의 여정은 기대와 설렘의 연속이었으며, 따라서 행복한 시간이었다. 이제 목적지에 이르러 여장을 풀어야 하는 지금, 이런저런 생각들이 교차하지만 모두 내려놓고자 한다. 그리고, 내 자신을 위해 혼술을 해야겠다.

2016년 8월 15일

함 인 선

목차

제1장

EU개인정보보호법 개설

제1절 EU개인정보보호법의 법원(法源)과 입법목적

1. EU개인정보보호법의 법원(法源)

EU개인정보보호법을 기술함에 있어서는 우선 그 대상범위를 구체적으로 어떻게 파악할 것인지가 문제된다. EU법의 성문법원으로는 크게 제1차 EU법(primary EU law)과 제2차 EU법(secondary EU law)으로 나눌 수 있다. 주요한 제1차 EU법으로는 EU설립의 기본이 되는 조약들, 즉 유럽연합조약(The Treaty on European Union ; TEU)과 유럽연합운영조약(The Treaty on the Functioning of the European Union ; TFEU)이 있으며, 또한 유럽연합기본권헌장(The Charter of Fundamental Rights of the EU)도 제1차법으로 간주된다[1]. 그리고, 이들 조약에 의해 입법권을 부여받은 EU기관들에 의해 채택된 것이 제2차 EU법이라고 할 수 있다. 제2차 EU법의 주요한 법형식으로는 규칙(Regulation), 지침(Directive)과 결정(Decision) 등이 있다.

EU개인정보보호법의 법원으로서는 제1차법으로서 유럽연합운영조약(TFEU) 제16조와 유럽연합기본권헌장 제8조를 들 수 있다. 전자는 제1항에서 "모든 사람은 자기에 관한 개인정보의 보호권을 가진다."고 규정하고 있다. 또한 제2항에서는 "유럽의회와 이사회는 일반입법절차에 따라서, 연합 기관, 기구, 사무소와 에이전시에 의한, 그리고 EU법에 속하는 활동을 수행할 때의 회원국들에 의한 개인정보의 처리에 관하여 개인의 보호와 관련되는 규정과 그러한 정보의 자유로운 이동과 관련되는 규정들을 제정하여야 한다. 이들 규정의 준수는 독립적 기관들의 통제를

1) 유럽연합기본권헌장은 원래는 단지 정치적 문서에 불과하였으나, 2009년 12월의 리스본조약의 시행과 더불어 제1차 EU법으로서 법적 구속력을 갖게 되었다(TEU 제6조 제1항 참조). 함인선 역, 유럽정보보호법, 전남대출판부, 2015, 31-32쪽.

받아야 한다."고 규정하고 있다. 그리고 후자도 제1항에서 "모든 사람은 자기에 관한 개인정보의 보호권을 가진다."고 하여 유럽연합운영조약(TFEU) 제16조 제1항과 동일한 규정을 두고 있고, 제2항에서는 "그러한 정보는 특정된 목적을 위하여 그리고 관계인의 동의에 근거하여 또는 법률에 규정된 적법한 근거에 따라서 공정하게 처리되어야 한다. 모든 사람은 자기에 관해 수집된 정보에의 접근권과 그것을 정정할 권리를 가진다."고 하고, 제3항에서는 "이들 규정의 준수는 독립적 기관에 의한 통제를 받아야 한다."고 규정하여, 유럽연합운영조약(TFEU) 제16조 제2항과 유사한 규정을 두고 있다. 이러한 조약이나 헌장의 관련조항이 EU개인정보보호법의 제1차법의 법원으로서 기능한다고 할 것이다.

한편, 제2차법으로서는 우선, 1995년 10월에 제정된 「개인정보의 처리와 관련한 개인의 보호와 그러한 정보의 이동에 관한 유럽의회 및 이사회의 지침 95/46/EC[2)]」(1995년 정보보호지침)을 들 수 있다. 동 지침은 EU에서의 개인정보보호에 관한 일반법으로서 기능한 것으로서, EU개인정보보호법의 가장 중요한 지위를 차지하여 왔다고 할 수 있다. 그러나, 동 지침은 제정된 지 20년이 지난 것으로서 그 동안 급격히 변화된 개인정보 보호를 둘러싼 환경에 제대로 대응하지 못한다는 점을 들어 이에 대한 개정작업이 추진되어 온 결과, 2016년 4월 27일에 「개인정보의 처리와 관련한 자연인의 보호와 그러한 정보의 자유로운 이동에 관한, 그리고 지침 95/46/EC를 폐지하는 2016년 4월 27일의 유럽의회 및 이사회의 규칙(EU)2016/679[3)]」(2016년 일반정보보호규칙(General Data Protection Regulation: GDPR))이 성립되었다. 따라서, 현행 EU개인정보보호법에서 2016년 일반정보보호규칙이 가장 중요한 지위를 차지하고 있다고 할 수 있을 것이다.

또한, 전자통신분야에 있어서의 개인정보 보호와 관련하여서는 2002년 7월에 성립된 「전자통신분야에서의 개인정보의 처리와 프라이버시의 보호에 관한 유럽의회 및 이사회 지침 2002/58/EC[4)]」(2002년 전자통신분야지침)이 있다. 동 지침은

2) DIRECTIVE 95/46/EC OF THE EUROPEAN PARLIAMENT AND OF THE COUNCIL of 24 October 1995 on the protection of individuals with regard to the processing of personal data and on the free movement of such data, OJ L 281, 1995.11.23, p.31.

3) REGULATION (EU) 2016/679 OF THE EUROPEAN PARLIAMENT AND OF THE COUNCIL of 27 April 2016 on the protection of natural persons with regard to the processing of personal data and on the free movement of such data, and repealing Directive 95/46/EC (General Data Protection Regulation), OJ L 119, 2016.5.4, p.1.

4) DIRECTIVE 2002/58/EC OF THE EUROPEAN PARLIAMENT AND OF THE COUNCIL of 12 July 2002 concerning the processing of personal data and the protection of privacy in the electronic

1995년 정보보호지침과 2016년 일반정보보호규칙의 특별법적 지위에 있는 것으로 볼 수 있다. 그밖에도, 형사사법분야에 관한 특별법적인 것으로서 「형사문제에서 경찰 및 사법공조의 구조에서 처리된 개인정보의 보호에 관한 2008년 11월 27일의 이사회구조결정 2008/977/JHA[5]」(2008년 구조결정)이 있었으나, 동 결정은 2016년 4월 27일에 정보보호개혁패키지의 일환으로서 성립된 「범죄의 예방, 수사, 탐지나 기소 또는 형벌의 집행을 위하여 관할기관에 의한 개인정보의 처리와 관련한 자연인의 보호와 그러한 정보의 자유로운 이동에 관한, 그리고 이사회구조결정 2008/977/JHA를 폐지하는 2016년 4월 27일의 유럽의회 및 이사회의 지침 (EU) 2016/680[6]」(2016년 형사정보보호지침)에 의해 폐지되었고, 2016년 형사정보보호지침이 5월 5일부터 시행되었다. 또한, 1995년 정보보호지침이 EU회원국들을 그 대상으로 한 것이었기 때문에, EU기관 등에 의한 개인정보의 처리에 대한 규율을 위해 성립된 것으로서 「공동체기관 및 기구에 의한 개인정보의 처리와 관련한 개인의 보호와 그러한 정보의 자유로운 이동에 관한 2000년 12월 18일 유럽의회 및 이사회의 규칙 (EC) No 45/2001[7]」(2000년 EU기관등정보보호규칙)이 있다.

이상에서 살펴본 제1차법 및 제2차법이 성문법원이라고 한다면, 다른 법영역에서와 마찬가지로 EU개인정보보호법에서도 법의 일반원칙이나 관습법과 같은 불문법원이 성립할 여지가 있다. 특히 이들 불문법의 성립에는 EU의 최고사법기관인 EU사법재판소에 의한 해석·적용이 중요한 역할을 차지하고 있다고 할 수 있는바, 그러한 주요한 예로서 비례성의 원칙과 적정절차의 원칙 등의 법의 일반원칙을 들 수 있을 것이다.

본서에서 고찰하는 EU개인정보보호법의 대상입법으로서는 2016년 일반정보보

---

communications sector (Directive on privacy and electronic communications), OJ L 201, 2002.7.31, p.37

5) COUNCIL FRAMEWORK DECISION 2008/977/JHA of 27 November 2008 on the protection of personal data processed in the framework of police and judicial cooperation in criminal matters, OJ L 350, 2008.12.30, p.60.

6) DIRECTIVE (EU) 2016/680 OF THE EUROPEAN PARLIAMENT AND OF THE COUNCIL of 27 April 2016 on the protection of natural persons with regard to the processing of personal data by competent authorities for the purposes of the prevention, investigation, detection or prosecution of criminal offences or the execution of criminal penalties, and on the free movement of such data, and repealing Council Framework Decision 2008/977/JHA, OJ L 119, 2016.5.4, p.89.

7) REGULATION (EC) No 45/2001 OF THE EUROPEAN PARLIAMENT AND OF THE COUNCIL of 18 December 2000 on the protection of individuals with regard to the processing of personal data by the Community institutions and bodies and on the free movement of such data, OJ L 8, 2001.1.12, p.1.

호규칙을 중심으로 하여, 2002년 전자통신분야지침과 그밖에 위에서 언급한 EU법을 중심으로 다루되, 필요에 따라서는 다른 관련법령들도 다루도록 한다.

한편, EU개인정보보호법과는 별개의 법제이지만, EU개인정보보호법의 성립에 중요한 영향을 미친 것으로서 유럽평의회(Counci of Europe ; CoE)의 관련규범을 들 수 있다. CoE는 제2차 세계대전의 영향으로 유럽국가들이 법의 지배, 민주주의, 인권과 사회발전을 향상시키기 위하여 결성된 국제조직으로서[8], 개인정보 보호와 관련하여 EU개인정보보호법제에 중요한 영향을 미쳤다. 그 중에서도 1950년에 성립된 「유럽인권조약」(European Convention on Human Rights ; ECHR)과 1981년에 성립된 「개인정보의 자동처리와 관련한 개인의 보호를 위한 조약[9]」('개인정보보호조약')을 들 수 있다. 전자는, 개인정보의 보호와 관련하여 '사생활 및 가족생활의 존중권'(제8조)을 두고 있다. 즉, 동 조 제1항에서 "모든 사람은 사생활 및 가족생활과 가정 및 교신의 존중권을 가진다.", 제2항에서 "이 권리의 행사는 법률의 규정에 의하고 민주사회에서 국가의 안전보장, 공공의 안전 또는 국가의 경제적 복지를 위하거나 무질서나 범죄의 예방 또는 건강이나 도덕의 보호 또는 다른 사람의 권리와 자유의 보호를 위하여 필요한 경우를 제외하고는 공권력에 의해 간섭을 받지 않는다."고 규정하고 있다. 그리고, 후자는 개인정보 보호와 관련하여 최초의 법적 구속력을 가지는 국제규범으로서 나중에 EU의 1995년 정보보호지침의 성립에 중대한 영향을 미쳤다. 개인정보보호조약에 대해서는 나중에(30쪽 이하) 보다 자세하게 살펴보도록 한다.

2. EU개인정보보호법의 입법목적

EU개인정보보호법의 입법목적이 무엇인지에 대해서는 그 일반법이라고 할 수 있는 2016년 일반정보보호규칙 제1조에서 명문의 규정을 두고 있다. 동 조 제2항은 "본 규칙은 자연인의 기본적 권리 및 자유와 특히 개인정보보호권을 보호한다."고 규정하고 있으며, 또한 제3항에서는 "연합 역내에서의 개인정보의 자유로운 이동은 개인정보의 처리와 관련하여 자연인의 보호와 연결되었다는 이유로 제한되거나 금지되어서는 안된다."고 규정하고 있다. 이러한 규정으로부터 2016년 일반

8) 유럽평의회는 47개 회원국으로 구성되어 있으며, 모든 EU 회원국들은 또한 유럽평의회 회원국이기도 하다.

9) CoE, Convention for the Protection of Individuals with regard to Automatic Processing of Personal Data, Council of Europe, CETS No.108, 1981

정보보호규칙은 '자연인의 개인정보보호권의 보호'와 '개인정보의 자유로운 이동'을 그 목적으로 하고 있음을 알 수 있다. 따라서, EU개인정보보호법의 입법목적은 일반적으로 위 두 가지 가치, 즉, '자연인의 개인정보보호권의 보호'와 '개인정보의 자유로운 이동'이라고 할 수 있을 것이다. 그런데, 이들 양자는 자칫 상호충돌하기 쉬운 가치이지만, 2016년 일반정보보호규칙은 양 가치의 중요성이 동등함을 명시적으로 규정하고 있다. 이러한 점에서, EU개인정보보호법이 자칫 개인정보 '보호'만을 목적으로 한다고 간주하는 것은 입법목적을 제대로 파악하지 못한 것이 될 것이다. 따라서, EU개인정보보호법은 EU에서의 개인정보의 '보호'와 함께 그 '이동', 즉 '유통=이용'도 또 다른 중요한 목적으로 삼고 있다고 할 수 있다. 다만, EU개인정보보호법에서의 개인정보의 자유로운 이동은 'EU 역내에서'(within the Union)의 범위로 제한되어 있음을 유의할 필요가 있다(2016년 규칙 제1조 제3항 참조).

그런데, 개인정보보호권은 절대적 권리가 아니며, 사회에서의 그 기능과 관련하여 비례성의 원칙에 따라서 다른 기본권과 형량되어야 한다. 2016년 일반정보보호규칙은 모든 기본적 권리와 자유를 존중하며, EU기본권헌장에서 인정된 원칙들, 특히 사생활 및 가족생활, 가정과 소통 존중권, 개인정보보호권, 사상, 양심 및 종교의 자유, 표현 및 정보의 자유, 사업을 영위할 자유, 실효적인 권리구제 및 공정한 재판, 그리고 문화적, 종교적 및 언어적 다양성에 대한 권리 등을 존중한다[10].

한편, EU개인정보보호법을 구성하는 것은 일반법으로서의 2016년 일반정보보호규칙 이외에도 여러 개별영역에서의 특별법적 성격을 가진 법령들이 존재하고, 그들 법령은 각각의 특별한 입법목적을 가진다고 할 수 있다. 예컨대, 2002년 전자통신분야지침은 "본 지침은 전자통신영역에서의 개인정보의 처리와 관련하여 기본적 권리 및 자유, 그리고 특히 프라이버시권의 동등한 수준의 보호를 보장하고, 공동체에서의 그러한 정보와 전자통신장비 및 설비의 자유로운 이동을 보장하기 위하여 요구되는 회원국들의 법조항을 조화시킨다."(제1조 제1항)고 규정하고 있다. 따라서, 동 지침의 입법목적은 '전자통신영역'에서의 개인정보의 처리에 있어서의 '프라이버시권의 보호'와 '개인정보와 전자통신장비 및 설비의 자유로운 이동'을 그 기본 목적으로 하고 있다고 할 수 있다. 다시 말하자면, '전자통신영역'이라는 특수한 분야이지만, 거기에서의 '프라이버시권의 보호'와 '개인정보의 자유

10) OJ L 119, 2016.5.4, recital (4), p.2.

로운 이동'이라는 점에서 위의 2016년 일반정보보호규칙의 입법목적과 궤를 같이 한다고 할 수 있을 것이다.

제2절 EU개인정보보호법의 적용범위

EU개인정보보호법이 적용되는 범위와 관련하여서는 인적, 물적, 영토적(지역적) 범위로 나누어 살펴보기로 한다.

1. 인적 적용범위

(1) 2016년 일반정보보호규칙은 "개인정보의 처리에 대하여 자연인의 보호와 관련되는 규정들"(제1조 제1항)을 정하고, "자연인의 기본적 권리와 자유, 특히 개인정보보호권을 보호"(동 조 제2항)함을 명문으로 규정하고 있다. 따라서, 동 규칙은 자연인에 대해서만 그 보호의 대상으로 상정하고 있다고 할 수 있다. 이러한 자연인은 그 국적과 거주지에 관계없이 그 개인정보는 보호된다. 따라서, 사자(死者)나 법인 등 자연인이 아닌 자의 개인정보는 그 보호대상에서 제외된다. 또한, 자연인이면 그 적용대상이 되고, EU시민인지 여부는 묻지 않는다.

(2) 그러나, 특별법에서는 자연인이 아닌 법인에 대해서도 보호의 대상임을 명문의 규정을 두고 있는 경우가 있다. 예컨대, 2002년 전자통신분야지침은 "법인인 가입자들의 정당한 이익의 보호"(제1조 제2항)를 명시하여 규정하고 있는 것을 들 수 있다.

2. 물적 적용범위

(1) 2016년 일반정보보호규칙은 "전부 또는 부분적으로 자동화된 수단에 의한 개인정보의 처리와, 파일링시스템의 일부를 구성하거나 구성할 의도인 개인정보의 자동화된 수단 이외의 처리"에 적용된다. 동 규칙은 컴퓨터 등의 자동화된 수단에 의한 처리뿐만 아니라, 그 개인정보가 파일링시스템에 포함되거나 포함될 예정이라면, 개인의 보호는 자동화된 수단에 의한 개인정보의 처리뿐만 아니라 수작업에 의한 처리(manual processing)에도 적용됨을 규정하고 있다. 이는 법적용을 우회적으로 회피하는 것을 방지하기 위하여 그 사용된 기술이 자동화된 것인지 여부에 관계없이 동 규칙의 적용대상으로 하고자 하는 것이다. 따라서, 개인정보의 처리

와 관련한 개인의 보호에 있어서는 그 처리에 사용되는 수단이 자동화된 것인지 여부와 관계없이 적용되는 것, 즉 기술적으로 중립적임을 나타낸 것이다.

(2) 그러나, 2016년 일반정보보호규칙은 다음의 개인정보의 처리에 대해서는 적용되지 않는다(제2조 제2항-제4항).

① EU법의 적용범위에 속하지 않는 활동 중에 이루어진 개인정보의 처리.

2016년 규칙은 국가안보에 관한 활동과 같이 EU법의 범위에 속하지 않는 활동과 관련된 기본적 권리와 자유의 보호 또는 정보의 자유로운 유통의 문제를 그 적용대상으로 하지 않는다.

② EU조약(TEU) 제5편 제2장의 범위 내에 속하는 활동을 수행하는 회원국들에 의한 개인정보의 처리.

여기서 'TEU 제5편 제2장의 범위 내에 속하는 활동'이란 공통외교안보정책(common foreign and security policy)을 말한다. 2016년 규칙은 유럽연합의 공통외교안보정책과 관련된 활동을 수행할 때 회원국들에 의한 개인정보의 처리를 그 적용대상으로 하지 않는다.

③ 순수한 사적 활동이나 가사활동 중에 자연인에 의한 개인정보의 처리.

2016년 규칙은 순수한 사적 활동 또는 가사활동 중에 이루어진 개인정보의 처리, 따라서 직업적 또는 상업적 활동과 관련 없이 자연인에 의한 개인정보의 처리에는 적용되지 않는다. 사적 활동 및 가사활동은 교신(correspondence)과 주소의 보유, 또는 사적 활동 및 가사활동으로 이루어진 소셜네트워킹과 온라인 활동도 포함될 수 있다. 그러나, 동 규칙은 그러한 사적 활동 또는 가사활동을 위한 개인정보의 처리의 수단을 제공하는 관리자나 처리자에 대해서는 적용되어야 한다[11].

④ 관할기관이 공공의 안전에 대한 위협으로부터의 보호와 그 예방을 포함하여, 범죄의 예방, 수사, 탐지나 기소 또는 형벌의 집행을 위하여 관할기관에 의한 개인정보의 처리.

공공의 안전과 개인정보의 자유로운 이동에 대한 위협으로부터의 보호와 그 예방을 포함하여, 범죄의 예방, 수사, 탐지나 기소 또는 형벌의 집행을 위하여 관할기관에 의한 개인정보의 처리와 관련한 개인의 보호에 대해서는, 즉 형사사법분야

---

11) OJ L 119, recital (18), pp.3-4.

에서의 개인정보의 처리에 대해서는 앞에서 기술한 바와 같이 특별법적 지위를 갖는 2016년 형사정보보호지침(DIRECTIVE (EU) 2016/680[12])이 적용된다.

⑤ 유럽연합 기관, 기구, 사무소 및 에이전시에 의한 개인정보의 처리.

이에 대해서는 앞에서 기술한 바와 같이 특별법적 지위를 갖는 2000년 EU기관정보보호규칙(REGULATION (EC) No 45/2001[13])이 적용되기 때문이다. 2016년 일반정보보호규칙은 EU회원국들만을 그 대상으로 하고 있기 때문에, EU의 기관들과 기구들에 의한 개인정보의 처리와 관련한 자연인의 보호에 대해서는 2000년 EU기관정보보호규칙이 적용된다.

⑥ 전자상거래지침(DIRECTIVE 2000/31/EC[14]), 특히 동 지침 제12조부터 제15조까지의 중개서비스 제공자의 책임규정의 적용제외.

2016년 규칙은 전자상거래지침의 적용, 특히 동 지침 제12조부터 제15조까지의 중개서비스 제공자의 책임(Liability of intermediary service providers)규정의 적용을 침해하지 않아야 하도록 규정하고 있다. 이는 전자상거래지침이 회원국들 간의 정보사회서비스의 자유로운 이동을 보장함으로써 역내시장이 적정한 기능에 기여하도록 하기 위한 것이라고 할 수 있다.

(3) 2016년 일반정보보호규칙은 공적 영역 및 사적 영역에서의 개인정보의 처리에 대해서 적용된다. 공적·사적 영역을 구별하지 아니하는 EU개인정보보호법의 이러한 입장은 1995년 정보보호지침의 입법과정에서 명시적으로 취하여졌다. 그러나, 가령 예컨대, 처리의 적법성(2016년 규칙 제6조)을 판단하는 요소로서, '계약(contract)[15]'이나 '정당한 이익(legitimate interests)[16]'은 주로 사적 영역과, 그리고 '공익(public interest)[17]'이나 '공권력의 행사(the exercise of official authority)[18]'는 주로 공적 영역과 관련성이 클 것이다.

---

12) OJ L 119, 2016.5.4., p.89.
13) OJ L 8, 2001.1.12., p.1.
14) DIRECTIVE 2000/31/EC OF THE EUROPEAN PARLIAMENT AND OF THE COUNCIL of 8 June 2000 on certain legal aspects of information society services, in particular electronic commerce, in the Internal Market (Directive on electronic commerce), OJ L 178, 2000.7.17., p.1.
15) 2016년 규칙 제6조 제1항 제b호
16) 동 제f호
17) 동 제e호
18) 동 제e호

3. 영토적 적용범위

(1) 2016년 일반정보보호규칙은 자연인의 개인정보의 처리가 EU 역내에서 이루어지는지 여부에 관계없이, EU에 있는 관리자나 처리자의 설립체(establishment)의 활동으로 이루어지는 개인정보의 처리에 적용된다(제3조 제1항).

EU내의 관리자나 처리자의 설립체의 활동으로 이루어지는 개인정보의 처리는 그 처리가 EU 역내에서 이루어지는지 여부에 관계없이 2016년 규칙이 적용된다. 여기서의 설립체는 안정적인 약정에 의한 활동이 효과적이며 실제로 수행되는 것을 의미한다. 지사나 법인격을 가진 자회사를 통하여 약정을 하는지는 이러한 약정의 법적 형태의 결정에 있어서 결정적 요인이 아니다[19].

(2) 2016년 일반정보보호규칙은 유럽연합에서 설립되지 않은 관리자나 처리자에 의해 유럽연합에 있는 정보주체의 개인정보의 처리가 다음과 같은 경우에 적용된다(제3조 제2항).

① 정보주체의 지불이 요구되는지와 관계없이, EU 역내의 정보주체에 대한 물품이나 서비스의 제공과 관련된 개인정보의 처리.

EU에 설립되지 않은 관리자나 처리자에 의한 EU에 있는 정보주체의 개인정보의 처리는 그 처리에 있어서 자연인이 돈을 지불하는지 여부와 관계없이 그에의 재화 또는 서비스의 제공과 관련되는 경우, 자연인들이 2016년 규칙에 의한 보호를 박탈당하지 않도록 보장하기 위하여 2016년 규칙이 적용된다. 관리자나 처리자가 EU에 있는 정보주체에게 재화나 서비스를 제공하고 있는지 여부는 그 관리자가 EU내의 하나 이상의 회원국의 정보주체에게 서비스의 제공을 예상하고 있는 것이 명백한지 여부로 결정되어야 한다. 예컨대, 관리자나 중개자가 EU내의 웹사이트나 이메일주소 기타 다른 연락처에 단순히 접근가능하다는 것이나 또는 관리자가 설립된 제3국에서 일반적으로 사용되는 언어의 사용만으로는 그러한 명백성을 인정하기에 불충분하다고 할 수 있지만, 그 다른 언어로 재화와 서비스를 주문할 수 있는 가능성을 가지고 하나 이상의 회원국에서 일반적으로 사용되는 언어 또는 통화의 이용과 같은 요인은 관리자가 EU에서 그러한 정보주체에게 재화나 서비스의 제공을 예상하는 것의 명백성을 인정할 수 있을 것이다[20].

---

19) OJ L 119, recital (22), p.4.
20) OJ L 119, recital (23), p.5.

② 정보주체의 행동이 EU 역내에서 이루지는 한 그들 행동의 모니터링과 관련되는 개인정보의 처리

EU에서 설립되지 않은 관리자나 처리자에 의한 EU에 있는 정보주체의 개인정보의 처리는 그것이 그러한 정보주체의 행동의 모니터링과 관련될 때, 그 행동이 EU내에서 이루어질 때는 2016년 규칙이 적용된다. 개인정보의 처리활동이 정보주체의 행동을 모니터링하는 것으로 생각될 수 있는지를 결정하기 위하여서는 자연인을 프로파일링하는 것으로 구성된 정보처리기술의 후속적 이용을 포함하여 인터넷상에서 자연인이 추적되는지가 확인되어야 한다[21].

(3) 2016년 일반정보보호규칙은 국제공법에 의하여 회원국법이 적용되는 지역이지만, EU에서 설립되지 않은 관리자에 의한 개인정보의 처리에 적용된다(제3조 제3항).

국제공법에 의해 회원국법이 적용되는 경우, 2016년 규칙은 또한 회원국의 외교업무나 영사업무에서와 같이 EU에서 설립되지 않은 관리자에게 적용되어야 한다.

(4) 또한, 2016년 일반정보보호규칙은 EU 회원국들에 대해서는 물론, 유럽경제지역(European Economic Area ; EEA)의 일부인 EU 비회원국들인 아이슬란드, 리히텐슈타인과 노르웨이에도 적용된다[22].

---

21) OJ L 119, recital (24), p.5.

22) 함인선 역, 유럽정보보호법, 29쪽.

제2장

EU개인정보보호법의 성립까지의 국제적 동향

제1절 개관

정보가 디지털화되고 초고속 통신망이 널리 보급되면서 정보의 이용과 접근이 종래와는 비교할 수 없을 정도로 용이해졌다. 이로 인해, 한편으로는 정보혁명을 가져왔지만, 다른 한편으로는 정보, 특히 개인정보의 오·남용을 둘러싸고, 그 보호의 필요성이 일찍부터 인식되었다. 특히 국경을 넘는 정보의 유통에 대해서는 개인정보의 보호와 관련하여, 글로벌차원에서 그 문제의 해결을 위한 시도가 이루어졌다. 이러한 시도는 EU개인정보보호법제가 성립하기 이전부터 존재하였다. 그러한 대표적인 예로써, 1980년 9월의 이른바 OECD가이드라인, 1981년 1월의 유럽평의회(Council of Europe)의 개인정보보호조약과 1990년 12월의 UN가이드라인을 들 수 있다. 따라서, EU개인정보보호법제를 고찰하기 이전에, 이에 영향을 미친 개인정보의 보호와 관련된 국제적 동향을 살펴보기로 한다[1].

제2절 1980년 OECD가이드라인

제1. 성립과정과 그 배경

1. 성립과정과 그 이후의 전개

OECD이사회(OECD Council)는 1980년 9월 23일에 「개인정보의 국경을 넘는 유통과 프라이버시 보호를 규율하는 가이드라인에 관한 이사회 권고[2]」(이하 'OECD

---

1) 함인선, EU의 '1995년 개인정보지침'에 관한 법적 고찰, 법학논총 33집 1호(2013.4), 255쪽 이하.

가이드라인'이라 한다.)를 채택하였다. 동 가이드라인은 오스트레일리아 입법개혁위원회 위원장인 M.D. Kirby 판사의 주도하에 각국 정부 전문가그룹에 의해 작성되어, OECD이사회의 '권고'(Recommendation) 형식으로 채택되었다. 동 가이드라인에는 그 내용의 기초를 이루는 논거에 대한 정보를 제공하기 위하여 '해석적 비망록'(Explanatory Memorandum)이 첨부되었다.

이후 OECD는 1998년 10월에 캐나다 오타와에서 「글로벌 네트워크에서의 프라이버시 보호에 관한 장관선언」(MINISTERIAL DECLARATION ON THE PROTECTION OF PRIVACY ON GLOBAL NETWORKS)을 채택하고[3], 디지털 컴퓨터와 글로벌 네트워크의 발달이 국경을 넘는 전자상거래와 전자통신 등의 증가를 가져오는 한편, 1980년 OECD가이드라인의 기술 중립적인 원칙이 계속해서 미디어에서의 개인정보의 수집 및 취급에 관한 국제적 합의(consensus)와 지도(guidance)를 제시하고, 글로벌네트워크상에서의 프라이버시 보호의 기초를 제공할 것 등을 선언하였다.

또한, 2008년 6월에 서울에서 「인터넷경제의 미래를 위한 서울선언」(Seoul Declaration for the Future of the Internet Economy)을 채택하였다[4]. 서울선언에서는 정보통신(ICT)분야에서 개혁, 투자와 경쟁을 지원하는 정책 및 규제환경에 의하여 인터넷경제를 촉진하고 지속가능한 경제성장 및 발전을 고취하고자 하는 공통된 희망을 제시하였으며, 인터넷경제를 뒷받침하고 그 이용자들을 보호하는 ICT 네트워크의 보장을 사적 영역, 시민사회 및 인터넷공동체와 더불어 노력할 것을 선언하였다. 그리고, 2011년 6월에 '인터넷 경제 : 혁신과 성장을 낳기'라는 테마로 파리에서 열린 OECD 고위급 회담에서 서울선언을 확인하는 인터넷정책결정의 원칙에 관한 공동성명을 채택하였다[5].

이러한 움직임을 반영하여, 1980년에 성립한 OECD가이드라인에 대한 개정이 2013년 7월 11일에 이루어졌다[6]. OECD는 2010년에 1980년 OECD가이드라인 성

---

2) RECOMMENDATION OF THE COUNCIL CONCERNING GUIDELINES GOVERNING THE PROTECTION OF PRIVACY AND TRANSBORDER FLOWS OF PERSONAL DATA, http://www.oecd.org/internet/ieconomy/oecdguidelinesontheprotectionofprivacyandtransborderflowsofpersonaldata.htm (2016.6.1. 접속)

3) OECD 장관회의는 "국경없는 세계 : 글로벌 전자상거래의 잠재력의 실현"(A Borderless World: Realising the Potential of Global Electronic Commerce)이라는 의제로 1998년 10월 7일부터 9일까지 캐나다 오타와에서 개최되었다. http://www.oecd.org/dataoecd/39/13/1840065.pdf (2016.6.1. 접속)

4) http://www.oecd.org/dataoecd/49/28/40839436.pdf (2016.6.1. 접속)

5) http://www.oecd.org/internet/innovation/48289796.pdf (2016.6.1. 접속)

6) http://www.oecd.org/sti/ieconomy/privacy.htm#newguidelines(2016.6.1. 접속) ; OECD, THE OECD

립 30주년을 맞이하여, 그 개정을 위한 준비작업으로서 3가지 테마를 선정하였다. 즉, ①1980년 OECD가이드라인의 영향, ②개인 역할의 발전, 그리고 ③개인정보와 프라이버시의 경제적 측면으로 선정하고 그에 대한 보고서를 발표하였다[7]. 이러한 준비작업을 기초로 하여, 2011년 정보 보안 및 프라이버시에 관한 OECD작업반(OECD Working Party on Information Security and Privacy ; WPISP)이 구성되어, 개정을 위한 고려사항[8](Terms of Reference)에 합의하였다. 또한 정부, 프라이버시 집행기관, 학계, 사업계, 사회단체 등의 프라이버시 전문가그룹이 결성되어 WPISP의 개정작업을 지원하였다. 이러한 작업의 결과, 성립한 것이 2013년 개정가이드라인이라고 할 수 있다. 그런데, 2013년 개정가이드라인은 1980년 가이드라인의 핵심이라고 할 수 있는 OECD8원칙에는 개정이 이루어지지 않은 것에서도 알 수 있듯이, 종래의 1980년 가이드라인을 대체하는 것이라기보다는 보완하는 것이라고 할 수 있다[9].

2. 성립의 배경

OECD는 1980년 OECD가이드라인의 제정배경으로 크게 두 가지를 들었다[10].

첫째로, 당시 컴퓨터가 보급되기 시작함으로써 국경을 넘어 순식간에 대량의 정보가 전달될 수 있는 자동정보처리가 발달하기 시작하였고, 이로 인해 개인정보와 관련된 프라이버시 보호의 필요성이 인정되었다는 점이다. 당시에 이미 OECD 회원국의 절반 정도가 프라이버시 보호입법을 하였거나 할 예정으로 있었는데[11], 이들 프라이버시 보호입법은 개인정보의 불법적인 저장, 개인정보의 남용이나 동의 없는 공개를 기본적 인권의 침해로 간주하여 금지하였다.

PRIVACY FRAMEWORK, 2013, p.9.

7) OECD, The Evolving Privacy Landscape: 30 Years after the OECD Privacy Guidelines, OECD Digital Economy Papers, No.176 ; OECD, Report on the Implementation of the OECD Recommendation on Cross-border Co-operation in the Enforcement of Laws Protecting Privacy, OECD Digital Economy Papers, No. 178.

8) Working Party on Information Security and Privacy, TERMS OF REFERENCE FOR THE REVIEW OF THE OECD GUIDELINES GOVERNING THE PROTECTION OF PRIVACY AND TRANSBORDER DATA FLOWS OF PERSONAL DATA, 2011.10.31.

9) OECD, THE OECD PRIVACY FRAMEWORK, 2013, p.22.

10) http://www.oecd.org/documentprint/0,3455,en_2649_201185_1815186_1_1_1_1,00.html#background (2016.6.1. 접속)

11) 당시 오스트리아, 캐나다, 덴마크, 프랑스, 독일, 룩셈부르크, 노르웨이, 스웨덴, 미국은 프라이버시보호입법을 하였고, 벨기에, 아이슬란드, 네덜란드, 스페인, 스위스는 프라이버시보호입법을 준비하고 있었다.

둘째로, 각국의 개인정보보호입법의 부정합성은 국경을 넘는 개인정보의 자유로운 유통을 저해할 수 있다는 우려가 제기되었다는 점이다. 개인정보의 자유로운 유통은 컴퓨터와 통신기술의 폭넓은 도입으로 더욱 촉진될 것이 예상되었는바, 각국의 개인정보보호입법의 부정합성으로 인하여 발생한 개인정보의 자유로운 유통에 대한 제약은 은행과 보험 등과 같은 중요한 경제분야에서 심각한 지장을 초래할 수 있었다.

이러한 이유로 OECD 회원국들은 국가 간의 프라이버시 관련입법의 조화를 이루고, 개인의 프라이버시를 보호하면서 동시에 개인정보의 국경을 넘는 유통에 지장을 초래하지 않도록 하기 위하여 가이드라인의 제정을 고려하게 되었다. 따라서, OECD가이드라인은 기존 프라이버시 보호입법을 가지고 있는 회원국들에게는 그들 입법에 반영할 수 있도록 하고, 아직 입법을 하지 않은 회원국들에게는 입법의 기초로 삼도록 하기 위하여 그 기본원칙에 대한 합의를 표시한 것이지만, 구속력을 갖지 않는다는 점에서 한계를 가진다.

제2. 주요내용

2013년 OECD개정가이드라인은 전 6부로 구성되어 있다. 제1부는 일반적 정의, 제2부는 각국 적용의 기본원칙, 제3부는 이행책임, 제4부는 국제 적용의 기본원칙: 자유로운 유통과 정당한 제한, 제5부는 각국의 이행, 제6부는 국제협력과 상호운용성이다.

1. 일반적 정의와 적용범위

제1부에서는 일반적 정의와 적용범위에 관하여 규정하고 있는바, 1980년 가이드라인에서는 '정보관리자'(data controller), '개인정보'(personal data), '개인정보의 국경을 넘는 유통'(transborder flows of personal data)에 관한 개념 정의를 두었는데, 2013년 개정가이드라인에서는 '프라이버시보호법률'과 '프라이버시집행기관'이 추가되었다. 이 가운데에서 특히 '개인정보'와 관련하여, "식별된 또는 식별가능한 개인(정보주체)과 관련된 모든 정보(any information relating to an identified or identifiable individual (data subject))"라고 개념 정의하고 있다.

한편, 동 가이드라인은 공적 영역 또는 사적 영역에서 처리되는 방식 또는 사용되는 성질이나 의미로 인하여 프라이버시와 개인의 자유에 위험을 제기하는 개인정보에 대하여 적용됨을 명시하고 있다. 그리고, 제2부 및 제3부의 원칙들에 대한 적용제외는 국가주권, 국가안전보장 및 공공질서에 관계되는 것을 포함하지만, 가능한 한 적어야 하고 공표되어야 한다. 또한 동 가이드라인은 최소한의 기준으로 간주되어야 하며, 프라이버시와 개인 자유의 보호를 위하여 다른 조치를 추가할 수 있다고 규정하고 있다.

2. 적용상의 기본원칙

(1) 국가 적용상의 기본원칙

이와 관련하여 다음과 같이 8개의 원칙을 규정하고 있다. 이 부분이 가이드라인의 핵심적인 것으로 이른바 **OECD 8원칙**으로서 널리 알려진 것이다.

① 수집 제한의 원칙(Collection Limitation Principle)

: 개인정보의 수집에는 제한을 두어야 한다. 모든 개인정보는 합법적이고 공정한 수단에 의하며, 가능한 경우에 정보주체에게 알리거나 동의를 얻은 후에 수집되어야 한다.

② 정보 품질의 원칙(Data Quality Principle)

: 개인정보는 그 이용목적에 부합되는 것이어야 하며, 그 이용목적에 필요한 범위 안에서 정확하고 완전하며 최신의 것이어야 한다.

③ 목적 명확성의 원칙(Purpose Specification Principle)

: 개인정보의 수집목적은 늦어도 수집 시까지 명확히 되어야 한다. 그 후의 이용은 수집목적이 실현될 수 있거나 또는 수집목적과 양립될 수 있고, 목적이 변경될 때마다 명확히 될 수 있는 것으로 제한되어야 한다.

④ 이용 제한의 원칙(Use Limitation Principle)

: 개인정보는 명확히 된 목적 이외의 목적을 위하여 공개되거나 이용되어서는 안된다. 다만, 정보주체의 동의가 있는 경우와 법률의 규정에 의한 경우에는 그러하지 아니하다.

⑤ 안전 보호의 원칙(Security Safeguards Principle)

: 개인정보는 그 분실 또는 불법적인 접근, 파기, 이용, 정정, 공개 등의 위험에 대하여 합리적인 안전조치를 함으로써 보호하여야 한다.

⑥ 공개의 원칙(Openness Principle)

: 개인정보와 관련된 개발, 실시, 정책에 대하여는 일반적인 공개정책을 취하여야 한다. 개인정보의 존재, 성질 및 그 주된 이용목적과 함께 정보관리자의 신원과 주소를 명확하게 하기 위한 수단은 손쉽게 이용할 수 있어야 한다.

⑦ 개인 참여의 원칙(Individual Participation Principle)

: 개인은 (ⅰ)자기에 관한 정보를 가지고 있는지 여부에 대하여 정보관리자 등으로부터 확인을 받을 권리, (ⅱ)개인정보를 합리적인 기간 내에 과다하지 않는 비용으로 합리적인 방법과 알기 쉬운 형태로 본인에게 통지하도록 할 권리, (iii) (ⅰ) 및 (ⅱ)의 권리가 거부당한 경우에 그 이유를 제시받고, 이와 같은 거부에 대하여 이의를 제기할 권리, (iv)자기관련 정보에 대하여 이의를 제기하고, 그 이의가 인정되지 않을 경우에는 그 정보를 삭제, 정정, 완전화, 보완하게 할 권리를 갖는다.

⑧ 책임의 원칙(Accountability Principle)

: 정보관리자는 위의 원칙들을 실시하기 위한 조치에 따를 책임이 있다.

(2) 국제 적용상의 기본원칙

2013년 개정가이드라인은 개인정보의 자유로운 유통과 정당한 제한을 위한 국제적용상의 기본원칙으로서 다음의 3가지를 들고 있다.

① 정보관리자는 정보의 위치와 관계없이 그 관리 하에 있는 개인정보에 대한 책임이 있다.

② 회원국은 다른 회원국이 실질적으로 이 가이드라인을 준수하거나 또는 정보관리자가 효과적인 집행체계와 적절한 조치를 포함하여 본 가이드라인과 합치하는 지속적인 보호수준을 보장하기 위한 충분한 보호장치가 존재하는 경우에, 그 다른 회원국과의 개인정보의 국경을 넘는 유통의 제한을 억제하여야 한다.

③ 개인정보의 국경을 넘는 유통에 대한 제한은 제기된 위험에 대해 비례적이어야 하며, 정보의 민감성과 처리의 목적 및 관계를 고려하여야 한다.

3. 이행책임

(1) 정보관리자는 다음과 같은 프라이버시관리프로그램을 설치하여야 한다.

① 자기의 관리 하에 있는 모든 개인정보에 대해 이 가이드라인을 실시할 것.

② 그 작용의 구조, 규모, 양과 민감도에 맞추어질 것.
③ 프라이버시리스크평가에 기초한 적절한 보호장치를 제공할 것.
④ 그 지배구조에 통합되고 내부감독체제를 확립할 것.
⑤ 문의와 사고에 대응하기 위한 계획을 포함할 것.
⑥ 진행 중인 감시와 정기적인 평가에 입각하여 업데이트될 것.

(2) 특히 이 가이드라인을 의무적으로 시행하는 행동강령 또는 유사한 협정의 준수의 장려에 대해 책임있는 관할 프라이버시 집행기관이나 다른 조직체의 요청에 따라서, 프라이버시관리프로그램이 적절하다고 입증할 준비가 되어 있어야 한다.

(3) 개인정보에 영향을 미치는 중대한 보안침해사고가 발생한 경우에, 프라이버시 집행기관이나 다른 관련기관에게 적절한 통보를 하여야 한다.

4. 각국의 이행

회원국들은 이 가이드라인을 이행함에 있어서, ① 정부기관 간 통합된 접근을 반영하는 국가 프라이버시전략을 개발하며, ② 프라이버시보호법을 채택하며, ③ 권한을 효과적으로 행사하며, 객관적이고 공정하며 일관성있는 결정을 내리기 위해 필요한 관리, 자원 및 기술적 전문지식을 갖춘 프라이버시집행기관을 설립하고 유지하며, ④ 행동강령 등과 같은 형태로 자율규제를 권장하고 지원하며, ⑤ 개인이 권리를 행사할 합리적인 수단을 제공하며, ⑥ 프라이버시보호법을 준수하지 못한 경우에 대해 적절한 제재와 구제를 제공하며, ⑦ 교육 및 인식제고, 기술개발, 그리고 프라이버시 보호에 도움이 되는 기술적 조치의 촉진을 포함하여, 보완적 조치의 채택을 고려하며, ⑧ 개인적 역할에 적합한 방식으로 정보관리자 이외의 행위자의 역할을 고려하며, ⑨ 정보주체에 대한 불공정한 차별이 없을 것을 보장하여야 한다.

5. 국제협력 및 상호운용성

(1) 회원국들은 특히 프라이버시집행기관 간의 정보공유를 향상시킴으로써 국경을 넘는 프라이버시법 집행협력을 촉진하는 적절한 조치를 취하여야 한다.

(2) 회원국들은 이 가이드라인을 실제로 시행하는 프라이버시구조 간의 상호운용성을 향상시키는 국제협정의 발전을 장려하고 지원하여야 한다.

(3) 회원국들은 프라이버시와 개인정보의 국경을 넘는 유통과 관련된 정책입안 절차를 통지하는 국제적으로 비교가능한 측정기준의 개발을 장려하며, 이 가이드라인의 준수의 세부내용을 공표하여야 한다.

제3절 1981년 유럽평의회의 개인정보보호조약

제1. 처음에

유럽평의회[12](Council of Europe ; CoE)는 1981년 1월 28일에 「개인정보의 자동처리와 관련한 개인의 보호를 위한 조약[13]」(이하 '1981년 개인정보보호조약'이라 한다.)을 회원국의 서명에 부쳐서, 동 조약은 1985년 10월 1일에 발효하였다[14].

동 조약은 개인정보의 수집 및 처리의 남용에 대해 개인을 보호하고 개인정보의 국경을 넘는 유통을 규제하는 구속력을 가진 최초의 국제조약이라고 할 수 있다[15]. 동 조약에 규정되어 있는 개인정보 보호의 원칙은 내용상으로는 OECD가이드라인과 매우 유사하지만, 형식적으로는 조약이라는 다른 방식을 취하고 있다. 개인정보 보호와 관련하여서는 유럽에서 동 조약이 큰 역할을 담당하였으며, 나중에 살펴볼 EU의 1995년 정보보호지침의 모델이 되었다고 할 수 있다.

제2. 주요내용

1981년 개인정보보호조약은 서문과 전 7장 27개조로 구성되어 있다. 이들 중 주요한 내용을 중심으로 살펴보기로 한다.

1. 조약의 목적

'서문'(Preamble)에서는 유럽평의회의 목적이 특히 법의 지배와 인권 및 기본적

12) 유럽평의회는 유럽 모든 국가 간에 법적 기준, 인권, 민주발전, 법의 지배 및 문화의 협력을 촉진하기 위한 국제조직으로서, 1949년에 설립되었다. 현재 회원국은 47개국으로 유럽연합(EU)과는 별개의 조직이다. 유럽평의회는 EU와는 달리 구속력있는 입법을 할 수 없다.

13) CoE, Convention for the Protection of Individuals with regard to Automatic Processing of Personal Data, Council of Europe, CETS No.108, 1981

14) 유럽위원회와 유럽평의회 회원국들은 이 조약의 서명일인 1월 28일을 '정보보호의 날'로 정하여 기념하고 있다.

15) http://conventions.coe.int/Treaty/en/Summaries/Html/108.htm (2016.6.1. 접속)

자유에 대한 존중에 근거하여 회원국 간의 통일을 획득함에 있다는 점, 모든 사람의 권리와 기본적 자유, 특히 프라이버시를 존중할 권리와 함께 인권과 기본적 자유에 대한 보호장치를 확장하는 것이 바람직하다는 점과 자동 처리되는 개인정보의 국경을 넘는 유통이 증가하고 있음을 고려하여 국경을 넘는 정보의 자유에의 기여를 재확인함과 동시에, 프라이버시에 대한 존중과 사람들 간의 정보의 자유로운 유통이라는 기본적인 가치의 조정이 필요한 점을 선언하고 있다.

2. 총칙

제1장은 '총칙'(General provisions)이라는 타이틀 하에 3개조, 즉, 목적(제1조), 개념 정의(제2조)와 적용범위(제3조)가 규정되어 있다.

동 조약의 목적과 관련하여서는 모든 개인들의 국적이나 주거지에 상관없이 권리와 기본적 자유, 자기와 관련된 개인정보의 자동처리와 관련하여 특히 프라이버시권을 보장함에 있다는 점을 명시하고 있다.

동 조약에서 사용되는 중요한 개념들에 대한 정의와 관련하여서는 '개인정보'(personal data), '자동처리된 정보파일'(automated data file), '자동처리'(automatic processing), '파일관리자'(controller of the file)에 대한 개념 정의를 두고 있다. 여기에서 특히 '개인정보'에 대한 개념 정의를 보면, "식별된 또는 식별가능한 개인(정보주체)과 관련된 모든 정보[16)]"라고 규정하고 있음이 주목된다.

동 조약의 적용범위와 관련하여, 회원국들은 공적 및 사적 영역에서의 자동화된 개인정보파일과 개인정보의 자동처리에 동 조약을 적용할 것을 규정하고 있다.

3. 정보보호의 기본원칙

제2장은 정보보호의 기본원칙에 대해 회원국의 의무(제4조), 정보의 품질(제5조), 특별한 범주의 정보(제6조), 정보 보안(제7조), 정보주체를 위한 추가적인 보호(제8조), 적용제외와 제한(제9조), 제재와 구제(제10조), 보호의 확장(제11조)을 규정하고 있다.

(1) 자동처리되는 개인정보는 ①공정하고 합법적으로 취득되고 처리될 것, ②특정되고 정당한 목적을 위해 저장되며, 그들 목적과 양립할 수 없는 방식으로 이용되지 않을 것, ③개인정보가 저장된 목적과 관련하여 타당하고 관련성이 있으며

16) "personal data" means any information relating to an identified or identifiable individual("data subject")

과도하지 않을 것, ④정확하고, 필요한 경우에 최신성을 유지할 것, ⑤개인정보가 저장된 목적을 위해 요구된 기간보다 길지 아니한 기간 동안 정보주체의 신원확인을 허용하는 방식으로 보존될 것을 요구하고 있다.

(2) 특별한 범주의 개인정보, 즉, 인종, 정치적 소신이나 종교적 또는 다른 신념을 노출시키는 개인정보와 건강이나 성생활에 관한 개인정보, 또는 전과기록과 관련된 개인정보는 국내법이 적정한 보호조치를 규정하지 않으면 자동처리되어서는 안된다.

(3) 누구나 ①자동처리된 개인정보파일의 존재, 그 주된 목적과 그 파일 관리자의 신원 및 일상적인 거주지 또는 주된 사업지를 알 수 있고, ②합리적인 기간마다 그리고 너무 지체되지 않거나 과도한 비용부담 없이 자신과 관련된 개인정보가 자동처리된 정보파일로 저장되는지 여부의 확인과 그러한 정보를 용이하게 알 수 있는 형태로 연락받을 수 있으며, ③이 조약의 개인정보 기본원칙을 시행하는 국내법규정에 반하여 개인정보가 처리되는 경우에 그러한 정보의 정정이나 삭제를 받을 수 있고, ④위의 연락, 정정이나 삭제가 준수되지 아니한 경우에는 구제를 받을 수 있다.

(4) 위의 권리에 대한 적용제외는 국가안전보장, 공공의 안전, 국가 금융이익이나 범죄의 진압과 정보주체나 타인의 권리 또는 자유를 보호하기 위한 경우에만 인정되고, (3)의 ②③④에서 규정된 권리의 행사에 대한 제한은 정보주체의 프라이버시 침해의 위험이 명백히 없는 경우에 통계목적이나 과학적 연구목적으로 이용된 자동처리된 개인정보파일과 관련하여 허용될 수 있다.

(5) 각 회원국은 위의 정보보호의 기본원칙을 시행하는 국내법규정을 위반하는 경우에 적절한 제재와 권리구제수단을 수립할 것을 규정하고 있다. 따라서, 결국 정보보호 기본원칙의 실시에 있어서 그 위반에 대한 제재 및 권리구제는 회원국의 국내법에 맡겨져 있는 셈이 된다.

4. 국경을 넘는 정보유통

여기의 대상이 되는 개인정보에는 어떠한 매체에 의하든 자동처리되거나 자동처리를 목적으로 수집된 개인정보가 해당된다. 회원국은 프라이버시의 보호만을 목적으로 개인정보가 다른 회원국의 영토로 국경을 넘는 유통에 대하여 금지하거나 특별한 허가를 받도록 하여서는 안된다.

그러나, 이러한 원칙에 대하여 각 회원국은 ①다른 회원국이 동등한 정보보호규제를 하고 있는 경우를 제외하고, 그 정보나 정보파일의 성질상 특정한 범주의 개인정보나 자동화된 개인정보파일의 특정한 규제를 포함하는 경우와 ②회원국의 입법을 우회하기 위하여 다른 회원국의 영토를 통하여 비체약국의 영토로의 개인정보의 이전이 이루어지는 경우에는 예외를 인정하고 있다.

제3. 이후의 경과

1999년 6월 15일 프랑스 스트라스부르에서 개최된 CoE의 장관위원회(Committee of Ministers)는 1981년 개인정보보호조약의 개정안을 채택하였다. 동 개정안은 국가만이 개인정보보호조약의 회원국으로 가입할 수 있는 것을 유럽공동체(당시)도 가입할 수 있도록 개정하는 것이 그 주요내용이다[17]. 동 개정안은 CoE 회원국 전부의 승인을 얻음으로써 발효하도록 되어 있으나, 아직 회원국 전부의 동의를 얻지 못하여 발효되지 않고 있는 상태이다.

또한 2001년 11월 8일에 프랑스 스트라스부르에서 「개인정보의 자동처리와 관련된 개인의 보호에 관한 조약에의 감독기관 및 국경을 넘는 정보 유통에 대한 추가의정서(Additional Protocol to the Convention for the Protection of Individuals with regard to Automatic Processing of Personal Data regarding supervisory authorities and transborder data flows)」가 회원국의 서명에 부쳐져, 2004년 7월 1일부터 발효되었다. 추가의정서는 서문과 3개조로 구성되었는데, 사람들 간의 정보유통의 중요성과 국경을 넘는 개인정보의 교류의 증가가 인권 및 기본적 자유의 보호, 특히 개인정보의 교류와 관련하여 프라이버시권의 확보가 필요함을 고려하고, 완전 독립적으로 기능하는 감독기관이 개인정보의 처리와 관련하여 개인의 효과적인 보호의 요소임을 규정하고 있다.

제4절 1990년 UN가이드라인

제1. 처음에

1990년 12월 14일에 UN총회는 「컴퓨터화한 개인정보파일의 규제를 위한 가이

17) http://www.coe.int/t/dghl/standardsetting/dataprotection/convention_en.asp (2016.6.1. 접속)

드라인[18)]」(이하 '1990년 UN가이드라인'이라 한다.)을 채택하였다. 동 가이드라인은 UN 회원국들이 컴퓨터화한 개인정보파일에 관한 규제와 관련하여 국내입법으로 규정하여야 할 최소한의 보장과 관련된 원칙들을 제시한 것으로서, 그 이행에 대해서는 각국의 주도로 이루어진다고 선언하고 있다.

제2. 주요내용

가이드라인이 제시한 최소한의 보장원칙은 다음과 같다.

① 합법성과 공정성의 원칙(Principle of lawfulness and fairness)

: 사람에 대한 정보는 부당하거나 불법적으로 수집되거나 처리되어서는 안되며, 또한 UN헌장의 목적과 원칙들에 반하는 목적으로 이용되어서도 안된다.

② 정확성의 원칙(Principle of accuracy)

: 파일의 편집책임자나 보존책임자는 기록된 정보의 정확성과 타당성에 대해 정기적인 점검을 할 의무를 지며, 누락의 오류를 방지하기 위하여 가능한 한 완전한 형태로 보존되고 정기적으로 최신성이 유지될 것, 또는 그 파일이 처리되고 있는 동안에 파일에 포함된 정보가 언제 이용될지에 대해 보장할 의무를 진다.

③ 목적 명확성의 원칙(Principle of the purpose-specification)

: 파일이 사용되는 목적과 그 목적에의 이용은 명확히 되어야 하며, 정당하여야 한다. 그 목적이 달성되었을 때, 다음 사항의 보장이 가능하도록 어느 정도 일반의 주목을 받거나 관계자의 관심을 받도록 하여야 한다. (ⅰ)수집되고 기록된 모든 개인정보는 명확한 목적에 적합하고 관련성이 있어야 한다. (ⅱ)개인정보는 관계자의 동의에 의하지 않고서는 명확히 된 것과 양립할 수 없는 목적을 위하여 이용되거나 공개되어서는 안된다. (ⅲ)개인정보가 보관되는 기간은 명확한 목적을 달성할 수 있는 기간을 초과하여서는 안된다.

④ 관계자 접근의 원칙(Principle of interested-person access)

: 신원확인을 한 모든 사람은 자기에 관한 정보가 처리되고 있는지 여부를 알고,

---

18) UN General Assembly, Guidelines for the Regulation of Computerized Personal Data Files (E/CN.4/1990/72) adopted by the General Assembly in its resolution 45/95 of 14 December 1990, http://www.refworld.org/docid/3ddcafaac.html (2016.6.1. 접속)

부당하게 지체되지 않고 또는 과도한 비용부담 없이 알기 쉬운 형태로 그 정보를 획득하고, 불법적이거나 불필요하거나 부정확한 입력의 경우에 적절한 정정이나 삭제가 이루어지며, 그것이 유통되고 있을 때에는 그 수취인들에 대해서 고지받을 권리를 가진다. 정정비용은 그 파일을 책임지는 자가 부담하여야 한다. 이 원칙규정은 국적이나 거주지에 관계없이 모든 사람에게 적용되는 것이 바람직하다.

⑤ 비차별의 원칙(Principle of non-discrimination)

: 인종이나 민족, 피부색, 성생활, 정치적 견해, 종교적·철학적 신념과 협회나 노동조합원의 자격에 관한 정보를 포함하여 불법적이거나 자의적인 차별을 초래할 것 같은 정보는 수집되어서는 안된다.

⑥ 예외를 적용할 권한(Power to make exceptions)

: 원칙에 대한 예외는 명백히 그 한계를 기술하거나 적절한 보호장치를 규정한 내부 법제도를 준수하여 선포된 법률 또는 그와 동등한 규범에 명백히 규정될 것을 조건으로 하여, 국가안전보장, 공공의 질서, 공중보건이나 공중도덕, 다른 사람들 특히 소추되고 있는 사람들의 권리와 자유를 보호하기 위하여 필요한 경우에만 허용된다.

원칙에 대한 예외를 규정한 보호장치를 준수하여야 하고, 차별금지와 관련한 원칙에 대한 예외는 국제인권장전과 인권의 보호와 차별금지의 영역에서 다른 관련 조약에 의해 규정된 한계 내에서만 허용될 수 있다.

⑦ 보안의 원칙(Principle of security)

: 자연적 위험, 예컨대 우발적 분실이나 파괴와 인간적 위험, 예컨대 권한없는 접근, 정보의 사기적 오용이나 컴퓨터 바이러스에 의한 오염에 대하여 파일을 보호하기 위한 적절한 조치를 취하여야 한다.

⑧ 감독과 제재(Supervision and sanctions)

: 모든 국가는 국가법제도에 따라서 원칙들의 준수를 감독할 책임이 있는 기관을 지명하여야 한다. 이 기관은 정보를 처리하고 수립할 책임이 있는 사람이나 기관에 대하여 중립성, 독립성과 기술적 역량을 보장하여야 한다. 위의 원칙들을 이행하는 국가법규정에 위반하는 경우에, 적절한 개별적 구제와 함께 형벌 등이 예정되어야 한다.

⑨ 국경을 넘는 정보유통(Transborder data flows)

: 국경을 넘는 정보의 유통과 관련된 둘 이상의 국가의 입법이 프라이버시 보호를 위한 상당한 보호장치를 제공하는 경우에, 정보는 관계국가의 영토 내에서 마찬가지로 자유롭게 유통될 수 있어야 한다. 다만, 상호적인 보호장치가 없는 경우에는 부당하지 않거나 프라이버시의 보호가 요구되지 않는 경우에 국경을 넘는 유통에 관한 제한이 부과될 수 있다.

⑩ 적용영역(Field of application)

: 위의 원칙들은 우선 모든 공적 및 사적으로 컴퓨터화한 파일과 함께, 선택적 확장과 적절한 조정에 의하여 수기파일에도 적용될 수 있어야 한다. 선택적인 특별한 규정은 모든 또는 부분적인 원칙을 특히 개인에 관한 정보를 포함할 때 법인에 관한 파일에 확장하기 위하여 제정되어야 한다.

제3장

EU개인정보보호법의 성립과정

제1절 개관

1990년 7월 27일에 EC(당시)의 집행기관인 EC위원회(당시)는 이사회(Council of the European Union)에 「개인정보의 처리와 관련한 개인의 보호에 관한 이사회 지침안[1)]」(이하 '1990년 정보보호지침안'이라 한다.)을 제출하였다. 동 지침안이 명시적으로 밝히고 있는 바와 같이[2)], 유럽평의회의 1981년 개인정보보호조약에서 채택한 개인정보보호원칙들을 포섭하고 더욱 발전시킨 것이라고 할 수 있다. 동 지침안을 채택하게 된 배경으로는 공공디지털통신망의 발달로 EC(유럽공동체)의 역내는 물론, 역외 국가와의 개인정보의 유통이 활발하게 되었지만, 각 국가마다 개인정보보호법제가 다른 관계로 개인정보의 자유로운 유통에 지장을 초래하였고, 또한 개인정보(프라이버시)의 보호에도 문제가 있다는 인식을 가지게 된 것을 들 수 있다[3)]. 따라서, 동 지침안을 채택하게 된 배경은 유럽공동체 개인정보보호법제의 통일을 도모하고, 개인정보(프라이버시)의 보호와 함께 개인정보의 자유로운 유통을 보장하기 위한 원칙들을 규정하기 위한 것이라고 할 수 있다.

한편, 경제사회위원회[4)]는 1991년 4월 24일에 동 지침안에 대한 의견을 발표하였다[5)]. 유럽의회도 협력절차에 의한 자문을 요청받고, 1992년 2월 10일에 소관위

1) Proposal for a Council Directive concerning the protection of individuals in relation to the processing of personal data, COM(90) 314 final – SYN 287, OJ C 277, 1990.11.5., p.3.
2) OJ C 277, p.4.
3) OJ C 277, p.3
4) 경제사회위원회(Economic and Social Committee)는 1957년 로마조약에 의해 1958년부터 설립된 유럽공동체의 자문기관으로서, 고용주, 피고용인, 기타 다양한 이익계층의 대표들로 구성되어 있다. 현재는 EU의 한 자문기관으로서 유럽경제사회위원회(European Economic and Social Committee ; EESC)라고 불린다.
5) OJ C 159, 1991.6.17., p.38.

원회인 '법적 문제 및 시민권리 위원회'(Committee on Legal Affairs and Citizens' Rights)의 보고서를 참고하여, 동년 3월 11일에 거의 만장일치로 다수의 수정의견을 첨부하여 위 1990년 지침안을 승인하였다[6]. 유럽의회의 이러한 개정의견을 반영하여 성립된 것이 1992년의 「개인정보의 처리와 관련한 개인의 보호와 개인정보의 자유로운 이동에 관한 이사회 지침개정안[7]」(이하 '1992년 정보보호지침개정안'이라 한다.)이다. 이들 법안을 거쳐서 1995년에 '지침[8]'(이하 '1995년 정보보호지침'이라 한다.)으로서 제정되었다. 따라서, 1995년 정보보호지침이 입법화되기 전에 1990년 지침안과 1992년 지침개정안이 성립되어 EU의 관련기관에서 논의가 이루어졌고, 이러한 입법과정을 거친 결과 1995년 10월에 '지침'으로서 입법에 성공하게 되었다고 할 수 있다[9].

제2절 1995년 정보보호지침 성립까지의 과정

제1. 1990년 정보보호지침안

1990년 정보보호지침안은 전 10장 33개조 및 최종규정으로 구성되었다. 각 장의 타이틀을 보면, 제1장(총칙), 제2장(공적 영역에서의 처리의 합법성), 제3장(사적 영역에서의 처리의 합법성), 제4장(정보주체의 권리), 제5장(정보의 품질), 제6장(특정한 영역과 관련한 특별규정), 제7장(책임 및 제재), 제8장(개인정보의 제3국으로의 이전), 제9장(개인정보 보호에 관한 감독기관 및 작업반), 제10장(위원회의 입법권한), 그리고 최종규정(FINAL PROVISIONS)으로 되었다.

1. 개념 정의

1990년 정보보호지침안은 '개인정보', '탈개인화', '개인정보파일', '처리', '파일

6) OJ C 94, 1992.4.13., p.173.

7) Amended proposal for a COUNCIL DIRECTIVE on the protection of individuals with regard to the processing of personal data and on the free movement of such data, OJ C 311, 1992.11.27., p.30.

8) Directive 95/46/EC of the European Parliament and of the Council of 24 October 1995 on the protection of individuals with regard to the processing of personal data and on the free movement of such data, OJ L 281, 1995.11.23., p.31.

9) 함인선, EU의 '1995년 개인정보지침'에 관한 법적 고찰, 264쪽 이하

관리자', '감독기관', '공적 영역', '사적 영역'의 개념에 대해서 정의규정을 두었다. 이들 개념에 대해서 살펴보면 다음과 같다(제2조 참조).

첫째로, '개인정보(personal data)'에 대해 "식별된 또는 식별가능한 개인('정보주체')과 관련한 정보"라고 한 것은 1980년 OECD가이드라인이나 유럽평의회의 1981년 정보보호조약과 동일하지만, "식별가능한 개인이란 특히 식별번호나 그와 유사한 식별요소를 조회함으로 식별할 수 있는 개인"이라는 개념 정의를 추가하고 있는 것이 주목된다.

둘째로, '탈개인화(depersonalize)'란 "개인정보가 내포하는 정보가 인원, 비용 및 시간을 과도하게 사용하지 않고서는 특정한 개인이나 어떤 개인과 연관지울 수 없는 방식으로 개인정보를 변형시키는 것"이라고 정의하였다.

셋째로, '개인정보파일(personal data file)'이란 "중앙집중식이든 지리적으로 분산되어 있든 자동적 처리를 수행하는, 또는 자동적 처리를 수행하지 않는다고 할지라도 그 이용 또는 조합을 촉진하는 방식으로 특정한 기준에 따라서 조직화된 수집으로 구성되고 접근가능한 일련의 개인정보"를 의미하였다.

넷째로, '처리(processing)'란 "자동적 수단에 의해 수행되었는지 여부에 관계없이 다음의 작용, 즉, 기록, 정보의 저장 또는 조합, 그리고 전송, 배포, 복구, 차단과 삭제를 포함하여, 그 변경, 이용 또는 연락"을 의미하였다.

다섯째로, '파일관리자(controller of the file)'란 "공동체법이나 회원국 국가법에 따라서 무엇이 그 파일의 목적이 되고, 어떠한 범주의 개인정보가 저장되며, 어떠한 처리작용이 그 개인정보에 적용되고 어떠한 제3자가 그 개인정보에 접근할 수 있는지를 결정할 권한이 있는 자연인 또는 법인, 공적 기관, 행정청 또는 다른 기구"를 의미하였다.

여섯째로, '감독기관(supervisory authority)'이란 "이 지침 제26조에 따라서 각 회원국이 지명한 독립적인 공적 기관 또는 다른 독립적 기구"를 의미하였다.

일곱째로, '공적 영역(public sector)'이란 "공법에 의해 규율되는 회원국의 모든 기관, 기구 및 조직체로서, 산업이나 상업활동을 수행하는 기구 및 조직체, 그리고 공권력의 행사에 가담하는 경우에도 사법에 의해 규율되는 기구나 조직체를 제외한 것"을 의미하고, '사적 영역(private sector)'이란 "자연인이나 법인 또는 산업이나 상업활동을 수행하는 한 공적 영역의 기관, 기구 및 조직체를 포함하는 단체"를 의미한다고 정의하였다.

2. 적용범위

1990년 정보보호지침안은 공적 영역과 사적 영역을 구별하여, 양자의 영역에서의 파일에 적용되었다. 다만, 유럽공동체법이 적용되지 않는 공적 활동에서의 파일을 제외하였다. 또한, ①개인이 단지 사적 목적으로 보유한 파일과 ②비영리적 기구, 특히 정치 · 철학 · 종교 · 문화적 기구, 무역단체, 스포츠 또는 여가관련의 기구가 정당한 목적의 일부로서, 그 구성원들이나 관련 구성원들이 동의하고 그 파일들이 제3자에게 전달되지 않는다는 조건에서 보유파일에 대해 적용제외가 인정되었다(제3조 참조).

3. 개인정보 처리의 기본원칙

1990년 정보보호지침안은 이를 공적 영역과 사적 영역으로 나누어 규정하였다(제5조, 제8조 참조).

(1) 공적 영역의 원칙으로서는 ①파일의 생성과 개인정보의 다른 처리는 파일을 관리하는 공적 기관의 임무의 수행에 필요한 경우에 적법하다는 것, ②파일이 생성된 목적과 다른 목적을 위하여 정보를 처리하는 것은 그 정보주체가 동의하는 경우, 유럽공동체법이나 이 지침과 부합하는 회원국의 법률이나 그에 근거한 조치에 의하여 이루어진 경우, 정보주체의 정당한 이익이 목적의 변경을 배제하지 않는 경우, 또는 공공질서나 타인의 권리의 중대한 침해를 배제하기 위하여 필요한 경우에 적법하다.

(2) 사적 영역의 원칙으로서는 정보주체의 동의없이 개인정보파일의 기록 및 다른 처리가 적법하게 되는 것은 ①그 처리가 계약이나 신뢰의 준계약적 관계(quasi-contractual relationship)에 기하여 이루어진 경우, ②그 정보가 일반인이 공개적으로 접근가능한 출처로부터 나오고, 그 처리가 연락목적으로만 이루어진 경우, ③정보주체의 이익이 우월하지 않는 조건에서 파일관리자가 정당한 이익을 추구하고 있는 경우이다.

4. 정보주체의 권리

(1) 정보주체는 정보가 제공된 동의(informed consent)를 할 권리를 가진다. 즉, 자기와 관련된 개인정보의 처리에 대한 정보주체의 동의는 ①정보주체가 파일의 목적 및 저장된 정보의 유형, 이용유형 및 그 파일에 포함된 개인정보의 수취인,

파일관리자의 이름 및 주소에 관한 정보를 제공받은 경우, ②특정되고 명확하며, 정보의 유형, 처리형태 및 잠재적 수취인을 구체화하여야 하고, ③소급효 없이 언제라도 정보주체에 의하여 철회될 수 있는 경우에만 유효하다(제12조 참조).

(2) 정보주체는 자기의 개인정보가 수집될 때에 일정한 사항의 정보를 제공받을 권리를 가진다. 즉, 자기의 개인정보가 수집되는 개인은 적어도 ①정보가 포함되는 파일의 목적, ②답변을 요청받은 질문에 대한 응답의 의무적 또는 자발적 성격, ③답변을 하지 아니한 경우의 효과, ④정보의 수취인, ⑤자기와 관련된 정보에의 접근권 및 정정권의 존재, ⑥파일관리자의 이름 및 주소에 관한 사항에 대해 정보를 제공받을 권리를 보장받는다. 다만, 정보주체에 대한 고지가 공적 기관의 감독 및 검사기능의 수행이나 공공질서의 유지를 방해하는 경우에는 적용이 제외된다(제13조 제2항 참조).

(3) 그밖에도 ①정당한 이유로 자기와 관련된 개인정보의 처리를 반대할 권리, ②자신의 프로필이나 인격을 규정짓는 개인정보의 자동처리를 유일한 근거로 하는 자신의 행위의 평가를 포함하는 행정적 또는 사적 결정을 따르지 않을 권리, ③파일의 존재와 주된 목적, 그리고 파일관리자의 신원과 일상적 거주지, 사업의 본부 또는 사업지를 알 권리, ④합리적인 기간마다 너무 지체되지 않거나 또는 과도한 비용 부담 없이 자신과 관련된 개인정보가 파일에 저장되는지 여부에 대한 확인과 그 정보를 쉽게 알 수 있는 형태로 전달받을 권리, ⑤개인정보가 이 지침 규정을 위반하여 처리된 경우에 그러한 정보의 정정, 삭제 또는 차단을 할 수 있는 권리와, 그러한 정보가 제3자에게 전달되는 경우에 정정, 삭제 또는 차단을 그 제3자에게 통지하게 할 권리, ⑥요청에 따라 비용부담 없이 시장조사나 광고목적으로 사용된 파일로 보관된 자기와 관련된 정보의 삭제를 얻을 권리, ⑦이상의 권리가 침해된 경우에 사법적 구제를 가질 권리를 규정하였다(제14조 참조). 다만, ③과 ④에 대해서는 국가안전보장, 국가방위, 형사소송, 공공의 안전, 공적 기관이 감시나 조사를 위해 수행할 필요가 있는 경우 등에는 제한될 수 있다(제15조 제1항 참조).

5. 책임과 제재

(1) 회원국들은 국가법으로 개인정보를 파일형태로 저장된 개인이 그 처리 또는 이 지침과 양립할 수 없는 행위의 결과로 손해를 입은 경우에는 파일관리자로부터

손해배상을 받을 권리가 있다고 규정하여야 한다. 다만, 파일관리자가 정보보안 등과 관련된 규정의 요건을 충족하는 적절한 조치를 취하였음을 입증한 경우에는 정보의 분실이나 파괴 또는 권한없는 접근으로 인한 손해를 배상할 책임이 없음을 규정할 수 있다(제21조 제2항 참조).

(2) 각 회원국은 이 지침에 따른 조치를 준수하도록 하기 위하여 억지적 제재(dissuasive sanctions)규정을 두어야 한다.

6. 개인정보의 제3국으로의 이전

처리 중이거나 처리를 목적으로 수집된 개인정보의 제3국으로의 일시적 또는 영구적인 이전은 그 제3국이 적정한 보호수준을 보장하고 있는 경우에만 가능하였다(제24조 참조)[10].

회원국은 개인정보를 수입하는 제3국이 적정한 보호수준을 보장하지 아니한 경우에 이를 EC위원회에 통보하여야 하고, EC위원회는 회원국이 제공하는 정보 또는 다른 정보에 근거하여 제3국이 적정한 보호수준을 보장하지 않고, 그로 인한 상황이 유럽공동체나 회원국의 이익을 해칠 우려가 있다고 인정하는 경우에는 그 상황을 시정하기 위하여 협상할 수 있다. 또한, EC위원회는 제3국이 가입하고 있는 국제규범이나 그 국가의 국가법을 근거로 적정한 보호수준을 보장하는지 여부를 지침이 규정하는 절차에 따라 결정할 수 있다.

제2. 1992년 정보보호지침개정안

1992년 정보보호지침개정안은 전 7장 37개조 및 최종규정으로 구성되었다. 장 및 타이틀을 살펴보면, 제1장(총칙), 제2장(개인정보 처리의 적법성에 관한 일반규정), 제3장(사법적 구제, 책임 및 벌칙), 제4장(개인정보의 제3국으로의 이전), 제5장(행동강령), 제6장(개인정보의 처리와 관련한 개인의 보호에 관한 감독기관 및 작업반), 제7장(위원회의 입법권) 및 최종규정으로 구성되었다. 이 가운데에서 특히 제2장은 전 8절로 구성되었는바, 제1절(정보의 품질과 관련한 원칙), 제2절(정보의 처리근거와 관련한 원칙), 제3절(특별한 범주의 처리), 제4절(정보주체에게 주어지는 정보), 제5절(정보주체의 정보에의 접근권), 제6절(정보주체의 반대권), 제7

---

10) 이들 원칙에 대해서는 적정한 보호수준이 제공되고 있다는 사실을 파일관리자가 충분히 입증한 경우에는 적용이 제외된다(제25조 제1항 참조).

절(처리의 보안) 및 제8절(신고)가 그것이다.

유럽의회에서의 1990년 정보보호지침안의 심의과정에서 동 지침안의 규정내용은 물론, 규정형식이나 문장구성에 이르기까지 폭넓은 비판이 있었고[11], 이러한 유럽의회의 개정의견을 반영하여 이루어진 것이 1992년 정보보호지침개정안이다. 1990년 지침안과 비교하여 1992년 지침개정안의 주요 개정사항은 다음과 같다.

1. 개념 정의

우선 개념 정의와 관련하여, 1990년 지침안에 규정되었던 '탈개인화', '감독기관', '공적 영역', '사적 영역' 개념이 배제되었고, '처리'는 '개인정보의 처리'로, '파일관리자'는 '관리자'로 용어가 변경되었고, 새롭게 '처리자', '제3자', '정보주체의 동의'가 추가되었다(제2조 참조). 이 가운데에서 특히 주목되는 개정사항을 살펴보면 다음과 같다.

첫째로, '개인정보'의 개념과 관련하여 "식별된 또는 식별가능한 자연인('정보주체')과 관련된 정보"라고 하여, 종래 '개인'에서 '자연인'으로 변경되었고, 해석조항도 "식별가능한 사람이란 특별히 식별번호나 그의 신체적, 심리적, 정신적, 경제적, 문화적 또는 사회적 신원에 특유한 하나 이상의 요인을 조회함으로써 직접적 또는 간접적으로 식별될 수 있는 사람을 말한다. 관계인이 더 이상 합리적으로 식별될 수 없는 형식인 통계적 형태로 제시된 정보는 개인정보로 간주되지 않는다."로 개정되었다.

둘째로, '개인정보의 처리'란 "자동적 수단인지 여부와 관계없이 개인정보에 대하여 이루지는 작업이나 일련의 작업을 의미하며, 여기에는 수집, 기록, 편성, 저장, 편집이나 변경, 검색, 참조, 이용, 전송에 의한 공개, 그밖의 방법에 의한 배포, 연결이나 결합, 차단, 삭제 또는 파기가 포함된다."고 규정하였다.

셋째로, '처리자(processor)'란 "관리자를 대신하여 개인정보를 처리하는 자연인 또는 법인"을 의미한다.

넷째로, '제3자(third party)'란 "정보주체, 관리자와 관리자의 직접적 권한에 따라서 또는 관리자를 대신하여 정보를 처리할 권한이 부여된 사람이 아닌 자연인 또는 법인"을 의미한다.

11) COMMISSION OF THE EUROPEAN COMMUNITIES, Amended proposal for a COUNCIL DIRECTIVE on the protection of individuals with regard to the processing of personal data and on the free movement of such data, COM(92) 422 final - SYN 287(이하 'COM(92) 422 final'이라 한다.), 1992.10.15., p.4.

다섯째로, '정보주체의 동의(data subject's consent)'란 "처리의 목적, 정보 또는 관련정보의 범주, 개인정보의 수취인, 그리고 관리자 또는 그 대리인(있는 경우)의 이름과 주소에 관한 정보를 얻는다는 조건에서, 자기와 관련된 개인정보가 처리되는 것에 대한 승낙을 나타내는 명시적인 의사표시"를 말한다. 여기서의 정보주체의 동의는 자유롭고 구체적으로 주어져야 하며, 언제라도 정보주체에 의해 철회될 수 있다. 다만, 그러한 경우에 소급효를 가지지 않는다.

2. 적용범위

1992년 정보보호지침개정안은 전적으로 또는 부분적으로 자동적 수단에 의한 개인정보의 처리와 파일의 일부분을 형성하거나 형성할 의도로 이루어진 개인정보의 자동적 수단 이외의 수단에 의한 처리에 적용된다. 다만, 유럽공동체법의 범위 외의 활동 중에서의 정보의 처리와 순수한 사적 및 개인적 활동 중에서 자연인에 의한 개인정보의 처리에는 적용되지 않는다(제3조 참조).

1990년 정보보호지침안은 공적 영역과 사적 영역으로 구별하여 적용되었지만, 1992년 지침개정안에서는 공적 영역과 사적 영역의 구별이 폐지되었다는 점이 중요한 개정사항이라고 할 수 있다. 공적 영역과 사적 영역의 구별은 공법과 사법의 구별을 전제로 하는 것이고, EC의 중심적 지위를 차지하는 프랑스와 독일이 이러한 공법과 사법의 구별을 전제로 하는 대륙법계 국가의 대표적 위치를 차지하고 있다는 점에 비추어, 공적 영역과 사적 영역의 '공식적 구별[12)]'(formal distinction)을 폐지한다는 것은 그 의미가 크다고 할 것이다. 이러한 폐지의 이유로는 과도한 관료제의 방지와 회원국 간의 보다 효율적인 보호제도의 통합을 위한 것임을 밝히고 있다[13)].

3. 신고의무의 간략화 및 면제

이는 1990년 지침안에는 규정되어 있지 않은 것을 1992년 지침개정안이 신설한 것으로서, 정보주체의 권리와 자유에 불리하게 영향을 미치지 않는 일정한 범주의 처리작용의 경우에 신고의무를 간략화하거나 면제할 수단을 강구하여야 한다는 것이다. 이러한 범주의 처리에는 교신이나 문서의 생성, 법 · 회계 · 조세 · 사회보

12) 1992년 지침개정안은 다음과 같이 기술하고 있다. "it drops the formal distinction between the rules applying in the public sector and the rules applying in the private sector" COM(92) 422 final, p.2.

13) *Ibid.* p.2.

장 상의 의무의 충족이나 일반인에게 접근가능한 기록조회서비스를 포함한다. 신고의무의 간략화나 면제의 조치는 감독기관에 의하거나 또는 감독기관에 자문을 구한 후에 채택되어야 한다. 이러한 조치는 각 범주의 처리작용에 대하여 처리의 목적, 처리하고 있는 데이터에 대한 설명, 정보주체의 범주, 정보가 공개될 제3자, 정보가 저장되는 기간, 처리가 이루어질 조건 등에 대해 구체화하여야 한다. 그러나, 신고의무의 간략화나 면제조치가 관리자의 다른 의무를 완화시키는 것을 의미하여서는 안된다(제19조 참조).

4. 행동강령

이에 대해, 회원국의 행동강령과 유럽공동체의 행동강령으로 나누어 규정하고 있다(제28조, 제29조 참조).

첫째로, 회원국 행동강령에 대해서, 회원국은 무역단체들에 의해 작성된 행동강령에 이 지침안에 따라서 강구하는 국가조치에 대해 특별한 분야의 개별적 내용을 추가적으로 규정할 수 있다. 행동강령안은 국가감독기관의 심사를 받아야 하며, 감독기관은 행동강령안이 적법한 것인지 여부를 확인하여야 한다. 회원국은 감독기관의 입장에서 우호적인 의견인 행동강령의 공포를 보장하여야 한다.

둘째로, 유럽공동체의 행동강령에 대해서, 회원국과 유럽공동체는 관련 무역단체에게 이 지침의 적정한 적용에 기여하기 위한 유럽공동체의 행동강령의 작성에 참여할 것을 장려하여야 한다. EC위원회는 그 행동강령의 내용에 대한 작업반(Working Party)의 의견과 함께 EC공보(Official Journal of the European Communities)에 행동강령을 게재할 수 있다.

제4장

1995년 정보보호지침의 성립

제1절 개관

EC위원회(당시)의 1990년 정보보호지침안[1]과 1992년 정보보호지침개정안[2]을 토대로 하여, 유럽의회와 이사회는 1995년에 「개인정보의 처리와 관련한 개인의 보호와 개인정보의 자유로운 이동에 관한 1995년 10월 24일의 유럽의회 및 이사회의 지침 95/46/EC[3]」(이하 '1995년 정보보호지침'이라 한다.)를 입법하였다. 동 지침은 개인정보 보호와 관련하여 유럽공동체의 일반법적 지위를 가지는 것으로서, 특히 1992년 지침개정안을 기초로 하고 있음을 그 구성과 내용으로부터 알 수 있으나 다른 점도 적지 아니하다.

1995년 지침은 전 7장 34개조 및 최종규정으로 되어 있다. 좀 더 구체적으로 살펴보면, 제1장(총칙), 제2장(개인정보 처리의 적법성에 관한 일반원칙), 제3장(사법적 구제, 책임 및 제재), 제4장(개인정보의 제3국으로의 이전), 제5장(행동강령), 제6장(개인정보의 처리와 관련한 개인의 보호에 관한 감독기관 및 작업반), 제7장(공동체 이행조치)와 최종규정으로 되어 있다. 이 가운데, 제2장은 다시 제1절(정보의 품질과 관련한 원칙), 제2절(정보처리의 적법성 기준), 제3절(특별한 범주의 처리), 제4절(정보주체에게 제공되는 정보), 제5절(정보주체의 정보에의 접근권), 제6절(면제와 제한), 제7절(정보주체의 반대권), 제8절(처리의 비밀성과 보안) 및 제9절(신고)로 세분되었다[4].

---

1) OJ C 277, 1990.11.5., p.3.

2) OJ C 311, 1992.11.27., p.30.

3) Directive 95/46/EC of the European Parliament and of the Council of 24 October 1995 on the protection of individuals with regard to the processing of personal data and on the free movement of such data, OJ L 281, 1995.11.23., p.31.

4) 함인선, EU의 '1995년 개인정보지침'에 관한 법적 고찰, 271쪽 이하.

제2절 주요 내용

제1. 총칙 - 목적, 개념 정의, 적용범위

1. 목적

1995년 지침의 입법목적으로서 회원국은 자연인의 기본적 권리와 자유, 특히 개인정보의 처리와 관련하여 프라이버시권을 보호하여야 함과 함께, 그러나 이러한 보호와 관련되었다는 이유로 회원국 간의 개인정보의 자유로운 유통을 제한하거나 금지하여서는 아니 됨을 규정하였다(제1조 참조).

2. 개념 정의

1995년 지침에서는 '개인정보', '개인정보의 처리', '개인정보파일링시스템', '관리자', '처리자', '제3자', '수취인', '정보주체의 동의'에 대한 정의규정을 두었다. 1992년 지침개정안과 비교하여 볼 때, '개인정보파일'을 '개인정보파일링시스템'으로 변경하였고, '수취인'에 관한 것이 신설되었음을 알 수 있다. 또한, 1990년 지침안이 채택하였던 '공적 영역'과 '사적 영역'의 구분을 폐지한 1992년 지침개정안을 그대로 반영하였음이 주목된다. 1995년 지침에서 두고 있는 정의규정 가운데에서 주요한 것들의 규정내용을 구체적으로 살펴보면 다음과 같다(제2조 참조).

첫째로, '개인정보(personal data)'란 "식별된 또는 식별가능한 자연인('정보주체')과 관련되는 정보를 말한다. 신원을 확인할 수 있는 자는 직접 혹은 간접적으로 특히 식별번호 혹은 신체적, 생리적, 정신적, 경제적, 문화적 또는 사회적 동일성에 관한 하나 혹은 그 이상의 요인을 참조하여 그 신원을 알 수 있는 사람이다."라고 규정하였다.

둘째로, '개인정보의 처리(processing of personal data)'란 "자동화 수단에 의한 것인지 여부와 관계없이 개인정보에 대하여 이루어지는 작업이나 일련의 작업을 의미하며, 여기에는 수집, 기록, 편성, 저장, 편집이나 변경, 검색, 참조, 이용, 전송에 의한 공개, 그밖의 방법에 의한 배포, 연결이나 결합, 차단, 삭제 또는 파기가 포함된다."고 하였다.

셋째로, '관리자(controller)'란 "개인정보 처리의 목적 및 수단을 단독으로 또는 공동으로 결정하는 자연인이나 법인, 공적 기관, 정부기관 또는 그밖의 단체"를 의미하며, 여기서 "처리의 목적 및 수단이 회원국법이나 공동체법에 의하여 결정되는 경우에, 관리자나 그 특별한 지명기준은 회원국법이나 공동체법에 의해 지정될 수 있다."고 하였다.

넷째로, '처리자(processor)'란 "관리자를 위하여 개인정보를 처리하는 자연인이나 법인, 공적 기관, 정부기관이나 그밖의 단체"를 의미한다고 규정하였다.

다섯째로, '제3자(third party)'란 "정보주체, 관리자, 처리자와 관리자나 처리자의 직접적 권한에 의해 그 정보를 처리할 권한이 부여된 자 이외의 자연인이나 법인, 공적 기관, 정부기관이나 그밖의 단체"를 의미한다고 하였다.

여섯째로, '수취인(recipient)'이란 "제3자인지 여부와 관계없이 정보가 공개된 자연인이나 법인, 공적 기관, 정부기관 또는 그밖의 단체"를 의미하며, 그러나, 여기서 "특별한 조회제도에 의해 정보를 수취할 수 있는 기관들은 수취인으로 간주되지 않는다."고 하였다.

일곱째로, '정보주체의 동의(the data subject's consent)'란 "정보주체가 자신과 관련한 개인정보가 처리되는 것에 승낙을 나타내는, 자유롭게 주어지며 특정되고 정보에 기한 의사표시"를 의미한다고 규정하였다.

3. 적용범위

적용범위의 원칙과 관련하여서는 공동체법의 적용범위 밖에 있는 활동과 자연인의 순수한 사적 활동 또는 가사활동 중에 이루어진 개인정보의 처리에는 동 지침이 적용되지 않는다는 점에서 1992년 지침개정안과 거의 동일하였다. 다만, 적용제외와 관련하여, 종래 "공동체법의 적용범위 밖에 있는 활동"이라고 하였던 것을 좀 더 구체적으로 "공동체법의 적용범위 밖의 활동, 예컨대 EU조약 제5편 및 제6편에 의해 규정된 것과 공공의 안전, 국가방위, 국가안전보장(처리작용이 국가안전보장문제와 관련될 때에는 경제적 복지도 포함한다) 및 형사법영역에서의 국가의 활동과 관련된 처리작용"이라고 규정하였다(제3조 제2항 참조).

[관련판례 1] : Worten Case[5](Case C-342/12, 2013.5.30.)

〈사실관계〉

2010년 3월 9일에 포르투갈 근로조건청(ACT)은 포르투갈 비세우(VISEU)시에 있는 회사(Worten)에서 근로조건과 관련한 조사를 한 후, 다음과 같은 사실을 기

5) Worten[2013], EU:C:2013:355

재한 보고서를 공표하였다.

Worten은 비세우 영업소에서 교대근무하는 4명의 근로자를 고용하였다. ACT는 일일근무시간, 근로자의 일간 및 주간 근로시간의 계산 등이 기재되어 있는 근로시간기록부에 조회를 위한 즉시 접근이 불가능하였다. 근로자들은 조사대상 장소에 설치되어 있는 단말기에 IC카드를 삽입하여 근로시간을 기록하였다. 근로시간기록부는 회사에서 근무하는 근로자 누구도 접근할 수 없었으며, Worten의 그 지역 책임자만이 접근할 수 있었다. 그런데 책임자는 현장조사시에 영업소에 없었다. 그러한 경우에는 Worten의 본사 인사부서만이 그 기록을 제공할 수 있다. 2010년 3월 15일에 기록(서류)제출통지에 응하여, 법적으로 요구된 정보인 근로시간기록부가 ACT에 제출되었다. ACT는 2012년 3월 14일 결정에 의하여, Worten이 ACT로 하여금 비세우 영업소의 근로자 근로시간기록부를 즉시 조회할 수 있도록 허용하지 않음으로써 포르투갈 고용법 규정을 중대하게 위반하였다고 결정하였다. 위반행위의 중대성은 회사가 노동시간에 관한 규제를 준수하는지 여부를 근로시간기록부에 의해 신속하고도 직접적인 입증을 허용한다는 점에 근거한다고 하였다. ACT는 Worten에 대해 2,000유로의 과징금을 부과하였다.

Worten은 비세우 노동법원에 그 결정의 취소를 구하는 취소소송을 제기하였다. 그러자, 노동법원은 소송절차를 정지시키고, 1995년 정보보호지침 제2조는 근로시간기록부, 즉, 개별 근로자와 관련하여 근로시간의 시작과 종료, 각 휴식시간 및 그 간격의 기록이 '개인정보'의 개념에 포함된다고 해석되는지 여부에 대해 선결적 판결을 구하여 유럽사법재판소에 제청하였다.

〈유럽사법재판소의 판결 요지〉

본안소송의 쟁점인 근로시간기록부에 포함된 정보-그 정보는 개별 노동자에 관하여 매일의 근로시간과 휴식시간에 관련된 것이다-는 1995년 정보보호지침 제2조 제a호에 속하는 '개인정보'에 해당한다. 왜냐하면, 그것은 '식별된 또는 식별가능한 자연인에 관한 정보'를 나타내고 있기 때문이다.

따라서, 1995년 지침 제2조 제a호는 본안소송에서 쟁점이 되고 있는, 각 근로자의 근로시간의 시작과 종료, 각각의 휴식시간과 그 간격을 표시하는 근로시간기록부는 동 조항의 '개인정보'의 개념에 포함된다.

[관련판례 2] : Ryneš Case[6](Case C-212/13, 2014.12.11.)

〈사실관계〉

본안소송의 원고(Mr Ryneš)는 2007년 10월 5일부터 2008년 4월 11일까지 집 처마 밑에 감시카메라를 설치하였다. 카메라는 고정되어 움직일 수 없도록 되어 있었으며, 집 입구와 집 앞 보도와 맞은 편 집의 입구를 기록하였다. 카메라는 영상기록만이 가능하였고, 하드디스크에 기록을 저장하였으며, 저장용량이 가득 차면 이전 기록을 지우고 저장하는 방식이었다. 또한, 모니터가 설치되지 않아서 실시간으로 영상을 볼 수 없었으며, 그 카메라 시스템과 데이터에의 직접적인 접근은 Mr Ryneš만이 가능하였다.

Mr Ryneš가 카메라를 설치한 이유는 신원을 확인할 수 없는 정체불명의 사람들로부터 본인과 그 가족이 공격을 받았으며, 2005년과 2007년 사이에는 집의 유리창이 여러 차례 부서졌고, 그로 인하여 자신과 가족의 재산, 건강 및 생명을 지키기 위한 수단으로 한 것이었다. 그런데, 2007년 10월 6일과 7일 저녁에 캐터펄트의 발사로 집 유리창이 부서졌다. 감시카메라에 의해 두 사람의 용의자의 신원이 확인되었다. 카메라 영상기록은 경찰에 넘겨져, 형사소송절차에서 제출되었다.

그런데, 용의자 중의 한 사람이 Mr Ryneš의 카메라장치가 적법한 것인지 확인을 요청하였으며, 관할 개인정보보호청은 2008년 8월 4일 Mr Ryneš가 개인정보보호법을 위반하였다고 결정하였다. Mr Ryneš가 그 결정을 다투어 소송을 제기하였으나, 관할 지방법원은 2012년 4월 25일 기각판결을 내렸다. Mr Ryneš은 그 판결에 불복하여, 체코 최고행정법원에 상소하였다. 최고행정법원은 소송절차를 정지시키고, 다음 사항에 대하여 선결적 판결을 구하여 유럽사법재판소에 제청하였다.

- 가족의 재산, 건강 및 생명을 보호하기 위하여 집에 설치한 카메라장치의 사용은 그것이 비록 공공장소를 모니터링하는 경우에도 1995년 정보보호지침 제3조 제2항의 목적을 위하여 "자연인의 순수한 사적 활동 또는 가사활동 중에" 이루어진 개인정보의 처리로 분류될 수 있을 것인가?

〈유럽사법재판소의 판결 요지〉

1995년 지침 제3조 제1항에 의하여, 동 지침은 "전적으로 또는 부분적으로 자

6) Ryneš[2014], EU:C:2014:2428

동적 수단에 의한 개인정보의 처리와 파일링시스템의 일부를 형성하거나 또는 형성할 의도인 개인정보의 자동적 수단 이외의 다른 수단에 의한 처리"에 적용된다. 동 조에서 사용된 '개인정보'라는 용어는 동 지침 제2조 제a호의 개념 정의에 따르면, "식별된 또는 식별가능한 자연인에 관련되는 정보"를 말하며, 식별가능한 사람이란 "특히 그의 신체적 … 정체성에 특유한 하나 또는 그 이상의 요소를 조회함으로써 직접적 또는 간접적으로 식별될 수 있는 사람"이다. 따라서, 카메라에 의해 기록된 사람의 영상은 그 관계인의 신원을 식별할 수 있게 하는 한 1995년 지침 제2조 제a호의 '개인정보'를 형성한다.

'개인정보의 처리'에 관하여, 동 지침 제2조 제b호가 "수집, 기록, … 저장과 같은 개인정보에 대해 행해진 작용"이라고 정의하고 있는 점을 주목하여야 한다. 특히 동 지침 전문 제15단과 제16단(recital)에서 볼 수 있듯이, 비디오감시는 그것이 자동적 처리를 형성하는 한 동 지침의 범위에 속한다. 본 사건에서처럼 연속적 기록장치, 즉 하드디스크에 기록되는 비디오기록의 형태에 의한 사람의 감시는 동 지침 제3조 제1항에 따라서 개인정보의 자동적 처리를 형성한다.

제청법원은 그럼에도 불구하고 개인정보의 그러한 처리가 동 지침 제3조 제2항 제2단의 목적을 위하여 "순전한 사적 활동 또는 가사활동 중에" 이루어지는 한, 동 지침의 적용을 회피하여야 하는지에 대하여 의문을 가진다. 1995년 지침 제1조와 전문 제10단으로부터 명백한 것처럼, 동 지침은 자연인의 기본적 권리와 자유, 특히 개인정보의 처리와 관련하여 프라이버시권의 높은 수준의 보호를 보장하고자 한다. 그와 관련하여 확립된 판례에 따르면, EU기본권헌장 제7조에 의하여 보장된 사생활기본권의 보호는 필요한 한에 있어서만 개인정보의 보호와 관련하여 적용제외와 한계가 엄격히 적용되어야 할 것을 요구한다. 1995년 정보보호지침의 제 규정은 기본적 자유, 특히 프라이버시권을 침해하기 쉬운 개인정보의 처리를 규율하는 한에 있어서 헌장에 규정된 기본권의 관점에서 해석되어야 하기 때문에, 동 지침 제3조 제2항 제2단에서 규정된 예외는 좁게 해석되어야 한다. 동 지침 제3조 제2항이 좁게 해석되어야 한다는 사실은 바로 동 조항의 문언에서도 그 근거를 가진다. 즉, 동 조항에 의하면, 그 처리가 이루어지는 활동이 '순전한' 사적 활동 또는 가사활동인 경우에, 동 지침은 개인정보의 처리에서 제외하고 있다. 따라서, 개인정보의 처리는 그 개인정보를 처리하는 사람의 순전한 사적 활동 또는 가사활동에서 이루어지는 경우에만 동 지침 제3조 제2항 제2단에서 규정된 예외의 범위 내에 속하게 된다.

본 사건에서와 같은 비디오감시는 부분적이라 할지라도 공공장소를 포함하고 있고, 따라서 그러한 방식으로 정보를 처리하는 사람의 사적 활동으로 이루어지는 범위에서 그 활동은 동 지침 제3조 제2항 제2단의 목적을 위한 순전히 '사적 또는 가사적' 활동인 것으로 간주될 수 없다. 동시에, 동 지침의 적용에 있어서는 본안소송에서처럼 가족과 본인의 재산, 건강 및 생명의 보호와 같이 정보관리자에 의해 추구된 정당한 이익을 특히 동 지침 제7조 제f호, 제11조 제2항, 그리고 제13조 제1항 제d호 및 제g호에 따라서 고려할 수 있다.

이상에서 살펴본 바와 같이, 1995년 지침 제3조 제2항 제2단은 사람의 비디오 기록이 하드디스크와 같은 연속적인 기록장치에 저장되고, 가족의 재산, 건강 및 생명을 보호할 목적으로 개인이 집 위에 설치하였지만, 공공장소도 모니터하는 카메라장치의 작동은 동 조의 목적을 위해 순전한 사적 활동 또는 가사활동 중에 이루어진 개인정보의 처리에 해당하지 않는다고 해석되어야 한다.

[관련판례 3] : Google Spain Case[7](Case C-131/12, 2014.5.13.)

〈유럽사법재판소의 판결 요지〉

제청법원은 1995년 정보보호지침 제2조 제b호는 제3자에 의해 인터넷상에 공표되거나 소재하는 정보를 발견하고, 그것을 자동적으로 인덱스하고, 일시적으로 저장하며, 궁극적으로 일정한 선호도순에 따라서 인터넷이용자들이 이용할 수 있게 하는, 콘텐츠공급자로서의 검색엔진의 활동은 그 정보에 개인정보가 포함될 때, 그 규정이 의미하는 '개인정보의 처리'로서 분류되어야 한다는 의미로 해석될 수 있는지 여부에 대하여 제청하고 있다.

1995년 지침 제2조 제b호는 '개인정보의 처리'를 '자동적 수단에 의하는지 여부에 관계없이 수집, 기록, 편성, 저장, 각색 또는 수정, 복구, 조회, 사용, 전송에 의한 공개, 배포 또는 다른 이용, 정렬 또는 조합, 차단, 삭제 또는 파기와 같이 개인정보에 가하여진 작용'이라고 정의한다. 특히 인터넷과 관련하여, 유럽사법재판소는 인터넷페이지 상에 개인정보를 게시하는 것은 동 지침 제2조 제b호가 의미하는 '처리'로 간주되어야 한다고 이미 판시한 바 있다[8]. 본안소송에서 쟁점

7) Google Spain and Google[2014], EU:C:2014:317 〈사실관계〉에 대해서는 75쪽 이하를 참조.

이 되는 활동에 관한 한, 검색엔진에 의해 발견되고, 인덱스되며, 저장되어, 그 이용자들에게 이용가능한 정보가 식별되거나 식별가능한 자연인과 관련되는 정보, 즉, 동 지침 제2조 제a호가 의미하는 '개인정보'를 포함한다는 점은 다툼이 없다.

그러므로, 인터넷에 공개된 정보를 찾아서 자동적으로, 부단하게, 그리고 조직적으로 인터넷을 검색할 때, 검색엔진운영자는 이후에 인덱스프로그램체계 내에서 '복구'하고, '기록'하며, 그리고 '편성'하고, 그 서버에 '저장'하며, 경우에 따라서는 검색결과의 목록의 형태로 그 이용자들에게 '이용할 수 있게 하는' 그러한 정보를 '수집'한다는 점이 인정되어야 한다. 그들 작용이 1995년 지침 제2조 제b호에서 명시적으로 규정되어 있기 때문에, 그것들은 그 규정이 의미하는 '처리'로 분류되어야 한다.

제2. 개인정보 처리의 일반원칙

1. 정보의 품질과 관련한 원칙

정보의 품질과 관련한 원칙들은 1992년 지침개정안과 거의 동일하다. 즉, 회원국은 개인정보가 ①공정하고 적법하게 처리될 것, ②특정되고 명확하며 정당한 목적을 위하여 수집되어야 하고, 그 목적과 양립할 수 없는 방식으로 추가적으로 처리되지 말 것[9], ③수집되고 처리되는 목적과 관련하여, 적절하고 관련성이 있으며 과도하지 않을 것, ④정확하고, 필요한 경우에 최신성을 유지하여야 하며, 수집 또는 처리되는 정보의 목적과 관련하여 부정확하거나 불완전한 정보는 삭제 또는 정정될 것을 보장하는 모든 합리적인 조치가 강구될 것, ⑤정보주체의 신원을 허용하는 형태로 그 정보가 수집되거나 처리된 목적을 위하여 필요한 이상의 기간 동안 보관되어서는 안되며, 회원국은 역사적, 통계적 또는 과학적 사용을 위하여 보다 장기간 저장된 개인정보에 대해 적절한 보호조치를 수립할 것을 규정하였다(제6조 참조).

---

8) Case C-101/01, Lindqvist[2003], EU:C:2003:596, paragraph 25

9) 다만, 역사적, 통계적 또는 과학적 목적을 위한 정보의 처리는 회원국이 적절한 보호조치를 규정하는 한 양립할 수 없는 것으로 간주되어서는 안된다(제6조 제1항 제b호 참조).

2. 정보처리의 적법성 기준

1992년 지침개정안이 제2절 표제를 '정보처리의 근거와 관련한 원칙'이라고 하였던 것을 1995년 지침은 '정보처리의 적법성기준'이라고 변경하였으나, 그 규정 내용은 대체로 비슷하다. 즉, 개인정보가 처리될 수 있는 경우로서는 ①정보주체가 애매모호하지 않게 동의를 한 경우, ②정보주체가 당사자인 계약의 이행을 위하거나 계약을 체결하기 전에 정보주체의 요청에 따른 조치를 취하기 위하여 처리가 필요한 경우, ③관리자가 준수해야 하는 법적 의무를 이행하기 위하여 처리가 필요한 경우, ④정보주체의 중대한 이익을 보호하기 위하여 처리가 필요한 경우, ⑤공익목적으로 수행된 임무의 완수를 위하거나 또는 관리자나 그 정보가 공개된 제3자에게 부여된 공권력의 행사를 위하여 처리가 필요한 경우, ⑥관리자나 그 정보가 공개된 제3자 또는 당사자가 추구하는 정당한 이익을 위하여 처리가 필요한 경우(다만, 그러한 이익이 정보주체의 기본적 권리와 자유를 위한 이익에 열위한 경우는 제외한다.)를 들고 있다(제7조 참조).

3. 특별한 범주의 개인정보의 처리

(1) 특별한 범주의 개인정보, 이른바 민감정보의 처리와 관련하여, 1992년 지침개정안에 비하여 보다 완비된 규정을 두고 있다. 즉, 회원국은 인종이나 민족, 정치적 견해, 종교적 또는 철학적 신념, 조합원 자격을 나타내는 개인정보의 처리와 건강이나 성생활에 관한 정보의 처리를 금지하여야 한다(제8조 제1항 참조).

(2) 다만, 이러한 원칙에 대해서는 일정한 경우에 예외가 인정된다. 즉, ①정보주체가 자기 정보의 처리에 대해 명백히 동의한 경우[10], ②적절한 보호조치를 규정하고 있는 회원국법에 의해 권한이 주어지는 경우에 노동법분야에서 관리자의 의무의 이행과 특정한 권리의 행사를 위하여 처리가 필요한 경우, ③정보주체가 사실상 또는 법률상 동의를 할 수 없는 경우에 정보주체나 다른 사람의 중대한 이익을 보호하기 위하여 처리가 필요한 경우, ④재단, 협회나 그밖의 다른 비영리단체에 의하여 정치적, 사상적, 종교적 목적 또는 노동조합 목적을 위하여 적절한 보호를 수반하는 합법적인 활동과정에서 처리가 이루어지는 경우[11], ⑤처리가 정보주

10) 다만, 회원국법이 정보주체의 동의에 의해서도 위의 원칙이 배제되지 않는다고 규정하는 경우에는 그러하지 않는다.

11) 다만, 그 처리는 당해 목적에 관하여 단체와 정기적으로 접촉하고 있는 개인 또는 단체의 구성원에만 관계하고 있고, 그 정보는 정보주체의 동의없이 제3자에게 공개되지 않을 것을 조건으

체에 의하여 공개된 것이 명백한 정보나 법적 청구권의 설정, 행사나 방어를 위하여 필요한 정보와 관련되는 경우, ⑥예방의학, 의료진단, 케어나 치료의 제공 또는 건강케어서비스의 경영 등을 위하여 정보의 처리가 요구되는 경우에는 위의 민감정보의 처리가 허용된다. 또한 범죄, 형사재판, 보안조치와 관련된 정보의 처리는 공권력의 통제에 의해서만 이루어질 수 있다(제8조 제3항, 제5항 참조).

4. 개인정보의 처리와 표현의 자유

개인정보의 처리와 표현의 자유와 관련하여, 회원국은 프라이버시권과 표현의 자유를 규율하는 법규를 조화하기 위하여 필요한 경우에 오로지 보도 목적 또는 예술적 표현이나 문학적 표현의 목적을 위하여 이루어진 개인정보의 처리를 위하여 제2장(개인정보 처리의 적법성에 관한 일반원칙), 제4장(개인정보의 제3국으로의 이전) 및 제6장(개인정보의 처리와 관련한 개인의 보호에 관한 감독기관 및 작업반)의 규정의 면제나 적용제외를 규정하여야 한다(제9조 참조).

5. 정보주체에게 제공되는 정보

(1) 관리자나 그 대리인이 정보주체로부터 그 개인정보를 수집하는 경우에 그 정보주체가 이미 다음의 정보를 가지고 있는 경우를 제외하고, 회원국은 다음 정보를 제공하도록 규정하여야 한다(제10조 참조). 즉, ①관리자 및 그 대리인의 신원, ②그 정보가 의도하는 처리의 목적, ③그 정보의 수취인, ④질문에 대한 응답이 의무적인지 임의적인지와 응답하지 아니할 경우의 가능한 영향, ⑤자기와 관련된 정보에 대한 접근권 및 정정권의 존재[12].

(2) 한편, 개인정보가 정보주체로부터 취득되지 않은 경우, 관리자나 그 대리인이 개인정보를 기록할 때 또는 제3자에 대해 그 정보의 공개가 예상된다면 그 정보가 최초로 공개된 때보다 늦지 않게, 그 정보주체가 이미 다음 정보를 가지고 있는 경우를 제외하고, 회원국은 관리자나 그 대리인이 그 정보주체에게 적어도 다음 정보를 제공하도록 규정하여야 한다(제11조 제1항 참조). 즉, ①관리자 및 그 대리인의 신원, ②처리의 목적, ③관련된 정보의 범주, ④수취인, ⑤정보주체와 관련된 정보에 대한 접근권 및 정정권의 존재[13].

로 한다.

12) 다만, ③,④,⑤는 정보가 수집된 특별한 사정을 고려하여, 정보주체에 관한 공정한 처리를 보장하기 위하여 필요한 경우에 추가적으로 요구된다.

다만, 이에 대해서는 특히 통계를 위한 처리 또는 역사적 연구나 과학적 연구를 위한 처리에 대하여 그러한 정보의 제공이 불가능하거나 비례적이지 않는 노력을 포함하는 경우 또는 기록이나 공개가 명백히 법에 의하여 규정된 경우에는 위의 정보제공 규정이 적용되지 않는다(제11조 제2항 참조).

6. 적용면제와 제한

(1) 제한이 다음 사항을 보호하기 위한 필요한 조치를 형성할 때, 회원국은 제6조 제1항(개인정보보호원칙), 제10조(정보주체로부터 개인정보를 수집하는 경우에 제공되는 정보), 제11조 제1항(개인정보를 정보주체로부터 취득하지 않은 경우에 제공되는 정보), 제12조(정보주체의 접근권) 및 제21조(처리작용의 공표)에서 규정된 의무와 권리의 범위를 제한하는 입법적 조치를 채택할 수 있다(제13조 제1항 참조). 그러한 사항으로서는, ①국가안보, ②방위, ③공공의 안전, ④형사범죄 또는 규제받는 전문직의 윤리 위반의 예방, 수사, 탐지 및 기소, ⑤통화, 예산 및 조세문제를 포함하여, 회원국이나 유럽연합의 중요한 경제적 또는 재정적 이익, ⑥정보주체의 보호 또는 다른 사람의 권리와 자유의 보호가 규정되었다.

(2) 적절한 법적 보호조치에 따라서, 특히 특정한 개인에 관한 조치나 결정을 취하기 위한 정보로 이용되지 않는 경우, 정보가 오로지 과학연구의 목적만을 위하여 처리되거나 또는 오로지 통계작성 목적만을 위하여 필요한 기간을 초과하지 않는 기간 동안 개인적 형태로 보존될 때, 회원국은 그 정보주체의 프라이버시의 침해의 위험이 없는 것이 명백한 경우에, 입법적 조치에 의하여 제12조에서 규정된 권리를 제한할 수 있다(제13조 제2항 참조).

7. 비밀준수와 처리의 보안

개인정보에 접근하는 관리자나 처리자의 권한 아래 행동하는 사람은 법률에 의하여 요구되지 않는 한 관리자의 지시에 따르지 않고서는 그 정보를 처리하여서는 안된다(제16조 참조).

특히 그 처리가 네트워크에 대한 정보의 전송을 포함하는 경우에, 관리자는 우발적 또는 불법적인 파기나 우발적 소실, 변경, 권한없는 공개나 접근과 그밖의 모든 불법적인 처리형식에 대하여 적절한 기술적·조직적 조치를 이행하여야 한다.

13) 다만, ③,④,⑤는 정보가 처리된 특별한 사정을 고려하여, 정보주체에 관한 공정한 처리를 보장하기 위하여 필요한 경우에 추가적으로 요구된다.

최신 기술수준과 이행비용을 고려하여, 그러한 조치는 보호되는 정보의 처리 및 성질에 의하여 제기되는 위험에 적합한 보안수준을 보장하여야 한다. 회원국은, 관리자가 그를 대신하여 처리가 이루어지는 경우에, 수행된 처리를 규율하는 기술적 보안조치와 조직적 조치에 대한 충분한 보장책을 제공하는 처리자를 선택하여야 하며, 그들 조치의 준수를 보장하여야 할 것을 규정한다. 처리자에 의한 처리의 수행은 계약이나 처리자를 관리자에게 기속시키는 법령에 의해 규율되어야 한다. 그리고, 증거를 보존하기 위하여, 정보보호와 관련되는 계약이나 법령은 문서나 다른 동등한 형태로 작성되어야 한다(제17조 참조).

8. 신고

(1) 감독기관에의 신고의무

관리자나 그 대리인(있는 경우에)은 전부 또는 부분적으로 자동적 처리작용을 수행하기 전에 감독기관에 신고하여야 한다.

이러한 신고의무에 대해서는 다음의 일정한 조건 아래에서 약식신고로 가름하거나 또는 신고의무가 면제되는 경우가 있다(제18조 제2항 참조). 그러한 경우로서는, ①처리되는 정보를 고려하여, 정보주체의 권리 및 자유에 대해 불리하게 영향을 미칠 것 같지 않는 처리작용에 대해, 처리의 목적, 처리되는 정보, 정보주체의 범주, 정보가 공개되는 수취인 및 정보가 저장되는 기간이 구체적으로 적시되는 경우와 ②국가법에 따라서 관리자가 개인정보보호책임자를 임명하는 경우를 들고 있다.

(2) 신고의 내용

신고에는 적어도 다음과 같은 사항이 포함되어야 한다(제19조 제1항 참조). 즉, ①관리자와 그 대리인(있는 경우에)의 이름과 주소, ②처리의 목적, ③정보주체와 관련정보의 범주에 관한 기술, ④정보가 공개된 수취인, ⑤정보의 제3국으로의 예정된 이전, ⑥처리의 보안을 보장하기 위하여 제17조에 따라서 취한 조치의 적절성에 대한 사전평가에 대한 일반적 기술이다.

(3) 사전체크

회원국들은 정보주체의 권리 및 자유에 특별한 위험을 야기할 것 같은 처리작용을 결정하여 이들 처리작용이 그 처리 시작 전에 검사받았는지를 체크하여야 한다. 그러한 사전체크는 관리자로부터 신고를 받은 감독기관이나 그 감독기관과 협

의해야하는 정보보호책임자에 의해 수행되어야 한다(제20조 참조).

(4) 처리작용의 공표

회원국들은 처리작용이 공표되는 것을 보장하는 조치들을 취하여야 한다. 이 지침에 따라서 신고된 처리작용의 등록부는 감독기관에 의해 보관되어야 하며, 누구나 이를 열람할 수 있다. 등록부에는 적어도 다음 정보를 포함하여야 한다(제21조 참조). 즉, ①관리자와 그 대리인(있는 경우에)의 이름과 주소, ②처리의 목적, ③정보주체와 관련정보의 범주에 관한 기술, ④정보가 공개된 수취인, ⑤정보의 제3국으로의 예정된 이전

[관련판례 1] : Lindqvist Case[14](Case C-101/01, 2003.11.6.)

〈사실관계〉

유지보수노동자인 Mrs Lindqvist는 본업 이외에 한 교구에서 교구문답교사(catechist)로 봉사하였다. 그녀는 특히 인터넷상에 홈페이지를 운영하기 위하여 정보처리과정을 이수하였으며, 1998년 말에 견진성사(confirmation)를 준비하고 있는 교구민들이 필요로 하는 정보를 얻을 수 있도록 그녀의 인터넷 홈페이지를 개설하였다. 그녀의 요청으로, 그 교회의 웹사이트 관리자는 그녀의 홈페이지와 링크를 설치하였다.

문제의 페이지는 Mrs Lindqvist와 18명의 교구신도들에 관한 정보를 포함하였으며, 일부는 풀 네임을, 그밖의 경우에는 성만을 표시하였다. Mrs Lindqvist는 또한 약간 유머러스하게 동료 신도들의 직업과 취미를 묘사하였다. 그녀는 대부분의 경우 가정상황, 전화번호 등을 기재하였으며, 또한 한 신도가 발을 다쳐서 치료 때문에 쉬는 중이라는 사실을 게재하였다.

Mrs Lindqvist는 동료 신도들에게 그 인터넷 홈페이지의 존재에 대해 알리지 않았거나 그들의 동의를 얻지 않았으며, 또한 스웨덴 정보보호감독청(Datainspektionen)에 자기의 활동을 신고하지도 않았다. 그녀는 몇몇 동료신도들의 반응이 좋지 않다는 것을 알고서 곧 문제의 인터넷 홈페이지를 삭제하였다.

검사는 ①정보보호감독청(Datainspektionen)에 대한 사전서면신고 없이 자동수단에 의하여 개인정보를 처리하였고, ②정보주체의 동의 없이 민감한 개인정보

14) Lindqvist[2003], EU:C:2003:596

(발을 다쳐 치료 때문에 휴식 중)를 처리하였고, ③동의 없이 처리된 개인정보를 제3국에 이전하였다는 점을 들어 관련법 위반을 이유로 Mrs Lindqvist를 기소하였다. Mrs Lindqvist는 그 사실관계를 인정하였지만, 죄를 범하였다는 점에 대해서는 다퉜다. 그녀는 지방법원에 의해 벌금을 선고받았고, 그 판결에 대해 항소하였다.

스웨덴 항소법원(Göta Court of Appeal)은 소송절차를 정지시키고, 이름이 언급된 동료신도가 발을 다쳐서 치료 때문에 쉬는 중이라고 게재하고 있는 홈페이지상의 정보가 1995년 정보보호지침 제8조 제1항에 따라서 처리되어서는 안되는 민감정보에 속하는 건강에 관한 개인정보로 볼 것인지에 대하여 유럽사법재판소에 제청하였다.

〈유럽사법재판소의 판결 요지〉

제청법원은 어떤 개인이 발을 다쳐서 치료 때문에 쉬는 중이라고 언급하는 것은 1995년 정보보호지침 제8조 제1항의 의미에서의 건강에 관한 개인정보를 형성하는지를 알고 싶어 한다. 동 지침의 목적의 관점에서 제8조 제1항에서 사용된 '건강에 관한 정보'라는 표현은 개인의 건강의 신체적 및 정신적인 모든 측면에 관한 정보를 포함하기 때문에 넓게 해석되어야 한다. 따라서, 그에 대한 답변은 개인이 발을 다쳐서 치료 때문에 쉬는 중이라는 사실에 대한 언급은 1995년 지침 제8조 제1항의 건강에 관한 개인정보를 형성한다고 하여야 한다.

[관련판례 2] : ASNEF Case[15](Joined cases C-468/10 and C-469/10, 2011.11.24)

〈사실관계〉

본안소송의 원고인 스페인의 전국신용기관연합(ASNEF; C-468/10)과 전자상거래다이렉트마케팅연맹(FECEMD; C-469/10)은 스페인 국가법조항이 1995년 정보보호지침 제7조 제f호를 위반하였다고 하여 행정소송을 제기하였다. 원고들은 특히, 스페인 국가법이 정보주체의 동의 없는 정보의 처리에 있어서의 정당한 이익과 관련되는 조건에서, 동 지침에는 없는 조건인 해당 정보가 공적 소스(출처)에서 나타나는 것이어야 한다는 취지의 규정을 추가하였다는 견해를 취한다.

15) ASNEF[2011], EU:C:2011:777

스페인 대법원은 정보주체의 동의가 없는 경우에, 그리고 정보관리자나 제3자 또는 그 정보가 공개되는 당사자들의 정당한 이익을 추구하는 데 필요한 정보주체의 개인정보의 처리를 허용하기 위하여서는, 정보주체의 기본적 권리와 자유가 보호되어야할 뿐만 아니라, 해당 정보가 공적 소스(출처)에서 나타날 것을 스페인 국가법이 요구하는 것은 1995년 지침 제7조 제f호의 적용범위를 제한한다는 견해를 취하였지만, 그러한 해석이 EU입법자의 의도와 일치하는지를 확신하지 못하였다.

따라서, 스페인 대법원은 소송을 정지시키고, 1995년 지침 제7조 제f호는 이해당사자의 동의가 없는 경우에, 정보관리자나 그 정보가 공개되는 제3자의 정당한 이익을 추구하기 위하여 필요한 개인정보의 처리를 허용하기 위하여서는 정보주체의 기본적 권리와 자유가 침해되어서는 안된다는 것을 요구할 뿐만 아니라, 그 정보는 공적 소스(출처)에서 나타날 것을 요구하는 국가법의 적용을 금지하고 있는 것으로 해석되어야 하는지 여부에 대하여 유럽사법재판소에 선결적 판결을 구하여 제청하였다.

〈유럽사법재판소의 판결 요지〉

'개인정보의 처리의 적법성에 관한 일반원칙들'이라는 제목이 붙은 1995년 정보보호지침 제2장의 조항들에 의하여, 개인정보의 모든 처리는 제13조에서 허용된 예외에 따라서, 첫째로, 동 지침 제6조에서 규정된 정보의 품질과 관련되는 원칙들과, 둘째로, 동 지침 제7조에서 열거된, 정보의 처리를 적법하게 하는 6가지 원칙들 중의 하나와 합치하여야 한다[16]. 동 지침은 특히 전문 제8단(recital)에서 기술한 바와 같이, 개인정보의 처리와 관련하여 개인의 권리와 자유의 보호수준은 모든 회원국들에서 동일할 것을 보장하고자 하는 것임을 주목하여야 한다. 이 분야에서 적용가능한 국가법의 제정은 그 법률이 제공하는 보호를 완화하는 결과가 되어서는 안되며, 그와 반대로, EU에서의 높은 보호 수준을 보장하고자 하여야 한다고 동 지침 전문 제10단은 덧붙인다. 따라서, 그들 국가법의 조화는 최소한의 조화에 한정되지 않고, 일반적으로 완벽한 조화에 이를 것이 주장되어 왔다. 이러한 견해에 따르면, 동 지침은 그러한 정보와 관련되는 개인들의 권리

16) 같은 취지의 유럽사법재판소의 판례로서, Joined Cases C-465/00, C-138/01 and C-139/01, Österreichischer Rundfunk and Others[2003], EU:C:2003:294, paragraph 65; Case C-524/06, Huber[2008], EU:C:2008:724, paragraph 48

와 이익의 높은 수준의 보호를 보장하면서, 개인정보의 자유로운 이동을 확보하고자 하는 것이다[17].

결과적으로, 모든 회원국들의 동일한 보호수준을 확보하고자 하는 목적으로부터, 동 지침 제7조는 개인정보의 처리가 적법한 것으로 간주될 수 있는 열거적이며 제한적인 사항을 나타내고 있는 것이 된다. 이러한 해석은 '-한 경우에만 처리할 수 있다'('may be processed only if')라는 용어와 동 지침 제7조에 포함된 '또는'('or')으로 병렬되어 있는 것에 의해 확인되며, 그것들은 동 조항에서 나타나는 리스트가 열거적이면서 제한적인 성질임을 보여준다. 따라서, 회원국들은 개인정보의 처리의 적법성과 관련된 새로운 원칙을 동 지침 제7조에 추가하거나 제7조에서 규정된 6가지 원칙들의 하나의 범위를 개정하는 효과를 가지는 추가적인 요건을 부과할 수 없다.

〈중략〉

본 사건에서, 1995년 지침 제7조 제f호는 '제1조 제1항에서 보호를 요구하는 정보주체의 이익 또는 기본적 권리와 자유가 우월한 경우를 제외하고는 정보관리자나 제3자 또는 그 정보가 공개된 당사자들이 추구하는 정당한 이익을 위하여 필요한' 경우에, 개인정보의 처리는 적법하다고 규정한다. 제7조 제f호는 개인정보의 처리가 적법하기 위하여 이루어져야 하는 두 가지 누적적 조건(cumulative conditions)들을 규정하고 있다. 첫째로, 개인정보의 처리는 정보관리자나 제3자 또는 그 정보가 공개된 당사자들이 추구한 정당한 이익을 위하여 필요하여야 하고, 둘째로, 정보주체의 기본적 권리와 자유가 그러한 이익들보다 우월한 것이 아니어야 한다. 따라서, 개인정보의 처리와 관련하여, 동 지침 제7조 제f호는 정보주체의 동의가 없는 경우에, 두 가지의 누적적 조건들에 추가하는 요건들을 부과하는 국가법들을 금지한다.

그러나, 그들 조건 중 두 번째 것은 원칙적으로 문제가 되는 구체적 사건의 개별적 상황과 관련된 반대되는 권리 및 이익과의 형량을 필요로 하며, 그러한 형량을 하는 사람이나 제도는 EU기본권헌장 제7조 및 제8조로부터 발생하는 정보주체의 권리의 중요성을 고려하여야 한다. 이와 관련하여, 동 헌장 제8조 제1항이 "모든 사람은 자기에 관한 개인정보의 보호의 권리를 가진다."고 규정하고 있는 것이 주목되어야 한다. 그 기본적 권리는 동 헌장 제7조에서 규정된 사생활의

17) Lindqvist[2003], paragraph 95, and Huber[2008], paragraph 50

존중권과 밀접한 관련을 가진다[18]. 유럽사법재판소의 판례에 의하면, 동 헌장 제7조 및 제8조에 의해 인정된 사생활의 존중권은 식별된 또는 식별가능한 개인에 관한 정보와 관련된다[19]. 그러나, 동 헌장 제8조 제2항과 제52조 제1항으로부터 일정한 조건하에서는 그 권리에 제한이 부과될 수 있다.

1995년 지침 제7조 제f호에 따라서 필요한 형량과 관련하여, 그 처리로부터 발생하는 정보주체의 기본적 권리의 침해의 심각성은 문제의 정보가 이미 공적 출처에서 나타났는지 여부에 따라서 다를 수 있다는 사실을 고려에 넣을 수 있다. 동 헌장 제7조 및 제8조에서 규정된 정보주체의 권리의 이러한 보다 심각한 침해는 정보관리자나 제3자 또는 그 정보가 공개되는 당사자들이 추구하는 정당한 이익에 대하여 형량함으로써 고려되어야 한다. 결과적으로, 본안소송에서 쟁점이 되지 않은 조항인 동 지침 제7조 제f호는 쟁점이 되는 반대의 권리 및 이익들을 구체적인 사건에서 서로 형량하는 것을 허용하지 않고, 회원국이 일정한 범주의 개인정보의 처리의 가능성을 배제하고 있다. 그러므로, 제청사항에 대한 답변은 다음과 같이 하여야 한다.

1995년 지침 제7조 제f호는 정보주체의 동의가 없는 경우에, 정보관리자나 제3자 또는 그 정보가 공개되는 당사자들의 정당한 이익을 추구하기 위하여 필요한 그 정보주체의 개인정보의 처리를 허용하기 위하여서는 정보주체의 기본적 권리와 자유가 존중되어야 할 것을 요구할 뿐만 아니라, 그 정보는 공적 출처에서 나타나야 한다고 함으로써, 일반화된 방식으로 공적 출처에서 나타나지 않는 정보의 처리를 배제할 것을 요구하는 국가법을 금지하고 있는 것으로 해석되어야 한다.

[관련판례 3] : Huber Case[20](Case C-524/06, 2008.12.16.)

〈사실관계〉

오스트리아 국민인 본안소송의 원고(Mr Huber)는 자영보험대리업을 운영하기 위하여 1996년에 독일로 이사하였다. 그와 관련된 다음 정보가 독일의 중앙외국

18) Joined Cases C-92/09 and C-93/09, Volker und Markus Schecke and Eifert[2010], EU:C:2010:662, paragraph 47

19) Volker und Markus Schecke and Eifert[2010], paragraph 52

20) Huber[2008], EU:C:2008:724

인등록부(AZR)에 저장되었다.

- 이름, 성, 생년월일과 출생지, 국적, 결혼 여부, 성별 ;
- 독일에의 출입국 및 거주신분의 기록 ;
- 발급된 여권의 세부사항 ;
- 주소에 관한 이전 진술의 기록 ;
- 연방이민청이 발급한 조회번호들, 그 정보를 공급한 기관의 명세와 그들 기관에 의해 이용된 조회번호들.

Mr Huber는 AZR에 포함된 자신에 관한 정보의 처리를 이유로 차별을 받고 있다는 생각을 가지고 있고, 특히 그러한 기록은 독일 국민에 대해서는 존재하지 않는다는 것을 이유로 하여, 2000년 7월 22일에 이들 정보의 삭제를 청구하였다. 청구는 당시 AZR를 관할하는 행정청에 의해 기각되었다. Mr Huber는 쾰른행정법원에 소를 제기하였는바, 2002년 12월 19일에 동 법원은 원고승소판결을 내렸다. 쾰른행정법원은, AZR에 의하여 독일국민이 아닌 유럽연합시민에 관한 정보의 일반적 처리는 외국인들의 거주권과 관련되는 사안의 신속한 처리라는 목적에 의해 정당화될 수 없으며, EC조약과 1995년 정보보호지침 제6조 제1항 제b호와 제7조 제e호에 반한다는 견해를 취하였다.

독일정부는 노르트라인베스트팔렌 고등행정법원에 항소하였는데, 동 법원은 소송절차를 정지시키고, AZR에서의 유럽연합외국시민들의 개인정보의 일반적 처리는 1995년 지침 제7조 제e호에 의한 필요성의 요건과 양립가능한지에 대하여 선결적 판결을 구하여 유럽사법재판소에 제청하였다.

〈유럽사법재판소의 판결 요지〉

1995년 정보보호지침 제3조 제2항은 특히 공공의 안전, 방위, 국가안보와 형사법영역에서의 국가의 활동들에 관한 개인정보의 처리를 그 적용범위로부터 명시적으로 배제시키고 있다. 따라서, 거주권과 관련되는 법률의 적용목적과 통계목적을 위한 개인정보의 처리는 1995년 지침의 적용범위 내에 속하지만, 그러한 정보의 처리목적이 범죄와의 싸움과 연결되어 있는 경우에는 입장이 다르다.

중앙외국인등록부(AZR)를 정비해서 거주권과 관련되는 법률의 적용을 관할하는 국가기관에 대한 지원을 그 목적으로 하여, 관련 회원국의 국민들이 아닌 연합시민들과 관련되는 개인정보의 처리제도는 다음과 같은 조건을 갖추지 않으면,

국적을 이유로 하는 차별금지의 관점에서 해석될 때, 1995년 지침 제7조 제e호에서 규정된 필요성의 요건을 충족하지 않는다. 이들 요건이 충족되었는지 여부를 확인하는 것은 국가법원이다.

- AZR이 그들 국가기관에 의한 법률의 적용을 위해 필요한 정보만을 포함하는 경우와,
- AZR의 중앙집중적 성격으로 인해, 법률이 회원국의 국민들이 아닌 연합시민들의 거주권에 관하여 보다 효율적으로 적용될 수 있는 경우.

모든 회원국들에서 동등한 보호수준을 보장한다는 1995년 지침의 목적을 고려할 때, 동 지침 제7조 제e호에 의해 규정된 필요성 개념은 회원국들 간에서 서로 다른 의미를 가질 수 없다. 따라서, 본 사건에서 쟁점이 되는 것은 공동체법에서 그 자신 독립적인 의미를 가지는 개념이다.

거주권과 관련되는 법률의 적용을 위한 AZR의 이용에 관하여, 회원국은 그 영토 내의 거주권이 다른 회원국의 국민과 관련하여 존재하는지 여부를 적용가능한 공동체법에 의하여 규정된 구조 내에서 확인하기 위하여, 그리고 그 권리에 대한 제한을 정당화시키는 근거가 없음을 입증하기 위하여, 관련 명세와 문서를 이용하는 것은 동 지침 제7조 제e호의 의미 내에서 필요하다. 따라서, 거주권과 관련되는 법률의 적용을 관할하는 국가기관들에게 지원을 제공하기 위한 등록부의 이용은 원칙적으로 적법하며, 그 성질을 고려할 때, EC조약 제12조 제1항에 의해 규정된 국적을 이유로 하는 차별의 금지와 양립할 수 있다. 그러나, 등록부는 그러한 목적을 위해 필요한 것 이외의 정보를 포함하여서는 안된다. 그와 관련하여, 지침 2004/38[21] 제8조 제3항과 제27조 제1항에서 규정된 문서에 포함된 개인정보의 처리는 거주권과 관련되는 법률의 적용을 위하여 1995년 지침 제7조 제e호의 의미 내에서 필요한 것으로 간주되어야 한다.

거주권과 관련되는 법률의 적용을 관할하는 국가기관들의 요건을 충족하기 위하여 중앙집중식 등록부가 이용될 수 있다는 필요성과 관련하여, 지역인구등록

21) DIRECTIVE 2004/38/EC OF THE EUROPEAN PARLIAMENT AND OF THE COUNCIL of 29 April 2004 on the right of citizens of the Union and their family members to move and reside freely within the territory of the Member States amending Regulation (EEC) No 1612/68 and repealing Directives 64/221/EEC, 68/360/EEC, 72/194/EEC, 73/148/EEC, 75/34/EEC, 75/35/EEC, 90/364/EEC, 90/365/EEC and 93/96/EEC, OJ L 158, 2004.4.30., p.77.

부와 같은 분권적 등록부가 그 기관들이 자신의 임무를 떠맡는다는 것을 허용하기 위하여 관련성 있는 모든 정보를 포함하고 있다고 추정이 된다고 할지라도, 그 국가의 국민이 아닌 회원국에 거주하기를 원하는 연합시민의 거주권에 관한 그 법률의 보다 실효적인 적용에 기여한다면, 정보의 중앙집중화는 1995년 지침 제7조 제e호의 의미 내에서 필요할 수 있다.

[관련판례 4] : Satamedia Case[22](Case C-73/07, 2008.12.16.)

〈사실관계〉

핀란드의 한 정보제공회사(Markkinapöorssi)는 핀란드 조세관청으로부터 공공정보를 수집하여 수년 동안 매년 지역신문(Veropöorssi)에 그 내용을 게재하여 왔다. 발행된 기사에 포함된 정보는 소득이 일정한 기준을 초과한 약 120만 명의 이름과 그들에게 부과된 부유세(wealth tax)와 관련된 사항으로 되어 있다. 그 정보는 알파벳순으로 지역과 소득을 기준으로 하여 편집되었다. 지역신문은 공개된 개인정보를 정보주체의 요청에 따라 비용부담없이 제거할 수 있도록 하고 있다. 동 신문은 기사, 요약과 광고도 포함하지만, 그 주목적은 개인세금정보를 발행하는 것이다.

정보제공회사는 지역신문이 게재한 개인정보를 문자메시지로 배포할 목적으로 CD-ROM 형태로 동일 주주가 소유하고 있는 Satamedia에 전송하였다. 그런데, 이들 회사는 이동통신사와 계약을 맺고, 이동전화이용자들이 약 2유로의 비용으로 전화로 지역신문이 게재한 정보를 문자메시지서비스로 받아볼 수 있게 하였다. 이들 개인정보는 정보주체의 요청에 따라 그 서비스에서 제외될 수 있다.

정보보호를 관할하는 정보보호옴부즈맨과 정보보호위원회는 개인정보의 처리를 감독하며, 개인정보보호법에서 규정된 규제권한을 가지고 있다. 2004년 3월 10일에 프라이버시권의 침해라고 주장하는 개인들의 심판청구에 의해서, 정보제공회사와 Satamedia의 활동을 조사할 책무를 가지고 있는 정보보호옴부즈맨은 정보보호위원회에 대해 문제가 되고 있는 정보제공회사와 Satamedia의 개인정보 처리활동을 금지할 것을 요청하였다.

22) Satakunnan Markkinapörssi and Satamedia[2008], EU:C:2008:727

그러나, 그 요청이 정보보호위원회에 의해 거부되자 정보보호옴부즈맨은 헬싱키 행정법원에 소를 제기하였고, 행정법원은 그 청구를 기각하였다. 그래서 동 옴부즈맨은 최고행정법원에 상고하였다. 핀란드 최고행정법원은 정보보호옴부즈맨이 제기한 상고는 핀란드 국가기관에 의한 정보의 이전과 관련이 없으며, 또한 문제의 조세정보의 공공적 성격이 논점이 아니라고 보지만, 다른 한편으로, 그들 정보의 후속적인 처리와 관련하여 의문을 가지고 있다. 따라서, 최고행정법원은 소송을 정지시키고, 다음과 같은 제청사항에 대해 유럽사법재판소에 선결적 판결을 구하여 제청하였다.

(1) 자연인의 근로소득, 비근로 소득 및 자산과 관련된 정보가 :

(a) 조세관청이 보유하고 있는 공적 영역의 자료로부터 수집되고 발행을 위해 처리되며,

(b) 소득기준에 따라 활자화된 형태로 알파벳순에 따라 광범위한 리스트의 형식으로 지역별로 발행되며,

(c) 나아가 상업적 목적으로 이용하기 위하여 CD-ROM으로 전송하고,

(d) 이동전화이용자들이 개인의 이름과 거주지의 세부사항을 포함하는 문자메시지를 주어진 번호로 보내면, 그 사람의 근로소득, 비근로소득 및 자산에 관한 정보를 회신하여 주는 문자메시지서비스의 목적으로 처리되는,

이들 활동은 1995년 지침 제3조 제1항의 '개인정보의 처리'로 간주될 수 있을까?

(2) 1995년 지침은 위의 (1)(a)에서 (d)까지 열거된 여러 가지 활동이 1백만 명 이상의 납세자 정보가 정보에 대한 공적 접근권에 근거하여, 국가법에 의해 공적 영역에 속하는 정보로부터 수집되었다는 사실과 관련하여, 동 지침 제9조에 속하는 언론목적만을 위해 수행된 개인정보의 처리로 간주될 수 있다는 의미로 해석될 수 있을까? 이러한 정보의 공개가 활동의 주된 목적이라는 사실은 이 사건의 평가에서 어떠한 영향을 가질까?

(3) 유일하게 그리고 변경되지 않은 형태로 이미 미디어에 공개된 자료를 포함하는 개인정보파일은 1995년 지침의 적용범위로부터 제외된다는 의미로 해석되어야 할까?

〈유럽사법재판소의 판결 요지〉

– 첫 번째 제청사항

이 질문과 관련있는 정보는 1995년 지침 제2조 제a호의 '개인정보'를 형성한다고 하여야 한다. 왜냐하면, 그것들은 '식별된 또는 식별가능한 자연인과 관련된 정보'에 해당하기 때문이다. 다음으로, 위의 활동들이 동 지침이 규정하는 '개인정보의 처리'에 해당한다는 것은 동 지침 제2조 제b호에서 규정된 '개인정보의 처리' 개념의 문언 그 자체로부터 명백하다고 판단하기에 충분하다.

그러므로, 첫 번째 제청사항에 대한 답변은 자연인의 근로소득 및 비근로소득과 자산에 관한 정보가 ①과세관청에 의해 보유된 공적 영역의 자료로부터 수집되고 발행을 위해 처리되고, ②소득기준에 의해 활자화된 형태로 알파벳순에 따라서 광범위한 리스트의 형식으로 지역별로 발행되며, ③나아가 상업적 목적으로 이용하기 위하여 CD-ROM으로 전송되며, ④이동전화이용자들이 개인의 이름과 주거지를 포함하는 문자메시지를 정해진 번호로 보내면 그 사람의 근로소득, 비근로소득 및 자산에 관한 정보가 회신될 수 있는 문자메시지서비스의 목적을 위하여 처리되는 활동은 동 지침 제3조 제1항의 '개인정보의 처리'로서 간주된다고 해석되어야 한다.

– 두 번째 제청사항

유럽사법재판소의 확립된 판례에 의하면, 1995년 지침의 조항은 동 지침에 의해 추구된 목적과 지침에 의해 정립된 제도의 관점에서 해석되어야 한다[23]. 이와 관련하여, 동 지침 제1조에서 명백히 한 바와 같이, 동 지침의 목적은 회원국들이 개인정보의 자유로운 유통을 허용하지만, 자연인의 기본적인 권리와 자유, 그리고 특히 개인정보의 처리와 관련하여 프라이버시권을 보호하여야 하는 것이라는 점은 이론이 없다. 그러나, 그 목적은 이들 기본적 권리가 어느 정도로 표현의 자유에 대한 기본적 권리와 조화하여야 한다는 사실을 유념하지 않고서는 추구될 수 없다.

동 지침 제9조는 그러한 조화와 관련하여 규정하고 있다. 특히 동 지침 전문 제37단(recital)에서 명백히 한 바와 같이, 제9조의 대상은 프라이버시의 보호와 표현의 자유라고 하는 두 개의 기본적 권리를 조화시키는 것이다. 동 지침의 이

23) Case C-265/07, Caffaro[2008], EU:C:2008:496, paragraph 14

러한 목적을 위한 이들 두 개의 '기본적 권리'를 조화시키기 위하여 회원국들은 정보의 보호와 관련하여, 그리고 동 지침 제2장, 제4장 및 제6장에서 규정된 기본적인 프라이버시권과 관련하여, 다수의 적용제외 또는 제한을 규정할 것이 요구된다. 이들 적용제외는 오로지 언론목적 또는 예술이나 문학적 표현목적을 위하여 만들어져야 한다. 이들 목적은 프라이버시권과 표현의 자유를 규율하는 법규범을 조화시키기 위하여 명백히 필요로 하는 한 기본적 표현의 자유권의 범위에 속하는 것이다.

모든 민주사회에서 표현의 자유권의 중요성을 고려하기 위하여서는, 첫째로, 예컨대 언론의 자유와 관련된 관념들을 넓게 해석할 필요가 있다. 둘째로, 위 두 개의 기본적 권리 간에 균형을 이루기 위하여 기본적인 프라이버시권의 보호는 위에서 언급한 지침의 장들에서 규정된 정보의 보호와 관련된 적용제외와 제한들이 필요한 경우에 한하여서만 엄격하게 적용되어야 한다. 이러한 맥락에서 다음 사항들이 타당하다.

첫째로, 동 지침의 입법적 연혁에서 명백한 것처럼, 동 지침 제9조에서 규정된 적용면제와 적용제외는 미디어기업에 대해서뿐만 아니라 언론에 종사하는 모든 사람들에게도 적용된다.

둘째로, 공적 영역 내의 정보의 공개가 영리목적을 위하여 이루어진다는 사실이 분명하게 그러한 공개가 '오로지 언론목적을 위하여' 수행된 활동으로 간주되는 것을 방해하는 것은 아니다. 모든 기업은 그 활동에서 이익을 창출하고자 할 것이며, 어느 정도의 상업적 성공은 직업적 언론활동에 필수적일 수도 있다.

셋째로, 통신수단의 발달 및 보급과 정보의 확산이 고려되어야 한다. 특히, 처리된 정보를 전송하는 데 사용되는 미디어가 그것이 그 성질상 종이나 라디오 전파와 같은 고전적인 것이든 또는 인터넷과 같이 전자적인 것이든, 어떠한 활동이 '오로지 언론목적을 위하여' 수행되는 것인지에 대하여 결정적인 요인은 아니다.

따라서, 이상으로부터 본안소송에 관련되는 활동들은 국가법에 의하여 공공영역에 속하는 자료로부터 나온 정보와 관련하여, 만일 그 목적이 그것들을 전송하기 위하여 사용되는 미디어와 무관하게 대중에 대한 정보, 의견 또는 사상의 공개인 한, '언론활동'으로 분류될 수 있다. 그것들은 미디어기업에 한정되지 않으며, 수익창출목적을 위하여 수행될 수 있다.

그러므로, 두 번째 제청사항에 대한 대답은 1995년 지침 제9조는 첫 번째 제청사항의 (a)부터 (d)까지 언급된 활동들이 국가법에 의하여 공공영역에 속하는 자료로부터 나온 정보와 관련하여, 만일 그들 활동의 유일한 목적이 대중에 대한 정보, 의견 또는 사상의 공개라고 한다면, '오로지 언론목적을 위하여' 수행된 개인정보의 처리를 포함하는 활동으로서 간주되어야 한다. 그것이 본 사건에 해당하는지 여부는 국가법원이 결정할 문제이다.

– 세 번째 제청사항

1995년 지침 제3조 제2항에 의하여, 동 지침은 두 가지 경우에 있어서 개인정보의 처리에 적용되지 않는다.

첫 번째 경우는 EU조약(TEU) 제5편과 제6편에 의해 규정된 공동체법의 적용범위 밖의 활동 중에 이루어진 개인정보의 처리이다. 즉, 공공의 안전, 방위, 국가안전보장(그 처리작용이 국가안전보장문제와 관련되는 때에는 국가의 경제적 복리를 포함한다.)과 형사법영역에서의 국가의 활동에 관한 작용을 처리하는 것을 말한다. 예컨대, 동 지침 제3조 제2항의 첫 번째 단락에서 언급된 활동들은 국가의 활동이나 또는 개인의 활동영역과 무관한 국가기관의 활동들이다. 이것들은 적용제외의 범위를 규정하려는 것이며, 그 결과, 적용제외는 거기에 명시적으로 열거된 또는 동일한 범주(동종제한해석ejusdem generis)로 분류될 수 있는 활동들에 대해서만 적용된다[24].

첫 번째 제청사항의 (c)와 (d)에서 언급한 종류의 개인정보의 처리를 포함하는 활동들은 사기업들의 활동과 관련된다. 그들 활동은 어쨌든 공공의 안전과 관련된, 공적 기관에 의해 정립된 체계의 범위 내에 속하지 않는다. 그러므로, 그러한 활동들은 동 지침 제3조 제2항이 대상으로 하는 활동들과 동일시할 수는 없다.

동 조항의 둘째단락이 대상으로 하는 두 번째 상황과 관련하여, 그 적용제외와 관련되는 동 지침 전문 제12단(recital)은 순수하게 사적 활동 또는 가사활동 중에 자연인에 의해 이루어진 정보처리의 예로서 교신과 주소기록의 보유를 언급한다. 따라서, 후자의 적용제외는 사적 또는 개인의 가정생활 중에 수행된 활동에만 관련되는 것으로 해석되어야 한다. 그것은 제한되지 않는 사람들이 수집된 정보에 접근가능하게 하는 것이 그 목적인 정보제공회사와 Satamedia의 활동들에는 적용되지 않는다는 것은 명백하다.

24) Case C-101/01, Lindqvist[2003], EU:C:2003:596, paragraphs 43 and 44

그러므로, 첫 번째 제청사항의 (c)와 (d)에서 언급한 종류의 개인정보의 처리를 포함하는 활동들은 동 지침 제3조 제2항에서 언급된 상황들의 대상이 되지 않는다고 판단되어야 한다. 더구나, 동 지침은 적용범위의 한계에 대하여 더 이상의 규정을 하고 있지 않는 점을 지적하여야 한다.

마지막으로, 공개된 정보의 측면에서 동 지침의 일반적인 적용제외는 동 지침의 취지를 박탈하는 것이라는 점이 판단되어야 한다. 그들 정보가 동 지침에 의해 규정되고 있는 보호를 향유할 수 없도록 하기 위해서는 회원국들이 정보를 공개하는 것으로 충분할 것이다. 그러므로, 세 번째 제청사항에 대한 답변은, 첫 번째 질문의 (c)와 (d)에서 언급된 것들과 같은 개인정보의 처리를 포함하고, 미디어에서 이미 공개한 자료를 오로지 그리고 변경되지 않는 형태로 포함하는 개인정보파일과 관련되는 활동들은 동 지침의 적용범위에 속한다고 하여야 한다.

제3. 정보주체의 권리

1. 접근권

회원국은 모든 정보주체에게 다음의 권리를 보장하여야 한다. ①합리적인 기간마다 제약없이 그리고 지나치게 지체되지 않게 또는 과도한 비용부담 없이, (ⅰ)자기와 관련된 정보가 처리되고 있는지 여부에 대한 확인과 적어도 그 처리의 목적, 관련정보(data)의 범주, 그리고 그 정보(data)가 공개되는 수취인에 대한 정보(information), (ⅱ)처리중인 정보(data)와 그 정보의 출처에 관한 이용가능한 정보(information)의 알기 쉬운 형태로의 연락, (ⅲ)적어도 제15조 제1항에서 규정된 자동화된 결정의 경우에 자기와 관련된 정보의 자동처리에 포함된 로직(logic)을 알 권리, ②특히 정보의 불완전성이나 부정확성으로 인해, 해당하는 경우, 이 지침의 규정과 부합하지 않는 정보처리를 정정, 삭제 또는 차단할 권리, ③불가능하거나 비례적이지 않는 노력을 요한다는 입증이 없는 한, 위의 정정, 삭제 또는 차단을 정보가 공개된 제3자에게 통지할 것을 얻을 권리를 갖는다(제12조 참조).

그러나, 이러한 권리에 대해서는 ①국가안전보장, ②국가방위, ③공공의 안전, ④형사범죄나 규제되는 직업윤리 위반에 대한 예방, 수사, 탐지 및 기소, ⑤금융, 예산 및 조세문제를 포함하여 회원국이나 EU의 중요한 경제적이나 재정적 이익, ⑥정보주체의 보호나 다른 사람의 권리 및 자유의 보호를 보장하기 위한 필요한 조치인 경우에, 회원국은 이들 권리를 제한하는 입법적 조치가 허용된다. 또한 적절한 법적 보호조치가 설정되어 있는 경우, 특히 정보가 특정 개인에 대한 조치나 결정을 취할 목적으로 사용되지 않는 경우에, 그 정보주체의 프라이버시를 침해할 위험이 없는 것이 명백하면, 과학연구 목적만을 위하여 처리되거나 통계작성 목적만을 위하여 필요한 기간을 초과하지 않는 기간 동안 개인적인 형태로 보존될 때, 회원국은 위의 권리들을 입법적 조치에 의해 제한할 수 있다(제13조 참조).

2. 반대권

회원국은 정보주체에게 다음의 권리를 부여하여야 한다(제14조 참조).

①적어도 제7조 제e호와 제f호에서 규정된 경우[25], 국가법에 의해 달리 규정된 경우를 제외하고, 정보주체의 구체적인 상황과 관련된 우월적인 합법적 근거에 기하여 언제라도 자기와 관련된 정보의 처리를 반대할 권리. 반대가 정당한 경우에, 관리자의 처리에 더 이상 정보가 포함되어서는 안된다.

②관리자가 다이렉트마케팅 목적으로 처리하기를 원하는 정보주체와 관련된 개인정보의 처리를 요청에 따라 비용부담 없이 반대할 권리, 또는 개인정보가 최초로 제3자에게 공개되거나 다이렉트마케팅을 위하여 사용되기 전에 통지받을 권리, 그리고 그러한 공개나 이용에 대해 비용부담 없이 반대할 권리를 명백히 제공받을 권리.

3. 자동화된 개별적 결정과 관련된 권리

또한 회원국은 모든 사람에게 자기와 관련된 법적 효과를 발생시키거나 자기에게 중대한 영향을 미치며, 그리고 자기와 관련된 특정한 개인적 측면, 예컨대 업무성취, 신용가치, 신뢰성, 행동 등의 평가에 사용될 정보의 자동화 처리에만 의존한 결정을 따르지 않을 권리를 부여하여야 한다. 다만, 이러한 경우에도 그 결정이 ① 계약체결과정 중에 이루어진 경우나 ②정보주체의 정당한 이익을 보호하기 위한 조치가 규정된 법률에 의해 권한이 부여된 경우에는 회원국은 그러한 자동화된 결정에 따를 것을 규정할 수 있다(제15조 참조).

---

25) 공익목적으로 수행된 임무의 완수를 위하거나 관리자나 그 정보가 공개된 제3자에게 부여된 공권력의 행사를 위하거나, 또는 관리자나 그 정보가 공개된 제3자나 당사자가 추구하는 정당한 이익을 위하여 개인정보의 처리가 필요한 경우

[관련판례 1] : YS Case[26](Joined Cases C-141/12 and C-372/12, 2014.7.17.)

〈사실관계〉

본 사건들은 네덜란드 정부에 일정 기간의 체류허가신청을 한 제3국민인 신청자들과 소관부처인 이민난민부 장관 사이의 소송에서 수소법원이 선결적 판결을 구하여 유럽사법재판소에 제청한 것이다(이하 C-141/12 사건을 '제1사건'이라고 하고, C-372/12 사건을 '제2사건'이라고 한다.).

제1사건에서는 신청인(YS)이 2009년 1월 13일에 네덜란드 난민법에 따라서 일정기간의 체류허가를 신청하였으나, 같은 해 6월 9일에 기각되었다. 그 결정은 2010년 4월 9일에 철회되었다가, 다시 같은 해 7월 6일에 기각결정이 내려졌다. 2010년 9월 10일에 YS는 2010년 7월 6일의 기각결정과 관련된 결정안을 교부하여 줄 것을 서면으로 청구하였다. 동 청구는 2010년 9월 24일 기각되었다. 그 청구에는 결정안에 포함된 정보의 대강, 그 정보의 출처, 그 정보가 공개된 기구들에 대한 교부가 포함되었다. YS는 결정안 교부 거부처분에 대해 이의신청을 하였으나, 2011년 3월 22일에 기각되었다. 그리하여, YS는 그 결정안에의 접근이 법률에 의해 거부되지 않는다는 이유로 관할 지방법원에 소를 제기하였다. 동 지방법원은 소송절차를 일시정지하고, 결정안에 포함된 법적 분석이 1995년 지침 제2조 제a호의 '개인정보'에 해당하는지와 만일 개인정보에 해당한다면, 정보처리자/정부기관은 1995년 지침 제12조와 EU기본권헌장 제8조 제2항에 의하여 그들 개인정보에의 접근을 허용하여야 하는지에 대해 선결적 판결을 구하여 유럽사법재판소에 제청하였다.

제2사건에서 소관부처 장관은 2009년 10월 28일 결정으로 그 이유를 제시하지 않은 채로 신청인(M)에게 일정기간의 체류허가를 부여하였다. M은 2009년 10월 30일에 네덜란드 개인정보보호법에 근거하여 그 결정과 관련된 결정안에의 접근을 청구하였으나, 같은 해 11월 4일에 장관은 M의 청구를 기각하였다. 그 기각결정에 대한 이의신청이 2010년 12월 3일에 기각되었기 때문에, M은 그 결정에 대해 관할 지방법원에 소를 제기하였다. 동 법원은 2011년 6월 16일에 그 결정안에의 접근을 거부하는 근거로 장관이 들고 있는 이익은 네덜란드 개인정보보호법상 보호되지 않는 이익이라고 하여, 원고의 청구를 인용하는 판결을 하

26) YS and Others[2014], EU:C:2014:2081

였다. 이에 장관이 국사원(Council of State)에 상소하였다. 국사원은 동 사건을 일시정지하고, 결정안에 포함되어 있는 법적 분석이 1995년 지침 제2조 제a호의 '개인정보'에 해당하는지와 1995년 지침의 '접근권(right of access)'은 처리되고 있는 개인정보의 사본을 교부받을 권리를 의미하는 것인지 또는 그 개인정보의 요약본을 알기 쉬운 형태로 제공하면 충분한 것인지에 대하여 선결적 판결을 구하여 유럽사법재판소에 제청하였다.

〈유럽사법재판소의 판결 요지〉

1995년 정보보호지침이 규정하는 정보주체의 권리와 관련하여, 사생활 존중의 기본권의 보호는 특히 그 사람이 자기와 관련되는 개인정보가 정확하며, 그 개인정보가 적법하게 처리되고 있다고 믿을 수 있음을 의미한다고 하여야 한다. 동 지침 전문 제41단(recital)에 명시되어 있는 바와 같이, 동 지침 제12조 제a호에 의해 정보주체가 처리되고 있는 자신과 관련되는 정보에의 접근권을 가지는 것은 필요한 체크를 하기 위한 것이다. 이러한 접근권은 특히 정보주체가 상황에 따라서 자기 정보의 정정, 삭제 또는 차단을 정보관리자로부터 받을 수 있게 하고, 결과적으로 동 지침 제12조 제b호에서 규정된 권리를 행사할 수 있도록 하기 위하여 필요한 것이다.

법적 분석의 사실적 근거를 형성하는 신청인의 체류허가 신청과 관련되는 정보와 달리, 이러한 법적 분석은 그 자체로는 신청인에 의한 정확성의 체크와 1995년 지침 제12조 제b호에 의한 정정의 대상이 아니다. 그러한 사정에서, 신청인의 체류허가 신청에 대한 접근권을 법적 분석으로까지 확대하는 것은 자기의 개인정보 처리와 관련한 신청인의 프라이버시권의 보호를 보장한다는 동 지침의 목적에 부합하는 것이 아니라, 동 지침이 대상으로 하고 있지 않는 행정문서에의 접근권을 보장하는 것이 될 것이다.

한편, 1995년 지침 제12조 제a호와 EU기본권헌장 제8조 제2항은 체류허가 신청을 한 신청인이 결정안에 포함된 자기와 관련된 정보에의 접근권을 포함한다고 해석하여야 하는지와 만일 그렇다고 한다면, 그러한 접근권은 관할기관이 그에게 그러한 결정안의 사본을 제공하여야 한다는 것을 의미하는지 또는 그들 정보의 요약본을 알기 쉬운 형태로 제공하면 충분한지와 관련하여 다음과 같이 판단한다.

1995년 지침 제12조 제a호가 신청인에게 결정안에 포함된 모든 개인정보에의 접근권을 부여하고 있다는 데에는 모든 당사자들이 인정하지만, '개인정보' 개념의 해석에 따라서 그러한 접근권의 실제 범위에 있어서 차이가 있다. 1995년 지침의 규정들은 기본적 자유, 특히 프라이버시권을 침해하기 쉬운 개인정보의 처리를 규율하는 한에 있어서 기본권의 관점에서 해석되어야 한다. 그런데, 그것은 유럽사법재판소의 확립된 판례에 따르면, 유럽사법재판소가 보장하고 있고 EU 기본권헌장에서 규정되어 있는 법의 일반원칙의 구성요소를 형성하고 있다.

개인정보보호권을 보장하고 있는 동 헌장 제8조 제2항은 특히 모든 사람이 자기에 관하여 수집된 개인정보에의 접근권을 가진다고 규정하고 있다. 그러한 요구는 1995년 지침 제12조 제a호에 의하여 시행되고 있다. 동 조항은 회원국들이 모든 정보주체가 정보관리자로부터 합리적인 기간마다 제약 없이 그리고 과도한 지체나 비용부담 없이 처리되고 있는 데이터와 그 출처에 관한 이용가능한 정보를 알기 쉬운 형태로 교부받을 권리를 보장하여야 한다고 규정하고 있다.

1995년 지침은 모든 정보주체가 정보관리자에 의해 처리된 그 정보주체와 관련되는 모든 정보의 교부를 정보관리자로부터 받을 수 있음을 회원국들이 보장할 것을 요구하지만, 그러한 교부의 구체적인 형태는 그것이 '알기 쉬운(intelligible)' 한, 다시 말하자면, 그 정보주체가 그 정보를 알게 되고, 그 사람이 동 지침 제12조 제b호와 제c호, 제14조, 제22조 및 제23조에서 부여하고 있는 권리들을 행사하기 위하여, 그것이 정확하며 동 지침에 합치되게 처리되고 있는지 여부를 체크하는 것이 허용되는 한, 회원국들이 결정할 수 있도록 위임하고 있다. 따라서, 다른 교부의 형태로 접근권에 의해 추구되는 목적이 완전히 충족될 수 있다면, 정보주체는 서류의 사본 또는 그 정보가 나타난 원본파일을 얻을 권리를 동 지침 제12조 제a호 또는 헌장 제8조 제2항으로부터 도출할 수 없다. 자기와 관련된 개인정보가 아닌 정보에의 접근을 방지하기 위하여, 정보주체는 편집된 자료의 사본이나 원본파일을 받을 수도 있다.

본안소송에서와 같은 사정에서, 결정안에 포함된 체류허가 신청을 위한 신청인과 관련되는 정보만이 그리고 해당되는 경우에 결정안에 포함된 법적 분석에서의 정보는 1995년 지침 제2조 제a호의 '개인정보'이다. 그러므로, 그 신청인이 동 지침 제12조 제a호와 헌장 제8조 제2항에 근거할 수 있는 접근권은 그들 정보에 관련한 것만이다. 그러한 접근권이 보장되기 위하여, 체류허가신청을 한 신청인이 알기 쉬운 형태로, 다시 말하면, 그들 정보를 알게 되고, 그 정보주체가 동 지침 제12조 제b호 및 제c호, 제14조, 제22조와 제23조에 의해 부여된 권리들을 행사하기 위하여, 그 정보가 정확하며 동 지침과 부합되게 처리되는지를 허용하는 형태로 그 모든 정보의 요약본을 제공받는 것으로 충분하다.

[관련판례 2] : Google Spain Case[27](Case C-131/12, 2014.5.13.)

〈사실관계〉

2010년 3월 5일 스페인 거주 스페인인 코스테하 곤잘레스 씨는 특히 스페인 카탈로니아지방에서 많은 부수를 발행하고 있는 일간지 라 방가르디아(La Vanguardia)와 구글 스페인(Google Spain) 및 구글 본사(Google Inc.)를 상대로 하여 스페인정보보호청(Agencia Española de Protección de Datos ; 이하 'AEPD')에 심판을 청구하였다. 심판은 다음과 같은 사실에 근거한 것이었다. 즉, 인터넷 이용자들이 구글그룹의 검색엔진(이하 '구글검색')에 코스테하 곤잘레스 씨의 이름을 입력하면, 1998년 1월 19일과 동년 3월 9일자의 라 방가르디아 기사에의 링크의 검색결과를 얻게 되는데, 그 기사는 사회보장채무의 회수를 위한 압류절차와 관련된 부동산경매 공고에서 코스테하 곤잘레스 씨의 이름이 언급되었다. 코스테하 곤잘레스 씨는 이와 관련하여 자기와 관련된 압류절차는 여러 해 전에 완전히 해결되었으며, 이제 와서 그에 관한 조회는 전혀 관련성이 없다고 주장하였다.

심판청구에서, 코스테하 곤잘레스 씨의 청구사항은 첫째로, 라 방가르디아는 자신과 관련되는 개인정보가 더 이상 나타나지 않도록 그 기사들을 제거하거나 변경할 것 또는 그 개인정보를 보호하기 위하여 검색엔진에 의해 이용될 수 있는 특정한 도구(툴)를 사용할 것이 요구된다는 것이다. 둘째로, 구글 스페인과 구글 본사는 자신과 관련되는 개인정보가 검색결과에 포함되지 않으며, 또한 라 방가르디아에의 링크에서 더 이상 표시되지 않도록 그 개인정보를 제거하거나 감출 것이 요구된다고 하였다.

AEPD는 2010년 7월 30일 결정에서 라 방가르디아에 관한 청구를 기각하였다. 그 논거는 라 방가르디아에 의한 정보의 공개는 노동사회부의 명령에 의한 것으

27) Google Spain and Google[2014], EU:C:2014:317

로 법적으로 정당한 것이었으며, 가능한 한 많은 입찰자들을 확보하기 위하여 경매의 홍보효과를 극대화하기 위한 것이라는 점이었다.

다른 한편으로, 구글 스페인과 구글 본사에 대한 청구는 인용되었다. AEPD는 이와 관련하여, 검색엔진운영자들은 그들이 맡고 있는 정보처리업무를 수행하고 정보사회에서 중개자로서 활동하는 것임을 고려할 때, 정보보호입법을 준수하여야 한다고 판단하였다. AEPD는 정보의 소재파악(locating)과 확산은 정보보호의 기본권과 넓은 의미의 인간의 존엄성- 그리고 여기에는 관계인이 그러한 정보가 제3자에게 알려지지 않았으면 하는 단순한 바램도 포함될 수 있다-과 타협해야 한다고 간주할 때, 검색엔진운영자들에 의한 일정한 정보에의 접근 금지와 그 정보의 제거를 요구할 권한을 가지고 있다는 견해를 취하였다. AEPD는 사이트상의 정보의 보유가 법규정에 의해 정당화되는 경우를 포함하여, 그러한 정보가 게시된 웹사이트에서 데이터나 정보를 삭제할 필요 없이, 검색엔진운영자들에게 직접 그러한 의무를 부과할 수 있다고 판단하였다.

구글 스페인과 구글 본사는 AEPD의 결정에 대해 각각 스페인 법원에 소를 제기하였다. 동 법원은 본 소송이 다음과 같은 쟁점을 제기한다고 말한다. 즉, 그것은 정보를 검색엔진운영자들에 링크될 수 있게 하는 제3자의 웹사이트 상에 공개되며, 자기와 관련되는 개인정보를 포함하는 일정한 정보가 소재파악되고, 인덱스되며, 무제한으로 인터넷이용자들이 이용할 수 있기를 원하지 않는 관계인들의 개인정보를 보호하기 위하여, 검색엔진운영자들에게 어떠한 의무를 부과할 것인지의 문제이다. 그 문제에 대한 해답은 1995년 지침의 공포 이후에 등장한 이들 기술과 관련하여, 동 지침을 어떻게 해석할 것인지에 달려 있다.

〈유럽사법재판소의 판결 요지〉

제청법원은 1995년 정보보호지침 제12조 제b호와 제14조 제a호는, 그 정보가 자신에게 침해적일 수 있거나 또는 일정한 시간이 경과한 후에 그것이 '잊혀지기를' 원한다는 것을 이유로 하여, 자신의 이름을 기초로 하여 이루어진 검색에 따라서 표시된 결과목록으로부터, 제3자에 의해 합법적으로 공개되고 자기와 관련되는 진정한 정보를 포함하는 웹페이지에의 링크를 제거할 것을 정보주체가 검색엔진운영자에게 요구할 수 있는 것으로 해석해야 하는지를 묻고 있다.

개인정보의 처리가 지침과 양립 불가능할 것을 조건으로 하여 1995년 지침 제12조 제b호가 적용되는 바, 그러한 양립불가능성은 그 정보가 부정확하다는 사실에서뿐만 아니라, 특히 그 정보가 처리의 목적과 관련하여 부적절하고, 관련성이 없거나 과도하고, 그 정보가 최신성을 유지하지 않고 있거나 또는 역사적, 통계적 또는 과학적 목적을 위하여 유지될 것이 요구되지 않는데도 필요 이상의 기간 동안 보관된다는 사실로부터도 생겨날 수 있다.

1995년 지침 제6조 제1항 제c호부터 제e호까지에서 규정된 요건들로부터, 처음에는 정확한 정보의 적법한 처리라고 할지라도, 시간이 지나면서 그들 정보가 수집되거나 처리된 목적들에 비추어 볼 때 더 이상 필요하지 않는 경우에, 지침과 양립불가능하게 될 수 있다. 그것은 특히 그 정보가 목적과 관련하여 그리고 경과한 시간에 비추어 볼 때, 부적절하고, 관련성이 없거나 또는 더 이상 관련성이 없게 되거나 과도한 것으로 나타나는 경우에 그러하다.

그러므로, 1995년 지침 제12조 제b호에 의하여 정보주체에 의한 청구에 따라서, 그의 이름을 기초하여 이루어진 검색 결과로 표시된 목록에 제3자에 의해 적법하게 공표되고 개인적으로 그와 관련되는 진실한 정보를 포함하는 웹페이지에의 링크를 포함시키는 것은, 사건의 모든 사정을 고려할 때, 그 정보가 검색엔진 운영자에 의해 수행된 쟁점이 되는 처리의 목적과 관련하여 부적절하고, 관련성이 없거나 또는 더 이상 관련성이 없게 되거나 과도한 것으로 나타나기 때문에, 현 시점에서, 동 지침 제6조 제1항 제c호부터 제e호까지와 양립할 수 없다는 것이 인정된다면, 결과목록에서 관련 정보 및 링크는 삭제되어야 한다.

1995년 지침 제7조 제f호에서 규정된 조건들을 준수하지 않은 것으로 추정된 것에 근거하여, 동 지침 제12조 제b호에 의한 청구와 동 지침 제14조 제a호에 의한 청구와 관련되는 한, 모든 경우에 개인정보의 처리에는 그것이 수행되는 전 기간 동안 제7조에 의해 권한이 부여되어야 한다는 점이 지적되어야 한다.

이상에서 살펴본 바에 비추어, 본안소송에서 쟁점이 되는 것과 같은 처리를 반대하기 위하여 이루어진 청구를 평가할 때, 정보주체가 개인적으로 그와 관련되는 정보가 현시점에서 그의 이름을 기초로 하여 이루어진 검색에 따라서 표시된 결과목록에 의하여 더 이상 그 이름에 링크되지 않을 권리를 가지는지가 특히 검토되어야 한다. 이와 관련하여, 그러한 권리를 인정하기 위하여 검색목록에 문제의 정보를 포함시키는 것이 정보주체에 대해 침해를 초래한다는 것은 필요하지 않다는 점이 지적되어야 한다.

정보주체는 EU기본권헌장 제7조와 제8조에 의한 기본권에 비추어, 문제의 정보가 그러한 결과목록에 포함됨으로써 일반대중에게 더 이상 이용될 수 없도록 청구할 수 있기 때문에, 그들 권리는 일반적으로 검색엔진운영자의 경제적 이익에 대해서뿐만 아니라 정보주체의 이름과 관련되는 검색으로 그 정보를 발견하는 일반공중의 이익에 대해서도 우월하다고 판결되어야 한다. 그러나, 정보주체가 공적 생활에서 한 역할과 같은 특별한 이유로, 그의 기본권에 대한 간섭이 결과목록에 포함되기 때문에 문제의 정보에 접근함에 있어서 갖는 일반공중의 우월한 이익에 의해 정당화되는 것으로 나타난다면, 그것은 그렇지 않게 될 것이다.

본안소송에서 쟁점이 되고 있는 것과 같은 사정은, 정보주체의 이름을 기초로 하여 구글검색에 의한 검색으로써 인터넷이용자가 얻은 결과목록에서, 정보주체의 이름을 언급하고 있고 사회보장채무의 회수를 위한 압류절차와 연결된 부동산경매에 관련되는 공고가 게재된 일간지의 온라인 아카이브 페이지에의 링크의 표시와 관련된 것이지만, 그 공고에 포함된 정보의 정보주체의 사생활에 대한 민감성과 그 정보의 최초 공표가 16년 전에 있었다는 사실을 고려할 때, 정보주체는 그러한 목록에 의해서 자기 이름에 더 이상 링크되지 않을 권리를 확립한다고 판결되어야 한다. 따라서, 본 사건에서는 그러한 검색으로 그 정보에로의 접근을 함에 있어서 일반공중의 우월한 이익을 실현시킬 특별한 이유가 있는 것으로 보이지 않기 때문에-그러나, 그것은 제청법원이 입증해야 할 문제이다-, 정보주체는 1995년 지침 제12조 제b호와 제14조 제a호에 의해 그들 링크가 결과목록으로부터 제거될 것을 요구할 수 있다.

이상의 검토로부터, 1995년 지침 제12조 제b호와 제14조 제a호는 그들 법조항의 적용요건을 평가할 때, 정보주체는 개인적으로 그와 관련되는 문제의 정보가 현시점에서 그의 이름을 기초로 하여 이루어진 검색에 따라 표시된 결과목록에 의하여 그의 이름에 더 이상 링크되어서는 안된다고 하는 권리를 가지는지가 특히 검토되어야 한다. 그리고, 그러한 권리를 인정하기 위하여, 그 목록에 문제의 정보가 포함되는 것이 정보주체에게 침해를 초래한다는 것은 필요로 하지 않는다. 헌장 제7조와 제8조에 의한 기본권에 비추어, 정보주체는 문제의 정보가 그러한 결과목록에 포함됨으로써 일반공중에게 더 이상 이용될 수 없도록 할 것을 요구할 수 있기 때문에, 그 권리는 일반적으로 검색엔진운영자의 경제적 이익에 대해서 뿐만 아니라 정보주체의 이름과 관련되는 검색에서 그 정보에 접근함으로써 갖는 일반공중의 이익에 대해서도 우월하다. 그러나, 정보주체가 공적 생활에서 맡은 역할과 같은 특별한 이유로 인하여 결과목록에 포함됨으로써, 문제의 정보에 접근함에 있어서 갖는 일반공중의 우월한 이익이 그의 기본권에 대한 간섭을 정당화시키는 것으로 나타난다면, 그 결론은 다르게 될 것이다.

제4. 실효성 확보와 권리구제

회원국은 사법기관에 쟁송을 제기하기 전에 특히 감독기관에 의한 행정적 구제를 보장하면서, 다툼의 대상인 처리에 적용 가능한 국가법에 의해 보장된 권리의 침해에 대한 사법적 구제권을 모든 사람에게 제공하여야 한다(제22조 참조).

회원국은, 불법적인 처리작용이나 이 지침에 따라서 채택된 국가법규정과 양립할 수 없는 행위의 결과로서 손해를 입은 사람은 그 손해에 대해 관리자로부터 배상을 받을 자격이 있음을 규정하여야 한다. 관리자는 그 손해가 발생한 사건에 대해 책임이 없음을 입증하면 전부 또는 부분적으로 그 책임이 면제될 수 있다(제23조 제1항, 제2항 참조).

회원국은 이 지침의 완전한 이행을 보장하는 적절한 조치를 채택하여야 하고, 특히 이 지침에 따라서 채택된 규정을 침해한 경우에 부과될 제재를 규정하여야 한다(제24조 참조).

제5. 개인정보의 제3국으로의 이전

1. 원칙

회원국은 처리 중이거나 이전 후 처리를 예정하고 있는 개인정보의 제3국으로의 이전은 이 지침에 따라서 채택된 국가법규정과 부합되고, 그 제3국이 적합한 보호수준을 보장하는 경우에만 허용된다는 것을 규정하여야 한다. 제3국에 의해 보장되는 보호수준의 적합성은 정보 이전작용을 둘러싼 모든 환경의 관점에서 평가되며, 정보의 성격, 제안된 처리작용의 목적 및 기간, 발신 국가와 최종목적지인 국가, 일반적 법규 및 영역별 법규, 그 국가에서 실시되는 보안조치 등을 특별히 고려하여야 한다(제25조 제1항, 제2항 참조).

유럽위원회가 제3국이 적합한 보호수준을 보장하지 않는다고 인정하는 경우에, 회원국들은 동일한 유형의 정보가 그 제3국으로 이전되는 것을 금지하는데 필요한 조치를 취하고, 적절한 시기에 이러한 상황을 시정하기 위하여 협상에 착수하여야 한다. 유럽위원회는 제3국의 국가법이나 그 제3국이 가입한 국제조약에 의하여, 특히 위의 협상의 결과에 입각하여 제3국이 사생활과 개인의 기본적 자유 및 권리의 보호를 위하여 적합한 보호수준을 보장하고 있다고 인정할 수 있다. 회원국들은 이러한 유럽위원회의 결정을 준수하는데 필요한 조치를 강구하도록 되어 있다(제25조 제4항, 제5항, 제6항 참조).

한편, EU역외의 제3국으로의 개인정보 이전을 위하여 EU와 제3국 간의 협상의 일례로서, 미국과의 사이에서 2000년에 체결된 세이프하버협정을 들 수 있다. 동 협정의 체결에 의해, 미국의 세이프하버프로그램에 참여하여 세이프하버 인증마크를 받은 기업들은 EU역내에서 미국으로의 개인정보 이전이 가능하게 되었다[28].

2. 예외

(1) 위의 원칙에 대해서는 다음과 같은 적용제외가 인정된다(제26조 제1항 참조).

(a) 정보주체가 제안 받은 개인정보의 이전에 대하여 애매모호하지 않게 동의한 경우

(b) 정보주체와 관리자 사이의 계약의 이행이나 정보주체의 요구에 대응하여 취해진 사전 계약적 조치의 이행을 위하여 이전이 필요한 경우

(c) 정보주체의 정당한 이익으로 판정된 관리자와 제3자 사이의 계약의 체결이나 이행을 위하여 이전이 필요한 경우

(d) 중요한 공익적 근거로, 또는 법적 청구권의 설정, 행사나 방어를 위하여 이전이 필요하거나 법적으로 요구되는 경우

(e) 정보주체의 중대한 이익을 보호하기 위하여 이전이 필요한 경우

(f) 법규에 따라서 일반공중에 대해 정보를 제공할 것이 예정되고, 일반공중이나 정당한 이익을 대변할 수 있는 사람이 참조할 수 있는 기록으로부터 이전이 이루어진 경우

(2) 회원국은 관리자가 개인의 프라이버시와 기본적 권리 및 자유의 보호와 관련하여 적절한 보호수단을 제시하는 경우에 위의 원칙의 의미 내에서 적합한 보호

---

28) 그러나, 동 협정은 나중에 살펴보는 바와 같이, 2015년 10월 8일의 EU사법재판소의 판결에 의해 무효가 선언되었다.

수준을 보장하지 않는 제3국으로의 개인정보의 이전을 허용할 수 있다. 이 경우에 회원국은 유럽위원회와 다른 회원국들에 그러한 허용을 통지하여야 하며, 만일 어느 회원국이나 유럽위원회가 개인의 프라이버시와 기본적 권리 및 자유의 보호를 포함하는 정당한 근거에 기하여 거부하는 경우에 유럽위원회는 적절한 조치를 강구하고, 유럽위원회가 어떤 표준계약조항이 충분한 보호조치를 제공하고 있다고 결정하는 경우에 회원국들은 유럽위원회의 결정에 따른 필요한 조치를 강구하도록 하고 있다(제26조 제2항, 제3항, 제4항 참조).

[관련판례 1] : Lindqvist Case[29](Case C-101/01, 2003.11.6.)

〈유럽사법재판소의 판결 요지〉

본 사건의 쟁점의 하나로서 만일 스웨덴에 있는 사람이 컴퓨터를 이용하여 개인정보를 스웨덴에 있는 서버에 저장된 홈페이지에 게시하고, 그로 인해 그 개인정보를 제3국에 있는 사람들에게도 접근가능하게 된다면, 1995년 지침 제25조의 '개인정보의 제3국으로의 이전'에 해당하는지, 나아가, 만일 제3국의 누구도 사실상 그 정보에 접근하지 않았다면 또는 문제의 서버가 실제로 물리적으로 제3국에 있었다면 어떻게 해석하여야 하는지가 제청되었다.

이와 관련하여, 유럽사법재판소는 인터넷홈페이지에 개인정보를 게시하는 것은 단지 그것이 제3국의 사람들에게 접근할 수 있도록 하기 때문에 1995년 지침 제25조의 의미에서 그 개인정보의 제3국으로의 '이전'에 해당하는지를 결정하기 위하여서는, 그렇게 수행된 활동의 기술적 성격과 제25조가 속하는 동 지침 제4장의 목적과 체계 모두를 고려할 필요가 있다고 한다. 인터넷상의 정보는 거의 언제나 많은 지역에 사는 무한정한 사람에 의해 조회될 수 있는 바, 동료신도들에 관한 정보를 포함하여, Mrs Lindqvist가 인터넷홈페이지에 게시한 정보를 얻기 위하여서는 인터넷이용자는 인터넷에 접속해야 할뿐만 아니라, 그 페이지를 조회하기 위하여 필요한 행동을 개별적으로 해야 한다. 다시 말하면, Mrs Lindqvist의 인터넷홈페이지는 일부러 그 페이지에 접속하고자 하지 않은 사람들에게 자동적으로 그 정보를 송부하는 기술적 수단을 포함하지 않았다. 따라서, 본안소송에서의 사건과 같은 상황에서는 제3국의 사람의 컴퓨터에 나타나는 개인정보는

29) Lindqvist[2003], EU:C:2003:596 〈사실관계〉에 대해서는 58쪽 이하를 참조.

그 정보를 인터넷사이트에 게시한 사람으로부터 나오지만, 그 두 사람 사이에 직접적으로 이전되는 것이 아니라, 그 페이지가 저장되어 있는 호스팅사업자의 컴퓨터설비를 통하여 이전된 것이다.

제25조가 속해있는 1995년 지침 제4장은 회원국들이 개인정보의 제3국으로의 이전을 구체적 규정으로 감시할 수 있도록 의도된 특별한 체제로 구성되어 있고, 그 장은 개인정보의 처리의 적법성에 관한 동 지침 제2장에 의해 이루어진 일반적 체계에 대한 보완적 체계를 구성한다. 제4장의 목적과 관련하여, 동 지침 전문(Preamble)은 특히 동 지침에 의해 공동체가 보장하는 개인의 보호는 적합한 수준의 보호를 보장하는 제3국으로의 개인정보의 이전에 장애가 되지 않지만, 그러한 보호의 적합성은 이전활동을 둘러싼 모든 상황을 고려하여 평가되어야 한다고 명시하고 있다[30]. 특히, 동 지침 제25조 제4항은 EC위원회가 제3국이 적합한 보호수준을 보장하고 있지 않다고 인정하는 경우에, 회원국들은 당해 제3국으로의 개인정보의 이전을 금지하는데 필요한 조치를 취하여야 한다고 규정하고 있다.

1995년 지침 제4장은 인터넷의 이용에 관한 규정을 포함하고 있지 않다. 특히, 그것은 호스팅사업자에 의한 활동들이 그 서비스의 설치장소인지 그 사업 주소지인지 또는 그 서비스의 장비를 구성하는 컴퓨터가 소재하는 장소인지에 대한 결정기준을 규정하고 있지 않다. 동 지침이 제정된 당시에 인터넷의 발달상황과 인터넷의 이용에 적용가능한 기준이 제4장에 결여되어 있다는 점을 고려할 때, EU입법자가 '개인정보의 제3국으로의 이전'이라는 표현을 비록 그 정보에 접근할 수 있는 기술적 수단에 의해 제3국에 있는 사람이 접근할 수 있다 할지라도, 본 사안과 같은 개인이 정보를 인터넷홈페이지에 게시하는 것을 포함할 의도였다고는 생각할 수 없다.

그러므로, 본 사안에서의 (Mrs Lindqvist가 한 것과 같은)활동은 1995년 지침 제25조의 '개인정보의 제3국으로의 이전'에 해당하지 않는다는 의미로 해석되어야 하며, 제3국의 개인이 관련 인터넷홈페이지에 액세스했는지 또는 그 호스팅서비스의 서버가 물리적으로 제3국에 있었는지 여부를 조사할 필요는 없다.

30) recital, paras. 56~60

[관련판례 2] : PNR Case[31](Joined cases C-317/04 and C-318/04, 2006.5.30.)

본 사건은 유럽의회가 이사회(C-317/04)와 EC위원회(C-318/04)를 상대로 하여, 항공사들에 의한 PNR(Passenger Name Record)정보의 처리와 미국 내무안전부(Department of Homeland Security)와 관세및국경보호국(Bureau of Customs and Border Protection)에의 이전에 관한 유럽공동체(EC)와 미국 간의 협정의 체결에 관한 이사회결정[32](C-317/04)과 미국 관세및국경보호국에 이전된 비행기승객의 탑승객이름기록(Passenger Name Record : PNR)에 포함된 개인정보의 적정한 보호에 관한 EC위원회결정[33](C-318/04)에 대하여 각각 유럽사법재판소에 제기한 무효확인소송이다.

〈사실관계〉

2001년 9월 11일의 테러리스트의 공격에 대응하여, 미국은 미국으로 입국하거나 미국에서 출국하는 또는 미국영토 내를 통과하는 항공편을 운행하는 항공사는 미국 관세청에 '탑승객이름기록'(PNR정보)으로 불리는 예약 및 출발 자동통제시스템에 포함된 정보에의 전자적 접근을 제공하여야 한다고 규정하는 법률을 2001년 11월에 통과시켰다.

EC위원회는 EU 및 회원국들의 안보이익의 적법성이 위태로울 수 있다는 점을 인식하고, 동 법률규정이 정보보호에 관한 공동체 및 회원국법률, 그리고 1999년 2월 8일의 이사회규칙[34]에 의해 개정된, 컴퓨터화한 예약시스템 행동강령에 관한 1989년 7월 24일의 이사회규칙[35]과 충돌할 가능성이 있다는 점을 2002년 6월에 미국정부기관에 통지하였다. 미국정부기관은 새로운 법률의 시행을 연기하였으나, 2003년 3월 5일 이후 PNR정보에의 전자적 접근에 관한 법률

31) Parliament v Council[2006], EU:C:2006:346

32) Council Decision 2004/496/EC of 17 May 2004 on the conclusion of an Agreement between the European Community and the United States of America on the processing and transfer of PNR data by Air Carriers to the United States Department of Homeland Security, Bureau of Customs and Border Protection, OJ 2004 L 183, p.83, and corrigendum at OJ L 255, 2005.9.30., p.168.

33) Commission Decision 2004/535/EC of 14 May 2004 on the adequate protection of personal data contained in the Passenger Name Record of air passengers transferred to the United States Bureau of Customs and Border Protection, OJ L 235, 2004.7.6., p.11.

34) COUNCIL REGULATION (EC) No 323/1999 of 8 February 1999 amending Regulation (EEC) No 2299/89 on a code of conduct for computer reservation systems (CRSs), OJ L 40, 1999.2.13., p.1

35) COUNCIL REGULATION (EEC) No 2299/89 of 24 July 1989 on a code of conduct for computerized reservation systems, OJ L 220, 1989.7.29., p.1

을 준수하지 않는 항공사에 대한 벌칙 부과권을 포기할 것을 결국 거부하였다. 그 때부터 EU내의 다수의 대형항공사들은 미국정부기관에 PNR정보에의 접근을 허용하였다.

EC위원회는 미국정부기관과 협상에 들어가서, 1995년 지침 제25조 제6항에 따라서 EC위원회에 의한 적합성에 관한 결정(decision on adequacy)을 채택할 목적으로 미국 관세및국경보호국의 입장에 서는 내용을 포함하는 문서를 작성하였다.

2003년 6월 13일에 1995년 지침 제29조에 의해 설립된, '개인정보의 처리와 관련하여 개인의 보호에 관한 작업반'(Working Party on the Protection of Individuals with regard to the Processing of Personal Data)은 예상되는 정보처리활동에 대해 그들 기업에 의해 보장된 정보보호수준에 관해 의문을 표시하는 의견을 전달하였다. 작업반은 2004년 1월 29일의 의견에서도 그러한 의문을 되풀이하여 표명하였다.

2004년 3월 1일에 EC위원회는 관세및국경보호국의 시행안과 함께 1995년 지침 제25조 제6항에 의한 적합성에 관한 결정안을 유럽의회에 제출하였다. 동년 3월 17일에 EC위원회는 EC조약 제300조 제3항 제1호에 따라 자문을 위하여 미국과의 협정의 체결에 관한 이사회결정안을 유럽의회에 제출하였다. 2004년 3월 25일 서신에서, 이사회는 긴급절차에 따라 늦어도 동년 4월 22일까지 그 결정안에 대한 의견을 송부하여줄 것을 유럽의회에 요청하였다. 그 서신에서 이사회는 다음과 같이 기술하였다. "테러리즘에 대한 싸움은 그 결정안을 정당화하며, 유럽연합의 핵심선결사항이다. 항공사들과 승객들은 현재 긴급히 구제될 필요가 있는 불확실성의 상태에 있다. 게다가, 관계당사자들의 재정적 이익을 보호하는 것이 매우 중요하다."

2004년 3월 31일에 유럽의회는 EC위원회에 부여된 집행권의 행사절차를 규정하고 있는 1999년 6월 28일의 이사회결정[36](1999/468/EC) 제8조에 따라서 제출된 결정안에 대한 다수의 법적 성질의 유보(조건)를 설정한 결의를 채택하였다. 특히, 유럽의회는 적합성에 관한 결정안이 1995년 지침 제25조에 의해 EC위원회에 부여된 권한을 일탈하였다고 간주하였다. 유럽의회는 동 결의에서 다수의 쟁점에 걸쳐서 상세하게 설정한 기본적 권리에 관한 적절한 국제협정의 체결을 요청하고, EC위원회에 대해서 새로운 결정안을 제출할 것을 요구하였다. 또한 유

36) COUNCIL DECISION of 28 June 1999 laying down the procedures for the exercise of implementing powers conferred on the Commission(1999/468/EC), OJ L 184, 1999.7.17., p.23

럽의회는 그 사안에 대해 추진되는 국제협정의 적법성, 그리고 특히 프라이버시권의 보호와의 양립가능성의 심사를 위해 유럽사법재판소에 제청할 권리를 보유하였다.

2004년 4월 21일에 유럽의회는 의장의 요청으로 EC조약 제300조 제6항에 의하여 예상되는 협정과 동 조약과의 양립가능성에 대해 유럽사법재판소의 의견을 구하라는 법률문제위원회와 역내시장위원회(Committee on Legal Affairs and the Internal Market)의 권고를 승인하였다. 그 절차는 바로 그 날로 개시되었다. 유럽의회는 또한 같은 날짜에 이사회결정안에 대한 보고서를 위원회에 제안하기로 결정하였는데, 이는 이 단계에서 그 결정안의 긴급한 고려에 대한 2004년 3월 25일의 이사회의 요청을 암묵적으로 거부한 것이었다.

2004년 4월 28일에 이사회는 EC조약 제300조 제3항 제1호에 근거하여, 2004년 5월 5일까지 협정의 체결과 관련하여 결정안에 대한 의견을 전달해 줄 것을 요청하는 서신을 유럽의회에 송부하였다. 그러한 요청의 긴급성을 정당화하기 위하여, 이사회는 2004년 3월 25일의 서신에서 내세운 이유들을 다시 언급하였다.

2004년 5월 14일에 EC위원회는 적합성에 관한 결정을 채택하였는데, 이것이 C-318/04 사건의 대상이다. 2004년 5월 17일에 이사회는 결정을 채택하였는데, 이것이 C-317/04의 대상이다.

2004년 6월 4일의 서신에서 이사회 의장은 유럽의회에 결정 2004/496은 유럽연합의 우선과제인 테러에 대한 투쟁과, 또한 항공사들의 불확실한 법적 상황 및 그들의 재무적 이익을 고려하였음을 통보하였다.

유럽사법재판소는 변론절차에서 확인된 양 사건 간의 관계를 고려하여, 양 사건을 병합하는 것이 적절하다고 판단하였다.

- C-318/04

유럽의회는 EC위원회결정(Commission Decision 2004/535/EC)에 대하여 권한일탈행위, 1995년 지침의 기본원칙 위반, 기본적 권리의 위반과 비례성원칙의 위반을 주장하는 무효확인소송을 제기하였다.

〈당사자의 주장〉

유럽의회는 EC위원회결정의 채택은 1995년 지침의 규정, 특히 공동체법의 적용범위 밖에 속하는 활동의 배제와 관련한 동 지침 제3조 제2항 첫째 단락이 침해되었기 때문에 권한일탈이라고 주장한다.

유럽의회가 제출한 내용에서 적합성에 관한 결정(decision on adequacy)에 의해 커버되는 미국에 이전된 이후의 PNR정보의 처리는, 유럽사법재판소의 판례[37]에 언급되어 있는 바와 같이, 국가활동 중에 수행되고 앞으로도 수행될 것이라는 점은 의심의 여지가 없다.

EC위원회는 항공사들의 활동은 명백히 공동체법의 적용범위 내에 속한다고 주장한다. EC위원회는 그들 민간사업자들은 공동체 안의 PNR정보를 처리하고 제3국에 이전하기 위하여 준비를 한다는 의견을 제출한다. 따라서, 사적 당사자들의 활동이 관련되며, Lindqvist사건에서 유럽사법재판소가 판결한 바와 같이, 항공사들이 영업하는 회원국이나 또는 그 공적 기관들의 활동이 관련되는 것이 아니다. PNR정보의 처리에서 항공사들이 추구하는 목적은 협정 제2단에서 규정된 의무를 포함하여 단지 공동체법의 요건을 준수하는 것이다. 1995년 지침 제3조 제2항은 공동체법의 적용범위 밖에 속하는 공적 기관의 활동을 규정한다.

〈유럽사법재판소의 판결 요지〉

1995년 지침 제3조 제2항 첫째 단락은 공동체법의 적용범위 밖에 있는 활동, 예컨대 EU조약(TEU) 제5편과 제6편에서 규정된 활동들, 즉, 어떠한 경우이든 공공의 안전, 방위, 국가안전보장과 형사법분야에서의 국가의 활동에 관한 처리작용들 중에서의 개인정보의 처리를 지침의 적용범위에서 제외한다.

적합성에 관한 결정(decision on adequacy)은 단지 미국 관세및국경보호국에 이전되는 PNR정보에만 관련된다. 그러한 이전의 요구가 2001년 11월에 미국에 의해 제정된 실정법과 그러한 실정법 하에서 관세및국경보호국에 의해 채택된 시행규칙에 근거한 것이라는 것은 동 결정 전문 제6단(recital)으로부터 명백하다. 동 결정 전문 제7단에 의하면, 문제의 미국법은 안전보장의 강화와 미국의 출입국의 조건과 관련된다. 동 결정 전문 제8단은 공동체는 공동체법에 의해 부과된 한계 내에서 테러에 대한 싸움에서 전적으로 미국을 지원한다고 기술하고 있다. 동 결정 전문 제15단은 PNR정보는 테러와 관련 범죄, 그 성질상 초국가적인 조직범죄를 포함하는 다른 중대한 범죄의 예방과 싸움, 그리고 그들 범죄로부터의 해방을 위하여 엄격하게 사용될 것이라고 기술하고 있다. 따라서, PNR정보의 관세및국경보호국에의 이전은 공공의 안전과 형사법분야에서의 국가의 활동에 관한 처리작용을 형성한다.

PNR정보는 원래 공동체법의 범위 내에 속하는 활동, 다시 말하자면 서비스공급의 자격을 부여하는 비행기티켓의 판매 중에 항공사에 의해 수집된다는 견해는 정당하지만, 그러나, 적합성에 관한 결정(decision on adequacy)에서 고려되는 정보의 처리는 성질상 매우 다른 것이다. 동 결정은 서비스의 공급에 필요한 정보의 처리에 관련된 것이 아니라, 공공의 안전 보호와 법집행 목적에 필요한 것으로 간주되는 정보의 처리와 관련되는 것이다.

유럽사법재판소는 Lindqvist판결에서 1995년 지침 제3조 제2항 첫째 단락에서 예로써 언급된 활동들은 국가 또는 국가기관들의 활동이고, 개인의 활동영역과는 관련이 없다고 판시하였다[38]. 그러나, 이것은 PNR정보가 민간사업자들의 영리적 목적에서 수집되었고, 제3국으로의 이전을 준비한 것도 민간사업자들이기 때문에 문제의 이전이 동 조항의 적용대상이 되지 않는다는 것을 의미하는 것은 아니다. 이전은 공공의 안전과 관련되는, 공적 기관에 의해 수립된 구조의 범위 내에 속한다.

따라서, 이상의 검토로부터 적합성에 대한 결정은 1995년 지침 제3조 제2항 첫째 단락에서 언급된 개인정보의 처리와 관련되며, 동 결정은 1995년 지침의 적용범위 내에 속하지 않는다. 그러므로, 적합성에 관한 결정은 무효로 선언되어야 하며, 유럽의회가 주장한 다른 주장들을 심사할 필요가 없다.

- C-317/04

유럽의회는 이사회결정(Council Decision 2004/496/EC)의 법적 근거로 EC조약 제95조를 부정확하게 선택한 것과, EC조약 제300조 제3항 제2호, 유럽인권협약 제8조, 비례성의 원칙, 이유제시요건과 성실협력의 원칙의 각 위반에 대하여 무효확인소송을 제기하였다.

〈당사자의 주장〉

유럽의회는 EC조약 제95조가 이사회결정(Council Decision 2004/496/EC)의 적절한 법적 근거로 되지 못한다는 의견을 제출한다. 동 결정은 서비스를 제공할 자유에 대한 장애물의 제거에 기여함으로써 역내시장의 설립과 기능을 그 목적과 주제사항으로 하지 않고, 또한 그러한 목적을 달성하도록 의도된 규정을 포함하지 않는다. 그 목적은 미국법에 의해 요구된 개인정보의 처리를 합법적으로

37) Case C-101/01, Lindqvist[2003], EU:C:2003:596, para. 43

만드는 것이다. 또한, EC조약 제95조가 협정을 체결할 공동체의 권한을 정당화 시킬 수도 없다. 왜냐하면, 협정은 동 지침의 적용범위에서 제외되는 정보의 처리작용과 관련되기 때문이다.

이사회는 EC조약 제100a조를 근거로 하여 유효하게 채택된 동 지침이 제25조에서 개인정보가 만일 필요하다면, 공동체가 그 나라와 협정을 체결하게 하는 협상에 착수할 가능성을 포함하여, 적정한 보호수준을 보장하는 제3국으로의 이전을 가능하게 하는 조항을 포함한다고 반박한다. 동 협정은 개인의 기본적 자유와 권리, 특히 프라이버시를 존중하는 조건 하에서 공동체와 미국 간의 PNR정보의 자유로운 이동과 관련된 것이다. 이것은 회원국들의 항공사 사이, 그리고 후자와 제3국 항공사 사이의 경쟁의 왜곡을 제거하고자 하는 것이며, 개인적 권리와 자유의 보호와 관련된다는 이유로 미국에 의해 부과된 요건으로부터 생겨난 것이다. 미국을 출입하는 국제여객항공사업을 운영하는 회원국 항공사들 간의 경쟁의 조건은 그들 항공사 중 몇 개만이 미국정부기관이 데이터베이스에 접근할 수 있도록 하기 때문에 왜곡될 수 있었다. 동 협정은 통일된 의무를 모든 관련 항공사들에게 부과하도록 되어 있다.

참가인인 EC위원회는 국제공법의 의미 내에서 미국법과 공동체규범 사이의 '법률의 충돌'이 있으며, 그들 규범들을 조화시킬 필요가 있다고 진술한다. EC위원회는 유럽의회가 EC조약 제95조는 이사회결정(2004/496/EC)의 법적 근거를 형성할 수 있다고 다투면서, 적절한 법적 근거를 제시하지 못한다고 주장한다. EC위원회에 따르면, 동 조항은 이사회결정의 '자연법적 근거'이다. 왜냐하면, 동 협정은 개인정보가 공동체 내에서 이전될 때 그 보호의 외재적 범위와 관련된 것이기 때문이다. 1995년 지침 제25조와 제26조는 배타적으로(오로지) 공동체에 대외적 권한을 정당화시킨다. 게다가, EC위원회는 항공사에 의한 정보의 초기 처리는 영리목적으로 수행된다는 의견을 제기한다. 미국정부기관이 정보를 이용한다고 하더라도 지침의 효력으로부터 제외되지 않는다.

〈유럽사법재판소의 판결〉

EC조약 제95조는 1995년 지침 제25조와의 맥락에서 해석될 때, 협정을 체결할 공동체의 권한을 정당화시킬 수 없다. 동 협정은 적합성에 관한 결정(decision

38) Lindqvist[2003], para. 43

on adequacy)과 동일한 정보의 이전과 관련되며, 따라서 상술한 바와 같이, 동 지침의 적용범위에서 제외되는 정보의 처리작용과 관련된다. 따라서, 이사회결정(2004/496/EC)은 EC조약 제95조의 근거에서 유효하게 채택될 수 없었다. 그러므로, 동 결정은 무효로 선언되어야 하며, 유럽의회에 의해 제기된 다른 주장을 심리할 필요가 없다.

〈판결의 효력의 제한〉

협정 제7절에 의해 일방 당사자는 언제라도 동 협정을 종료시킬 수 있고, 타방 당사자에게 종료의 통지일로부터 90일이 경과하면 종료의 효력이 발생한다.

그러나, 협정 제1절과 제2절에 따라 관세및국경보호국의 PNR정보에의 접근권과 관세및국경보호국에 의해 요구된 바와 같이 항공사들에게 부과된 그 정보를 처리할 의무는 적합성에 관한 결정이 적용가능한 기간 동안에만 존속한다. 협정 제3절에서 관세및국경보호국은 그것이 동 결정과 관련된 업무를 집행하고 있는 것이라고 기술하였다.

첫째로, 공동체가 협정 종료로부터 90일 기간 동안 계속해서 적용가능한 협정을 이행하지 않는 것에 대한 정당화사유로서 자기의 법률에 의존할 수 없다는 사실, 그리고 둘째로, 협정과 적합성에 관한 결정 간에 존재하는 밀접한 관계를 전제로 한다면, 법적 확실성을 이유로 하고 관계인을 보호하고 동일한 기간 동안 적합성에 관한 결정의 효력을 유지하는 것이 정당한 것으로 보인다. 게다가, 본 판결을 준수하는데 필요한 조치의 채택에 필요한 기간을 고려해 넣어야 한다. 그러므로, 적합성에 대한 결정의 효력을 2006년 9월 30일까지 유지하는 것이 적정하지만, 그 효력은 협정이 종료하는 날을 초과하여 유지되어서는 안된다.

[관련판례 3] : Maximillian Schrems Case[39](Case C-362/14, 2015.10.8.)

〈사실관계〉

오스트리아인인 Mr Schrems는 2008년부터 Facebook 이용자이다. Facebook을 이용하기를 원하는 EU에서 거주하는 사람들은 등록할 때 미국에서 설립된 Facebook의 자회사인 Facebook Ireland와 계약을 체결할 것이 요구된다. EU에서

39) Maximillian Schrems v Data Protection Commissioner[2015], EU:C:2015:650

거주하는 Facebook Ireland 이용자들의 개인정보는 미국에 위치한 Facebook이 소유하는 서버에 이전되어 처리되고 있다.

2013년 6월 25일에 Mr Schrems는 정보보호커미셔너가 Facebook이 자신의 개인정보를 미국으로 이전하는 것을 금지하도록 그의 제정법상의 권한을 행사할 것을 그에게 심판청구하였다. Mr Schrems는 심판청구에서 미국에서 시행되는 법률과 실무는 공공기관이 행하는 감시활동에 대해 그 나라에서 보유된 개인정보의 적합한 보호를 보장하지 않는다고 주장하였다. Mr Schrems는 이와 관련하여 미국정보기관, 특히 국가안보국(NSA)의 활동에 관하여 Edward Snowden이 한 폭로를 인용하였다.

커미셔너는 Mr Schrems가 심판청구한 문제들을 조사할 필요가 없다는 견해를 취하였기 때문에, 심판청구가 근거없다고 하여 기각하였다. 커미셔너는 Mr Schrems의 개인정보가 NSA에 의해 접근되었다는 증거가 없다고 생각하였다. 커미셔너는 덧붙이기를, 미국의 정보보호의 적합성문제는 결정 2000/520에 따라서 결정되어야 하며, 유럽위원회는 그 결정에서 미국이 적합한 보호수준을 보장한다고 인정하였기 때문에 Mr Schrems가 심판청구에서 한 주장은 받아들일 수 없다고 하였다.

Mr Schrems는 본안소송에서 문제의 결정을 다투는 소송을 High Court에 제기하였다. High Court는 본안소송 당사자들이 제출한 증거를 고려한 후, EU에서 미국으로 이전된 개인정보의 전자적 감시와 도청은 공익상 필요하고도 불가피한 목적에서 이루어진다고 인정하였다. 그러나, High Court는 Edward Snowden의 폭로는 NSA와 다른 연방기관들 측의 '상당한 과잉행사'를 입증하였다고 덧붙였다.

High Court에 따르면, 연합시민은 실효적인 의견제출권이 없다. 정보기관들의 행위에 대한 감독은 일방적이며 은밀한 절차구조 내에서 이루어진다. 일단 개인정보가 미국으로 이전되고 나면, NSA와 FBI와 같은 다른 연방기관들이 대규모로 이루어지는 무차별적인 감시와 도청 과정에서 그 정보에 접근할 수 있게 된다.

아일랜드법은 제3국이 프라이버시와 기본적 권리 및 자유의 적합한 보호수준을 보장하는 경우 이외에는 국가영역 밖으로의 개인정보의 이전을 금지한다고 High Court는 말하였다. 아일랜드헌법이 보장하고 있는 프라이버시 및 주거의 불가침성에 대한 권리의 중요성은 그들 권리의 간섭이 비례적이며 법률에 의할 것을 요구한다.

High Court는 개인정보의 대량적이며 무차별적인 접근은 비례성의 원칙과 아일랜드헌법이 보장하는 기본적 가치들에 명백히 반한다고 판결하였다. 전자통신의 도청이 아일랜드헌법과 일치하는 것으로 간주되기 위해서는 도청을 표적으로 삼으며, 일정한 사람들의 감시가 국가안보나 범죄의 진압을 위하여 객관적으로 정당화되고, 적절하고 입증가능한 안전장치가 있음을 입증할 필요가 있다. 그리하여, High Court에 따르면, 본안소송이 아일랜드법만을 근거로 하여 처리된다면, 미국이 개인정보의 적정한 보호수준을 보장하고 있는지에 대해 심각한 의문이 존재한다는 점을 고려하면, 커미셔너는 Mr Schrems가 심판청구에서 제기한 문제들을 조사하여야 했으며, 커미셔너가 심판청구를 기각한 것은 잘못이라고 인정되어야 할 것이다.

그러나, High Court는 본 사건이 헌장 제51조에서 규정된 바와 같이 EU법의 집행과 관련된 것이며, 따라서, 본안소송의 쟁점이 되는 결정의 적법성은 EU법의 관점에서 평가되어야 한다고 생각한다. High Court에 따르면, 결정 2000/520은 헌장 제7조 및 제8조와 Digital Rights Ireland사건(C-293/12 and C-594/12, EU:C:2014:238)에서 EU사법재판소가 정립한 원칙에서 나오는 요건을 충족하지 않는다. 특수한 국가안보 또는 범죄예방의 고려에 근거한 객관적인 정당화사유 없이, 그리고 그러한 실무가 적절하고 입증가능한 안전장치가 수반되지 않고서 형식적이며 일반화된 근거에 기하여 국가기관들이 전자통신에 접근할 권한이 부여된다면, 헌장 제7조와 회원국들에 공통되는 핵심가치들에 의해 보장되는 사생활존중권은 개별 관계인에게 무의미하게 될 것이다.

High Court는 나아가 Mr Schrems는 소송에서 실제로 결정 2000/520에 의해 수립되었으며, 본안소송에서 쟁점이 된 결정을 낳게 한 세이프하버제도의 적법성 문제를 제기한다고 말한다. 그리하여, High Court에 따르면, Mr Schrems는 정식으로 지침 95/46이나 결정 2000/520의 효력을 다투지 않았지만, 지침 95/46 제25조 제6항에 의하여 커미셔너는 미국이 적합한 보호수준을 보장한다고 결정 2000/520에서 유럽위원회가 인정한 것에 의해 구속되는지 여부 또는 헌장 제8조가, 해당하는 경우, 그러한 인정으로부터 자유롭게 돌파할 권한을 커미셔너에게 부여하는지 여부의 문제가 제기된다.

그러한 사정에서, High Court는 소송을 정지하고 사법재판소에 다음 사항에 대해 선결적 판결을 제청하기로 결정하였다.

(1) 법률에 의해 정보보호입법을 관리하고 집행하는 기능이 부여된 독립적 직위

보유자에게 제기된, 그 법률 및 실무가 정보주체에 대해 개인정보의 적합한 보호수준을 포함하고 있지 않은 제3국(이 사건에서는 미국)으로 이전되고 있다는 심판청구를 결정하는 과정에서, 그 직위보유자는 헌장 제7조, 제8조 및 제47조를 고려하여, 지침 95/46 제25조 제6항과 반대되는, 결정 2000/520에 포함된 공동체의 인정에 의하여 절대적으로 구속되어야 하는지?

(2) 또는 그 대신에, 그 직위보유자는 그 위원회결정이 최초로 공표된 이래 그 동안의 사실적인 발전의 관점에서 그 문제에 대해 조사를 수행할 수 있는지 (또는) 수행하여야 하는지?

〈유럽사법재판소의 판결요지〉

제청법원은 지침 95/46 제25조 제6항을 헌장 제7조, 제8조 및 제47조의 관점에서 살펴볼 때, 동 조항에 따라서 채택된 결정, 즉 유럽위원회가 제3국이 적정한 보호수준을 보장하고 있다는 것을 인정한 결정 2000/520과 같은 결정은, 그 사람이 제3국에서 시행중인 법률과 실무가 적합한 보호수준을 보장하지 않는다고 주장할 때, 동 지침 제28조에 속하는 회원국의 감독기관이 한 회원국에서 그 제3국으로 이전된 그와 관련되는 개인정보의 처리에 관하여 그 권리 및 자유의 보호에 관한 그 사람의 청구를 조사할 수 없게 한다는 의미로 해석되어야 하는지 여부와 그 정도를 묻고 있다.

유럽위원회가 지침 95/46 제25조 제6항에 따라서 결정을 채택하였을 때, 동 지침 제28조의 국가감독기관의 권한

지침 95/46의 규정들은 기본적 자유, 특히 사생활존중권을 침해하기 쉬운 개인정보의 처리를 규율하는 한에 있어서 헌장에서 보장되는 기본권의 관점에서 해석되어야 한다는 점이 우선 상기되어야 한다. (다음 판결 참조, Österreichischer Rundfunk and Others, C-465/00, C-138/01 and C-139/01, EU:C:2003:294, paragraph 68; Google Spain and Google, C-131/12, EU:C:2014:317, paragraph 68; and Ryneš, C-212/13, EU:C:2014:2428, paragraph 29)

지침 95/46이 자연인의 기본적 권리 및 자유, 특히 개인정보의 처리와 관련한 사생활존중기본권의 실효적이며 완전한 보호를 보장할 뿐만 아니라 그들 기본적 권리 및 자유의 높은 보호수준을 보장하고자 하는 것이라는 점은 동 지침 제1조와 전문 제2단 및 제10단(recital)으로부터 명백하다. 헌장 제7조에서 보장되는 사생활존중기본권과 헌장 제8조에서 보장되는 개인정보보호기본권의 중요성은 또한 사법재판소의 판례에서도 강조되고 있다.(다음 판례 참조. Rijkeboer, C-553/07, EU:C:2009:293, paragraph 47; Digital Rights Ireland and Others, C-293/12 and C-594/12, EU:C:2014:238, paragraph 53; and Google Spain and Google, C-131/12, EU:C:2014:317, paragraphs, 53, 66, 74 and the case-law cited)

개인정보의 제3국으로의 이전에 대해 국가감독기관들이 사용할 수 있는 권한에 관하여서는 지침 95/46 제28조 제1항이 그러한 정보의 처리와 관련하여 개인의 보호에 관한 EU법규의 준수를 완전한 독립성을 가지고 감시할 책임이 있는 공공기관을 설립할 것을 회원국들에게 요구하고 있다는 점을 주목하여야 한다. 게다가, 그러한 요구는 EU의 제1차법, 특히 헌장 제8조 제3항과 TFEU 제16조 제2항으로부터 나온다. (동 취지로는 다음 판례를 참조, Commission v Austria, C-614/10, EU:C:2012:631, paragraph 36, and Commission v Hungary, C-288/12, EU:C:2014:237, paragraph 47).

국가감독기관들의 독립성의 보장은 개인정보의 처리와 관련하여 개인의 보호에 관한 규정의 준수에 대한 감시의 실효성과 신뢰성을 보장하고자 하는 것이며, 그러한 목적의 관점에서 해석되어야 한다. 그것들은 그들 기관의 결정에 의해 영향을 받는 개인과 기구들의 보호를 강화시키기 위하여 설립되었다. 따라서, 회원국들의 독립적 감독기관의 설립은 지침 95/46의 전문 제62단(recital)에서 기술되어 있는 것처럼, 개인정보의 처리와 관련한 개인의 보호의 필수적 구성요소이다. (다음 판례 참조. Commission v Germany, C-518/07, EU:C:2010:125, paragraph 25, and Commission v Hungary, C-288/12, EU:C:2014:237, paragraph 48 and the case-law cited)

그러한 보호를 보장하기 위하여 국가감독기관은 특히 한편으로는 프라이버시 기본권과, 다른 한편으로는 개인정보의 자유로운 이동을 요구하는 이익 간의 공정한 형량을 보장하여야 한다. (동 취지의 다음 판례 참조. Commission v Germany, C-518/07, EU:C:2010:125, paragraph 24, and Commission v Hungary, C-288/12, EU:C:2014:237, paragraph 51).

국가감독기관들은 그 목적을 위해 광범위한 권한을 가지고 있다. 지침 95/46 제28조 제3항에서 비열거적 근거로 예시된 그들 권한들은 동 지침 전문 제63단에서 기술되어 있는 바와 같이, 그 임무를 수행하기 위해 필요한 수단을 형성한다. 그리하여, 그들 기구는 특히 감독의무의 이행에 필요한 모든 정보를 수집할 권한과 같은 조사권, 정보처리에 대해 잠정적 또는 종국적 금지를 부과하는 것과 같은 실효적인 관여권, 그리고 법적 쟁송에 참여할 권한을 보유한다.

널리 인정되고 있는 바와 같이, 국가감독기관들의 권한은 그들 자신의 회원국의 영토상에서 이루어진 개인정보의 처리와 관련되며, 그들은 제3국에서 이루어진 개인정보의 처리에 대해 제28조에 근거한 권한을 가지고 있지 않다는 것은 지침 95/46 제28조 제1항 및 제6항으로부터 명백하다.

그러나, 개인정보를 한 회원국에서 제3국으로 이전하게 하는 활동은 그 자체로 한 회원국에서 이루어진, 지침 95/46 제2조 제b호의 개인정보의 처리를 형성한다.(동 취지의 판결로, Parliament v Council and Commission, C-317/04 and C-318/04, EU:C:2006:346, paragraph 56) 동 규정은 '개인정보의 처리'를 '자동적 수단에 의하는지 여부와 관계없이 개인정보에 대해 수행된 활동'이라고 규정하고, 그 예로서 '전송에 의한 공개, 배포 또는 달리 이용하는 것'을 언급하고 있다.

지침 95/46 전문 제60단은 개인정보의 제3국으로의 이전은 동 지침에 따라서 회원국에 의해 채택된 조항을 완전히 준수하는 경우에만 유효할 수 있다고 기술하고 있다. 그와 관련하여, 제25조 및 제26조가 규정되어 있는 동 지침 제4장은 회원국들이 개인정보의 제3국으로의 이전을 감시할 것을 보장하고자 하는 제도를 수립하였다. 동 제도는 개인정보의 처리의 적법성에 관한 일반규정을 규정하고 있는 동 지침 제2장에 의해 수립된 일반적 제도에 대해 보완적인 것이다. (동 취지의 판결로, Lindqvist, C-101/01, EU:C:2003:596, paragraph 63)

헌장 제8조 제3항과 지침 95/46 제28조에 따라서, 국가감독기관이 개인정보의 처리와 관련하여 개인의 보호에 관한 EU법규의 준수를 감시할 책임이 있기 때문에, 따라서, 그들 감독기관에게는 그 자신의 회원국으로부터 제3국으로의 개인정보의 이전이 지침 95/46에 의해 규정된 요건을 준수하는지를 체크할 권한이 부여되어 있다.

회원국들로부터 제3국으로의 개인정보의 이전이 국제무역의 확장을 위하여 필요하다는 것을 동 지침 전문 제56단에서 인정하고 있지만, 지침 95/46은 그러한 이전은 그 제3국이 적합한 보호수준을 보장하는 경우에만 가능하다는 것을 제25조 제1항에서 원칙으로서 규정하고 있다.

나아가, 제57단은 적합한 보호수준을 보장하고 있지 않는 제3국으로의 개인정보의 이전은 금지되어야 한다고 기술하고 있다.

그들 국가에서 그에 부여된 보호수준에 따라서 개인정보의 제3국으로의 이전을 통제하기 위하여, 지침 95/46 제25조는 회원국들과 유럽위원회에 대해 일련의 의무를 부과하고 있다. 제3국이 적합한 보호수준을 보장하고 있다 또는 보장하고 있지 않다는 판정은, 재판연구관(Advocate General)이 그 의견 제86절(paragraph)에서 밝히고 있는 바와 같이, 회원국들이나 또는 유럽위원회에 의해 이루어질 수 있다는 것은 특히 동 조로부터 명백하다.

유럽위원회는 지침 95/46 제25조 제6항에 근거하여 제3국이 적합한 보호수준을 보장하고 있다는 것을 인정하는 결정을 채택할 수 있다. 동 조항 제2문에 따라서, 그러한 결정은 회원국들에 보내지고, 회원국들은 그것을 준수하기 위하여 필요한 조치를 취하여야 한다. TFEU 제288조 제4문에 따라서, 그것이 회원국들로부터 제3국으로의 개인정보의 이전에 대해 권한을 위임하는 효과를 가지는 한, 그것은 송달받은 모든 회원국들에게 구속력을 가지며, 따라서 회원국들의 모든 기관들에 대해서도 구속력을 갖는다. (동 취지의 판결로서 다음을 참조. Albako Margarinefabrik, 249/85, EU:C:1987:245, paragraph 17, and Mediaset, C-69/13, EU:C:2014:71, paragraph 23)

그리하여, 유럽위원회의 결정은 사법재판소에 의해 무효로 선언되기 까지는 회원국들과 독립적 감독기관을 포함하는 그 기관들은 그에 의한 적용을 받는 제3국이 적합한 보호수준을 보장하지 않는다는 것을 구속효로서 결정하고자 하는 행위와 같이, 그 결정에 반하는 조치를 채택할 수 없다는 것은 인정되어 있다. EU기관들의 조치는 원칙적으로 적법한 것으로 추정되며, 따라서 그 조치들이 철회되고, 취소소송에서 취소되거나 또는 선결소송 등에 따라서 무효로 선언될 때까지는 법적 효과를 낳는다. (Commission v Greece, C-475/01, EU:C:2004:585, paragraph 18 and the case-law cited)

그러나, 지침 95/46 제25조 제6항에 따라서 채택된, 결정 2000/520과 같은 유럽위원회의 결정은 자기의 개인정보가 제3국으로 이전되었거나 또는 될 수 있는 사람들이 그 정보의 처리와 관련하여 그들의 권리 및 자유의 보호에 관하여 동 지침 제28조 제4항의 청구를 국가감독기관에게 제기할 수 없게 할 수 없다. 마찬가지로, 재판연구관(Advocate General)이 그 의견 제61, 93 및 제116절에서 밝히고 있는 바와 같이, 그러한 성질의 결정은 헌장 제8조 제3항과 동 지침 제28조에 의해 국가감독기관들에게 명시적으로 부여된 권한을 제거하거나 축소시킬 수 없다.

헌장 제8조 제3항이나 지침 95/46 제28조는 동 지침 제25조 제6항에 따른 유럽위원회결정의 대상인 제3국으로의 개인정보의 이전에 대한 감독을 국가감독기관들의 관할범위로부터 배제시키지 않는다.

특히 지침 95/46 제28조 제4항 제1문은 국가감독기관이 '개인정보의 처리와 관련하여 권리 및 자유의 보호에 관하여 제기된 청구'를 심리하여야 한다고 하며, 유럽위원회가 동 지침 제25조 제6항에 따른 결정을 채택한 경우에 이와 관련하여 어떠한 예외도 규정하고 있지 않다.

나아가, 회원국으로부터 그 결정의 적용을 받는 제3국으로 이전되었거나 될 수 있는 개인정보의 처리와 관련하여 권리 및 자유의 보호에 관한 청구를 국가감독기관이 심사할 수 없다면, 지침 95/46 제25조 제6항에 따른 유럽위원회의 결정은 지침 95/46에 의해 설정된 제도와 동 지침 제25조 및 제28조의 목적에 반하는 것이 될 것이다.

그에 반해, 지침 95/46 제28조는 그 성질상 개인정보의 모든 처리에 적용된다. 그리하여, 유럽위원회가 동 지침 제25조 제6항에 따른 결정을 채택하였다고 할지라도, 국가감독기관이 개인정보의 처리와 관련하여 권리 및 자유의 보호에 관하여 제기된 청구를 심리할 때, 그 정보의 이전이 동 지침에 의해 규정된 요건을 준수하는지 여부에 대해 완전한 독립성을 가지고 심사할 수 있어야 한다.

만일 그렇지 않다면, 그 개인정보가 관련 제3국으로 이전되었거나 될 수 있는 사람들은 헌장 제8조 제1항 및 제3항에 의해 보장된 기본권을 보호하기 위하여 국가감독기관에 청구를 제기할 권리가 부정되게 될 것이다. (다음 판결 참조. Digital Rights Ireland and Others, C-293/12 and C-594/12, EU:C:2014:238, paragraph 68).

지침 95/46 제28조 제4항의 청구는 그 개인정보가 제3국으로 이전되었거나 될 수 있다고 하는 사람이, 본안소송에서처럼, 유럽위원회가 동 지침 제25조 제6항에 따라서 채택된 결정에서 인정하였음에도 불구하고 그 제3국의 법률과 실무가 적합한 보호수준을 보장하지 않는다고 주장하는 청구는, 그 결정이 개인의 프라이버시와 기본적 권리 및 자유의 보호와 양립할 수 있는지 여부에 관한 것으로 이해되어야 한다.

이와 관련해서, EU는 그 기관의 모든 법령이 조약, 법의 일반원칙 및 기본적 권리와의 양립가능성이 심사되어야 한다고 하는 법의 지배에 근거한 연합체라고 하는 사법재판소의 확립된 판례가 상기되어야 한다. (이러한 취지의 다음 판결을 참조. Commission and Others v Kadi, C-584/10 P, C-593/10 P and C-595/10 P, EU:C:2013:518, paragraph 66; Inuit Tapiriit Kanatami and Others v Parliament and Council, C-583/11 P, EU:C:2013:625, paragraph 91; and Telefónica v Commission, C-274/12 P, EU:C:2013:852, paragraph 56). 따라서, 지침 95/46 제25조 제6항에 따라서 채택된 유럽위원회의 결정은 그러한 심사를 피할 수 없다.

사법재판소만이 지침 95/46 제25조 제6항에 따라서 채택된 유럽위원회의 결정과 같은 EU법령이 무효라고 선언할 재판권을 가지며, 그러한 재판권의 배타성은 EU법이 통일적으로 적용되는 것을 보장함으로써 법적 확실성을 보장한다는 목적을 가지고 있는 것으로 되어 있다. (다음 판례 참조. Melki and Abdeli, C-188/10 and C-189/10, EU:C:2010:363, paragraph 54, and CIVAD, C-533/10, EU:C:2012:347, paragraph 40).

반면에, 국가법원은 지침 95/46 제25조 제6항에 따라서 채택된 유럽위원회의 결정과 같은 EU법령의 효력을 고려할 자격이 부여되지만, 독자적으로 그러한 법령이 무효라고 선언할 권한이 부여되어 있지 않다.(동 취지의 판례로서, Foto-Frost, 314/85, EU:C:1987:452, paragraphs 15 to 20, and IATA and ELFAA, C-344/04, EU:C:2006:10, paragraph 27). 더구나, 국가감독기관이 동 지침 제25조 제6항에 따라서 채택된 유럽위원회의 결정과 개인의 프라이버시와 기본적 권리 및 자유의 보호가 양립가능한지에 대해 동 지침 제28조 제4항의 청구를 심사할 때, 그들은 그 결정이 무효라고 독자적으로 선언할 권한이 부여되지 않았다.

그러한 점들을 고려할 때, 그 개인정보가 지침 제25조 제6항에 따른 유럽위원회의 결정의 대상인 제3국으로 이전되었거나 될 수 있는 사람은 그 정보의 처리와 관련하여 자기의 권리 및 자유의 보호에 관한 청구를 국가감독기관에 제기할 수 있으며, 청구를 제기할 때 본안소송에서처럼 그 결정과 개인의 프라이버시와 기본적 권리 및 자유의 보호가 양립가능한지를 다투는 경우에 상당한 주의를 가지고 그 청구를 심사하는 것은 국가감독기관의 책무이다.

국가감독기관이 청구를 지지하여, 제기된 주장이 근거가 없어서 그것을 기각한다는 결론에 이른 상황에서, 헌장 제47조의 관점에서 해석되는 지침 95/46 제28조 제3항 제2문으로부터 명백한 것처럼, 그 청구를 제기한 사람은 자기에게 불리하게 영향을 미치는 그러한 결정을 국가법원에서 다툴 수 있도록 하는 사법적 구제를 이용할 수 있어야 한다. 본 판결 제61단 및 제62단에서 인용된 판례를 고려할 때, 그들 국가법원은 소송을 정지시키고, 당사자들이 제기한 무효라는 논거가 충분히 근거가 있다고 생각하는 경우에, 효력에 관한 선결적 판결을 구하여 사법재판소에 제청하여야 한다. (동 취지의 판결로서, T & L Sugars and Sidul Açúcares v Commission, C-456/13 P, EU:C:2015:284, paragraph 48 and the case-law cited)

국가감독기관은 개인정보의 처리와 관련하여 자기의 권리 및 자유의 보호에 관한 청구를 제기한 사람이 제출한 반대견해가 충분히 근거가 있다고 생각하는 반대의 상황에서는, 특히 헌장 제8조 제3항의 관점에서 해석되는 지침 95/46 제28조 제3항 제1문에 따라서 그 기관은 법적 쟁송에 관여할 수 있어야 한다. 관계 국가감독기관이 충분히 근거가 있다고 생각하는 반대견해를 만일 국가법원이 유럽위원회의 결정의 효력에 대해 의문을 가지고 있다면, 그 결정의 효력을 심사하기 위하여 선결적 판결을 제청하기 위하여 국가법원에 제출할 수 있는 법적 구제를 규정하는 것은 국가입법기관의 책무이다.

상술한 점들을 고려하여, 제청된 사항에 대한 답변은 헌장 제7조, 제8조 및 제47조의 관점에서 해석되는 지침 95/46 제25조 제6항은 제3국이 적합한 보호수준을 보장한다고 유럽위원회가 인정한 결정 2000/520과 같이 동 조항에 따라서 채택된 결정은, 어떤 사람이 그 제3국에서 시행되는 법률과 실무가 적정한 보호수준을 보장하지 않는다고 다툴 때, 동 지침 제28조의 회원국의 감독기관이 한 회원국에서 그 제3국으로 이전된 그와 관련되는 개인정보의 처리에 관하여 권리 및 자유의 보호에 대한 청구를 심사하지 못하게 할 수 없다.

결정 2000/520의 정당성문제

제출된 문제와 관련된 제청법원의 설명으로부터도 명백한 것처럼, Mr Schrems는 본안소송에서 미국의 법과 실무는 지침 95/46 제25조의 적정한 보호수준을 보장하고 있지 않다고 주장한다. 재판연구관(Advocate General)이 그 의견 제123절과 제124절에서 언급한 바와 같이, Mr Schrems는 결정 2000/520의 정당성에 대해 의문을 표시하며, 제청법원도 사실 본질적으로 그에 동조하고 있는 것으로 보인다. 그러한 상황에서, 본 판결 제60절부터 제63절까지에서 판시한 것을 고려하고, 제청법원에 충분한 답변을 주기 위하여서는 동 결정이 헌장의 관점에서 지침 95/46의 요건들에 합치하는지가 검토되어야 한다.

지침 95/46 제25조 제6항에 따른 요건

본 판결 제48절과 제49절에서 이미 지적한 바와 같이, 지침 95/46 제25조 제1항은 적합한 보호수준을 보장하지 않는 제3국으로의 개인정보의 이전을 금지한다.

그러나, 그러한 이전을 감시하기 위하여 지침 95/46 제25조 제6항 제1호는 유럽위원회는 '개인의 사생활과 기본적 자유 및 권리의 보호를 위하여 제3국의 국내법과 그 국가가 가입한 국제조약에 의해 그 제3국이 본 조 제2항의 적합한 보호수준을 보장함을 인정할 수 있다'고 규정하고 있다.

사실 지침 95/46 제25조 제2항이나 동 지침의 다른 규정은 적합한 보호수준의 개념을 포함하고 있지 않다. 특히, 제25조 제2항은 제3국의 보호수준의 적합성은 '정보이전을 둘러싼 모든 사정을 고려하여 평가되어야 한다'는 것과, 예시적으로 그러한 평가를 행할 때 고려되어야 하는 사정을 규정하고 있을 뿐이다.

그러나, 첫째로, 지침 95/46 제25조 제6항의 문언으로부터 명백한 것처럼, 동 조항은 제3국이 그 국내법과 국제조약으로 적합한 보호수준을 '보장하고 있음'을 요구한다. 둘째로, 동 조항에 따르면, 제3국이 보장한 보호의 적합성은 '개인의 사생활과 기본적 자유 및 권리의 보호를 위하여' 평가되어야 한다.

그리하여, 지침 95/46 제25조 제6항은 개인정보 보호를 위하여 헌장 제8조 제1항에서 규정된 명시적 의무를 시행하고 있으며, 재판연구관(Advocate General)이 그 의견 제139절에서 언급한 바와 같이, 이는 개인정보가 제3국으로 이전되는 경우에 높은 보호수준이 지속될 것을 보장하고자 하는 것이다.

지침 95/46 제25조 제6항의 '적합한'이라는 단어는 제3국이 EU법질서에서 보장된 것과 동일한 보호수준을 보장할 것이 요구될 수 없다는 것을 의미한다. 그러나, 재판연구관(Advocate General)이 그 의견 제141절에서 언급한 바와 같이, '적합한 보호수준'이라는 용어는 제3국의 국내법이나 국제조약에 의해 헌장의 관점에서 해석되는 지침 95/46에 의해 그 제3국이 EU내에서 보장된 것과 본질적으로 동등한 기본적 권리 및 자유의 보호수준을 보장할 것을 요구하는 것으로 이해되어야 한다. 만일 그러한 요건이 없다면, 본 판결의 전 절에서 기술한 목적은 무시될 것이다. 더구나, 헌장의 관점에서 해석된 지침 95/46에 의해 보장된 높은 보호수준은 그 제3국에서 처리되기 위하여 EU로부터 제3국으로의 개인정보의 이전에 의해 손쉽게 우회될 수 있을 것이다.

적합한 보호수준을 보장해야 하는 것은 유럽위원회 결정의 대상인 제3국의 법질서라는 것은 지침 95/46 제25조 제6항의 명시적 문언으로부터 명백하다. 이와 관련하여 그러한 보호수준을 보장하기 위하여 그 제3국이 의지하는 수단이 헌장의 관점에서 해석된 지침 95/46에 따른 요건이 준수되는 것을 보장하기 위하여 EU내에서 채용된 수단과 다를 수 있다할지라도, 그럼에도 불구하고, 그들 수단은 EU내에서 보장된 수단과 본질적으로 동등한 보호를 보장하기 위하여 실제로 실효적임을 입증하여야 한다.

따라서, 제3국이 제공하는 보호수준을 검토할 때, 유럽위원회는 지침 95/46 제25조 제2항에 따라서 개인정보의 제3국으로의 이전을 둘러싼 모든 사정을 고려하여야 하기 때문에, 그 제3국의 국내법이나 국제조약에서 발생하는 그 제3국의 적용가능한 법규정과 그들 규정의 준수를 보장하는 실무의 내용을 평가할 의무를 진다.

또한, 제3국이 보장하는 보호수준은 변경되는 경향이 있다는 사실에 비추어 볼 때, 지침 95/46 제25조 제6항에 따른 결정을 채택한 후에도 문제의 제3국이 보장하는 보호수준의 적합성과 관련한 인정이 사실상 그리고 법률상 아직 정당한지를 정기적으로 체크하는 것은 유럽위원회의 의무이다. 어쨌든 그와 관련하여 입증에 의문이 생길 때 그러한 체크는 요구된다.

더구나, 재판연구관(Advocate General)이 그 의견 제134절과 제135절에서 언급한 바와 같이, 지침 95/46 제25조 제6항에 따라서 채택된 유럽위원회 결정의 정당성이 검토될 때, 그 결정 채택 이후에 발생한 제 사정이 고려되어야 한다.

이와 관련하여, 첫째로, 사생활 존중의 기본권의 관점에서 개인정보의 보호가 맡고 있는 중요한 역할과, 둘째로, 개인정보가 적합한 보호수준을 보장하지 않는 제3국으로 이전되는 경우에 그 기본권이 침해되는 사람의 수의 관점에서, 결과적으로 헌장의 관점에서 해석된 지침 95/46 제25조에 따른 요건의 심사는 엄격하여야 하기 때문에, 제3국이 보장하는 보호수준의 적합성에 대한 유럽위원회의 재량은 감소된다고 하여야 한다(같은 취지의 판결로, Digital Rights Ireland and Others, C-293/12 and C-594/12, EU:C:2014:238, paragraphs 47 and 48).

결정 2000/520 제1조

유럽위원회는 결정 2000/520 제1조 제1항에서 그 부속서Ⅰ에서 규정되고, 부속서Ⅱ에서 설정된 FAQ가 규정한 지도에 따라서 시행된 원칙들은 EU로부터 미국에서 설립된 조직으로 이전된 개인정보의 적합한 보호수준을 보장한다고 인정하였다. 그들 원칙과 FAQ 모두는 미국상무부에 의해 발행된 것이 동 조로부터 명백하다.

부속서Ⅱ에서 규정된 FAQ 6과 결합하여 해석할 때, 결정 2000/520 제1조 제2항 및 제3항으로부터 명백한 바와 같이 조직은 자기인증제도에 근거하여 세이프하버원칙을 준수한다.

제3국의 자기인증제도에의 의존은 관련 제3국이 '그 국내법 또는 국제조약에 의한' 적합한 보호수준을 보장하여야 한다는 지침 95/46 제25조 제6항에서 규정된 요건에 그 자체로 반하는 것은 아니지만, 그 요건의 관점에서 그러한 제도의 신뢰성은 기본권, 특히 사생활 존중권과 개인정보보호권의 보호를 보장하는 법규의 위반이 식별되고 실제로 처벌될 수 있는 실효적인 탐지 및 감독제도의 설립에 본질적으로 근거한다.

실례로, 결정 2000/520 부속서 I 제2절에 의하여 세이프하버원칙은 '세이프하버의 요건 충족과 그에 의한 "적합성"의 추정을 위하여 EU로부터 개인정보를 수취하는 미국조직에 의해서만 이용되도록 의도된' 것이다. 그러므로, 그들 원칙은 EU로부터 개인정보를 수취하는 자기인증된 미국조직에 대해서만 적용할 수 있고, 미국 공공기관들은 그것을 준수할 것이 요구되지 않는다.

더구나, 결정 2000/520은 제2조에 따라서 '지침[95/46] 제25조 제1항의 요건을 충족시키기 위하여 FAQ에 따라서 시행되는 [세이프하버원칙]에 의해 미국에서 규정된 보호의 적합성에만 관련되고', 그러나, 미국이 그 국내법이나 국제협정에 의해 동 지침 제25조 제6항의 적합한 보호수준을 보장하는 조치들에 대해 충분한 판정을 포함하고 있지 않다.

게다가, 결정 2000/520 부속서 I 제4항에 의해 세이프하버원칙의 적용가능성은 특히 '국가안보, 공공의 이익 또는 법집행요건을 충족하기에 필요한 정도로' 그리고 '그러한 허가를 부여할 때, 조직이 원칙을 준수하지 않는 것이 그러한 허가에 의해 추구된 우월적인 정당한 이익을 충족하기 위하여 필요한 정도로 제한된다는 것을 입증할 수 있다면, 충돌되는 의무나 명시적인 허가를 발생하는 법률, 행정규정 또는 판례에 의하여' 제한될 수 있다.

이와 관련하여, 결정 2000/520은 세이프하버원칙의 적용가능성이 받는 제한과 관련하여, 부속서 Ⅳ 제2편에서 '명백히 미국법이 충돌되는 의무를 부과하는 경우에, 미국조직은 세이프하버에 해당하는지 여부에 관계없이 그 법을 준수하여야 한다'고 규정하고 있다.

그리하여, 결정 2000/520은 '국가안보, 공공의 이익 또는 법집행의 요건들'은 세이프하버원칙에 대해 우월성을 가지며, 그 우월성에 따라서 EU로부터 개인정보를 수취하는 자기인증 미국조직들은 그들 요건과 충돌하기 때문에 그들 요건과 양립할 수 없다는 것을 입증하는 경우에 제한없이 그들 원칙을 무시하여야 한다.

결정 2000/520 부속서Ⅰ 제4절에서 규정된 적용제외의 일반적 성질에 비추어, 그 결정은 국가안보 및 공공의 이익 요건에 근거한, EU로부터 미국으로 이전되거나 될 수 있는 정보주체의 기본권에 간섭할 권한을 부여한다. 사생활존중의 기본권에의 간섭의 존재를 확립하기 위하여, 사생활과 관련되는 문제의 정보가 민감한 것인지 또는 관계인이 그 간섭으로 인하여 불리한 영향을 받았는지는 중요하지 않다(Digital Rights Ireland and Others, C-293/12 and C-594/12, EU:C:2014:238, paragraph 33 및 거기서 인용된 판례).

게다가, 결정 2000/520은 그 정보가 EU로부터 미국으로 이전된 사람들의 기본권에의 간섭, 즉 그 나라의 국가기관들이 국가안보와 같은 정당한 목적을 추구할 때 관여할 것을 허가받은 간섭을 제한하고자 국가에 의해 채택된 규정의 미국에서의 존재에 대한 결정을 포함하지 않는다.

또한 결정 2000/520은 그러한 유형의 간섭에 대한 실효적인 법적 보호의 존재에 대해서도 언급하고 있지 않다. 재판연구관(Advocate General)이 그 의견 제204절 - 제206절에서 언급한 바와 같이, 특히 동 결정 부속서Ⅱ에서 규정된 FAQ11에서 설명된 바에 의하면, 그 권한이 사업적 분쟁으로 한정된 연방무역위원회(FTC)에서의 절차와 사적 분쟁해결제도는 미국기업들의 세이프하버원칙의 준수와 관련되고 정부로부터 기인하는 조치들로 발생하는 기본권의 간섭의 적법성과 관련되는 분쟁에는 적용될 수 없다.

더구나, 결정 2000/520의 전술한 분석은 그 결정의 이행으로 인한 상황의 유럽위원회 자체평가에 의한 것이다. 특히 Communication COM(2013) 846 final의 제2절과 제3.2절, 그리고 Communication COM(2013) 847 final의 제7.1절, 제7.2절 및 제8절에서, 그 내용은 본 판결 제13-16절과 제22, 23, 25절에서 각각 기술되어 있는데, 유럽위원회는 미국기관들이 회원국들에서 미국으로 이전된 개인정보에 접근할 수 있고, 국가안보의 보호에 필요하고 비례적인 것을 초과하여 이전된 목적과 양립할 수 없는 방식으로 처리할 수 있다고 인정하였다. 또한, 유럽위원회는 정보주체는 자기와 관련되는 정보가 접근되고 사정에 따라서는 정정 또는 삭제될 수 있게 하는 행정적 또는 사법적 구제수단을 가지고 있지 않다고 말하였다.

EU내에서 보장되는 기본적 권리와 자유의 보호수준과 관련하여, 개인정보와 관련된 사람들이 그 정보의 남용의 위험과 불법적인 접근 및 이용에 대해 그 정보를 실효적으로 보호받을 수 있는 충분한 보장장치를 갖기 위하여, 헌장 제7조 및 제8조에 의해 보장된 기본권의 간섭을 포함하는 EU입법은, 사법재판소의 확립된 판례에 따르면, 조치의 범위 및 적용을 규율하고 최소한의 안전장치를 부과하는 명확하고 상세한 규정을 두어야 한다. 그러한 안전장치의 필요성은 개인정보가 자동처리의 대상이 되는 경우와 그 정보에의 불법적인 접근의 심각한 위험이 있는 경우에 더욱 크다(Digital Rights Ireland and Others, C-293/12 and C-594/12, EU:C:2014:238, paragraphs 54 and 55와 거기에 인용된 판례)

더구나, EU레벨에서 사생활존중의 기본권의 보호는 개인정보의 보호와 관련하여 적용제외와 제한이 엄격하게 필요한 경우에만 적용할 것을 요구한다(Digital Rights Ireland and Others, C-293/12 and C-594/12, EU:C:2014:238, paragraphs 52와 거기서 인용된 판례).

추구된 목적의 관점에서 이루어지고 있는 차별, 제한 또는 예외 없이, 그리고 구체적이고 엄격하게 제한되며 정보에의 접근과 그 이용이 초래하는 간섭을 정당화할 수 있는 목적을 위하여 공공기관의 정보에의 접근과 그 후속적 이용의 한계를 결정할 객관적인 기준을 설정함이 없이, 일반적인 근거로, EU로부터 미국으로 이전된 정보의 모든 정보주체의 모든 개인정보의 저장을 허가하는 경우에, 입법은 엄격하게 필요한 것으로 제한되지 않고 있다(동 취지의 것으로 지침 2006/24/EC(OJ 2006 L 105, p.54), Digital Rights Ireland and Others, C-293/12 and C-594/12, EU:C:2014:238, paragraphs 57 to 61).

특히 공공기관이 일반적인 근거로 전자통신의 내용에 접근하는 것을 허용하는 입법은 헌장 제7조에 의해 보장되는 사생활존중의 기본권의 본질을 손상시키는 것으로 간주되어야 한다(동 취지로, Digital Rights Ireland and Others, C-293/12 and C-594/12, EU:C:2014:238, paragraph 39).

마찬가지로, 자기와 관련되는 개인정보에의 접근을 위하여 또는 그 정보의 정정이나 삭제를 위하여 개인이 법적 구제를 구할 가능성을 규정하고 있지 않는 입법은 헌장 제47조에 보장되어 있는 실효적인 사법적 보호의 기본권의 본질을 존중하지 않는다. 헌장 제47조 제1문은 EU법에 의해 보장된 권리 및 자유를 침해받은 모든 사람은 동 조에서 규정된 요건에 따라서 법원에 실효적인 구제를 받을 권리를 가질 것을 요구하고 있다. EU법조항의 준수를 보장하고자 하는 실효적인 사법심사의 존재는 법의 지배의 존재에 내재한다(동 취지의 판결로, Les Verts v Parliament, 294/83, EU:C:1986:166, paragraph 23; Johnston, 222/84, EU:C:1986:206, paragraphs 18 and 19; Heylens and Others, 222/86, EU:C:1987:442, paragraph 14; and UGT-Rioja and Others, C-428/06 to C-434/06, EU:C:2008:488, paragraph 80).

특히 본 판결 제71, 73, 74절에서 판시된 바와 같이, 유럽위원회가 지침 95/46 제25조 제6항에 따른 결정을 채택하기 위해서는 관련 제3국은 그 국내법이나 국제협정에 의해 EU법질서에서 보장된 것과 본질적으로 동등한 기본권의 보호수준, 즉, 특히 본 판결의 전 절로부터 명백한 수준을 실제로 보장할 것을 인정하여야 한다.

그러나, 유럽위원회는 결정 2000/520에서 미국이 그 국내법이나 국제협정에 의해 적합한 보호수준을 실제로 '보장'하고 있음을 기술하지 않았다.

그러므로, 세이프하버원칙의 내용을 검토할 필요도 없이, 결정 2000/520 제1조는 헌장의 관점에서 해석할 때 지침 95/46 제25조 제6항에서 규정된 요건을 준수하지 못하고 있으며, 따라서 그것은 무효라고 결론내려져야 한다.

결정 2000/520 제3조

특히 헌장 제8조의 관점에서 해석할 때 지침 95/46 제28조에 따라서 국가감독기관들은 자기와 관련되는 개인정보의 처리에 관하여 그 사람의 권리 및 자유의 보호에 대한 청구를 완전히 독립적으로 심사할 수 있어야 한다는 것은 본 판결 제53, 57, 63절에서 판시된 내용으로부터 명백하다. 그것은 그 사람이 청구를 할 때 지침 제25조 제6항에 따라서 채택된 유럽위원회결정의 개인의 프라이버시와 기본적 권리 및 자유의 보호와의 양립가능성에 관한 문제를 제기하는 경우에 특히 그러하다.

그러나, 결정 2000/520 제3조 제1항의 제1문은 지침 95/46 제25조의 적합한 보호수준과 관련되는 유럽위원회 인정의 관점에서 국가감독기관이 행사할 수 있는 권한에 관한 구체적인 규정들을 두고 있다.

동 조항에 따라서, 국가감독기관은 '지침 [95/46] 제25조 이외의 조항에 따라서 채택된 국가법조항의 준수를 보장하기 위한 조치를 취할 권한을 침해하지 않고서' 높은 간섭기준을 설정하는 제약조건에 따라서 '결정 2000/520의 원칙들의 준수를 자기인증한 조직에의 정보유통을 정지시킬' 수 있다. 동 조항은 지침 95/46에 따라서 채택된 국가법조항의 준수를 보장하기 위한 조치를 취할 그들 기관의 권한을 침해하지 않지만, 다른 한편으로, 그것은 그 기관들이 동 지침 제25조의 준수를 보장하기 위한 조치를 취할 가능성을 배제하고 있다.

따라서, 어떤 사람이 동 조항에 따라서 청구를 할 때, 지침 제25조 제6항에 근거하여 제3국이 적합한 보호수준을 보장한다고 인정한 유럽위원회결정이 개인의 프라이버시와 기본적 권리 및 자유의 보호와 양립될 수 있는지를 청구할 수 있는 사항에 대해 쟁송 제기하는 경우에, 결정 2000/520 제3조 제1항 제1문은 지침 95/46 제28조에서 나오는 국가감독기관들의 권한을 부정하고 있는 것으로 해석되어야 한다.

지침 95/46 제25조 제6항에서 EU입법기관은 유럽위원회에 부여한 집행권이 본 판결 전 절에서 언급된 국가감독기관들의 권한을 제한할 능력을 유럽위원회에 부여하고 있지 않다.

그렇다면, 유럽위원회가 결정 2000/520 제3조를 채택할 때 헌장의 관점에서 해석되는 지침 95/46 제25조 제6항에서 유럽위원회에 부여된 권한을 초과한 것이며, 따라서 결정 제3조는 무효라고 판시되어야 한다.

결정 제1조와 제3조는 동 결정 제2조와 제4조 및 동 지침 부속서들과 분리될 수 없는 것이기 때문에, 그 무효는 결정 전체의 효력에 영향을 미친다.

이상의 모든 검토를 고려할 때, 결정 2000/520은 무효라고 결정되어야 한다.

제6. 행동강령

회원국들과 유럽위원회는 이 지침에 따라서 회원국들이 채택한 국가법규정의 적정한 이행에 기여하기 위한 행동강령의 작성을 여러 분야의 특색을 감안하여 장려하도록 규정하고 있다(제27조 참조). 회원국들은 무역단체와 회원국 행동강령 초안을 작성하거나 개정을 의도하거나 현행 회원국 행동강령이 국가기관의 의견에 대해 제출할 수 있도록 확장시킬 의도를 가진 다른 범주의 관리자들을 대변하는 그밖의 단체에 대해 규정하여야 하고, 제출된 초안들이 이 지침에 따라서 채택된 국가법규정을 준수하는지 여부를 확인하는 규정을 설정하도록 하고 있다.

제7. 감독기관

회원국은 하나 또는 그 이상의 공적 기관이 이 지침에 따라서 회원국들에 의해 채택된 규정들의 영토 내에서의 적용을 감시할 책임을 맡도록 하고, 이들 기관은 부과된 기능을 수행함에 있어서 완전히 독립적으로 활동하도록 하여야 한다(제28

조 제1항 참조). 또한, 개인정보의 처리와 관련된 개인의 권리 및 자유의 보호와 관련된 행정적 조치나 규제를 설정할 때 감독기관들의 자문을 받도록 규정하여야 하도록 되어 있다.

감독기관은 특히 다음의 권한을 부여받는다(제28조 제3항 참조). ①조사권, 예컨대 처리작용의 주체문제를 형성하는 정보에 대한 접근권한과 그 감독의무의 수행에 필요한 모든 정보를 수집할 권한, ②실효적인 중재권, 예컨대 처리작용이 이루어지기 전에 의견을 전달하고 그러한 의견의 적정한 공표를 보장할 권한, 정보의 차단·삭제 또는 파기를 명령할 권한, 처리에 대해 잠정적인 또는 종국적인 금지를 부과할 권한, 관리자에게 경고를 하거나 주의를 줄 권한 등, ③이 지침에 따라서 채택된 회원국법규정에 위반되는 경우에 법적 쟁송에 참여하거나 이러한 위반이 사법기관의 관심을 환기시킬 수 있도록 할 권한 등이다.

[관련판례 1] : Hungary Case[40](Case C-288/12, 2014.4.8.)

〈사실관계〉

2008년 9월 29일, Mr Jóri는 1992년의 국가법에 의해 개인정보 보호감독관으로 임명되어 동일부터 그 직무를 시작하였다. Mr Jóri는 6년 임기로 임명되었기 때문에, 2014년 9월말까지 사직하여서는 안되었지만, 헝가리 기본법 임시조치에 관한 규정에 따라서 2011년 12월 31일에 사직하여야 했다. 1995년 지침에 따른 개인정보보호 감독기관이 2012년 1월 1일부터 그 활동이 개시되었고, 국무총리의 제청으로 대통령이 Mr Péterfalvi를 9년 임기의 동 기관의 장으로 임명하였다.

2012년 1월 17일, 유럽위원회는 헝가리에 공식통지서(letter of formal notice)를 송부하였다. 통지서에서 유럽위원회는 헝가리가 다음의 이유로 1995년 지침 제28조 제1항과 제2항을 위반하였다는 견해를 표명하였다. 즉, 첫째로, 감독관을 그 임기만료 전에 사직을 강제하였다는 점, 둘째로, 정보보호에 관한 신법안에 대해 감독관에게 의견조회를 하지 않은 점, 셋째로, 동 신법에 의해 감독관의 임기를 조기종료하게 하고, 대통령과 국무총리에게 그와 관련한 역할을 부여한 점이다.

40) Commission v Hungary[2014], EU:C:2014:237 본 사건은 유럽위원회가 개인정보 보호를 위한 감독기관의 독립성과 관련하여 1995년 지침을 위반하였음을 이유로 헝가리를 상대로 유럽사법재판소에 제기한 조약의무위반소송이다.

2012년 2월 17일 서신에서, 헝가리는 1995년 지침 위반을 부정하였다. 첫째로, 헝가리는 감독관의 조기사직은 헝가리 개인정보보호 감독기관제도의 변경에 따른 것으로, 감독관이 새로운 감독기관의 장이 되기를 원하지 않았다고 주장하였다. 둘째로, 헝가리는 정보보호에 관한 신법안에 대하여 감독관에게 한 의견조회와 관련된 문서를 유럽위원회에 제공하였다. 셋째로, 헝가리는 감독기관의 장의 임기의 조기종료와 관련한 유럽위원회의 우려를 불식하기 위하여 관련법규정을 개정하였다고 말하였다.

2012년 3월 7일, 유럽위원회는 정보보호에 관한 감독관에의 의견조회에 관한 이유를 철회한다는 이유부기 의견(reasoned opinion)을 송부하였다. 그러나, 유럽위원회는 감독관이 조기사직한 점과 그와 관련하여 대통령과 국무총리가 한 역할에 대해 우려를 표명하였다. 후자와 관련하여, 유럽위원회는 만일 헝가리가 이유부기 이유가 설정한 기한-통지로부터 한 달-까지 법개정안을 채택한다면, 유럽위원회는 그에 관한 위반은 종결되었다고 간주할 것이라고 기술하였다.

2012년 3월 30일 서신에서, 헝가리는 관련법조항이 수일 내에 채택될 예정이라고 답하였다. 동 개정안은 실제로 동년 4월 2일 채택되어, 동년 4월 7일부터 시행되었다. 그러나, 동 서신에서 헝가리는 감독관의 조기사직과 관련하여 그 견해를 유지하였기 때문에, 유럽위원회는 본 소송을 제기하였다.

〈유럽사법재판소의 판결 요지〉

먼저, 1995년 지침 제28조 제1항 제2문은 회원국들이 그 임무의 수행에 있어서 완전히 독립성을 가진 하나 이상의 감독기관의 설치를 요구하고 있는 점을 기억하여야 한다. 게다가, 개인정보의 처리와 관련하여 개인의 보호에 관한 EU법의 준수는 독립기관에 의한 통제의 대상이 되어야 한다는 요건은 EU의 제1차법, 특히 EU기본권헌장 제8조 제3항과 EU운영조약(TFEU) 제16조 제2항에서 도출된다. 따라서, 회원국들의 독립적 감독기관의 설치는 개인정보의 처리와 관련하여 개인의 보호의 필수적 구성요소이다. 헝가리도 다투지 않는 것처럼 감독관은 6년 임기로 선임된 것으로, 1995년 지침의 의미 내의 개인정보의 보호를 위한 감독기관이었다는 점을 기억하여야 한다.

본 소송과 관련하여서는, 유럽위원회가 주장하는 바와 같이, 1995년 지침 제28조 제1항 제2문에서 규정된 감독기관이 위임받은 직무를 완전히 독립하여 수행할 수 있음을 보장하는 요건은, 관련 회원국들이 그 기관에게 전 임기의 재직을 허용할 의무를 발생시키는지 여부를 검토할 필요가 있다. 유럽사법재판소는 1995년 지침 제28조 제1항 제2문의 해석과 관련하여, 개인정보의 처리의 감독을 관할하는 감독기관은 외부의 영향으로부터 자유롭게 임무를 수행할 수 있는 독립성을 의미한다고 하였다. 그러한 독립성은 어떠한 형태이든, 직접적이든 간접적이든 그 결정에 영향을 가질 수 있고, 그 기관이 사생활권의 보호와 개인정보의 자유로운 이동 간에 정당한 형량을 하는 업무의 수행에 의문을 제기할 수 있는, 특히 어떠한 지시나 외부로부터의 영향을 배제한다.

따라서, 감독기관들의 운영상의 독립성은 그 구성원들이 임무의 수행에 있어서 어떠한 종류의 지시에도 구속되지 않는다는 점에서, 그들 기관이 1995년 지침 제28조 제1항 제2문의 독립성 요건을 충족시킬 수 있으려면 갖추어야 할 필수적 요건이다. 그러나, 헝가리의 주장과는 달리, 그러한 운영상의 독립성은 그 자체로 모든 외부영향으로부터 감독기관을 보호하기에 충분한 것은 아니다. 그와 관련하여, 유럽사법재판소는 기관들을 정밀히 조사하는 국가는 감독기관의 결정에 대해 정치적 영향력을 행사할 수 있다는 리스크만으로도 감독기관들이 그 독립적인 직무수행을 저해받기에 충분하다고 판결한 바 있다. 첫째로, 정밀조사하는 기관의 의사결정실무에 따르는 '사전적 준수(prior compliance)'가 있을 수 있다. 둘째로, 사생활권의 수호자로서 그들 감독기관에 의해 채택된 역할의 관점에서 1995년 지침 제28조 제1항 제2문은 그 기관들의 결정이 모든 불공평성의 의심이 없을 것을 요구한다. 만일, 그와 관련하여 입법에 의하여 설정된 규범과 보장장치에 반하여, 모든 회원국들이 감독기관의 임기만료 전에 강제사직을 허용한다면, 그들 감독기관이 임기 중에 노출된 조기사직의 위협은 그들 감독기관이 정치적 기관에의 사전적 준수로 이끌 수 있으며, 이것은 독립성의 요건과 양립할 수 없다. 이러한 점은 조기사직이 제도의 변경이나 재설계의 결과로 생긴다고 할지라도 동일하다. 따라서, 1995년 지침 제28조 제1항 제2문에서 규정된 독립성 요건은 감독기관들이 그 전 임기동안 재직하며, 입법에 의해 설정된 규범과 보장장치에 따라서만 임기만료 전에 사직하게 할 것을 허용할 의무도 포함하는 것으로 해석되어야 한다.

이상에서 검토한 바와 같이, 개인정보보호 감독기관의 조기사직에 대해 헝가리는 1995년 지침에 의한 의무를 이행하지 않았다.

[관련판례 2] : Austria Case[41](Case C-614/10, 2012.10.16.)

〈사실관계〉

유럽위원회는 오스트리아의 현행법에 의하면 개인정보의 보호를 위한 감독기관으로서 설립된 정보보호위원회(Datenschutzkommission ; DSK)와 관련한 규정들이 1995년 지침 제28조 제1항 제2문에 의한 독립성 요건을 충족하지 않았다고 하여, 동 조항에 의한 의무를 이행하지 못하였음을 선언할 것을 유럽사법재판소에 청구한 조약의무위반소송이다.

〈유럽사법재판소의 판결 요지〉

1995년 지침 제28조 제1항 제2문은 회원국들에게 부여된 기능을 행사함에 있어서 완전한 독립성을 가지는 개인정보의 보호를 위한 하나 이상의 감독기관의 설치를 요구한다. 게다가, 개인정보의 처리와 관련하여 개인의 보호에 관한 EU법의 준수는 독립된 기관에 의한 통제를 받아야 한다는 요건은 EU의 일차법, 특히 EU기본권헌장과 EU운영조약(TFEU) 제16조 제2항에서 파생된 것이다. 따라서, 회원국들의 독립적인 감독기관의 설치는 개인정보의 처리와 관련하여 개인의 보호의 필수적 요소이다. 본 소송이 이유가 있는지 여부를 결정하기 위하여, 유럽위원회가 주장하는 바와 같이, 오스트리아에서 시행중인 법률이 DSK가 1995년 지침 제28조 제1항 제2문의 의미 내에서의 '완전한 독립성을 가지고' 그 기능을 행사할 수 없게 하는지 여부를 고려할 필요가 있다. 유럽사법재판소는 1995년 지침 제28조 제1항 제2문의 '완전한 독립성을 가지고'는 개인정보의 보호를 위한 감독기관들이 외부의 영향으로부터 자유롭게 그 임무를 수행할 수 있는 독립성을 향유하여야 하는 것을 의미하는 것으로 해석되어야 하며, 그들 기관이 직접적이든 간접적이든 결정에 영향을 미칠 수 있는 외부로부터 자유로워야 한다는 것을 의미한다고 보았다. 감독기관의 구성원들이 '독립적이고 그들의 임무수행에 있어서 어떠한 종류의 지시에 의해서도 구속되지 않는' 한 기능적 독립성을 가지고 있다는 사실은, 그 기관이 1995년 지침 제28조 제1항 제2문의 의미 내에서의 독립성의 기준을 충족시키기 위한 본질적인 요건이다. 그러나, 오스트리아가 주장하는 바와 달리, 그러한 기능적 독립성은 그 자체만으로 모든 외부 영향으로부터 그 감독기관을 보호하기에 충분하지 않다. 1995년 지침 제28조 제

41) Commission v Austria[2012], EU:C:2012:631

1항 제2문에서 요구되는 독립성은 지시 형태의 직접적 영향을 배제할 뿐만 아니라, 감독기관의 결정에 대해 영향을 가지기 쉬운 모든 간접적 영향도 배제하고자 하는 것이다.

이러한 관점에서, 유럽사법재판소는 오스트리아에서 시행중인 입법이 정보보호위원회(DSK)와 관련한 독립성의 요건을 충족하기 위하여 필요한 모든 조치를 취하지 못하였다고 판단하였다. 보다 구체적으로 말하자면, ①정보보호위원회(DSK)의 임원은 감독에 복종하는 연방공무원이라는 점, ②정보보호위원회(DSK)의 직은 연방수상부에 통합되어 있다는 점, ③연방수상은 정보보호위원회(DSK)의 모든 직무에 대해 조건없는 정보권을 가지고 있다는 점에서 오스트리아는 1995년 지침 제28조 제1항 제2문의 의무를 이행하지 못하였다고 판결하였다.

[관련판례 3] : Germany Case[42](Case C-518/07, 2010.3.9.)

〈사실관계〉

유럽위원회는 개인정보의 처리와 관련한 개인의 보호에 관한 규정을 준수할 것을 보장하는 기관이 국가의 감독을 받아야 한다는 것은 1995년 지침 제28조 제1항 제2문의 위반이라고 간주하고, 2005년 7월 5일에 독일에 공식통지서(letter of formal notice)를 송달하였다. 독일은 2005년 9월 12일의 서신에서 독일의 관련 감독제도는 지침의 요건을 준수하고 있다고 답변하였다. 2006년 12월 12일, 유럽위원회는 이전의 주장을 반복하는 이유부기 의견을 독일에 송달하였다. 2007년 2월 14일의 답변에서, 독일은 원래의 입장을 재확인하였기 때문에 유럽위원회가 제기한 조약의무위반소송이다.

〈유럽사법재판소의 판결 요지〉

1995년 지침 제28조 제1항 제2문에서 규정하는 국가감독기관의 독립성의 보장은 개인정보 처리와 관련하여 개인의 보호에 관한 규정 준수의 감독의 효과성과 신뢰성을 보장하고자 하는 것이며, 그러한 목적의 관점에서 해석되어야 한다. 그것은 그들 기관 자체와 그 직원들에게 특별한 지위를 부여하고자 하는 것이 아니라, 그 결정에 의해 영향을 받는 개인과 기구들의 보호를 강화하기 위하여

42) Commission v Germany[2010], EU:C:2010:125

정립된 것이다. 따라서, 그 임무를 수행할 때, 감독기관은 객관적이고 불편부당하게 행동하여야 한다. 이를 위하여, 이들 기관은 국가나 주의 직접적 또는 간접적 영향을 포함하여 외부의 영향으로부터 자유로워야 한다. 그러므로, 공적 영역 밖에서 개인정보의 처리를 감독할 책무를 가진 감독기관들은 외부의 영향으로부터 자유롭게 그들의 임무를 수행할 수 있도록 하는 독립성을 누려야 한다. 이러한 독립성은 피감독기관이 행사하는 모든 영향력뿐만 아니라, 직접적이든 간접적이든 사생활권의 보호와 개인정보의 자유로운 이동 간의 정당한 형량의 확립을 그 내용으로 하는 임무의 수행을 의심스럽게 만드는 지시 또는 그밖의 외부의 영향도 금지한다.

조사기관들은 1995년 지침 제28조 제1항 제2문이 규정하는 개인정보의 처리를 감시할 책임을 맡고 있는 감독기관들의 결정에 대해 정치적 영향력을 행사할 수 있다는 위험만으로도 감독기관들의 임무의 독립적 수행을 방해하기에 충분하다. 첫째로, 조사기관들의 의사결정 실제의 측면에서 그들 기관의 편에서의 '사전 준수'가 있을 수 있다. 둘째로, 그들 감독기관이 사생활권의 수호자로서의 역할을 수행하기 위하여, 그들의 결정과 기관들 자체는 어떠한 의심이나 편파성에서 벗어나 있을 것이 필요하다. 따라서, 공적 영역 밖에서 개인정보 처리의 감독 책임이 있는 국가감독기관들에 대해 수행되는 국가의 조사는 독립성의 요건과 부합하지 않는다.

그러므로, 공법의 규율을 받는 공적이 아닌 기구 및 기업에 의한 개인정보의 처리를 감시할 책무가 있는 기관들을 국가감시에 복종하게 만듦으로써, 그들 기관이 완전한 독립성을 가지고 기능을 수행하여야 한다는 요건을 부정확하게 국가법화한 것이며, 회원국은 1995년 지침 제28조 제1항 제2문에 의한 의무를 이행하지 못하였다.

제3절 1995년 지침이 미친 영향

1995년 지침은 비록 '지침'(DIRECTIVE)의 형식이기는 하지만, 개인정보 보호와 관련한 EU레벨에서의 최초의 입법이라는 점에서 그 의미가 크다. 더구나, 동 지침은 제4장에서 개인정보의 EU 이외의 제3국으로의 이전에 대해서 엄격한 규제를 설정하고 있어서, EU 이외의 국가들에게도 그에 대한 대응이 요청되었다. 왜냐하면, 개인정보의 제3국으로의 이전은 1995년 지침에 따라서 채택된 국가법규정과 부합하고, 그 제3국이 적합한 보호수준을 보장하는 경우에만 허용되는 것을 원칙으로 하였기 때문이다. 또한, 개인정보의 국경을 넘는 유통은 무역문제를 포함한 경제적 측면을 가지고 있고, 국제무역에서 개인정보의 유통은 거의 필수적으로 요청되고 있기 때문이다. 이로 인해, EU와 미국 간에 협의한 결과 나온 것이 「세이프 하버원칙(the Safe Harbor Principles)」이다. 또한, 개인정보보호법제의 유형을 크게 유럽형인 옴니버스방식과 미국형인 섹토럴방식으로 나눌 수 있는데, 1995년 지침이 제정된 이후, 점차 유럽형인 옴니버스방식이 주류로 되었다고 할 수 있다.

1995년 지침은 1995년에 제정된 이후, EU레벨에서의 개인정보 보호에 관한 일반법으로서의 역할을 수행하여 왔으나, 이어서 살펴보는 바와 같이(제5장), 2016년에 1995년 지침에 대체되는 새로운 개인정보보호입법이 성립되었다. 또한, 나중에 살펴보는 바와 같이(제6장), 1995년 지침에 대하여 전기통신분야에서의 개인정보의 처리 및 프라이버시 보호를 위한 특별법적 성격을 가진 지침이 1997년에 제정되었다.

제5장

2016년 일반정보보호규칙(GDPR)의 성립

제1절 성립의 배경과 경과

제1. 성립의 배경

정보통신기술의 급속한 발달로 인하여 정보의 공유와 수집의 양이 종래와 비교할 수 없을 정도로 극적으로 증가하는 등 개인정보를 둘러싼 환경이 급격히 변화하였다. 이러한 변화는 경제성장에서도 중요한 요인으로 되어, 온라인 환경에서의 신뢰의 구축이 요청되고, 이러한 신뢰의 결여가 소비자에게 자칫 새로운 서비스의 채택을 주저하게 만들 수 있기 때문에, 개인정보의 보호는 이러한 신뢰의 구축에서 중심적인 기능을 한다고 할 수 있다[1]. 그런데, 1995년 지침은 그 목적과 원칙에 관한 한 여전히 유효하지만, 개인정보 보호에서의 EU 전체의 집행이라는 점에서는 단편화와 법적 불확실성이 존재하게 되었다. 즉, EU 회원국들 간에 개인정보보호법제가 서로 다르기 때문에 기업 등이 활동을 함에 있어서 여러 가지의 문제점들이 발생하였다. 따라서, 보다 강력하고 통일적인 EU개인정보보호제도를 시행할 시기가 되었으며, 이에 의하여 EU역내시장에서 디지털경제가 발전할 수 있게 되고, 개인들은 자기의 개인정보를 통제할 수 있으며, 사업자들과 공적 기관들에게는 법적·실무적 확실성을 확보할 수 있게 된다는 점을 들고 있다[2].

---

1) 이러한 관점은 이미 2010년 유럽위원회의 「A Digital Agenda for Europe」(COM(2010) 245 final/2, 2010.8.26.)과 「A comprehensive approach on personal data protection in the European Union」(COM(2010) 609 final, 2010.11.4.) 등에서 제시된 바 있다.

2) EUROPEAN COMMISSION, Proposal for a REGULATION OF THE EUROPEAN PARLIAMENT AND OF THE COUNCIL on the protection of individuals with regard to the processing of personal data and on the free movement of such data (General Data Protection Regulation), COM(2012) 11 final, 2012.1.25, pp.1-2.

제2. 성립의 경과

스웨덴이 의장국으로서 주도가 되어 2009년 7월에 마련된 이른바 '스톡홀름프로그램[3])'에서, 유럽이사회는 유럽위원회에 대하여 개인정보 보호에 관한 EU법제 기능의 평가와 필요한 경우의 입법적·비입법적 조치에 관한 보고서를 제출할 것을 요청하였다. 유럽의회도 2009년 11월에 행한 스톡홀름프로그램에 대한 결의[4]에서 EU에서의 포괄적인 정보보호제도의 도입과 구조결정(Framework Decision[5]))의 개정을 촉구하였다. 이에 유럽위원회는 스톡홀름프로그램을 집행하는 행동계획[6](Action Plan)에서 개인정보 보호에 대한 기본적 권리가 모든 EU정책에서 일관되게 적용될 필요가 있음을 강조하였다. 또한, 2010년 11월의 유럽의회, 이사회, 경제사회위원회 및 지역위원회에 대한 커뮤니케이션인 「EU에서의 개인정보 보호에 대한 포괄적인 접근[7]」에서 개인정보 보호의 기본적인 권리에 대한 보다 포괄적이고 일관성 있는 정책이 필요하다고 결론 내렸다. 이에 따라서, 2010년 11월에 EU사법위원장(EU Justice Commissioner)인 비비안 레딩(Viviane Reding)이 정보보호개혁에 관한 '라운드 테이블'을 조직하였다[8].

이러한 논의과정에서 유럽위원회는 2009년 7월부터 12월까지와 2010년 11월부

---

3) The Stockholm Programme – An open and secure Europe serving and protecting citizens, OJ C 115, 2010.5.4, p.1.

4) Resolution of the European Parliament on the on the Communication from the Commission to the European Parliament and the Council – An area of freedom, security and justice serving the citizen – Stockholm programme adopted 25 November 2009 (P7_TA(2009)0090).

5) COUNCIL FRAMEWORK DECISION 2008/977/JHA of 27 November 2008 on the protection of personal data processed in the framework of police and judicial cooperation in criminal matters, OJ L 350, 2008.12.30, p.60.

6) EUROPEAN COMMISSION, COMMUNICATION FROM THE COMMISSION TO THE EUROPEAN PARLIAMENT, THE COUNCIL, THE EUROPEAN ECONOMIC AND SOCIAL COMMITTEE AND THE COMMITTEE OF THE REGIONS, Delivering an area of freedom, security and justice for Europe's citizens ; Action Plan Implementing the Stockholm Programme, COM(2010) 171 final, 2010.4.20., p.2.

7) EUROPEAN COMMISSION, COMMUNICATION FROM THE COMMISSION TO THE EUROPEAN PARLIAMENT, THE COUNCIL, THE ECONOMIC AND SOCIAL COMMITTEE AND THE COMMITTEE OF THE REGIONS ; A comprehensive approach on personal data protection in the European Union, COM(2010) 609 final, 2010.11.4., p.4.

8) EUROPEAN COMMISSION, COMMUNICATION FROM THE COMMISSION TO THE EUROPEAN PARLIAMENT, THE COUNCIL, THE EUROPEAN ECONOMIC AND SOCIAL COMMITTEE AND THE COMMITTEE OF THE REGIONS, Safeguarding Privacy in a Connected World – A European Data Protection Framework for the 21st Century, 2012.1.25., COM(2012) 9 final, p.3.

터 2011년 1월까지의 2차례에 걸친 일반의견모집절차(two public consultations)[9]를 거쳐서, 2011년 11월 29일에 새로운 규정안(초안)을 공표하였다[10]. 이러한 절차를 거쳐서, 2012년 1월 25일에 유럽위원회는 「개인정보의 처리와 관련한 개인의 보호와 그러한 정보의 자유로운 이동에 관한 유럽의회와 이사회의 규칙안[11]」(이하 '2012년 규칙안'이라고 한다.)을 공표하였고, 동 규칙안은 동년 1월 27일에 유럽의회와 이사회에 제출되었다[12].

한편, 동 규칙안에 대해서 유럽의회(2012.2.16)와 이사회(2012.3.1)는 EU운영조약(TFEU) 제304조에 근거하여 유럽경제사회위원회(European Economic and Social Committee)의 의견을 구할 것을 결정하였고, 이에 대해 유럽경제사회위원회는 2012년 5월 23일에 그 의견을 채택하였다[13]. 유럽의회는 2012년 규칙안에 대한 심도있는 검토를 거쳐 2014년 3월 12일에 그에 대한 제1독회(first reading)의 입법적 결의[14](7427/14)를 하였다. 이어서, 2015년 6월 15일에는 이사회가 일반적 접근[15](General Approach)에 합의를 하여 동 월 24일부터 3자회담(trilogue ; 유럽의

9) http://ec.europa.eu/justice/news/consulting_public/news_consulting_0003_en.htm ; http://ec.europa.eu/justice/news/consulting_public/news_consulting_0006_en.htm (2016.6.1. 접속)

10) EUROPEAN COMMISSION, Proposal for a REGULATION OF THE EUROPEAN PARLIAMENT AND OF THE COUNCIL on the protection of individuals with regard to the processing of personal data and on the free movement of such data (General Data Protection Regulation), Version 56, 2011.11.29.

11) Proposal for a REGULATION OF THE EUROPEAN PARLIAMENT AND OF THE COUNCIL on the protection of individuals with regard to the processing of personal data and on the free movement of such data (General Data Protection Regulation), COM(2012) 11 final - 2012/011 (COD), 2012.1.25.

12) 유럽위원회는 정보보호개혁패키지로서 2012년 규칙안 이외에도 2008년 정보보호 구조결정(the 2008 Data Protection Framework Decision)을 대체하고자 하는 지침안(Proposal for a DIRECTIVE OF THE EUROPEAN PARLIAMENT AND OF THE COUNCIL on the protection of individuals with regard to the processing of personal data by competent authorities for the purposes of prevention, investigation, detection or prosecution of criminal offences or the execution of criminal penalties, and the free movement of such data, 2012/0010 (COD))을 함께 공표하였다.

13) Opinion of the European Economic and Social Committee on the 'Proposal for a Regulation of the European Parliament and of the Council on the protection of individuals with regard to the processing of personal data and on the free movement of such data (General Data Protection Regulation)' COM(2012) 11 final - 2012/011 (COD), OJ C 229, 2012.7.31., pp.90-97.

14) European Parliament legislative resolution of 12 March 2014 on the proposal for a regulation of the European Parliament and of the Council on the protection of individuals with regard to the processing of personal data and on the free movement of such data (General Data Protection Regulation) (COM(2012)0011 - C7-0025/2012 - 2012/0011(COD)) (Ordinary legislative procedure: first reading)

15) 일반적 접근(General Approach)이란 이사회가 새로운 EU정보보호입법에 대해 전반적인 합의에

회, 이사회, 유럽위원회)을 시작하여 여러 차례의 논의를 거쳐서, 2015년 12월 15일에 3자회담의 최종합의안을 공표하였다. 이러한 절차를 거쳐서, 2016년 4월 8일에 이사회가, 그리고 동 년 4월 14일에 유럽의회가 각각 최종법안을 채택하였으며, 동 년 5월 4일에 EU공보에 공포되었다[16]. 이렇게 해서, 2016년 일반정보보호규칙(이하 '2016년 규칙'이라 한다.)은 공식적으로 성립하였으며, 동 년 5월 24일부터 시행되어, 2018년 5월 25일부터 적용된다.

*** EU 2016년 일반정보보호규칙의 성립연표**

2012.01.25	유럽위원회, 정보개혁패키지 법안 공표
2012.05.23	유럽경제사회위원회, 법안에 대한 의견 공표
2014.03.12	유럽의회, 정보개혁패키지 법안에 대한 제1독회의 개정안을 입법적 결의함
2015.06.15	이사회, 일반적 접근(General Approach)에 합의
2015.12.15	3자회담(trilogue) 최종합의안 공표
2016.04.08	이사회, 정보개혁패키지 법안을 의결
2016.04.14	유럽의회, 정보개혁패키지 법안을 의결
2016.05.04	정보개혁패키지 입법[17]이 EU공보(OJ L 119, pp 1-88)에 공포됨.
2016.05.05	지침(Directive (EU) 2016/680), 시행. 모든 회원국들은 2018년 5월 6일까지 국내법화하도록 의무 부과.
2016.05.24	일반정보보호규칙(Regulation (EU) 2016/679), 시행. 2018년 5월 25일부터 적용

이를 목적으로 그 법안을 기초로 하여 유럽의회와 협상을 시작할 수 있다는 정치적 합의를 의미한다.

16) Regulation (EU) 2016/679 of the European Parliament and of the Council of 27 April 2016 on the protection of natural persons with regard to the processing of personal data and on the free movement of such data, and repealing Directive 95/46/EC (General Data Protection Regulation), OJ L 119, 2016.5.4., pp.1-88.

17) 이들 2개의 입법은 다음과 같다. 즉, ① Regulation (EU) 2016/679 of the European Parliament and of the Council of 27 April 2016 on the protection of natural persons with regard to the processing of personal data and on the free movement of such data, and repealing Directive 95/46/EC (General Data Protection Regulation) ; ② Directive (EU) 2016/680 of the European Parliament and of the Council of 27 April 2016 on the protection of natural persons with regard to the processing of personal data by competent authorities for the purposes of the prevention, investigation, detection or prosecution of criminal offences or the execution of criminal penalties, and on the free movement of such data, and repealing Council Framework Decision 2008/977/JHA

제2절 2016년 일반정보보호규칙의 주요내용

제1. 개설

2016년 규칙은 그 구성에 있어서 1995년 지침에 비해 조문 수가 대폭 증가하였다. 즉, 1995년 지침이 전 7장 34개조 및 최종규정으로 구성된데 비하여, 2016년 규칙은 전 11장 99개조로 구성되었다.

그리고, 법형식에 있어서 전자는 '지침'(Directive)인데 비하여, 후자는 '규칙'(Regulation)이라는 점이 크게 다르다. EU법에서 규칙은 EU 전체에 대해서 직접 적용가능하고 법적 구속력을 가지는 법규범인데 비하여, 지침은 EU법의 통일성을 확보하기 위하여 제정된 것으로 그 달성될 입법목적과 관련하여서는 회원국들에 대해 구속력을 갖지만, 그것이 어떻게 국내법제도로 편입될 것인지에 대해서는 회원국에 위임되어 있는 법규범이라고 할 수 있다. 따라서, 규칙은 회원국에 직접 적용되며, 경우에 따라서는 회원국법을 대체하는 효력을 가지지만, 지침은 회원국법을 대체하는 것이 아니라 국가법을 지침과 일치하게 적합시킬 의무를 회원국들에게 지우는 것이다[18]. 이러한 점에서, 2016년 규칙은 법형식에 있어서도 1995년 지침에 비하여, EU역내에서의 법적 효력이 보다 통일적이고 강력한 것이라고 할 수 있다. 이하에서 2016년 규칙의 주요내용을 살펴보도록 한다.

제2. 총칙

1. 목적

2016년 규칙은 "개인정보의 처리에 관한 자연인의 보호와 관련되는 규정과 개인정보의 자유로운 이동과 관련되는 규정"(제1조 제1항)을 그 대상으로 하는 것으로서, "자연인의 기본적 권리와 자유, 특히 개인정보보호권을 보호"(동 조 제2항)하는 것과 "유럽연합 역내에서의 개인정보의 자유로운 이동"(동 조 제3항)을 보장하는 것을 그 목적으로 한다. 입법목적과 관련하여 1995년 지침이 개인정보의 처리와 관련한 '프라이버시권'을 그 목적의 하나로 들고 있었던데 비하여, 2016년 지침은 '개인정보보호권'으로 변경된 점이 주목된다.

---

18) 함인선 역, EU법 입문, 전남대출판부, 2014, 114쪽 이하.

일반적으로 개인정보 보호라고 칭하고 있지만, 궁극적으로는 개인정보 그 자체의 보호에 목적이 있는 것이 아니라, 개인정보와 관련된 정보주체('자연인')의 보호에 그 목적이 있음을 고려할 때 제1조 제2항의 규정은 그와 같은 입장을 반영한 것이라고 할 수 있다. 한편, 후자의 목적과 관련하여서는, "EU 역내에서의 개인정보의 자유로운 이동은 개인정보의 처리에 대한 개인의 보호와 관련되었다는 이유로 제한되거나 금지되어서는 안된다"(동 조 제3항)는 것을 명시적으로 규정하고 있다. 그러나, 이와 같은 개인정보의 자유로운 이동도 "EU 역내"의 경우로 제한하고 있는 것에 유의할 필요가 있다.

2. 적용범위

종래 1995년 규칙이 하나의 조문으로 되었던 것을 보다 세분화하여 물적 범위(제2조)와 영토적 범위(제3조)로 나누어 규정하고 있다.

(1) 물적 범위(Material scope)

1) 2016년 규칙은 "전면적으로 또는 부분적으로 자동화된 수단에 의한 개인정보의 처리와 파일링시스템의 일부를 구성하거나 구성할 의도인 개인정보의 자동화 이외의 수단에 의한 처리"(제2조 제1항)에 대해서 적용하도록 되어 있다. 즉, 개인정보의 처리수단을 기준으로 하여 자동화된 수단(예컨대, 컴퓨터 등)에 의한 경우뿐만 아니라, 자동화 이외의 수단(예컨대, 수기작업)에 의한 처리도 그 대상으로 하도록 규정하고 있다. 다만, 후자의 경우에는 "파일링시스템의 일부를 구성하거나 하려고 하는" 개인정보에 대해서만 그 적용대상으로 하고 있다.

2) 한편, 2016년 규칙은 자동화된 수단에 의한 처리이든 자동화 이외의 수단에 의한 처리이든 일정한 범위의 개인정보의 처리작용에 대해서는 적용하지 않도록 규정하고 있다.

① EU법의 범위에 속하지 않는 활동 중에 하는 처리

② EU조약(TEU) 제5편 제2장의 범위 내의 활동을 수행할 때 회원국들에 의한 처리

③ 순전히 사적 활동이나 가사활동 중에 하는 자연인에 의한 처리

④ 관할기관이 공공의 안전에 대한 위협으로부터의 보호와 그 예방을 포함하여, 범죄의 예방, 수사, 탐지나 기소 또는 형벌의 집행을 위하여 관할기관에 의한 처리

3) 또한, 유럽연합 기관, 기구, 사무소 및 에이전시에 의한 개인정보의 처리에

대해서는 2016년 규칙이 아닌 별도의 특별법적인 성격을 갖는 규칙(EC) No 45/2001[19]을 적용하도록 되어 있다. 다만, 그러한 경우에도 2016년 규칙 제98조에서 "특히 EU기관, 기구, 사무소 및 에이전시에 의한 처리에 관하여 자연인들의 보호와 관련되며, 그러한 정보의 자유로운 이동에 관한 규정"에 대해서 자연인들의 통일적이고 일관성 있는 보호를 보장하기 위하여 2016년 규칙의 원칙과 규정들에 적합하도록 하고, 유럽위원회에게 해당하는 경우 입법안을 제출하도록 규정하고 있다.

4) 2016년 규칙에 대해서 지침 2000/31/EC[20], 즉, 이른바 e-commerce지침, 특히 동 지침 제12조에서 제15조까지의 중개서비스제공자의 책임규정이 우선하여 적용되도록 규정하고 있다.

(2) 영토적 범위(Territorial scope)

1) 2016년 규칙은 그 처리가 EU 역내에서 이루어지는지 여부에 관계없이, EU에 있는 관리자나 처리자의 사업체의 활동으로 이루어지는 개인정보의 처리에 적용된다. 따라서, EU에 있는 관리자나 처리자의 사업체의 활동으로 이루어지는 개인정보의 처리이면 그것이 EU 역내에서 이루어지는지 역외에서 이루어지는지의 여부에 관계없이 2016년 규칙이 적용되게 된다.

2) 유럽연합에서 설립되지 않은 관리자나 처리자에 의한 유럽연합에 있는 정보주체의 개인정보의 처리에 대해서는 그 처리활동이 ①정보주체의 지불이 요구되는지 여부와 관계없이, EU 역내의 정보주체에 대한 물품이나 서비스의 제공, 또는 ②정보주체의 행동이 EU 역내에서 이루지는 한 그들 행동의 모니터링과 관련된 경우에는 2016년 규칙이 적용되도록 규정하고 있다.

3) 그리고, EU 역내에 설립되지 않은 관리자에 의한 개인정보의 처리라 할지라도, 그것이 국제공법에 의하여 회원국법이 적용되는 지역에 설립된 관리자에 의한 것이라면 2016년 규칙이 적용된다.

---

19) Regulation (EC) No 45/2001 of the European Parliament and of the Council of 18 December 2000 on the protection of individuals with regard to the processing of personal data by the Community institutions and bodies and on the free movement of such data, OJ L 8, 2001.1.12, pp.1-22.

20) DIRECTIVE 2000/31/EC OF THE EUROPEAN PARLIAMENT AND OF THE COUNCIL of 8 June 2000 on certain legal aspects of information society services, in particular electronic commerce, in the Internal Market (Directive on electronic commerce), OJ L 178, 2000.7.17, pp.1-16.

3. 개념 정의

1995년 지침과 비교하여 볼 때, '처리의 제한', '프로파일링', '가명화', '개인정보 침해', '유전자정보', '생체정보', '건강에 관한 정보', '주 설립체', '대리인', '기업', '사업체그룹', '구속적 기업규칙', '감독기관', '관계 감독기관', '국경을 넘는 처리', '관련되고 이유 있는 반대', '정보사회서비스', '국제조직'이 신설되었고, '개인정보의 처리'는 '처리'로, '개인정보파일링시스템'은 '파일링시스템'으로, '정보주체의 동의'는 '동의'로 변경되었다(제4조 참조). 1995년 지침에 비해 대폭 증가한 이들 개념 정의에 대해 차례로 살펴보도록 한다.

(1) 개인정보(personal data)

'개인정보'란 식별된 또는 식별가능한 자연인('정보주체')과 관련되는 정보를 의미한다. 여기서 '식별가능한 자연인'이란 특히 이름, 식별번호, 위치정보, 온라인 식별자와 같은 식별자, 또는 그 자연인의 신체적, 심리적, 유전적, 정신적, 경제적, 문화적이나 사회적 정체성을 참조함으로써 직접적으로 또는 간접적으로 식별될 수 있는 자를 말한다.

(2) 처리(processing)

'처리'란 자동화된 수단에 의하는지 여부와 관계없이, 수집, 기록, 편성, 구성, 저장, 편집이나 변경, 검색, 참조, 이용, 전송에 의한 공개, 배포나 그밖의 방법에 의한 이용, 연결이나 결합, 제한, 삭제 또는 파기와 같이 개인정보에 대해 이루어지는 작용을 의미한다.

2016년 규칙이 개인정보를 그 처리수단을 기준으로 하여 자동화된 수단에 의한지 그 이외의 수단에 의한 것인지에 관계없이 그 적용대상으로 하고 있는 것과 관련하여, '처리'의 개념 정의에서도 이를 반영하여 자동화된 수단에 의하는지 여부와 관계없이 그 대상이 되도록 하였으며, 그와 같이 개인정보에 대해 이루어지는 대부분의 작용을 '처리'라고 하는 개념으로서 포괄적으로 파악하고 있다.

한편, '처리의 제한'과 관련하여서는 "장래에 처리를 목적으로 저장된 개인정보를 표시하는 것"을 의미한다고 규정하고 있다.

(3) 프로파일링(profiling)

'프로파일링'이란 자연인과 관련되는 일정한 개인적인 측면을 평가하기 위하여, 특히 그 자연인의 업무성취, 경제적 상황, 건강, 개인적 선호, 관심, 신뢰성, 행동,

위치나 이동에 관한 측면을 분석하거나 예측하기 위하여 그들 정보를 이용하는 것을 포함하는, 개인정보의 자동화된 처리의 형태를 의미한다.

(4) 가명화(pseudonymisation)

'가명화'란 식별되거나 또는 식별가능한 자연인에게 속하는 것을 알지 못하게 하는 것을 보장하기 위한 기술적·조직적 조치를 받는 한, 부가적인 정보가 별도로 보관되어서, 그러한 부가적인 정보의 이용 없이는 특정한 정보주체에 속하는 것으로 더 이상 알 수 없는 방식으로 하는 개인정보의 처리를 의미한다.

(5) 파일링시스템(filing system)

'파일링시스템'은 집중되거나 분산되거나 또는 산재되거나 기능적 또는 지리적 근거로 하여 특정한 기준에 따라서 접근가능한 개인정보의 체계화된 세트를 의미한다.

(6) 관리자(controller)

'관리자'는 단독으로 또는 타인과 공동으로 개인정보의 처리의 목적과 수단을 결정하는 자연인이나 법인, 공적 기관, 에이전시 또는 그밖의 기구를 의미하는 것으로서, 처리의 목적과 수단이 EU법이나 회원국법에 의해 결정되는 경우에 관리자나 그의 특별한 지명기준은 EU법이나 회원국법에 의해 규정될 수 있다.

(7) 처리자(processor)

'처리자'는 관리자를 대신하여 개인정보를 처리하는 자연인이나 법인, 공적 기관, 에이전시 또는 그밖의 기구를 말한다.

(8) 수취인(recipient)

'수취인'은 제3자인지 여부에 관계없이 개인정보가 공개된 자연인이나 법인, 공적 기관, 에이전시 또는 그밖의 기구를 의미한다. 그러나, EU법이나 회원국법에 따라서 특별조사체계에서 개인정보를 수취할 수 있는 공적 기관은 수취인으로 간주되지 않는다. 이들 공적 기관에 의한 정보의 처리는 처리목적에 따라서 적용가능한 정보보호규정을 준수하여야 한다.

(9) 제3자(third party)

'제3자'는 정보주체, 관리자, 처리자와 관리자나 처리자의 직접적인 권한에 의해 정보의 처리가 허용된 사람들 이외의 자연인이나 법인, 공적 기관, 에이전시 또는 그밖의 기구를 의미한다.

(10) 동의(consent)

정보주체의 '동의'는 발언에 의하든 명백히 긍정적인 행위에 의하든 자기와 관련되는 개인정보가 처리되는 것에 대한 승낙을 의미하는, 자유롭게 주어지고, 특정되며, 정보가 제공되고, 애매모호하지 않은 의사표시를 의미한다. 1995년 지침은 '애매모호하지 않은'(unambiguous)이라는 요소를 포함하지 않았으나, 2016년 규칙에서 이를 포함시켰다. 그로 인하여, 처리의 적법성 판단기준의 하나로서의 정보주체의 동의에 대하여 1995년 지침의 규정(제7조 제a호)이 '애매모호하지 않은'을 특별히 명시하고 있는 것과 달리, 2016년 규칙은 동의의 개념에서 이를 포함하고 있기 때문에 관련규정(제6조 제1항 제a호)에서 이를 제외하고 있다.

(11) 개인정보 침해(personal data breach)

'개인정보 침해'란 전송되거나 저장되거나 그밖의 방법으로 처리된 개인정보의 사고나 불법적인 파기, 멸실, 변경, 권한없는 공개 또는 접근을 초래하는 보안의 침해를 의미한다.

(12) 유전자정보(genetic data)

'유전자정보'는 특히 문제의 자연인의 생물학적 샘플의 분석으로부터 얻는 그 자연인의 심리나 건강에 대한 특별한 정보를 제공하는, 유전되거나 후천적으로 획득된 자연인의 유전적 특성과 관련되는 개인정보를 의미한다.

(13) 생체정보(biometric data)

'생체정보'는 얼굴이미지나 지문정보와 같이 그 자연인의 특유한 식별을 허용하거나 확인시켜주는 자연인의 신체적, 심리적 또는 행태적 특성과 관련되는, 특정한 기술적 처리로부터 생겨나는 개인정보를 의미한다.

(14) 건강에 관한 정보(data concerning health)

'건강에 관한 정보'는 헬스케어서비스의 제공을 포함하여 그 건강상태에 관한 정보를 나타내는, 자연인의 신체적 또는 정신적 건강과 관련되는 개인정보를 의미한다.

(15) 주 설립체(main establishment)

'주 설립체'란 ① EU에서의 중심 관리지인 하나 이상의 회원국에 설립체들을 가지고 있는 관리자와 관련하여, 개인정보의 처리의 목적과 수단에 관한 결정이 EU내의 관리자의 다른 설립체에서 이루어지지 않으며, 그 다른 설립체가 이러한 결정이 실행되게 할 권한을 가지고 있지 않다면, 이러한 경우에 그 결정을 취한 설립체가 주 설립체로 간주되어야 하며, ② EU에서의 중심 관리지인 하나 이상의 회원국에 설립체들을 가지고 있는 처리자와 관련하여, 처리자가 본 규칙에 따른 특별한 의무를 지는 범위에서 처리자의 설립체의 활동의 측면에서 주된 처리활동들이 이루어지는 EU내의 처리자의 설립체를 주 설립체라고 한다.

(16) 대리인(representative)

'대리인'은 유럽연합에서 설립되지 않은 관리자나 처리자에 의한 유럽연합에 있는 정보주체의 개인정보의 일정한 처리에 있어서 서면으로 관리자나 처리자에 의해 지명되어 본 규칙에 따른 각자의 의무와 관련하여 관리자나 처리자를 대표하는 자연인이나 EU에 설립된 법인을 의미한다.

(17) 기업(enterprise)

'기업'은 정기적으로 경제활동에 종사하는 파트너쉽이나 단체를 포함하여, 그 법적 형태에 관계없이 경제활동에 종사하는 자연인 또는 법인을 의미한다.

(18) 사업체그룹(group of undertakings)

'사업체그룹'은 통제하는 사업체와 통제받는 사업체들을 의미한다.

(19) 구속적 기업규칙(binding corporate rules)

'구속적 기업규칙'이란 공동경제활동에 종사하는 사업체그룹 또는 기업그룹 내에서 제3국에 있는 관리자나 처리자에게 개인정보를 이전하기 위하여 EU회원국의 영토상에 설립된 관리자나 처리자가 시행하는 개인정보보호정책들을 의미한다.

(20) 감독기관(supervisory authority)

'감독기관'이란 본 규칙 제51조에 따라서, 각 회원국은 처리와 관련하여 자연인의 기본적 권리와 자유를 보호하고, EU내에서 개인정보의 자유로운 유통을 촉진하기 위하여 본 규칙의 적용을 모니터링할 책임이 있는 하나 이상의 독립적인 공적 기관을 규정하여야 하는 바, 그에 따라서 회원국에 의해 설립된 독립적인 공적 기관을 의미한다.

(21) 관계 감독기관(supervisory authority concerned)

‘관계 감독기관’이란 ①관리자나 처리자가 그 감독기관의 회원국의 영토상에 설립되었기 때문에, ②이 회원국에서 거주하는 정보주체가 그 처리에 의하여 상당히 영향을 받고 있거나 받을 것 같기 때문에, ③그 감독기관에게 쟁송이 제기되었기 때문에, 개인정보의 처리에 의해 관계된 감독기관을 의미한다.

(22) 국경을 넘는 처리(cross-border processing)

‘국경을 넘는 처리’란 ①EU내의 관리자나 처리자의 하나 이상의 회원국에 있는 설립체들의 활동과 관련하여 발생하는 처리, 또는 ②EU내의 관리자나 처리자의 단일 설립체의 활동과 관련하여 발생하지만 하나 이상의 회원국에서 정보주체에게 상당히 영향을 주거나 줄 것 같은 처리를 의미한다.

(23) 관련되고 이유 있는 반대(relevant and reasoned objection)

‘관련되고 이유 있는 반대’란 본 규칙의 위반이 있는지 여부 또는 관리자나 처리자와 관련된 예상된 행위가 본 규칙을 준수하는지 여부의 결정안에 대한 반대를 의미하는 것이다. 그 반대에는 정보주체의 기본적 권리와 자유, 그리고 해당하는 경우에 EU 역내에서의 개인정보의 자유로운 유통에 관하여 결정안에 의해 제기되는 위험의 의미를 명확히 나타낸다.

(24) 정보사회서비스(information society service)

‘정보사회서비스’는 유럽의회 및 이사회 지침(EU) 2015/1535[21] 제1조 제1항 제b호에서 규정된 서비스, 즉 서비스 수취인의 개별적 요청으로 전자적 수단에 의해 원격으로 일반적으로 보수를 위하여 제공되는 서비스를 의미한다.

(25) 국제조직(international organisation)

‘국제조직’이란 국제공법에 의해 규율되는 조직 및 그 부속기구 또는 2개 이상의 국가 간의 협정에 의해 또는 그에 기초하여 설립된 그밖의 기구를 의미한다.

---

21) Directive (EU) 2015/1535 of the European Parliament and of the Council of 9 September 2015 laying down a procedure for the provision of information in the field of technical regulations and of rules on Information Society services (OJ L 241, 2015.9.17, p.1).

제3. 개인정보 보호의 원칙

개인정보 보호의 원칙과 관련하여 중요한 역할을 하여 온 것으로는 1980년 OECD가이드라인을 들 수 있다. 동 가이드라인의 제정배경으로는 당시 컴퓨터가 보급되기 시작함으로써 국경을 넘어 순식간에 대량의 정보가 전달될 수 있는 자동정보처리의 발달로 인해 개인정보와 관련된 프라이버시 보호의 필요성과 각국의 개인정보보호입법의 부정합성으로 인해 국경을 넘는 개인정보의 자유로운 유통을 저해할 수 있다는 우려가 제기되었다는 점이다. 이와 관련하여 수립된 것이 이른바 OECD 8원칙이다. OECD 8원칙은 ① 수집 제한의 원칙(Collection Limitation Principle), ② 정보 품질의 원칙(Data Quality Principle), ③ 목적 명확성의 원칙(Purpose Specification Principle), ④ 이용 제한의 원칙(Use Limitation Principle), ⑤ 안전 보호의 원칙(Security Safeguards Principle), ⑥ 공개의 원칙(Openness Principle), ⑦ 개인 참여의 원칙(Individual Participation Principle), ⑧ 책임의 원칙(Accountability Principle)을 말하는 것으로서, 이후 세계 개인정보 보호입법에 있어서 중요한 지침 역할을 하여왔다[22). 2016년 규칙도 이러한 OECD 8원칙의 영향을 크게 받은 것으로 볼 수 있지만, 그와 다른 점도 있다.

1. 개인정보 처리와 관련된 원칙

2016년 규칙은 개인정보의 처리와 관련된 원칙을 1995년 지침이나 유럽위원회의 2012년 규칙안과 달리, 규정된 원칙의 명칭을 명기하고 있다(제5조 참조).

(1) 적법성 · 공정성 · 투명성의 원칙

개인정보는 정보주체와 관련하여 적법하고 공정하며 투명하게 처리되어야 한다는 원칙을 말한다(제a호). 한편, 적법성의 원칙과 관련하여서는 2016년 규칙은 별개의 조(제6조)를 설정하여 보다 자세한 내용을 규정하고 있다. 즉, 동 조는 개인정보의 처리가 적법하기 위한 요건으로서 다음 사항을 들고 있다.

(a) 정보주체가 특정한 목적을 위하여 자기의 개인정보의 처리에 동의한 경우

(b) 정보주체가 당사자인 계약의 이행을 위하거나 또는 계약을 체결하기 전에 정보주체의 요청에 따라 조치를 취하기 위하여 처리가 필요한 경우

(c) 관리자가 따라야 할 법적 의무를 준수하기 위하여 처리가 필요한 경우[23)]

---

22) OECD 8원칙의 자세한 내용에 대해서는 27쪽 이하를 참조바람.

(d) 정보주체나 다른 자연인의 중대한 이익을 보호하기 위하여 처리가 필요한 경우

(e) 공익상 또는 관리자에게 부여된 공권력의 행사로 행해진 임무의 수행을 위하여 처리가 필요한 경우

(f) 관리자 또는 제3자가 추구하는 정당한 이익을 위하여 처리가 필요한 경우[24].

(2) 목적 제한의 원칙

개인정보는 특정되고, 명확하며, 정당한 목적을 위하여 수집되어야 하고, 그들 목적과 양립할 수 없는 방식으로 추가적으로 처리되어서는 안된다. 공익상의 아카이브 또는 과학적·역사적 연구나 통계를 위하여 개인정보의 추가적인 처리는 제89조 제1항[25]에 따라서 처음 목적과 양립불가능한 것으로 간주되어서는 안된다(제b호).

한편, 개인정보가 수집된 목적과 다른 목적을 위한 처리가 정보주체의 동의에 근거하지 않거나 또는 민주사회에서 제23조 제1항[26]에서 규정된 목적을 보장하기

---

23) 여기에서 처리의 법적 근거는 EU법이나 관리자가 준수해야 할 회원국법을 말한다. 그 법적 근거는 제9장에서 규정된 바와 같이 다른 특정한 처리상황을 포함하여, 본 규칙의 규정의 적용을 적합하게 하는 구체적인 규정들, 특히 관리자에 의한 정보처리의 적법성, 처리되는 정보의 유형, 관계 정보주체; 정보가 공개될 수 있는 실체와 목적; 목적 제한; 적법하고 공정한 처리를 보장하는 조치를 포함하여 저장기간과 처리작용 및 처리절차를 규율하는 일반적 조건들을 포함할 수 있다(제6조 제3항).

24) 다만, 그러한 이익이 개인정보 보호를 요구하는 정보주체, 특히 정보주체가 아동인 경우의 이익 또는 기본적 권리 및 자유보다 열위에 있는 경우에는 제외한다. 또한, 공적 기관이 그 임무의 수행으로 하는 처리에 적용되어서는 안된다.

25) 제89조 공익상의 아카이브, 과학적이나 역사적 연구 또는 통계를 위한 처리와 관련되는 안전장치와 특례

1. 공익상의 아카이브 또는 과학적·역사적 연구나 통계를 위한 처리는 본 규칙에 따라서 정보주체의 권리와 자유를 위한 적절한 안전장치에 의하여야 한다. 그들 안전장치는 기술적·조직적 조치가 특히 정보최소화의 원칙에 대한 존중을 보장하기 위하여 마련될 것을 보장하여야 한다. 그들 조치는 그들 목적이 그러한 방식으로 이행될 수 있다면, 가명화를 포함할 수 있다. 그들 목적이 정보주체의 신원을 허용하지 않거나 더 이상 허용하지 않게 되는 추가적인 처리에 의해 이행될 수 있을 경우, 그들 목적은 그러한 방식으로 이행되어야 한다.

26) 제23조 제한

1. 정보관리자나 처리자가 준수해야 하는 EU법이나 회원국법은, 그러한 제한이 기본적 권리와 자유의 본질을 존중하며 민주사회에서 다음의 사항을 보장하는 필요하고도 비례적인 조치인 때, 제12조부터 제22조까지와 제34조에서 규정된 권리와 의무, 그리고, 그 조항들이 제12조부터 제22조까지에서 규정된 권리와 의무에 상응하는 한 제5조에서 규정된 의무와 권리의 범위를 입법적 조치에 의해 제한할 수 있다.

(a) 국가안보

(b) 방위

위한 필요하고 비례적인 조치를 설정하는 EU법이나 회원국법에 근거하지 아니한 경우, 관리자는 다른 목적을 위한 처리가 정보가 처음에 수집된 목적과 양립가능한지를 확인하기 위하여 특히 다음 사항을 고려하여야 한다(제6조 제4항 참조).

(a) 정보가 수집된 목적과 의도된 추가적인 처리의 목적 간의 관계
(b) 특히 정보주체와 관리자 간의 관계에 대하여 개인정보가 수집된 상황
(c) 정보의 성질, 특히 제9조에 따라서 특별한 범주의 개인정보가 처리되는지 또는 제10조에 따라서 유죄판결 및 범죄와 관련된 정보가 처리되는지
(d) 정보주체에 대해 의도된 추가적인 처리의 가능한 결과
(e) 적절한 안전장치의 존재. 안전장치는 암호화나 가명화를 포함할 수 있다.

(3) 정보 최소화의 원칙

개인정보는 적정하고, 관련성이 있으며, 처리목적과 관련하여 필요한 것으로 제한되어야 한다.

(4) 정확성의 원칙

개인정보는 정확하며, 필요한 경우 최신성을 유지하여야 한다. 부정확한 개인정보는 그 정보의 처리목적을 고려하여 지체없이 삭제나 정정을 보장하기 위한 모든 합리적인 조치가 취해져야 한다.

(5) 저장 제한의 원칙

정보주체의 신원은 그 개인정보가 처리되는 목적에 필요한 기간 이상 허용되지 않는 형태로 보유되어야 한다. 개인정보는 정보주체의 권리와 자유를 보장하기 위하여 본 규칙에 의해 요구된 적절한 기술적·조직적 조치의 이행을 부과한 제89조 제1항에 따라서 공익상의 아카이브 또는 과학적·역사적 연구나 통계를 위하여서

(c) 공공의 안전
(d) 공공의 안전의 위협에 대한 보호와 그 예방을 포함하여, 범죄의 예방, 수사, 탐지나 기소 또는 형벌의 집행
(e) 통화, 예산 및 조세문제, 공중보건과 사회보장을 포함하여, EU나 회원국의 일반적 공익의 다른 중요한 목적들, 특히 EU나 회원국의 중요한 경제적 또는 재정적 이익
(f) 사법적 독립성과 사법절차의 보호
(g) 규제받는 전문직의 윤리위반의 예방, 수사, 탐지 및 기소
(h) 제a호부터 제e호까지 및 제g호에서 규정된 경우에 공권력의 행사에 간헐적으로라도 연결된 모니터링, 검사 또는 규제적 기능
(i) 정보주체의 보호 또는 타인의 권리 및 자유
(j) 민사법적 청구권의 집행

만 처리되는 한, 보다 장기간 저장될 수 있다.

(6) 무결성 및 비밀성의 원칙

개인정보는 적절한 기술적 또는 조직적 조치를 사용하여, 권한없는 또는 불법적인 처리와 사고에 의한 멸실, 파기 또는 손상에 대한 보호를 포함하여, 개인정보의 적절한 보안을 보장하는 방식으로 처리되어야 한다.

(7) 책임의 원칙

관리자는 이상의 원칙에 대해 책임을 지며, 그 준수를 입증할 수 있어야 한다.

2. 정보주체의 동의

2016년 규칙은 개인정보의 처리와 관련하여, 그 적법성을 확보하는 가장 중요한 요소로서 그 개인정보의 정보주체의 동의를 들고 있다(제6조 제1항 제a호 참조). 이처럼 정보주체의 동의는 개인정보의 처리에 있어서 중요한 요소이기 때문에 2016년 규칙은 이에 대해 별개의 보다 상세한 규정(제7조, 제8조)을 두고 있다.

(1) 동의의 일반적 조건

먼저, 정보주체의 동의와 관련된 일반적 조건들에 관한 규정내용을 살펴보면, 다음과 같다(제7조 참조).

첫째로, 처리가 동의에 근거하는 경우, 관리자는 정보주체가 자기의 개인정보의 처리에 대해 동의하였음을 입증할 수 있어야 한다.

둘째로, 정보주체의 동의가 다른 사항과 관련되어 서면으로 주어진다면, 동의의 요청은 명확하고 평이한 언어를 사용하여 알기 쉽고 용이하게 접근할 수 있는 형태로 그 다른 사항과 명확히 구별할 수 있는 방식으로 이루어져야 한다. 정보주체가 동의를 하였으나 본 규칙을 위반하는 고지부분은 구속력이 없어야 한다.

셋째로, 정보주체는 언제든지 그 동의를 철회할 수 있는 권리를 가져야 한다. 동의의 철회는 그 철회 전에 동의에 근거한 처리의 적법성에 영향을 미쳐서는 안 된다. 정보주체는 동의를 하기 전에, 그에 관해 정보를 제공받아야 한다. 정보주체는 동의를 하는 것과 마찬가지로 손쉽게 그것을 철회할 수 있어야 한다.

넷째로, 동의가 자유롭게 이루어진 것인지를 평가할 때, 서비스의 제공을 포함하여 특히 계약의 이행이 그 계약의 이행에 필요하지 않은 정보의 처리에 대해 동의를 조건으로 하여 이루어지는지를 가장 고려하여야 한다.

(2) 아동의 동의에 대한 특별규정

다음으로, 아동의 동의에 대해서는 특별한 규정을 두고 있다(제8조 참조). 즉, 아동에게 직접 정보사회서비스를 제공하는 경우에, 아동의 동의에 근거한 개인정보의 처리는 그 아동이 16세 이상인 경우에만 적법하고, 아동이 16세 미만인 경우에는 동의가 그 아동에 대한 부모책임 부담자에 의해 주어지거나 허용된 경우에만 그리고 그 범위에서 적법하다[27].

그러나, 이러한 규정이 아동과 관련한 계약의 유효성, 형성이나 효과에 대한 규정과 같은 회원국의 일반적인 계약법에 영향을 미쳐서는 안된다고 하였다. 한편, 관리자는 이용가능한 기술을 고려하여 아동에 대한 부모책임 부담자에 의해 동의가 주어졌거나 허용된 경우에 합리적인 확인노력을 하여야 한다.

3. 특별한 범주의 개인정보의 처리

(1) 특별한 범주의 개인정보의 경우

특별한 범주의 개인정보, 즉 인종이나 민족, 정치적 견해, 종교적이나 철학적 신념, 조합원 자격을 드러내는 개인정보의 처리, 그리고 유전자정보, 자연인을 고유하게 식별하기 위한 생체정보, 건강에 관한 정보 또는 자연인의 성생활 및 성적 취향에 관한 정보의 처리는 금지되어야 한다. 그러나, 이들 원칙에 대해서는 다음과 같은 경우에 적용이 제외된다[28](제9조 참조).

(a) 정보주체가 특정된 목적을 위하여 개인정보의 처리에 명백하게 동의한 경우. 그러나, EU법이나 회원국법이 제1항에서 규정된 금지가 정보주체에 의하여 배제될 수 없다고 규정하고 있는 경우에는 적용이 제외되지 아니한다.

(b) EU법이나 회원국법 또는 정보주체의 기본권 및 이익을 위한 적절한 안전장치를 규정하고 있는 회원국법에 따른 단체협약에 의하여 처리가 허용되는 한, 고용법과 사회보장법 및 사회보호법의 분야에서 관리자나 정보주체의 의무이행과 특정한 권리행사를 위하여 처리가 필요한 경우.

(c) 정보주체가 사실상 또는 법률상 동의를 할 수 없는 경우에 정보주체나 다른

---

27) 여기에서 아동이 단독으로 동의를 할 수 있는 연령은 13세 이상이라면 회원국법으로 별도의 연령을 규정할 수 있다(동 조 제1항 제2문단).

28) 또한, 회원국들은 유전자정보, 생체정보 또는 건강에 관한 정보의 처리와 관련하여 제한을 포함한 추가적인 조건을 유지하거나 도입할 수 있다(동 조 제4항).

자연인의 중대한 이익을 보호하기 위하여 처리가 필요한 경우

(d) 정치적, 철학적, 종교적 또는 노동조합 목적을 가진 재단, 협회 또는 다른 비영리기구에 의해 적절한 안전장치를 가지고 적법한 활동을 하는 중에, 그리고 처리가 기구의 전·현 구성원 또는 그 목적과 관련하여 그 기구와 정기적으로 접촉을 하고 있는 사람들에게만 관련되고, 그 정보가 정보주체의 동의없이 그 기구의 외부로 공개되지 않는다는 것을 조건으로 하여 처리가 수행되는 경우

(e) 처리가 정보주체에 의해 공개된 것이 명백한 개인정보와 관련되는 경우

(f) 법적 청구권의 설정, 행사 또는 방어를 위하여 처리가 필요한 경우, 또는 법원이 재판기관으로 행위할 때 처리가 필요한 경우

(g) 추구된 목적에 비례적이고, 정보보호권의 본질을 존중하며, 정보주체의 기본적 권리와 이익을 보장하기 위한 적합하고 특정한 조치를 규정하는 EU법이나 회원국법을 근거로 하여, 상당한 공익상의 이유로 처리가 필요한 경우

(h) EU법이나 회원국법에 근거하여 또는 건강전문가와의 계약에 따라서, 그리고 제3항에서 규정된 조건과 안전장치에 따라서[29], 예방의학이나 직업의학을 위하여, 근로자의 작업능력의 평가를 위하여, 의료진단, 헬스케어나 치료의 제공을 위하여 또는 헬스케어제도 및 서비스의 경영을 위하여 처리가 필요한 경우

(i) 정보주체의 권리와 자유를 보장하기 위한 적합하고 구체적인 조치, 특히 직업상 비밀준수를 규정하는 EU법이나 회원국법을 근거로 하여, 건강에 대한 국경을 넘는 심각한 위협에 대해 보호하는 것이나 또는 헬스케어와 의약품이나 의료기기의 품질 및 안전의 높은 기준을 보장하는 것과 같은, 공중보건 영역에서 공익을 이유로 하여 처리가 필요한 경우

(j) 추구된 목적에 비례적이고, 정보보호권의 본질을 존중하며, 정보주체의 기본적 권리와 이익을 보장하는 적절하고 특별한 조치를 규정하는 EU법이나 회원국법에 근거하여, 제89조 제1항에 따라서 공익상의 아카이브 또는 과학적·역사적 연구나 통계를 위하여 처리가 필요한 경우

---

29) 이는 제1항의 특별한 범주의 개인정보가 "EU법이나 회원국법이나 국가관할기구에 의해 제정된 규정에 의한 직업적 비밀준수의무의 적용을 받는 전문가의 책임에 의해 또는 EU법이나 회원국법이나 국가관할기구에 의해 제정된 규정에 의한 비밀준수의무의 적용을 받는 다른 사람에 의해 처리될 때"(동 조 제3항)를 말한다.

(2) 유죄판결 및 형사범죄와 관련되는 정보의 경우

유죄판결과 형사범죄 또는 보안처분과 관련되는 개인정보의 처리는 공권력의 통제에 의하거나 정보주체의 권리와 자유를 위해 적절한 안전장치에 의한 처리를 규정하는 EU법이나 회원국법에 의해 허용될 때 수행될 수 있을 뿐이다. 포괄적인 유죄판결명부는 공권력의 통제에 의해서만이 보유되어야 한다(제10조).

(3) 식별을 요구하지 않는 처리의 경우

관리자는 개인정보를 처리하는 목적이 그에 의한 정보주체의 식별을 요구하지 않거나 더 이상 요구하지 않게 된다면, 오로지 본 규칙을 준수하기 위하여 정보주체를 식별하기 위한 추가적인 정보를 유지, 획득 또는 처리할 의무를 지지 않아야 한다. 그 경우에, 관리자는 정보주체를 식별할 지위에 있지 않음을 입증할 수 있는 경우, 가능하다면, 정보주체에게 알려야 하며, 제15조부터 제20조까지[30]는 정보주체가 이들 조항에 의한 권리를 행사하기 위하여 식별을 가능하게 하는 추가정보를 제공하는 경우를 제외하고 적용되지 아니한다(제11조 참조).

제4. 정보주체의 권리

2016년 규칙은 정보주체의 권리와 관련하여 1995년 지침에 비하여 크게 강화되었다고 할 수 있다. 즉, 정보주체의 권리 행사를 위하여 정보의 투명성, 연락 및 형식을 규정하였으며(제12조), 정정권(제16조)과 삭제권('잊혀질 권리' ; 제17조)을 별개의 조문으로 명확하게 규정하였고, 처리제한권(제18조)과 정보이동권(제20조)을 신설하였으며, 논란의 대상이 되어온 '잊혀질 권리' 개념을 명시적으로 규정하였다.

1. 정보주체의 권리 행사를 위한 제도

(1) 투명한 정보, 연락과 양식

2016년 규칙은 1995년 지침과 달리, 정보주체가 그 권리를 실효적으로 행사할 수 있도록 하기 위하여 정보, 연락 및 양식의 제공 방식 등에 대해 체계적으로 규정하고 있다(제12조 참조).

---

30) 제15조(정보주체에 의한 접근권), 제16조(정정권), 제17조(삭제권('잊혀질 권리')), 제18조(처리제한권), 제19조(개인정보의 정정이나 삭제 또는 처리의 제한에 관한 통보의무), 제20조(정보이동권)

1) 관리자는 명확하고 쉬운 언어를 사용하여, 간명하고 투명하며 알기 쉽고 접근이 쉬운 방식으로 정보주체에게 처리와 관련되는 일정한 정보[31]와 연락[32]을 특히 아동에게 특정하여 전달되는 정보에 대해 제공하는 적절한 조치를 취하여야 한다. 정보는 서면이나 또는 다른 수단, 해당하는 경우 전자적 형태로 제공되어야 한다. 정보주체에 의해 정보가 청구될 때, 정보주체의 신원이 다른 수단에 의해 입증된다면 정보는 구두로 주어질 수 있다.

2) 관리자는 정보주체의 권리의 행사를 촉진시켜야 하며, 정보주체를 식별할 수 있는 지위에 있지 않다는 것을 입증하지 않는다면, 정보주체의 권리를 행사하기 위한 청구에 따라서 행위할 것을 거부하여서는 안된다.

3) 관리자는 정보주체의 청구에 대해 취한 행위에 대한 정보를 지체없이 그리고 늦어도 청구받은 날부터 1월 이내에 정보주체에게 제공하여야 한다. 이 기간은 필요한 경우 청구의 복잡성과 청구건수를 고려하여 최대 2월 더 연장될 수 있다. 기간이 연장되는 경우, 정보주체는 청구접수로부터 1월 이내에 지연이유에 대해 통지되어야 한다. 정보주체가 전자적 형태로 청구하는 경우에, 정보주체에 의해 달리 청구되지 않는다면, 정보는 가능한 경우에 전자적 형태로 제공되어야 한다.

4) 관리자는 정보주체의 청구에 대해 행위를 취하지 않는 경우, 지체없이 늦어도 청구접수로부터 1월 이내에 행위를 취하지 않은 이유와 감독기관에 쟁송을 청구할 수 있다는 것과 사법적 구제를 청구할 수 있다는 사실을 정보주체에게 통지하여야 한다.

5) 위에서 정보주체에게 제공되는 일정한 정보, 연락과 행위는 무료로 제공되어야 한다. 정보주체의 청구가 명백히 근거가 없거나 과도한 경우, 특히 반복성을 가지는 경우, 관리자는 (a) 정보나 연락을 제공하거나 또는 청구받은 행위를 수행하는 사무비용을 고려하여 합리적인 수수료를 부과하거나, 또는 (b) 그 청구에 따라 행위할 것을 거부할 수 있다. 관리자는 그 청구가 명백히 근거가 없거나 과도한 것이라는 사실의 입증책임을 부담하여야 한다.

한편, 관리자는 자연인인 정보주체의 권리 행사에 대해 그 신원에 관하여 합리적인 의문을 가지는 경우에, 신원 확인에 필요한 추가적인 정보의 제공을 요청할

31) 제13조의 개인정보가 정보주체로부터 수집되는 경우에 제공되는 정보(information)와 제14조의 개인정보가 정보주체로부터 획득되지 않은 경우에 제공되는 정보를 의미한다.
32) 제15조부터 제22조까지, 그리고 제34조에 의한 연락(communication)을 말한다.

수 있다.

(2) 정보주체에게 제공되는 정보

정보주체에게 제공되는 정보는 개인정보가 정보주체로부터 수집되는 경우(제13조)와 그렇지 아니한 경우(제14조)로 나누어 규정되고 있다. 그 경우에, 정보주체에게 제공되는 정보는 쉽게 볼 수 있고, 알기 쉽고 뚜렷하게 읽기 쉬운 방식으로 의도된 처리를 잘 개관할 수 있도록 표준화된 아이콘을 함께 사용하여 제공될 수 있다. 아이콘이 전자적으로 제공된 경우에, 기계 판독이 가능하여야 한다.

1) 개인정보가 정보주체로부터 수집되는 경우

<A> 이 경우에, 관리자는 개인정보가 획득될 때 다음 모든 정보를 정보주체에게 제공하여야 한다.

(a) 관리자의 신원과 연락처, 그리고 관리자의 대리인이 있는 경우에는 그의 신원과 연락처

(b) 정보보호책임자가 있는 경우에는 그의 연락처

(c) 개인정보가 의도된 처리의 목적과 법적 근거

(d) 관리자 또는 제3자가 추구하는 정당한 이익을 위하여 처리가 필요한 경우에는 관리자 또는 제3자가 추구하는 정당한 이익

(e) 해당하는 경우, 개인정보의 수취인

(f) 해당하는 경우, 관리자가 개인정보를 제3국이나 국제조직에 이전하고자 하는 사실, 그리고 유럽위원회에 의한 적합성결정의 존재 또는 부존재, 또는 제46조나 제47조 또는 제49조 제1항 제2문에서 규정된 이전의 경우에 개인정보의 사본을 획득할 적절하거나 적합한 안전장치와 수단 또는 그 개인정보가 이용되어온 곳에 대한 언급

<B> 위의 정보에 더하여, 관리자는 개인정보가 획득될 때 공정하고 투명한 처리를 보장하기 위하여 필요한 다음의 추가적인 정보를 정보주체에게 제공하여야 한다.

(a) 개인정보가 저장될 기간, 또는 그것이 불가능하다면, 그 기간의 결정에 사용되는 기준

(b) 개인정보에의 접근, 정정이나 삭제, 또는 정보주체에 관한 개인정보의 처리의 제한을 관리자에게 청구하거나 또는 처리를 반대할 권리와 정보이동권의 존재

(c) 처리가 정보주체의 동의에 근거하는 경우, 그 철회 전에 동의에 근거한 처리의 적법성에 영향을 미치지 않고, 언제라도 동의를 철회할 권리의 존재

(d) 감독기관에 쟁송을 청구할 권리

(e) 개인정보의 제공이 실정법상이나 계약상의 요건인지 또는 계약의 체결에 필요한 요건인지 여부와 정보주체는 정보를 제공할 의무가 있는지 여부, 그리고 그러한 정보를 제공하지 아니한 경우의 결과

(f) 프로파일링을 포함하여 자동화된 의사결정의 존재와 적어도 그러한 경우에 포함된 로직에 관한 의미있는 정보와 정보주체를 위하여 그러한 처리의 중요성과 예상된 결과

<C> 개인정보가 수집된 목적과 다른 목적을 위하여 그 개인정보를 추가적으로 처리하고자 하는 경우, 관리자는 추가적인 처리 전에 그 다른 목적에 관한 정보와 <B>에서 기술된 관련있는 추가적인 정보를 정보주체에게 제공하여야 한다.

2) 개인정보가 정보주체로부터 획득되지 않은 경우

<A> 이 경우에, 관리자는 다음의 정보를 정보주체에게 제공하여야 한다.

(a) 관리자의 신원과 연락처, 그리고 관리자의 대리인이 있는 경우에는 그의 신원과 연락처

(b) 정보보호책임자가 있는 경우에는 그의 연락처

(c) 개인정보가 의도된 처리의 목적과 처리의 법적 근거

(d) 관련 개인정보의 범주

(e) 해당하는 경우, 개인정보의 수취인

(f) 해당하는 경우, 관리자가 제3국이나 국제조직의 수취인에게 개인정보를 이전하고자 하는 것, 그리고 유럽위원회에 의한 적합성결정의 존재 또는 부존재, 또는 제46조나 제47조 또는 제49조 제1항 제2문에서 규정된 이전의 경우에, 개인정보의 사본을 획득할 적정하거나 적합한 안전장치 및 수단 또는 개인정보가 이용되어 온 곳에 대한 언급

<B> 위의 정보에 더하여, 관리자는 정보주체에 대해 공정하고 투명한 처리를 보장하기 위하여 필요한 다음의 추가적인 정보를 정보주체에게 제공하여야 한다.

(a) 개인정보가 저장된 기간, 또는 이것이 가능하지 않다면, 이 기간을 결정하는데 사용되는 기준

(b) 관리자 또는 제3자가 추구하는 정당한 이익을 위하여 처리가 필요한 경우에는 관리자나 제3자에 의해 추구된 정당한 이익

(c) 관리자로부터 개인정보에의 접근과 정정이나 삭제, 또는 정보주체에 관한 개인정보의 처리의 제한을 청구할 권리, 그리고 처리를 반대할 권리와 정보이동권의 존재

(d) 처리가 정보주체의 동의에 근거하는 경우, 철회 전에 동의에 근거한 처리의 적법성에 영향을 미치지 않고, 언제라도 동의를 철회할 권리의 존재

(e) 감독기관에 쟁송을 청구할 권리

(f) 개인정보의 출처, 그리고, 해당하는 경우 그것이 공개적으로 접근가능한 출처인지 여부

(g) 프로파일링을 포함하여 자동화된 의사결정의 존재와, 적어도 그러한 경우에, 포함된 로직에 관한 의미있는 정보, 그리고 정보주체를 위한 그러한 처리의 중요성과 예상된 결과

<C> 관리자는 <A>와 <B>에서 기술된 정보를 다음의 시기에 제공하여야 한다.

(a) 개인정보가 처리된 구체적인 상황을 고려하여, 개인정보를 취득한 후 합리적인 기간 내에, 그러나 늦어도 1월 이내에 ;

(b) 만일 개인정보가 정보주체와 연락하기 위하여 이용된다면, 늦어도 정보주체에의 최초의 연락시에 ; 또는

(c) 만일 다른 수취인에 대한 공개가 예상된다면, 늦어도 개인정보가 최초에 공개된 때

<D> 관리자가 개인정보가 취득된 목적과 다른 목적을 위하여 개인정보를 추가적으로 처리하고자 한다면, 추가적인 처리 전에 정보주체에게 다른 목적에 대한 정보와 <B>에서 기술된 관련있는 추가적인 정보를 제공하여야 한다.

<E> 적용제외

(a) 정보주체가 이미 그 정보를 가지고 있는 경우

(b) 그러한 정보의 제공이 불가능한 것으로 입증되거나 비례적이지 않은 노력을 포함하는 경우, 특히 제89조 제1항에서 규정된 조건과 안전장치에 따라서 공익상의 아카이브 또는 과학적·역사적 연구나 통계를 위한 처리를 위하거나 또는 본

조 제1항에서 규정된 의무가 그 처리 목적의 달성을 불가능하게 하거나 또는 심각하게 손상시키는 경우.

그러한 경우에, 관리자는 정보를 공개적으로 이용가능하게 만드는 것을 포함하여, 정보주체의 권리 및 자유와 정당한 이익을 보호하기 위한 적절한 조치를 취하여야 한다.

(c) EU법이나 회원국법에 의해 개인정보의 취득이나 공개가 명시적으로 규정된 경우

(d) 개인정보가 실정법상의 비밀준수의무를 포함하여, EU법이나 회원국법에 의해 규율되는 직업상의 비밀준수의무에 따라서 비밀로 하여야 하는 경우

(3) 개인정보 수취인에 대한 통지

정보주체가 개인정보의 정정이나 삭제 또는 처리 제한을 청구한 경우, 관리자는 이것이 불가능한 것으로 입증되지 않거나 또는 비례적이지 않은 노력을 포함하지 않는다면, 개인정보가 공개된 각 수취인에게 이를 연락하여야 한다. 정보주체가 청구하는 경우, 관리자는 그들 수취인에 대해 정보주체에게 알려야 한다(제19조).

2. 접근권

정보주체는 관리자나 처리자 또는 그 대리인이 자기의 어떠한 사항에 관한 개인정보를 가지고 있는지, 자신의 개인정보의 처리와 관련한 정보를 얻을 권리를 가지는 바, 이것이 바로 접근권(Right of access)이라고 할 수 있다. 2016년 규칙은 1995년 지침에 비해 정보주체의 권리 보호를 위하여 보다 체계적인 규정을 두고 있다(제15조 참조).

(1) 정보주체는 관리자로부터 자기에 관한 개인정보가 처리되고 있는지 여부에 대한 확인을 얻을 권리와, 처리되고 있는 경우에, 개인정보에 대한 접근과 다음의 정보를 얻을 권리를 가져야 한다. 또한 개인정보가 제3국이나 국제조직으로 이전되는 경우, 정보주체는 그 이전과 관련되는 적절한 안전장치에 대해 통지받을 권리를 가져야 한다.

(a) 처리의 목적

(b) 관련 개인정보의 범주

(c) 개인정보가 공개되었거나 공개될 수취인, 특히 제3국이나 국제조직에 있는 수취인

(d) 해당하는 경우, 개인정보가 저장될 예상기간, 또는 이것이 가능하지 않다면, 이 기간을 결정하는데 이용될 기준

(e) 관리자로부터 개인정보의 정정이나 삭제 또는 정보주체에 관한 개인정보의 처리의 제한을 청구할 권리 또는 그러한 처리를 반대할 권리의 존재

(f) 감독기관에게 쟁송을 청구할 권리

(g) 개인정보가 정보주체로부터 수집되지 않은 경우, 그 출처에 관한 이용가능한 정보

(h) 프로파일링을 포함하여 자동화된 의사결정의 존재, 그리고 적어도 그러한 경우에 포함된 로직에 관한 의미있는 정보와, 정보주체를 위한 그러한 처리의 중요성과 예상된 결과

(2) 관리자는 처리하고 있는 개인정보의 사본을 제공하여야 한다. 정보주체가 청구하는 추가적인 사본에 대해 관리자는 사무비용에 근거한 합리적인 수수료를 부과할 수 있다. 정보주체가 전자적 형태로 청구하는 경우, 그리고 정보주체가 달리 청구하지 아니한 경우에, 정보는 일반적으로 이용되는 전자적 형태로 제공되어야 한다. 다만, 정보주체의 사본을 얻을 권리는 타인의 권리와 자유에 불리하게 영향을 미쳐서는 안된다.

3. 정정권

정보주체는 관리자로부터 부당한 지체없이 부정확한 자기에 관한 개인정보의 정정권을 가진다. 처리의 목적을 고려하여, 정보주체는 보충적 진술을 제공하는 것을 포함하여, 불완전한 개인정보를 완전하게 할 권리를 가져야 한다(제16조).

4. 삭제권('잊혀질 권리')

유럽위원회의 2012 규칙안에는 '잊혀질 권리'가 독립된 조문타이틀을 가지고 규정되었으나(제17조), 2016년 규칙은 삭제권을 규정한 조문타이틀에서 괄호 안에 '잊혀질 권리'를 병기하는 것으로 변경되었다(제17조 참조).

(1) 정보주체는 관리자로부터 부당한 지체 없이 자기에 관한 개인정보의 삭제권을 가지며, 관리자는 다음 중 하나의 경우에 부당한 지체 없이 개인정보를 삭제할 의무를 진다.

(a) 정보가 처리 목적과 관련하여 더 이상 필요하지 않은 경우

(b) 정보주체가 처리의 근거가 되는 동의를 철회하는 경우와 정보 처리의 법적 근거가 없는 경우

(c) 정보주체가 처리를 반대하는 경우와 처리에 대해 우월적인 정당한 근거가 없는 경우

(d) 개인정보가 불법적으로 처리된 경우

(e) 관리자가 준수해야 하는 EU법이나 회원국법상의 법적 의무의 준수를 위하여 개인정보가 삭제되어야 하는 경우

(f) 개인정보가 정보사회서비스의 제공과 관련하여 수집된 경우

(2) 개인정보를 공개한 관리자가 그 정보를 삭제할 의무가 있는 경우에, 그 관리자는 이용가능한 기술과 이행비용을 고려하여, 정보주체가 개인정보에의 링크 또는 그 복사나 복제의 삭제를 청구하였음을 그 정보를 처리하고 있는 관리자들에게 통지할 합리적인 조치-기술적 조치를 포함하여-를 취하여야 한다.

(3) 적용제외

: 처리가 다음을 위해 필요한 범위에서 (1)과 (2)는 적용되지 않아야 한다.

(a) 표현 및 정보의 자유권의 행사를 위하여

(b) 관리자가 준수해야 하는 EU법이나 회원국법에 의해 처리를 요구하는 법적 의무의 준수를 위하여, 또는 공익상으로나 관리자에게 부여된 공권력의 행사로 수행된 임무의 완수를 위하여,

(c) 공중보건의 영역에서 공익의 이유로

(d) 공익상의 아카이브 또는 과학적 · 역사적 연구나 통계를 위하여

(e) 법적 청구권의 설정, 행사 또는 방어를 위하여

* 잊혀질 권리(Right to be forgotten)

1. 잊혀질 권리의 등장배경과 도입

정보의 디지털화와 초고속 유 · 무선 통신네트워크의 폭넓은 보급으로 인해 정보사회가 급속히 진전되면서, 정보의 생성 · 전송 · 재생 · 결합 · 저장 등이 거의 실시간으로 글로벌 차원에서 활발히 이루어지고 있다. 정치, 경제, 사회, 문화 등 각 영역에서뿐만 아니라 개인의 삶에 있어서도 정보화의 영향은 막대하다. 즉, 개인들은 정보의 광범위한 활용으로 종전 보다 많은 자기발전의 기회를 가지게

된 반면, 개인정보의 오·남용으로 인한 프라이버시 등의 침해는 심각한 상황에 이르고 있다. 특히 IT기술의 발달은 과거를 손쉽고 영구적으로 현재로 만들고 있다(Technologies are making the past easily and eternally present[33]). 본인이 과거에 자발적으로 올렸거나 또는 어떤 사건과 관련하여 본인의 의사와 무관하게 유통되고 있던 인터넷이나 모바일상의 기록들로 인하여, 오랜 시간이 지난 후 예상치 못한 상황에서 피해를 당하거나 곤란한 상황에 처하게 되는 경우가 적지 아니하다(God forgives and forgets but the Web never does![34]). 이처럼 온라인상에서 이루어지고 있는 개인정보의 오·남용 또는 유통으로 인한 개인의 프라이버시 등의 침해에 대응하고자하는 목적에서 등장한 것이 '잊혀질 권리(Right to be forgotten)'라고 할 수 있다[35].

동 권리는 유럽위원회의 2012년 규칙안[36]에서는 '잊혀질 권리(Right to be forgotten)'라는 독립된 조문(제17조)의 표제로서 명기되었지만, 2016년 규칙에서는 '삭제권('잊혀질 권리')'이라는 형태로 규정되었다.

2. 잊혀질 권리의 주요내용

2012년 규칙안이 '잊혀질 권리(Right to be forgotten)'의 주요내용으로서 정보주체의 개인정보의 '삭제'(erasure)와 '더 이상의 배포 금지'(abstention from further dissemination)를 그 내용으로 한 것인데 비하여, 2016년 규칙은 전자의 '삭제'(erasure)만을 그 내용으로 하고 있는 점에서 차이가 있다고 할 수 있다. 이러한 규정의 변화의 원인으로는, 그 동안 '잊혀질 권리'를 둘러싸고 그 도입의 당부를 놓고서 심한 논란이 있었다는 점을 들 수 있을 것이다. 따라서, 동 권리를 '삭제'의 경우로 한정하여 축소함으로써, 논란을 회피하고자 하는 것이 입법자의 의도가 아니었나 추측된다.

---

33) Anita L. Allen, "DREDGING UP THE PAST: LIFELOGGING, MEMORY, AND SURVEILLANCE", 75 U. Chi. L. Rev. 2008, p.63.

34) Viviane Reding, "Privacy matters - Why the EU needs new personal data protection rules", The European Data Protection and Privacy Conference, Brussels, 2010.11.30.

35) 함인선, '잊혀질 권리'에 관한 고찰 -EU개인정보보호법안과 우리나라 「개인정보 보호법」의 비교를 중심으로-, 인권과 정의 제427호(2012.8), 51-67쪽.

36) EUROPEAN COMMISSION, Proposal for a REGULATION OF THE EUROPEAN PARLIAMENT AND OF THE COUNCIL on the protection of individuals with regard to the processing of personal data and on the free movement of such data (General Data Protection Regulation), COM(2012) 11 final, 2012.1.25.

2016년 규칙에서 동 권리는 제17조에서 규정되고 있는 바, 그 중에서도 특히 동 조 제2항과 제3항이 관련성이 크다고 할 수 있다. 그 내용을 다시 정리하면, 다음과 같다.

즉, 정보관리자가 정보주체의 개인정보를 삭제할 의무가 있는 경우에, 그 관리자는 이용가능한 기술과 이행비용을 고려하여, 정보주체가 그 개인정보에의 링크 또는 그 복사나 복제의 삭제를 청구하였음을 그 정보를 처리하고 있는 관리자들에게 통지할, 기술적 조치를 포함하여 합리적인 조치를 취할 의무가 있다. 다만, 그러한 경우에도 (a) 표현 및 정보의 자유권의 행사를 위한 경우, (b) 관리자가 법적 의무의 준수를 위하거나 또는 공익상으로나 관리자에게 부여된 공권력의 행사로 수행된 임무의 완수를 위한 경우, (c) 공중보건의 영역에서 공익을 이유로 하는 경우, (d) 공익상의 아카이브 또는 과학적·역사적 연구나 통계를 위한 경우, (e) 법적 청구권의 설정, 행사 또는 방어를 위한 경우에는 적용제외가 인정된다.

3. '잊혀질 권리'와 관련한 EU사법재판소의 판결[37)]

유럽사법재판소(Court of Justice)는 2014년 5월 13일에 '잊혀질 권리'와 관련하여 주목할 만한 판결[38)]을 내렸다. 동 판결은 스페인 국가고등법원(Audiencia Nacional)이 1995년 지침의 해석과 관련하여, 유럽사법재판소에 선결적 판결(preliminary ruling[39)])을 구하여 제청한 사건과 관련된 것이다. 즉, 구글검색에 의해 자신의 이름을 입력하여 검색하면 자신이 기억하고 싶지 않은(또는 잊혀지고 싶은) 과거의 사실 등이 표시되는 바, 1995년 지침상의 삭제 및 차단에 대한 권리와 반대권 등을 근거로 하여, 검색결과로부터 자신의 개인정보의 삭제 등을 청구할 수 있는 것인지에 대하여, 유럽사법재판소에 선결적 판결을 구하여 제청한 것이다. '잊혀질 권리'와 관련하여, 동 판결의 주요내용을 중심으로 발췌하면 다음과 같다.

---

37) 함인선, EU개인정보판례, 전남대출판부, 2015, 271쪽 이하.

38) Case C-131/12, Google[2014], EU:C:2014:317

39) 회원국들의 국가법원에 의한 preliminary ruling의 제청에 대한 유럽사법재판소의 회답의 형식은 판결(judgment)뿐만 아니라, 의견(opinion)이나 이유를 붙인 명령(reasoned order)의 형식을 띠기도 한다. http://curia.europa.eu/ jcms/jcms/Jo2_9089/(2016.6.1. 접속) 그러나, 그 대부분이 판결의 형식으로 이루어지기 때문에 preliminary ruling을 '선결적 판결'이라고 역하기로 한다. 함인선, EU 사법재판소의 개인정보관련 판례에 대한 고찰, 공법연구 제42집 제2호(2013.12), 302쪽.

> 1995년 지침 제12조 제b호에 의하여 정보주체에 의한 청구에 따라서, 그의 이름을 기초하여 이루어진 검색에 따라서 표시된 결과목록에 제3자에 의해 적법하게 공개되고 개인적으로 그와 관련되는 진실한 정보를 포함하는 웹페이지에의 링크를 포함시키는 것은, 사건의 모든 상황을 고려할 때 그 정보가 검색엔진 운영자에 의해 수행된 쟁점이 되는 처리의 목적과 관련하여 부적절하고, 관련성이 없거나 또는 더 이상 관련성이 없게 되거나 과도한 것으로 나타나기 때문에, 현 시점에서 동 지침 제6조 제1항 제c호부터 제e호까지와 양립할 수 없다는 것이 인정된다면, 결과목록에서 관련 정보 및 링크는 삭제되어야 한다. (중략)
>
> 본안소송에서 쟁점이 되고 있는 것과 같은 상황은, 정보주체의 이름을 기초로 하여 구글검색에 의한 검색으로써 인터넷이용자가 얻은 결과목록에서, 정보주체의 이름을 언급하고 있고 사회보장채무의 회수를 위한 압류절차와 연결된 부동산경매와 관련되는 공고가 게재된 일간지의 온라인 아카이브 페이지에의 링크의 표시와 관련된 것이지만, 그 공고에 포함된 정보의 정보주체의 사생활에 대한 민감성과 그 정보의 최초 공표가 16년 전에 있었다는 사실을 고려할 때, 정보주체는 그러한 목록에 의해서 자기 이름에 더 이상 링크되지 않을 권리를 확립한다고 판결되어야 한다. 따라서, 본 사건에서는 그러한 검색으로 그 정보에의 접근을 함에 있어서 공중의 우월한 이익을 실현시킬 특별한 이유가 있는 것으로 보이지 않기 때문에 -그러나, 그것은 제청법원이 입증해야 할 문제이다-, 정보주체는 1995년 지침 제12조 제b호와 제14조 제a호에 의해 그들 링크가 결과목록으로부터 제거될 것을 요구할 수 있다.

5. 처리제한권

처리제한권은 1995년 지침에서는 물론, 2012년 규칙안에서도 존재하지 않았던 것을 2016년 규칙에 새롭게 도입된 것이다(제18조 참조). 그 규정내용은 다음과 같다.

(1) 정보주체는 다음의 하나가 적용되는 경우에 관리자로부터 처리의 제한을 얻을 권리를 가져야 한다. 처리의 제한을 획득한 정보주체는 처리의 제한이 폐지되기 전에 관리자로부터 통지를 받아야 한다.

(a) 관리자가 개인정보의 정확성을 입증할 수 있는 기간 중에 정보주체에 의해 개인정보의 정확성이 다퉈지는 경우

(b) 처리가 불법인데, 정보주체가 개인정보의 삭제에 반대하며 대신 그 이용의 제한을 청구하는 경우

(c) 관리자가 처리를 위하여 더 이상 개인정보를 필요로 하지 않지만, 법적 청구권의 설정, 행사나 방어를 위하여 정보주체에 의하여 개인정보가 요구되는 경우

(d) 관리자의 정당한 이익이 정보주체의 그것에 우월하는지 여부의 확인이 될 때까지 정보주체가 처리를 반대한 경우

(2) 처리가 제한된 경우, 저장을 제외하고, 정보주체의 동의에 따라 또는 법적 청구권의 설정, 행사나 방어를 위하여 또는 다른 자연인이나 법인의 권리의 보호를 위하여 또는 EU나 회원국의 중요한 공익을 이유로 그러한 개인정보는 처리되어야 한다.

6. 정보이동권

정보이동권의 기본관념은 빅데이터와 클라우드컴퓨팅이 널리 이용되고 있는 정보사회에서 어떤 정보서비스를 이용하는 정보주체가 그 정보를 방해받지 않고 다른 정보서비스로 이전할 수 있는 권리라는 것이다. 이러한 정보이동권은 1995년 지침에는 존재하지 않았던 것이 2016년 규칙에 의해 새롭게 도입되었다. 그 규정내용은 다음과 같다(제20조 참조).

정보주체는 체계화되고 일반적으로 이용되며 기계가 인식가능한 포맷으로 자기가 관리자에게 제공하였던 자기에 관한 개인정보를 받을 권리를 가져야 하며, (a) 처리가 정보주체의 동의에 근거하거나, 또는 정보주체가 당사자인 계약에 근거하는 경우와 (b) 처리가 자동화된 수단에 의해 수행되는 경우에 개인정보가 제공되었던 관리자로부터 방해를 받지 않고 다른 관리자에게로 그 정보를 전송할 권리를 가져야 한다. 이 경우에, 정보주체는 정보이동권을 행사할 때, 기술적으로 가능한 경우, 한 관리자로부터 다른 관리자에게로 직접적으로 전송될 것을 얻을 권리를 가진다.

정보이동권의 행사는 삭제권을 침해하지 않아야 하며, 타인의 권리와 자유에 불리한 영향을 미쳐서도 안된다. 정보이동권은 공익상 또는 관리자에게 부여된 공권력의 행사로 이행된 임무의 수행을 위하여 필요한 처리에는 적용하지 않아야 한다.

7. 반대권

(1) 반대권 일반

정보주체는 자기의 특별한 상황과 관련되는 이유로 언제라도 제6조 제1항 제e호 또는 제f호에 근거하여, 또한 이들 규정에 근거한 프로파일링을 포함하여 자기에 관한 개인정보의 처리를 반대할 권리를 가져야 한다. 관리자는 정보주체의 이익, 권리와 자유에 우월한 처리를 위하여 또는 법적 청구권의 설정, 행사나 방어를 위하여 압도적으로 정당한 이유를 입증하지 않는다면, 더 이상 개인정보를 처리하여서는 안된다(제21조 참조).

반대권은 늦어도 정보주체에게 최초로 연락을 할 때 정보주체가 인식할 수 있게 명시적으로 주어져야 하며, 다른 정보와 명확하게 분리하여 제시되어야 한다. 그리고, 지침 2002/58/EC[40)]에도 불구하고, 정보주체는 정보사회서비스의 이용에 있어서 기술적 스펙을 이용하는 자동화된 수단에 의하여 반대권을 행사할 수 있다.

(2) 다이렉트마케팅을 위한 개인정보의 처리와 반대권

개인정보가 다이렉트마케팅을 위하여 처리되는 경우, 정보주체는 그러한 다이렉트마케팅과 관련되는 범위에서 프로파일링을 포함하여, 그러한 마케팅을 위한 자기에 관한 개인정보의 처리를 언제라도 반대할 권리를 가져야 한다. 정보주체가 다이렉트마케팅을 위한 처리를 반대하는 경우, 개인정보는 더 이상 그러한 목적을 위하여 처리되어서는 안된다.

(3) 공익임무의 수행을 위한 개인정보의 처리와 반대권

개인정보의 처리가 과학적·역사적 연구 또는 통계를 위한 공익임무의 수행을 위해 필요한 경우에는 정보주체는 그 처리를 반대할 수 없다. 그러나, 과학적·역사적 연구 또는 통계를 위한 개인정보의 처리가 공익을 이유로 한 임무의 수행을 위해 필요하지 않다면, 정보주체는 자기의 특별한 상황과 관련되는 이유로 자기에 관한 개인정보의 처리를 반대할 권리를 가져야 한다.

8. 자동화된 개별적 의사결정과 관련한 권리

정보주체는 프로파일링을 포함하여, 자기에 관한 법적 효과를 가져오거나 마찬

---

40) Directive 2002/58/EC of the European Parliament and of the Council of 12 July 2002 concerning the processing of personal data and the protection of privacy in the electronic communications sector (Directive on privacy and electronic communications), OJ L 201, 2002.7.31., p.37.

가지로 자기에 대해 크게 영향을 미치는 자동화된 처리에만 근거한 결정에 따르지 않을 권리를 가져야 한다(제22조 참조).

그러나, 그 결정이 (a) 정보주체와 정보관리자 간의 계약의 체결이나 이행을 위해 필요한 경우, (b) EU법이나 회원국법에 의해 허용되는 경우, (c) 정보주체의 명시적인 동의에 근거한 경우에 해당한다면 정보주체는 반대권을 갖지 못한다. 또한 그 결정들은 제9조 제2항 제a호 또는 제g호가 적용되지 않고, 정보주체의 권리 및 자유와 정당한 이익을 보장할 적합한 조치가 마련되어 있지 않다면, 제9조 제1항에서 규정된 특별한 범주의 개인정보에 근거하여서는 안된다.

한편, (a) 및 (c)의 경우에, 정보관리자는 정보주체의 권리 및 자유와 정당한 이익, 적어도 관리자 측의 인적 개입을 얻고, 정보주체의 견해를 표시하며, 결정을 다툴 권리를 보장할 적합한 조치를 이행하여야 한다.

9. 권리의 제한

(1) 정보관리자나 처리자가 준수해야 하는 EU법이나 회원국법은 그러한 제한이 기본적 권리와 자유의 본질을 존중하며 민주사회에서 다음의 사항을 보장하는 필요하고도 비례적인 조치인 때, 제12조부터 제22조까지와 제34조에서 규정된 권리와 의무, 그리고 제5조에서 규정된 권리와 의무의 범위를 입법적 조치에 의해 제한할 수 있다(제23조 참조).

(a) 국가안보

(b) 방위

(c) 공공의 안전

(d) 공공의 안전의 위협에 대한 보호와 그 예방을 포함하여, 범죄의 예방, 수사, 탐지나 기소 또는 형벌의 집행

(e) 통화, 예산 및 조세문제, 공중보건과 사회보장을 포함하여, EU나 회원국의 일반적 공익의 다른 중요한 목적들, 특히 EU나 회원국의 중요한 경제적 또는 재정적 이익

(f) 사법적 독립성과 사법절차의 보호

(g) 규제받는 전문직의 윤리 위반의 예방, 수사, 탐지 및 기소

(h) 제a호부터 제e호까지와 제g호에서 규정된 경우에 공권력의 행사에 간헐적으로라도 연결된 모니터링, 검사 또는 규제적 기능

(i) 정보주체의 보호 또는 타인의 권리 및 자유
(j) 민사법적 청구권의 집행

(2) 위의 입법적 조치에는 관련되는 경우 적어도 다음에 관한 특별규정을 포함하여야 한다.

(a) 처리의 목적
(b) 개인정보의 범주
(c) 도입된 제한의 범위
(d) 남용 또는 불법적인 접근이나 이전을 방지할 안전장치
(e) 관리자의 스펙
(f) 저장기간과 처리의 성질, 범위 및 목적을 고려한 적용가능한 안전장치
(g) 정보주체의 권리 및 자유에 대한 리스크
(h) 제한의 목적을 침해하지 않는다면, 제한에 대해 통지받을 정보주체의 권리

제5. 관리자와 처리자(Controller and processor)

2016년 규칙은 1995년 지침과 달리 관리자와 처리자에 관한 규정을 독립된 별개의 장(제4장)에서 5개절(제1절-일반적 의무, 제2절-개인정보의 보안, 제3절-정보보호영향평가와 사전협의, 제4절-정보보호책임자, 제5절-행동강령과 인증), 20개조(제24조～제43조)에 걸쳐서 상세하고 체계적으로 규정하고 있다.

1. 일반적 규정

(1) 관리자의 책임

1) 처리의 성질, 범위, 관계 및 목적, 그리고 개인의 권리와 자유에 대한 다양한 가능성 및 가혹함의 리스크를 고려하여, 관리자는 처리가 본 규칙을 준수하여 이루어지고 있다는 것을 보장하고 입증할 수 있는 적절한 기술적·조직적 조치를 이행하여야 한다. 이들 조치는 필요한 경우에 심사되고 업데이트되어야 한다(제24조 참조). 이들 조치는 처리활동과 관련하여 비례적인 경우에, 관리자에 의한 적절한 정보보호방침의 이행을 포함하여야 한다.

2) 승인된 행동강령이나 인증체계의 준수는 관리자의 의무의 준수를 입증하는 요소로서 이용될 수 있다.

(2) 디자인 및 디폴트에 의한 정보보호(Data protection by design and by default)

디자인 및 디폴트에 의한 정보보호는 개인정보의 처리가 최종단계에서가 아니라 시작단계에서 디자인에 의해 정보주체의 권리를 보장하고, 디폴트에 의해 특정한 목적을 위해 필요하고 최소한의 개인정보만이 처리되며 필요이상으로 공개되지 않을 것을 보장하는 적절한 기술적·조직적 조치와 절차를 수행할 것을 관리자에게 요구하는 것을 말한다. 1995년 지침에는 존재하지 않았던 것이 2016년 규칙에 새로 도입되었다(제25조 참조).

1) 최신기술과 실행비용을 참작하고, 처리의 성질, 범위, 관계 및 목적, 그리고 처리에 의해 제기되는 개인들의 권리 및 자유에 대한 다양한 가능성과 가혹함의 리스크를 고려하여, 관리자는 처리방법을 결정할 때와 처리를 할 때에, 본 규칙의 요건을 충족시키고 정보주체의 권리를 보호하기 위하여 정보 최소화와 같은 정보보호원칙을 효과적으로 이행하며, 필요한 안전장치를 처리에 도입하도록 설계된, 가명화와 같은 적절한 기술적·조직적 조치를 이행하여야 한다.

2) 관리자는 디폴트에 의해 각각의 특별한 처리목적을 위해 필요한 개인정보만이 처리되는 것을 보장하기 위한 적절한 기술적·조직적 조치를 이행하여야 한다. 그 의무는 수집된 개인정보의 양, 그 처리의 범위, 저장기간 및 접근가능성에 적용된다. 특히, 그러한 조치들은 디폴트에 의해 개인정보가 개인의 간섭 없이는 불특정다수의 자연인들에게 접근될 수 없게 하는 것을 보장하여야 한다.

(3) 공동관리자

둘 이상의 관리자가 처리의 목적 및 수단을 공동으로 결정하는 경우, 그들은 공동관리자가 되어야 한다. 그들은 본 규칙에 따른 의무, 특히 정보주체의 권리의 행사에 관한 의무의 준수에 대한 각자의 책임과, 그 관리자들의 각자의 책임이 EU법이나 회원국법에 의해 결정되지 않는다면, 그들 간의 협약에 의해 제13조 및 제14조에서 규정된 정보를 제공할 각자의 의무를 투명하게 정하여야 한다. 협약은 정보주체를 위해 연락처를 지정할 수 있으며, 정보주체들에 대하여 공동관리자들의 각자의 역할과 관계를 적정하게 반영하여야 한다. 협약의 주요내용은 정보주체에게 이용될 수 있어야 한다(제26조 참조). 한편, 정보주체는 위의 협약규정에 관계없이, 관리자들의 각자에 대해 본 규칙에 의한 권리를 행사할 수 있다.

(4) 관리자나 처리자의 대리인

대리인은 서면으로 관리자나 처리자에 의해 지명되어 본 규칙에 따른 각자의 의무와 관련하여 관리자나 처리자를 대표하는 자로서, 이러한 대리인으로는 자연인이나 EU에 설립된 법인이 될 수 있다(제4조 제17호 참조). 2016년 규칙은 1995년 지침과 달리 대리인에 대한 별개의 규정을 두고 있다. 그 규정내용은 다음과 같다(제27조 참조).

1) 유럽연합에서 설립되지 않은 관리자나 처리자에 의한 유럽연합에 있는 정보주체의 개인정보의 일정한 처리에 대해서, 관리자나 처리자는 서면으로 EU에서의 대리인을 지명하여야 한다.

그러나, 그러한 대리인 지명의무는 (a) 간헐적으로 이루어지며, 대규모로 이루어지는 특별한 범주의 정보의 처리 또는 유죄판결 및 형사범죄와 관련되는 정보의 처리를 포함하지 않고, 처리의 성질, 관계, 범위 및 목적을 고려하여 자연인의 권리 및 자유에 대한 위험을 초래할 것 같지 않은 처리와 (b) 공적 기관 또는 기구에 대해서는 적용하지 아니한다.

2) 대리인은 물품이나 서비스의 제공과 관련하여 그 개인정보가 처리되거나 또는 그 행동이 모니터링되는 정보주체가 있는 회원국들 중의 하나에서 설립되어야 한다.

대리인은 본 규칙의 준수를 보장하기 위하여 처리와 관련된 모든 문제에 대하여 특히 감독기관 및 정보주체가 관리자나 처리자에 대해 처리하는 일을 그에게 부가하거나 또는 그에 대신하여 처리할 권한이 관리자나 처리자에 의하여 위임되어야 한다.

한편, 관리자나 처리자에 의한 대리인의 지명은 관리자나 처리자 자신에 대해 제기될 수 있는 법적 소송을 침해하지 않아야 한다.

(5) 처리자

처리자는 관리자를 대신하여 개인정보를 처리하는 자를 말한다. 이러한 처리자에는 자연인이나 법인, 공적 기관, 에이전시 또는 그밖의 기구가 될 수 있다. 2016년 규칙은 1995년 지침과 달리 처리자에 대해 비교적 상세한 규정을 두고 있다. 그 규정내용은 다음과 같다(제28조 참조).

1) 처리가 관리자를 대신하여 이루어진 경우, 관리자는 처리가 본 규칙의 요건

을 충족시키며 정보주체의 권리 보호를 보장하는 방식으로 적절한 기술적·조직적 조치를 이행하는 충분한 보증을 제공하는 처리자만을 이용하여야 한다.

2) 처리자는 관리자의 사전적으로 특정되거나 일반적으로 기술된 허가 없이는 다른 처리자를 관여시켜서는 안된다. 일반적으로 기술된 허가의 경우에, 처리자는 관리자에게 다른 처리자의 추가 또는 대체에 대해 예정된 변경을 통지하여야 하며, 그렇게 함으로써 관리자에게 그러한 변경에 대해 반대할 기회를 주어야 한다.

3) 처리자에 의한 처리는 계약 또는 EU법이나 회원국법에 의한 다른 법적 행위에 의해 규율되어야 한다. 그 계약 또는 EU법이나 회원국법에 의한 다른 법적 행위는 관리자와 관련하여 처리자에게 기속력이 있고, 처리의 주제문제 및 기간, 처리의 성질 및 목적, 개인정보의 유형과 정보주체의 범주, 관리자의 의무 및 권리를 설정한다. 그 계약 또는 다른 법적 행위는 특히 처리자가 다음 행위를 할 것을 규정하여야 한다.

(a) 처리자가 따라야 할 EU법이나 회원국법에 의해 그렇게 할 것이 요구되지 않는다면, 개인정보의 제3국 또는 국제조직으로의 이전에 관한 것을 포함하여, 처리자는 관리자로부터 문서에 의한 지시에 따라서만 개인정보를 처리한다. 그러한 경우에, 그 법률이 공익상의 중대한 이유로 그러한 통지를 금지하지 않는다면, 처리자는 처리하기 전에 그 법적 요건을 관리자에게 통지하여야 한다.

(b) 처리자는 개인정보의 처리가 허용된 사람들이 비밀준수를 약속하였거나 또는 실정법상의 비밀준수의무를 지고 있음을 보장한다.

(c) 처리자는 제32조의 처리의 보안을 위해 요구된 모든 조치를 취한다.

(d) 다른 처리자를 관여시키기 위해서는 2)와 4)의 조건을 존중한다.

(e) 처리의 성질을 고려하여, 처리자는 가능한 경우 정보주체의 권리를 행사하기 위한 청구에 대해 관리자의 응답의무의 이행을 위하여 적절한 기술적·조직적 조치에 의해 관리자를 지원한다.

(f) 처리자는 처리의 성질과 처리자가 이용할 수 있는 정보를 고려하여, 제32조부터 제36조까지에 의한 의무의 준수를 보장함에 있어서 관리자를 지원한다.

(g) EU법이나 회원국법이 개인정보의 저장을 요구하지 않는다면, 처리자는 처리와 관련되는 서비스의 제공이 종료된 후 관리자의 선택으로 모든 개인정보를 삭제하거나 관리자에게 반환하며, 현존하는 사본을 삭제한다.

(h) 처리자는 본 조에서 규정된 의무의 준수를 입증하고, 관리자 또는 관리자가

위임한 다른 검사인이 행하는 검사를 포함한 감사를 허용하고 협조하기 위하여 필요한 모든 정보를 관리자가 이용할 수 있게 한다. 이와 관련하여, 처리자는 자기 생각에, 지시가 본 규칙 또는 EU나 회원국의 정보보호규정을 위반한다면 즉시 관리자에게 통지하여야 한다.

4) 처리자가 관리자를 대신하여 특정한 처리활동을 수행하기 위하여 다른 처리자를 관여시키는 경우, 관리자와 처리자 간의 계약이나 또는 다른 법적 행위로 설정된 동일한 정보보호의무는 계약 또는 EU법이나 회원국법에 의한 다른 법적 행위에 의하여 그 다른 처리자에게 부과되어야 하며, 특히 처리가 본 규칙의 요건을 충족하는 방식으로 적절한 기술적·조직적 조치를 이행하는 충분한 보증을 제공하여야 한다.

한편, 여기서의 계약이나 다른 법적 행위는 관리자와 처리자 간의 개별적 계약을 침해하지 않으면 표준계약조항에 근거할 수 있으며, 전자적 형태를 포함하여 서면으로 하여야 한다.

5) 유럽위원회는 일정한 사항에 대해, 법정의 심사절차에 따라서 표준계약조항을 설정할 수 있다. 그리고, 감독기관도 일정한 사항에 대해, 그리고 일관성체계에 따라서 표준계약조항을 채택할 수 있다.

6) 처리자가 처리의 목적 및 수단을 결정함으로써 본 규칙을 위반한다면, 그 처리자는 그 처리에 대해 관리자로 간주되어야 한다.

(6) 관리자나 처리자의 권한에 의한 처리

처리자와 개인정보에의 접근권을 가지는 관리자 또는 처리자의 권한으로 행위하는 사람은 EU법이나 회원국법에 의해 그렇게 할 것이 요구되지 않는다면, 관리자로부터의 지시에 따르지 않고서는 그 정보를 처리하여서는 안된다(제29조 참조).

(7) 관리자와 처리자의 처리활동의 기록

1) 각 관리자와 관리자의 대리인이 있는 경우에 그 대리인은 그 책임으로 처리활동기록을 유지하여야 한다. 그 기록은 다음 모든 정보를 포함하여야 한다(제30조 참조).

(a) 관리자와, 만일 있는 경우에, 공동관리자, 관리자의 대리인 및 정보보호책임자의 이름과 연락처

(b) 처리의 목적

(c) 정보주체 및 개인정보의 범주에 대한 기술

(d) 제3국 또는 국제조직의 수취인을 포함하여, 개인정보가 공개되었거나 공개될 수취인의 범주

(e) 해당하는 경우, 제3국이나 국제조직의 정체성을 포함하여, 개인정보의 제3국이나 국제조직으로의 이전과 제49조 제1항 제2문에서 규정된 이전의 경우에 적절한 안전장치의 문서화

(f) 가능한 경우, 다른 범주의 정보의 삭제에 대한 예상된 기한

(g) 가능한 경우, 제32조 제1항에서 규정된 기술적·조직적 보안조치의 일반적 기술

2) 처리자와 해당하는 경우 그 처리자의 대리인은 다음을 포함하여, 관리자를 대신하여 수행한 모든 범주의 처리활동의 기록을 유지하여야 한다.

(a) 처리자와 처리자가 대신하고 있는 각 관리자, 그리고 해당하는 경우 관리자나 처리자의 대리인과 정보보호책임자의 이름 및 연락처

(b) 각 관리자를 대신하여 수행한 처리의 범주

(c) 해당하는 경우, 제3국이나 국제조직의 정체성을 포함하여, 정보의 제3국이나 국제조직으로의 이전과 제49조 제1항 제2문에서 규정된 이전의 경우에 적절한 안전장치의 문서화

(d) 가능한 경우, 제32조 제1항에서 규정된 기술적·조직적 보안조치의 일반적 기술

3) 1)과 2)의 기록은 전자적 형태를 포함하여, 문서로 하여야 한다. 관리자나 처리자, 그리고 해당하는 경우 관리자나 처리자의 대리인은 요청에 따라 기록을 감독기관이 이용할 수 있게 하여야 한다.

4) 처리가 정보주체의 권리와 자유에 대해 위험을 초래할 것 같지 않다면, 그리고 그 처리가 간헐적이라면, 또는 그 처리가 특별한 범주의 정보나 또는 유죄판결 및 형사범죄와 관련되는 개인정보를 포함하지 않는다면, 처리활동의 기록의무는 250인 미만을 고용하는 기업이나 조직에 적용되어서는 안된다.

2. 개인정보의 보안

개인정보의 보안과 관련하여, 1995년 지침은 1개조의 규정(제17조)만을 규정하였는데 비하여, 2016년 규칙은 '제4장 관리자와 처리자'의 장에서 독립된 별개의

절(제2절)을 '개인정보의 보안'으로 설정하여, '처리의 보안'(제32조), '개인정보 침해의 감독기관에의 신고'(제33조)와 '개인정보 침해의 정보주체에의 연락'(제34조)을 규정하고 있다. 이하에서 이들 규정내용을 살펴보도록 한다.

(1) 처리의 보안

1) 최신기술과 이행비용을 참작하고, 처리의 성질, 범위, 관계 및 목적과 개인의 권리 및 자유에 대한 다양한 가능성과 가혹성의 위험을 고려하여, 관리자와 처리자는 해당하는 경우 특히 다음을 포함하여, 위험에 적절한 보안수준을 보장하기 위한 적절한 기술적·조직적 조치를 이행하여야 한다. 한편, 승인된 행동강령이나 인증체계의 준수는 이들 요건의 준수를 입증하는 요소로서 이용될 수 있다.

(a) 개인정보의 가명화와 암호화

(b) 처리제도와 서비스가 실시중인 비밀준수, 무결성, 활용성과 탄력성을 보장하는 능력

(c) 물리적이나 기술적 사고의 경우에 적시에 개인정보의 이용가능성과 접근성을 회복시키는 능력

(d) 처리의 보안을 보장하기 위한 기술적·조직적 조치의 효율성을 정기적으로 테스트하며, 측정하고, 평가하기 위한 절차

2) 적절한 보안수준을 평가할 때, 특히 전송되거나, 저장되거나 또는 달리 처리된 개인정보가 사고에 의하거나 불법적인 파기, 멸실, 변경, 권한 없는 공개나 접근으로부터 처리에 의해 제기된 위험을 특히 고려하여야 한다.

3) 관리자와 처리자는, EU법이나 회원국법에 의해 그렇게 할 것이 요구되지 않는다면, 그의 권한에 따라 행위하는 자연인이 관리자로부터의 지시에 따르지 않고서는 개인정보를 처리하지 않을 것을 보장하는 조치를 취하여야 한다.

(2) 개인정보 침해

1) 감독기관에의 신고

개인정보 침해의 경우에, 개인정보 침해가 자연인의 권리와 자유에 대한 위험을 초래할 것 같다면, 관리자는 부당한 지체 없이, 가능한 경우 그 사실을 안 때로부터 72시간 이내에 관할감독기관에게 개인정보 침해를 신고하여야 한다. 감독기관에의 신고가 72시간 이내에 이루어지지 않은 경우에는 지체의 이유를 첨부하여야 한다. 동시에 정보를 제공하는 것이 불가능한 경우에, 정보는 더 이상 부당한 지체

없이 단계적으로 제공될 수 있다.

위의 신고에는 적어도 다음 사항을 포함하여야 한다.

(a) 가능한 경우, 관련 정보주체의 범주 및 추정된 숫자와 관련 정보기록의 범주 및 추정된 숫자를 포함하여, 개인정보 침해의 성질을 기술하여야 한다.

(b) 정보보호책임자의 이름과 연락처 또는 보다 많은 정보를 취득할 수 있는 다른 연락처를 연락하여야 한다.

(c) 개인정보 침해의 발생가능한 결과를 기술하여야 한다.

(d) 해당하는 경우, 가능한 부작용을 완화시키는 조치를 포함하여, 개인정보 침해에 대처하기 위하여 관리자에 의해 취해진 또는 취해질 것으로 제안된 조치들을 기술하여야 한다.

한편, 관리자는 개인정보 침해와 관련되는 사실관계, 그 영향과 취해진 구제조치를 포함하여, 개인정보 침해를 문서화하여야 한다. 그 문서화는 관리자의 감독기관에의 신고의무의 준수를 입증할 수 있어야 한다.

2) 정보주체에의 연락

개인정보 침해가 자연인의 권리와 자유에 대해 높은 위험을 야기할 것 같은 경우, 관리자는 부당한 지체 없이 개인정보 침해를 정보주체에게 연락하여야 한다. 정보주체에의 연락은 개인정보 침해의 성질을 명확하고 평이한 언어로 기술하여야 하며, 적어도 제33조 제3항 제b호, 제c호 및 제d호에서 규정된 정보와 조치를 포함하여야 한다.

그러나, 정보주체에의 연락은 다음의 경우에는 요구되지 않는다. 감독기관은 이들 조건의 충족 여부를 결정할 수 있다.

(a) 관리자가 적절한 기술적·조직적 보호조치를 이행하였으며, 그들 조치는 개인정보 침해에 의해 영향을 받는 개인정보에 적용되었고, 암호화와 같이 개인정보에 접근할 권한이 없는 사람에게 그 정보를 알 수 없게 만드는 조치인 경우

(b) 관리자가 정보주체의 권리와 자유에 대한 높은 위험이 더 이상 현실화될 것 같지 않음을 보장하는 후속적인 조치들을 취한 경우

(c) 그것이 비례적이지 않은 노력을 포함하는 경우에, 정보주체들이 똑같이 효과적인 방식으로 통지받을 공적 연락수단이나 또는 유사한 수단이 대신 있는 경우

관리자가 개인정보 침해사실을 정보주체에게 아직 연락하지 않았다면, 감독기

관은 높은 위험을 초래하는 개인정보 침해의 가능성을 고려하여, 관리자에게 그렇게 할 것을 요구할 수 있다.

3. 정보보호영향평가와 사전협의

개인정보를 처리하기 전에 그것이 개인의 권리와 자유에 대해 미치는 영향을 평가해서, 개인의 권리와 자유에 대한 위험을 완화시키기 위한 적절한 조치를 강구하는 제도인 정보보호영향평가(제35조 참조)와, 개인정보의 처리가 개인의 권리와 자유에 대한 높은 위험을 나타내는 경우에 관리자가 감독기관과 사전에 협의하도록 하는 제도인 사전협의(제36조 참조)는 2016년 규칙에 의해 새로 규정되었다. 이하에서 이들 규정내용에 대해 살펴보도록 한다.

(1) 정보보호영향평가(Data protection impact assessment)

1) 특히 신기술을 이용하는 처리의 유형이 자연인의 권리와 자유에 대해 높은 위험을 야기할 것 같은 경우에, 관리자는 처리의 성질, 범위, 관계와 목적을 고려하여, 처리에 앞서 개인정보의 보호에 관한 예상된 처리작용의 영향평가를 수행하여야 한다. 단일평가는 유사한 높은 위험을 제기하는 유사한 처리작용을 사용할 수 있다. 관리자는 정보보호영향평가를 수행할 때, 지정된 경우, 정보보호책임자의 조언을 구하여야 한다.

그러나, 제6조 제1항 제c호나 제e호에 따른 처리가 관리자가 준수해야 하는 EU 법이나 회원국법에 법적 근거를 가지며, 이러한 법률이 문제의 특별한 처리작용을 규율하고 있으며, 그러한 법적 근거의 채택으로 정보보호영향평가가 이미 일반적인 영향평가의 일부로서 이루어진 경우에, 회원국들이 처리활동 전에 그러한 평가를 수행할 필요가 있다고 생각하지 않는다면 정보보호영향평가를 수행하지 않는다.

2) 정보보호영향평가는 다음의 경우에 특히 요구되어야 한다.

(a) 프로파일링을 포함하여, 자동화된 처리에 근거하며, 그리고 자연인에 관한 법적 효과를 낳거나 또는 마찬가지로 자연인에게 중대하게 영향을 미치는 결정이 근거하는, 자연인과 관련되는 사적 측면의 체계적이며 포괄적인 평가

(b) 제9조 제1항에서 규정된 특별한 범주의 정보 또는 제10조에서 규정된 유죄판결 및 형사범죄와 관련되는 개인정보의 대규모적인 처리

(c) 공개적으로 접근가능한 영역의 대규모의 체계적인 모니터링

3) 정보보호영향평가에는 적어도 다음 사항을 포함하여야 한다.

(a) 해당하는 경우, 관리자가 추구하는 정당한 이익을 포함하여, 예상된 처리작용과 처리 목적의 체계적인 기술

(b) 목적과 관련하여 처리작용의 필요성과 비례성의 평가

(c) 정보주체의 권리와 자유에 대한 위험의 평가

(d) 정보주체와 관계되는 다른 사람들의 권리와 정당한 이익을 고려하여, 개인정보의 보호를 보장하며, 본 규칙의 준수를 입증하는 안전장치, 보안조치와 체계를 포함하여, 리스크를 처리할 것으로 예상되는 조치들

4) 감독기관은 정보보호영향평가의 요건을 준수하는 처리작용의 리스트를 작성하고 공개하여야 한다. 감독기관은 그들 리스트를 유럽정보보호위원회에 연락하여야 한다.

감독기관은 또한 정보보호영향평가가 요구되지 않는 유형의 처리작용의 리스트를 작성해서 공개할 수 있으며, 이 경우에는 그들 리스트를 유럽정보보호위원회에 연락하여야 한다.

그 리스트가 재화나 서비스의 정보주체에의 제공과 관련되거나 또는 몇몇 회원국들에서의 정보주체의 행태의 모니터링과 관련되거나 또는 EU 역내에서의 개인정보의 자유로운 이동에 실질적으로 영향을 미칠 수 있는 처리활동을 포함하는 경우에, 관할감독기관은 리스트의 채택 전에, 제63조에서 규정된 일관성체계를 적용하여야 한다.

5) 관련 관리자들이나 처리자들에 의한 제40조에서 규정된 승인된 행동강령의 준수는 특히 정보보호영향평가를 위하여 그들 관리자나 처리자에 의해 수행된 처리작용의 영향을 평가함에 있어서 적정하게 고려되어야 한다.

6) 해당하는 경우, 관리자는 영리나 공익의 보호 또는 처리작용의 보안을 침해하지 않게, 예정된 처리에 대하여 정보주체나 그 대리인의 견해를 구하여야 한다. 또한, 필요한 경우, 적어도 처리작용에 의해 나타난 위험의 변화가 있을 때, 관리자는 처리가 정보보호영향평가에 따라서 수행되는지를 평가하기 위하여 심사를 수행하여야 한다.

(2) 사전협의(Prior consultation)

1) 위험을 완화시키기 위하여 취하는 조치가 없다면 정보보호영향평가가 개인

정보의 처리에 의해 높은 위험이 야기될 것임을 나타내는 경우에, 관리자는 처리 전에 감독기관과 협의하여야 한다. 관리자가 감독기관과 협의를 할 때, 감독기관에게 다음 정보를 제공하여야 한다.

(a) 해당하는 경우, 처리, 특히 사업체그룹내의 처리에 대해 관여한 관리자, 공동관리자 및 처리자의 각자의 책임

(b) 예정된 처리의 목적과 수단

(c) 본 규칙에 따른 정보주체의 권리와 자유를 보호하기 위해 제공된 조치와 안전장치

(d) 해당하는 경우, 정보보호책임자의 연락처

(e) 정보보호영향평가

(f) 감독기관에 의해 요청된 다른 정보

2) 감독기관이 예정된 처리가 본 규칙을 위반한다는 의견인 경우에, 특히 관리자가 불충분하게 그 위험을 인식하거나 완화시킨 경우에, 감독기관은 협의 요청을 받은 날로부터 최대 8주 이내에 관리자와 해당하는 경우 처리자에게 서면으로 조언을 하여야 하며, 이를 위해 그 권한을 사용할 수 있다. 그 기간은 예정된 처리의 복잡성을 고려하여 6주 연장될 수 있다. 감독기관은 관리자와 해당하는 경우 처리자에게 지연이유와 함께 협의요청을 받은 날부터 1월 이내에 그러한 연장을 통지하여야 한다. 그들 기간은 감독기관이 협의목적으로 청구한 정보를 입수한 때까지 정지될 수 있다.

3) 회원국들은 처리와 관련되는, 국가의회에 의해 채택되는 입법안이나 또는 그러한 입법에 근거한 규제조치를 준비하는 동안 감독기관과 협의하여야 한다. 한편, 회원국법은 사회보장 및 공중보건과 관련한 처리를 포함하여 공익상의 임무의 수행을 위한 관리자에 의한 처리와 관련하여, 관리자에게 감독기관과 협의하고, 사전 허가를 얻도록 요구할 수 있다.

4. 정보보호책임자(Data protection officer)

2016년 규칙은 1995년 지침에는 존재하지 않았던 정보보호책임자제도를 도입하여, 독립한 절(제4절)에서 3개조(제37조～제39조)에 걸쳐서 비교적 상세하게 규정하고 있다.

(1) 정보보호책임자의 지명

1) 관리자와 처리자는 다음의 경우에 정보보호책임자를 지명하여야 하며, 정보보호책임자의 연락처를 공개하고, 감독기관에게 그 연락처를 통보하여야 한다.

(a) 법원이 재판기관으로 행위하는 경우를 제외하고, 처리가 공적 기관이나 기구에 의하여 수행되는 경우

(b) 관리자나 처리자의 핵심적인 활동이 그 성질, 범위와/또는 목적들에 의하여, 대규모로 정보주체들의 정기적이고 체계적인 모니터링을 요구하는 처리작용을 구성하는 경우

(c) 관리자나 처리자의 핵심적인 활동들이 제9조에 따른 특별한 범주의 정보와 제10조에서 규정한 유죄판결과 형사범죄와 관련되는 개인정보의 대규모 처리를 구성하는 경우

그 이외의 경우에, 관리자나 처리자 또는 관리자나 처리자의 범주를 대표하는 협회 및 다른 기구들은 하나의 정보보호책임자를 지명할 수 있거나, 또는 EU법이나 회원국법에 의해 요구되는 경우에는 지명하여야 한다. 정보보호책임자는 관리자나 처리자를 대표하는 협회와 다른 기구들을 위하여 행위할 수 있다.

2) 정보보호책임자는 직업적 소양과, 특히 정보보호법과 실무의 전문적 지식, 그리고 그 임무를 수행할 수 있는 능력을 근거로 하여 지명되어야 한다. 또한, 정보보호책임자는 관리자나 처리자의 구성원이 될 수 있으며, 또는 서비스계약에 근거하여 임무를 수행할 수 있다.

3) 사업체그룹들은 정보보호책임자가 각 설립체로부터 수월하게 접근할 수 있다면 한 명의 정보보호책임자를 임명할 수 있다.

관리자나 처리자가 공적 기관이나 기구인 경우에, 그 조직구조와 크기를 고려하여, 단일의 정보보호책임자가 몇 개의 기관이나 기구를 위하여 지명될 수 있다.

(2) 정보보호책임자의 지위

1) 관리자와 처리자는 정보보호책임자가 개인정보의 보호와 관련되는 모든 문제에 적절하고 적시에 관여할 것을 보장하여야 한다. 관리자와 처리자는 그들 임무와 개인정보에의 접근 및 처리작용을 수행하고, 그 전문적 지식을 유지하는데 필요한 자원을 제공함으로써 정보보호책임자가 임무를 수행할 수 있도록 지원하여야 한다.

한편, 관리자와 처리자는 정보보호책임자가 그들 임무의 수행에 관하여 어떠한 지시도 받지 않을 것을 보장하여야 한다. 정보보호책임자는 임무수행에 대하여 관리자나 처리자에 의해 해고되거나 처벌을 받아서는 안된다. 정보보호책임자는 관리자나 처리자의 최고경영진에 직접 보고하여야 한다.

2) 정보주체들은 그 개인정보의 처리와 본 규칙에 의한 그들 권리의 행사와 관련된 모든 문제에 대해 정보보호책임자와 접촉할 수 있다.

정보보호책임자는 EU법이나 회원국법에 따라서 그 임무의 수행에 관하여 비밀준수의무를 진다. 한편, 정보보호책임자는 다른 임무와 의무를 수행할 수 있으나, 관리자나 처리자는 그러한 임무와 의무가 이익충돌로 되지 않도록 보장하여야 한다.

(3) 정보보호책임자의 임무

정보보호책임자는 적어도 다음의 임무를 가져야 한다.

(a) 관리자나 처리자, 그리고 본 규칙 및 EU나 회원국의 다른 정보보호조항에 따른 의무의 처리를 수행하는 고용인에게 통지하고 조언하는 것.

(b) 처리작용과 관련 감사에 관여하는 직원의 책임의 분배, 인식제고 및 교육을 포함해서 개인정보의 보호와 관련하여, 본 규칙, EU나 회원국의 다른 정보보호조항, 그리고 관리자나 처리자의 정책들의 준수를 모니터링하는 것.

(c) 정보보호영향평가에 관하여 요청받는 경우에 조언을 제공하며, 그 수행을 모니터링하는 것

(d) 감독기관과 협력하는 것

(e) 감독기관과의 사전협의를 포함하여 개인정보의 처리와 관련된 문제들에 관하여 감독기관에 대한 연락처로서 행위하고, 해당하는 경우, 다른 문제에 대해 협의하는 것

5. 행동강령과 인증

행동강령과 관련하여, 1995년 지침이 1개조(제27조)만을 규정하였던 데 비하여, 2016년 규칙은 2개조(제40조, 제41조)에 걸쳐서 더 체계적이고 자세하게 규정하고 있으며, 그리고 1995년 지침에서는 존재하지 않았던 인증제도와 관련하여 비교적 자세하게 규정하고 있다(제42조, 제43조 참조). 이하에서 이들 규정내용에 대해서 살펴보기로 한다.

(1) 행동강령(Codes of conduct)

1) 회원국, 감독기관, 유럽정보보호위원회와 유럽위원회는 다양한 처리영역의 특성과 중소기업들의 구체적 사정을 고려하여, 본 규칙의 적정한 적용에 기여하도록 행동강령의 작성을 장려하여야 한다.

관리자나 처리자의 범주를 대표하는 협회와 다른 기구들은 다음에 관한 것과 같이 본 규칙의 조항의 적용을 구체화하기 위하여 행동강령을 마련하거나 그러한 강령을 개정하거나 연장할 수 있다. 행동강령은 관리자나 처리자의 행동강령 준수를 감독기관에게 의무적으로 모니터링하게 할 수 있는 제도를 포함하여야 한다.

(a) 공정하고 투명한 처리

(b) 특정한 관계에서 관리자에 의해 추구된 정당한 이익

(c) 개인정보의 수집

(d) 개인정보의 가명화

(e) 일반인 및 정보주체에게 제공된 정보

(f) 정보주체의 권리의 행사

(g) 아동에게 제공된 정보와 아동의 보호, 그리고 아동에 대해 부모책임 부담자의 동의가 획득되는 방식

(h) 제24조와 제25조에서 규정된 조치 및 절차와 제32조에서 규정된 처리의 보안을 보장하는 조치

(i) 개인정보 침해의 감독기관에의 신고와 정보주체에의 연락

(j) 개인정보의 제3국이나 국제조직으로의 이전

(k) 제77조 및 제79조에 따른 정보주체의 권리를 침해하지 않고, 처리와 관련하여 관리자와 정보주체 간의 분쟁 해결을 위한 법정외 절차와 그밖의 분쟁해결절차

2) 감독기관에 의해 승인되고 일반적 효력을 가지는 행동강령은 제3국이나 국제조직으로의 개인정보 이전의 체계 내에서 적절한 안전장치를 제공하기 위하여 본 규칙의 적용을 받지 않는 관리자나 처리자에 의해 또한 준수될 수 있다. 이들 관리자나 처리자는 계약이나 다른 법적 구속력 있는 장치에 의하여 정보주체의 권리에 관한 것을 포함하여 적절한 안전장치를 적용하겠다는 약속을 구속력있고 실행가능하게 하여야 한다.

3) 행동강령을 준비하고자 하거나 또는 현행 강령을 개정하거나 연장하고자 하는 협회와 다른 기구들은 강령안, 개정 또는 연장을 관할감독기관에게 제출하여야

한다. 감독기관은 강령안, 개정 또는 연장이 본 규칙과 합치하는지에 대해 의견을 제공하여야 하고, 그것이 충분히 적절한 안전장치를 제공한다는 것이 인정되면 그 강령안, 개정 또는 연장을 승인하여야 한다. 강령안이나 개정 또는 연장이 관할감독기관에 의해 승인되는 경우, 감독기관은 강령을 등록하고 공표하여야 한다.

4) 행동강령안이 몇몇 회원국들에서 처리활동과 관련되는 경우에, 관할감독기관은 강령안, 개정 또는 연장을 승인하기 전에 일관성체계에서 강령안, 개정 또는 연장이 본 규칙과 합치하는지 여부 또는 적절한 안전장치를 제공하는지 여부에 대해 의견을 제공해야 하는 유럽정보보호위원회에 그것을 제출하여야 한다.

유럽정보보호위원회는 강령안, 개정 또는 연장이 본 규칙을 준수하고 있거나 또는 적절한 안전장치를 제공하고 있음을 확인하는 경우에, 그 의견을 유럽위원회에 제출하여야 한다.

유럽위원회는 제출된 행동강령, 개정 또는 연장이 EU 역내에서 일반적인 효력을 가진다는 것을 집행법령에 의하여 결정할 수 있으며, 그에 대하여 적절한 공개를 보장하여야 한다. 또한, 유럽정보보호위원회는 모든 승인된 행동강령, 개정과 연장을 등록부에 수집하여야 하고, 적절한 수단을 통하여 그것들을 공개해서 이용할 수 있게 하여야 한다.

5) 관할감독기관의 임무와 권한을 침해하지 않으면, 행동강령 준수의 모니터링은 강령의 주제문제와 관련하여 적정한 수준의 전문성을 가지고 있으며, 관할감독기관에 의해 그 목적으로 인가받은 기구에 의해 수행될 수 있다.

그 기구는 다음의 경우에 행동강령의 준수를 모니터링하도록 인가될 수 있다.

(a) 관할감독기관이 만족스럽게 행동강령의 주제문제와 관련하여 그 독립성과 전문성을 입증한 경우

(b) 관련 관리자와 처리자가 행동강령을 적용하며, 그 규정들의 준수를 모니터링하고, 그 활동을 정기적으로 심사하는 자격을 기구가 평가하는 것을 허용하는 절차를 수립한 경우

(c) 행동강령의 침해에 대한 쟁송 또는 행동강령이 관리자나 처리자에 의해 이행되었거나 이행되고 있는 방식을 취급하는 절차와 체계를 확립하였으며, 그리고 그들 절차와 체계를 정보주체와 일반에게 투명하게 만드는 절차와 체계를 확립한 경우

(d) 그 임무와 의무가 이익의 충돌로 되지 않는다는 것을 관할감독기관이 만족스럽게 입증한 경우

인가받은 기구는 적절한 안전장치에 따라서 관리자나 처리자에 의한 행동강령의 침해의 경우에 관련 관리자나 처리자의 그 행동강령으로부터의 정지나 배제를 포함하여 적절한 조치를 취하여야 한다. 기구는 관할감독기관에게 그러한 조치와 그것들을 취한 이유에 대해 통지하여야 한다.

관할감독기관은 일관성체계에 따라서 기구의 인정기준안을 유럽정보보호위원회에 제출하여야 한다. 또한, 인가요건이 충족되지 않거나 더 이상 충족되지 않게 되면 또는 기구에 의해 취해진 조치가 본 규칙을 위반하는 경우에, 관할감독기관은 기구의 인가를 취소하여야 한다.

(2) 인증(Certification)

1) 회원국, 감독기관, 유럽정보보호위원회와 유럽위원회는 특히 EU레벨에서 관리자와 처리자에 의한 처리작용이 본 규칙을 준수함을 입증하기 위하여 정보보호 인증체계와 정보보호 씰 및 마크의 설정을 장려하여야 한다.

정보보호인증체계, 씰이나 마크는 제3국이나 국제조직으로의 개인정보 이전의 체계 내에서 본 규칙의 적용을 받지 않는 관리자나 처리자에 의해 제공된 적절한 안전장치의 존재를 입증하기 위하여 설정될 수 있다. 그러한 관리자나 처리자는 계약이나 다른 구속력있는 법규범에 의하여 정보주체의 권리에 관한 것을 포함하여, 적절한 안전장치를 적용하겠다는 협약을 구속력있고 실행가능하게 하여야 한다.

2) 인증은 인증기구에 의하여 또는 그 관할감독기관이나 유럽정보보호위원회에 의하여 승인된 기준에 근거하여, 관할감독기관에 의하여 발행되어야 한다. 기준이 유럽정보보호위원회에 의해 승인된 경우에, 이것은 공통인증인 유럽정보보호 씰로 될 수 있다. 인증은 자발적이어야 하며, 투명한 절차를 통하여 이용가능하여야 한다. 또한, 인증은 본 규칙의 준수를 이유로 관리자나 처리자의 책임을 경감시키지 않으며, 관할감독기관의 임무와 권한을 침해하지 않는다.

인증은 최장 3년간 관리자나 처리자에게 발행되어야 하며, 해당 요건이 계속해서 충족되는 한 동일한 조건에서 갱신될 수 있다. 인증요건이 충족되지 않거나 더 이상 충족되지 않게 된 경우에, 인증은 해당하는 경우 인증기구나 또는 관할감독기관에 의하여 철회되어야 한다.

3) 유럽정보보호위원회는 등록부에 모든 인증체계와 정보보호 씰 및 마크를 수집하여야 하며, 적절한 수단을 통하여 그것들을 공개적으로 이용할 수 있게 하여야 한다.

그 처리를 인증체계에 제출하는 관리자나 처리자는 인증기구 또는 관할감독기관에 그 인증절차의 수행에 필요한 모든 정보와 그 처리활동에의 접근을 제공하여야 한다.

4) 인증기구는 다음의 경우에만 인가되어야 한다. 회원국들은 그들 인증기구가 관할감독기관이나 관할감독기관에 의해 설정된 추가요건에 따라서 명명된 국가인증기구에 의하여 인가되는 것을 보장하여야 한다.

(a) 관할감독기관이 만족스럽게 인증의 주제문제와 관련하여 독립성과 전문성을 입증한 경우
(b) 관할감독기관이나 또는 유럽정보보호위원회에 의해 승인된 기준을 존중하기로 동의한 경우
(c) 정보보호인증, 씰 및 마크의 발행, 정기심사와 철회를 위한 절차를 수립한 경우
(d) 인증 침해에 대한 쟁송 또는 인증이 관리자나 처리자에 의해 이행되었거나 이행되고 있는 방식을 취급하는 절차와 체계, 그리고 이들 절차와 체계를 정보주체 및 일반에게 투명하게 하는 절차와 체계를 수립한 경우
(e) 그 임무 및 의무가 이익 충돌이 되지 않음을 관할감독기관이 만족스럽게 입증한 경우

5) 인증기구의 인가는 관할감독기관 또는 유럽정보보호위원회에 의하여 승인된 기준을 근거로 하여 이루어져야 한다. 인가는 최장 5년의 기간으로 발행되며, 인증기구가 요건을 충족시키는 경우에 동일한 조건으로 갱신될 수 있다. 관할감독기관 또는 국가인가기구는 인가요건이 충족되지 않거나 더 이상 충족되지 않게 되거나, 또는 그 인증기구가 취한 행위가 본 규칙을 위반하는 경우, 인증기구의 인가를 취소하여야 한다.

인증기구는 본 규칙의 준수에 대해 관리자나 처리자의 책임을 침해하지 않고 인증 또는 그러한 인증의 철회를 발생시키는 적절한 평가에 대해 책임을 부담하여야 한다. 인증기구는 신청된 인증을 부여하거나 철회하는 이유를 관할감독기관에게 제공하여야 한다.

6) 유럽정보보호위원회는 모든 인증체계와 정보보호 씰을 등록부에 수집하여야 하며, 적절한 수단으로 그것들을 공개적으로 이용할 수 있게 하여야 한다.

유럽위원회는 정보보호인증체계에 대해 고려되는 요건을 구체화하기 위하여 위임법령을 채택할 권한을 위임받아야 하며, 인증체계와 정보보호 씰 및 마크를 위한 기술기준과 그들 인증체계, 씰 및 마크를 홍보하고 인식시키기 위한 체계를 설정하는 집행법령을 채택할 수 있다.

제6. 개인정보의 제3국이나 국제조직으로의 이전

EU의 1995년 지침이나 2016년 일반정보보호규칙은 모두 그 입법목적에서 "개인정보의 처리에 관한 자연인의 기본적 권리와 자유, 특히 개인정보보호권의 보호"와 함께, "개인정보의 자유로운 이동"을 명시하고 있다. 나아가, 후자와 관련하여서는 "EU 역내에서의 개인정보의 자유로운 이동은 개인정보의 처리에 대한 자연인의 보호와 관련된다는 이유로 제한되거나 금지되어서는 안된다."고 까지 규정하고 있다. 이러한 점은 우리나라 개인정보 보호법이 그 입법목적으로 "개인의 자유와 권리의 보호"만을 내걸고 있는 것과 다르다. 그런데, 여기서 주의를 요하는 것은 개인정보의 자유로운 이동은 어디까지나 "EU 역내에서"로 제한하고 있다는 점이다. 2016년 규칙은 오히려 개인정보의 EU역외의 제3국으로의 이전에 대해서는 1995년 지침에 비하여 엄격한 규제를 가하고 있다.

그런데, 이하에서 다루는 "개인정보의 제3국이나 국제조직으로의 이전"의 문제는 위의 두 가지 입법목적, 즉 "개인정보보호권의 보호"와 "개인정보의 자유로운 이동"에 걸쳐있는 문제라고 할 수 있다. 이와 관련한 2016년 규칙의 규정내용을 살펴보도록 한다.

1. 일반원칙

제3국이나 국제조직으로의 이전 후에 처리되고 있거나 처리될 예정인 개인정보의 이전은 제3국이나 국제조직에서 다른 제3국이나 국제조직으로의 계속된 이전을 포함하여, 관리자와 처리자가 일정한 조건들을 준수하는 경우에만 이루어져야 한다(제44조).

2. 적합성결정에 근거한 이전

(1) 제3국이나 국제조직으로의 개인정보의 이전은 유럽위원회가 그 제3국이나 또는 그 제3국내의 영토나 하나 이상의 특정한 영역, 또는 문제의 국제조직이 적

합한 보호수준을 보장한다고 결정한 경우에 이루어질 수 있다. 그러한 이전은 특별한 허가를 요구하여서는 안된다(이하 제45조 참조).

(2) 유럽위원회는 보호수준의 적합성을 평가할 때 특히 다음의 요소를 고려하여야 한다.

(a) 법의 지배, 인권과 기본적 자유의 존중, 공공의 안전, 방위, 국가안보와 형사법에 관한 것을 포함한 일반적 및 영역별 관련입법과 공적 기관의 개인정보에의 접근, 그리고 그 국가나 국제조직에서 준수되는 개인정보의 다른 제3국이나 국제조직으로의 계속적인 이전을 위한 규정을 포함하여 그러한 입법, 정보보호규정, 전문적 규정과 보안조치의 실행, 판례, 그리고 실효적이고 실행가능한 정보주체의 권리와 개인정보가 이전되고 있는 정보주체를 위한 실효적인 행정적·사법적 구제

(b) 적절한 집행권을 포함하여 정보보호규정의 준수를 보장하고 실행하며, 정보주체가 권리를 행사할 때 그를 지원하고 조언하며, 회원국들의 감독기관과 협력하기 위한 책임을 가진, 그 제3국에 있는 또는 국제조직이 따라야 하는 하나 이상의 독립적인 감독기관의 존재와 실효적인 기능

(c) 제3국이나 관련 국제조직이 가입한 국제협약, 또는 법적 구속력 있는 관습이나 법규범과 그리고 특히 개인정보의 보호와 관련하여 다자간 또는 지역시스템에의 가입으로부터 생기는 다른 의무

(3) 유럽위원회는 보호수준의 적합성을 평가한 후, 집행법령에 의하여 제3국이나 국제조직이 적합한 보호수준을 보장하고 있음을 결정할 수 있다. 집행법령은 제3국이나 국제조직에서의 모든 관련되는 발전상을 고려하여 최소한 4년마다 정기적인 심사제도를 규정하여야 한다. 유럽위원회는 채택된 결정과 1995년 지침 제25조 제6항에 근거하여 채택된 결정의 기능에 영향을 미칠 수 있는 제3국과 국제조직에서의 발전상황을 지속적으로 모니터링하여야 한다.

유럽위원회는 적합성 심사에 의해 이용가능한 정보가 제3국이나 국제조직이 적합한 보호수준을 더 이상 보장하지 않음을 나타내는 경우에, 필요한 정도에서, 소급효없이 집행법령에 의하여 결정을 취소, 개정 또는 정지시켜야 한다. 유럽위원회는 그러한 결정으로 발생하는 상황을 제거하기 위하여 제3국이나 국제조직과 협의하여야 한다. 다만, 그러한 결정은 제46조부터 제49조까지에 따라서 문제의 제3국이나 국제조직으로의 개인정보의 이전을 침해하지 않는다.

유럽위원회는 적정한 보호수준이 보장되거나 또는 더 이상 보장되지 않는다고 결정한 제3국과 국제조직의 리스트를 유럽연합공보와 웹사이트에 공개하여야 한다.

3. 적절한 안전장치에 따른 이전

(1) 유럽위원회의 적합성 결정이 없는 경우에, 관리자나 처리자는 적절한 안전장치를 제시한 경우에만, 그리고 정보주체의 실행가능한 권리와 정보주체를 위한 실효적인 법적 구제가 이용가능하다는 것을 조건으로 개인정보를 제3국이나 국제조직으로 이전할 수 있다(이하 제46조 참조).

(2) 그러한 적절한 안전장치는 감독기관의 특별한 허가를 요하지 않더라도 다음에 의해서 규정될 수 있다.

(a) 공적 기관이나 기구들 간의 법적 구속력 있고 실행가능한 법규범

(b) 구속적 기업규칙

(c) 유럽위원회가 채택한 표준정보보호조항

(d) 감독기관이 채택하고, 유럽위원회가 승인한 표준정보보호조항

(e) 정보주체의 권리에 관한 것을 포함하여, 적절한 안전장치를 적용할 제3국의 관리자나 처리자의 구속적이고 실행가능한 약속과 함께 제40조에 의해 승인된 행동강령

(f) 정보주체의 권리에 관한 것을 포함하여, 적절한 안전장치를 적용할 제3국의 관리자나 처리자의 구속적이고 실행가능한 약속과 함께 제42조에 의한 승인된 인증제도

(3) 적절한 안전장치는 또한 관할감독기관으로부터의 허가에 따라서, (a) 관리자나 처리자와 제3국이나 국제조직의 관리자, 처리자 또는 개인정보의 수취인 간의 계약조항, 또는 (b) 공적 기관이나 기구들 간의 행정협정에 삽입된, 실행가능하고 실효적인 정보주체의 권리를 포함하는 조항에 의해 규정될 수 있다. 그 경우에 감독기관은 일관성체계를 적용하여야 한다.

(4) 1995년 지침 제26조 제2항에 근거한 회원국이나 감독기관에 의한 허가는 필요하다면 그 감독기관에 의해 개정, 대체 또는 취소될 때까지는 유효하여야 한다. 동 지침 동 조 제4항에 근거하여 유럽위원회에 의해 채택된 결정들은 필요하다면 유럽위원회결정에 의해 개정, 대체 또는 취소될 때까지는 시행되어야 한다.

4. 구속적 기업규칙(Binding corporate rules; BCRs)

(1) 관할감독기관은 다음의 경우에 일관성체계에 의하여 구속적 기업규칙을 승인하여야 한다(이하 제47조 참조).

(a) 그것이 법적 구속력이 있으며, 고용인을 포함하여 공동경제활동에 참여한 사업체그룹의 모든 관련구성원에게 적용되고, 그들에 의해 실행되는 경우
(b) 개인정보의 처리와 관련하여 정보주체에게 실행가능한 권리를 명시적으로 부여하는 경우
(c) (2)에서 규정된 요건을 이행하는 경우

(2) 구속적 기업규칙은 적어도 다음 사항을 적시하여야 한다.

(a) 공동경제활동에 관여한 사업체그룹 또는 기업그룹과 그 구성원 각자의 구성과 연락처
(b) 개인정보의 범주, 처리의 유형과 그 목적, 영향을 받는 정보주체의 유형과 문제의 제3국의 정체성을 포함하여 정보이전
(c) 내부적 및 외부적인 법적 구속성
(d) 일반 정보보호원칙의 적용, 특히 목적 제한, 정보 최소화, 제한된 저장기간, 정보 품질, 디자인 및 디폴트에 의한 정보 보호, 처리의 법적 근거, 특별한 범주의 개인정보의 처리, 정보보안을 보장하는 조치, 그리고 구속적 기업규칙에 의해 구속되지 않는 기구로의 지속적인 이전에 관한 요건
(e) 프로파일링을 포함하여 자동화된 처리에만 근거한 결정에 따르지 않을 권리, 회원국의 관할감독기관과 관할법원에 쟁송을 청구할 권리와 해당하는 경우 구속적 기업규칙의 위반에 대해 구제와 보상을 얻을 권리를 포함하여, 처리에 관한 정보주체의 권리와 그들 권리를 행사하는 수단
(f) EU 내에 설립되지 않은 관련 구성원에 의한 구속적 기업규칙의 위반책임의 회원국의 영토상에 설립된 관리자나 처리자에 의한 인정; 관리자나 처리자는 그 구성원이 손해발생사건에 대해 책임이 없다는 것을 입증할 때에만, 전부 또는 부분적으로 그 책임으로부터 면제되어야 한다.
(g) 구속적 기업규칙, 특히 (d), (e) 및 (f)에서 규정된 조항들에 관한 정보가 제13조 및 제14조에 부가하여 정보주체에게 제공되는 방법
(h) 정보보호책임자 또는 공동경제활동에 관여한 사업체그룹 또는 기업그룹 내

의 구속적 기업규칙의 준수의 모니터링과 교육 및 쟁송 취급의 모니터링을 담당하는 다른 사람이나 실체의 임무

(i) 쟁송절차

(j) 구속적 기업규칙의 준수의 확인을 보장하기 위한 공동경제활동에 관여한 사업체그룹 또는 기업그룹 내의 메카니즘

그러한 메카니즘은 정보주체의 권리를 보호하기 위한 시정조치를 보장하기 위한 정보보호감사와 방법을 포함하여야 한다. 그러한 확인의 결과는 (h)에서 규정된 사람이나 실체와 공동경제활동에 관여한 사업체그룹 또는 기업그룹의 이사회에 연락되어야 하며, 요청이 있는 경우에 관할감독기관이 이용할 수 있어야 한다.

(k) 규정의 변경을 보고하고 기록하며, 그들 변경을 감독기관에 보고하는 메카니즘

(l) 특히 (j)에서 규정된 조치의 확인의 결과를 감독기관이 이용할 수 있게 함으로써, 공동경제활동에 관여한 사업체그룹 또는 기업그룹의 구성원에 의한 준수를 보장하는 감독기관에의 협력 메카니즘

(m) 공동경제활동에 관여한 사업체그룹 또는 기업그룹의 구성원이 제3국에서 따라야 할, 구속적 기업규칙에 의해 규정된 보장에 대해 상당히 악영향을 가질 것 같은 법적 요건을 관할감독기관에게 하는 보고제도

(n) 개인정보에 대해 상시적이거나 정기적으로 접근하는 직원에 대한 적절한 정보보호교육

(3) 유럽위원회는 구속적 기업규칙에 대해 관리자, 처리자 및 감독기관들 간의 정보의 교환을 위한 형식과 절차를 구체화할 수 있다. 그들 집행법령은 제93조 제2항에서 설정된 심사절차에 의해 채택되어야 한다.

5. EU법이 허가하지 않은 이전 또는 공개

관리자나 처리자에게 개인정보를 이전하거나 공개할 것을 요구하는 제3국의 법원이나 심판소의 판결과 행정기관의 결정은 본 장에 따른 다른 이전사유를 침해하지 않고, 국제협정에 근거한다면, 요청하는 제3국과 EU나 회원국 간에 시행중인 상호법지원조약과 같은 방식으로 인정되거나 집행될 수 있을 뿐이다(제48조).

6. 특별한 상황에 대한 특례

(1) 구속적 기업규칙, 적합성결정 또는 적절한 안전장치가 없는 경우에, 개인정보의 제3국이나 국제조직으로의 이전은 다음의 조건들 중의 하나에 근거하여서만

이루어져야 한다(이하 제49조 참조).

(a) 적합성결정과 적절한 안전장치가 없기 때문에 그러한 이전의 가능한 위험을 통지받은 후에, 정보주체가 제안 받은 이전을 명시적으로 동의한 경우

(b) 정보주체와 관리자 간의 계약의 이행, 또는 정보주체의 요청으로 취해진 계약전 조치의 이행을 위하여 이전이 필요한 경우

(c) 관리자와 다른 자연인이나 법인 간에 정보주체를 위해 체결된 계약의 체결이나 이행을 위해 이전이 필요한 경우

(d) 중대한 공익상의 이유로 이전이 필요한 경우[41)]

(e) 법적 청구권의 설정, 행사 또는 방어를 위하여 이전이 필요한 경우

(f) 정보주체가 사실상 또는 법률상 동의할 수 없는 경우에, 정보주체나 타인의 중대한 이익을 보호하기 위하여 이전이 필요한 경우

(g) EU법이나 회원국법에 따라서 일반에게 정보를 제공하도록 예정되어있으며, 일반공중이나 정당한 이익을 입증할 수 있는 사람에 의해 조회하도록 개방되어 있으나, EU법이나 회원국법에서 규정된 조회의 조건이 특정한 경우에 충족된 범위에서만 개방되어 있는 등록부로부터 이전이 이루어진 경우[42)]

(2) 이전이 구속적 기업규칙에 관한 조항들을 포함하여, 제45조나 제46조의 규정에 근거할 수 없으며, 특별한 상황에 대한 특례가 적용될 수 없는 경우에, 제3국이나 국제조직으로의 이전은 그 이전이 반복적이 아니며, 한정된 숫자의 정보주체만이 관련되고, 정보주체의 이익이나 권리 및 자유가 우월하지 않은 관리자에 의해 추구된 압도적인 정당한 이익을 위하여 필요하며, 그리고 관리자가 정보이전을 둘러싼 모든 상황을 평가하고, 이러한 평가에 근거하여 개인정보의 보호와 관련하여 적합한 안전장치를 제공한 경우에만 이루어질 수 있다. 관리자는 감독기관에게 그 이전을 통지하여야 한다. 관리자는 제13조와 제14조에서 규정된 정보의 제공에 부가하여, 정보주체에게 이전과 관리자가 추구한 압도적인 정당한 이익에 대해 통지하여야 한다.

---

41) 이 경우의 공익은 관리자가 따라야 하는 EU법이나 회원국법에서 인정되어야 한다(제49조 제4항).

42) 이 경우의 이전은 등록부에 포함된 모든 개인정보나 개인정보의 모든 범주를 포함하여서는 안된다. 그 등록부가 정당한 이익을 가지는 사람에 의한 참조가 예정되어 있는 경우에, 그 이전은 그 사람들의 요청에 따라서만 또는 그들이 수취인인 경우에만 이루어져야 한다(제49조 제2항).

7. 개인정보 보호를 위한 국제협력

제3국 및 국제조직과 관련하여, 유럽위원회와 감독기관들은 (a) 개인정보의 보호를 위한 입법의 효과적인 실행을 촉진하는 국제협력제도를 발전시키고, (b) 개인정보와 다른 기본적 권리 및 자유의 보호를 위한 적절한 안전장치를 조건으로, 통지, 쟁송소개, 조사지원과 정보교환을 포함하여, 개인정보 보호를 위한 입법의 시행에서 국제적 상호지원을 제공하며, (c) 관련 이해관계인들을 개인정보보호입법의 시행에 있어서 국제협력을 촉진시키는 것을 목적으로 하는 토론과 활동에 참여시키고, (d) 제3국과의 사법충돌에 관한 것을 포함하여, 개인정보보호입법과 실무의 교환과 문서화를 촉진시키는 적절한 조치를 취하여야 한다(제50조 참조).

제7. 독립적 감독기관

개인정보감독기관과 관련하여, 1995년 지침이 1개조(제28조)만을 규정하였던 것에 비하여, 2016년 규칙은 9개조(제51조~제59조)에 걸쳐서 자세하게 규정하고 있다. 특히 1995년 지침이 '감독기관'이라고만 하였던 데 비하여, 2016년 규칙은 '독립적 감독기관'이라고 칭하고 '독립성'에 대해 별개의 규정(제52조)을 두고 있을 만큼 감독기관의 독립성에 대해 중점을 두고 있다고 할 수 있다. 이하에서 2016년 규칙의 독립적 감독기관의 규정내용에 대해서 살펴보도록 한다.

1. 감독기관

(1) 각 회원국은 처리와 관련하여 자연인의 기본적 권리와 자유를 보호하고, EU내에서 개인정보의 자유로운 유통을 촉진하기 위하여 본 규칙의 적용을 모니터링할 책임이 있는 하나 이상의 독립적 감독기관을 설치하여야 한다(이하 제51조 참조).

각 감독기관은 EU 전역에서 본 규칙의 일관성 있는 적용에 기여하여야 하며, 그를 위하여 감독기관들은 상호 그리고 유럽위원회와 협력하여야 한다.

(2) 한 회원국에서 하나 이상의 감독기관이 설치된 경우에, 그 회원국은 유럽정보보호위원회에서 그 기관들을 대표할 감독기관을 지명하여야 하고, 다른 기관들에 의한 일관성체계와 관련되는 규정의 준수를 보장할 제도를 설정하여야 한다.

각 회원국은 독립적 감독기관에 관한 법조항을 2018년 5월 25일까지 이행하고, 그 법조항에 영향을 미치는 후속적인 개정을 지체없이 유럽위원회에 통보하여야 한다.

(3) 각 감독기관은 그 활동에 관한 연차보고서를 작성하여야 하며, 보고서는 신고된 침해유형의 리스트와 제58조 제2항에 따라서 취해진 조치를 포함할 수 있다. 그들 보고서는 국가의회, 정부와 회원국법에 의해 지정된 다른 기관들에게 보내져야 한다. 보고서는 일반인, 유럽위원회와 유럽정보보호위원회가 이용할 수 있게 하여야 한다(제59조).

2. 감독기관의 독립성

(1) 각 감독기관은 본 규칙에 따라서 임무를 수행하고 그 권한을 행사함에 있어서 완전한 독립성을 가지고 행위하여야 한다(이하 제52조 참조).

(2) 각 감독기관의 구성원은 본 규칙에 따라서 그 임무의 수행과 그 권한의 행사에 있어서 직접적이든 간접적이든 외부의 영향으로부터 자유로워야 하며, 누구로부터서도 지시를 구하거나 받아서는 안된다.

또한, 각 감독기관의 구성원은 그 임무와 양립할 수 없는 행위를 자제하여야 하며, 재직기간 중에 영리적인지 여부와 관계없이 양립할 수 없는 직업에 종사하여서는 안된다.

(3) 각 회원국은 각 감독기관이 유럽정보보호위원회에서의 상호원조, 협력과 참여를 위하여 수행되는 것들을 포함하여, 그 임무의 효과적인 수행과 그 권한의 행사에 필요한 인적·기술적·재정적 자원, 청사와 인프라를 제공받는 것을 보장하여야 하며, 각 감독기관이 그 독립성에 영향을 미치지 않는 재정통제에 따를 것과 주 또는 국가의 총계예산의 일부가 될 수 있는 별개의 공적인 연간 예산을 가지는 것을 보장하여야 한다. 또한, 각 감독기관이 관계 감독기관의 구성원의 지시에 전적으로 따라야 하는 그 자신의 직원을 선택하고 가지는 것을 보장하여야 한다.

3. 감독기관 구성원의 일반적 조건

(1) 회원국들은 투명한 절차에 의하여 의회, 정부, 국가수반 또는 회원국법에 의해 임명이 위임된 독립적 기구에 의해 임명될 감독기관의 각 구성원을 규정하여야 한다(이하 제53조 참조).

(2) 각 구성원은 특히 개인정보보호 분야에서 그 임무를 수행하고 그 권한을 행사하기 위하여 요구되는 자격, 경험 및 실력을 가져야 한다.

구성원의 직무는 관계 회원국법에 따라서 재직기간의 만료, 사임 또는 강제퇴직의 경우에 종료되며, 구성원은 중대한 비행이나 그 직무의 수행을 위해 요구되는 조건을 더 이상 충족하지 못하게 된 경우에만 해임되어야 한다.

4. 감독기관의 설립

(1) 각 회원국은 법률로 다음 모두를 규정하여야 한다(이하 제54조 참조).

(a) 각 감독기관의 설치

(b) 각 감독기관의 구성원으로 임명되기 위해 요구되는 자격요건 및 적격요건

(c) 각 감독기관의 구성원의 임명규정과 절차

(d) 2016년 5월 24일 이후 최초의 임명을 제외하고, 4년보다 짧지 않은 각 감독기관의 구성원의 임기. 그 구성원들 중 일부는 시간차 임명절차에 의하여 감독기관의 독립성을 보호하기 위하여 필요한 경우에 보다 단기로 임명할 수 있다.

(e) 각 감독기관의 구성원이 재임용 될 수 있는지, 그리고 만일 재임용될 수 있다면, 몇 회 재임용될 수 있는지

(f) 각 감독기관의 구성원과 직원의 의무, 행위에 대한 금지, 재직기간 중 및 후에 직무와 양립할 수 없는 직업과 편익을 규율하는 약관과 고용의 종료를 규율하는 규정

(2) 각 감독기관의 구성원과 직원은 EU법이나 회원국법에 따라서 그 임무의 수행이나 그 권한의 행사 중에 알게 된 비밀정보와 관련하여 재직 중 및 후에 직업상 비밀준수의무를 준수하여야 한다. 재직 중에, 그 직업상의 비밀준수의무는 특히 본 규칙 위반의 자연인에 의한 보고에 적용되어야 한다.

5. 감독기관의 관할

(1) 각 감독기관은 그 자신의 회원국의 영토상에서 본 규칙에 따라서 자기에게 부여된 임무를 수행하며, 권한을 행사할 관할이 있어야 한다(이하 제55조 참조).

관리자가 따라야 할 법적 의무를 준수하기 위하여 처리가 필요한 경우 또는 공익상이나 관리자에게 부여된 공권력의 행사로 행해진 임무의 수행을 위하여 처리가 필요한 경우에 그에 의해 공적 기관이나 사적 기구에 의해 처리가 이루어진 경우에는 관계 회원국의 감독기관이 관할하여야 한다. 그러나, 감독기관들은 재판기관의 자격에서 행위하는 법원의 처리작용을 감독할 관할이 있어서는 안된다.

(2) 관리자나 처리자의 주된 설립체 또는 단일 설립체의 감독기관은 그 관리자

나 처리자에 의해 수행된 국경을 넘는 처리를 위한 주 감독기관으로 행위할 관할이 있어야 한다(이하 제56조 참조).

주제문제가 그 회원국에 있는 설립체에만 관련되거나 또는 그 회원국에 있는 정보주체에게만 실질적으로 영향을 준다면, 각 감독기관은 그에 신청된 쟁송 또는 본 규칙의 위반을 취급할 관할이 있어야 한다. 그 경우에, 감독기관은 주 감독기관에게 그 사안에 대해 지체 없이 통지하여야 한다. 감독기관이 그 사안을 통지한 회원국에 있는 관리자나 처리자의 설립체가 있는지 여부를 고려하여, 주 감독기관은 통지받은 날부터 3주 이내에 그 사건을 취급할 것인지 여부를 결정하여야 한다.

주 감독기관이 사건을 취급하기로 결정하는 경우에, 제60조에서 규정된 절차가 적용되어야 한다. 주 감독기관에게 통지한 감독기관은 주 감독기관에게 결정안을 제출할 수 있다. 주 감독기관은 제60조 제3항에서 규정된 결정안을 준비할 때, 그 결정안을 최대한 고려하여야 한다. 한편, 주 감독기관이 사건을 취급하지 않기로 결정한 경우에, 주 감독기관에게 통지한 감독기관은 제61조 및 제62조에 따라서 사건을 취급하여야 한다.

주 감독기관은 그 관리자나 처리자가 수행한 국경을 넘는 처리를 위한 관리자나 처리자의 단일 교섭창구가 되어야 한다.

6. 감독기관의 임무

(1) 각 감독기관은 그 영토상에서 다음의 임무를 가진다(이하 제57조 참조).

(a) 본 규칙의 적용을 감시하고 집행하는 것.

(b) 처리와 관련한 위험, 규정, 안전장치 및 권리에 대한 일반의 인식과 이해를 향상시키는 것. 특히 아동에 대한 활동은 특별한 관심을 받아야 한다.

(c) 회원국법에 따라서, 처리와 관련한 자연인의 권리 및 자유의 보호와 관련되는 입법적·행정적 조치에 대해 국가의회, 정부, 그리고 다른 기관 및 기구들에게 조언하는 것.

(d) 본 규칙에 의한 의무에 대해 관리자와 처리자의 인식을 향상시키는 것.

(e) 요청에 따라서, 본 규칙에 따른 권리의 행사에 관하여 정보주체에게 정보를 제공하고, 해당하는 경우, 그 목적을 위해 다른 회원국의 감독기관들과 협력하는 것.

(f) 정보주체 또는 제80조에 의한 비영리적인 기구, 조직이나 협회에 의하여 청구된 쟁송을 취급하며, 적절한 범위에서 쟁송의 주제문제를 조사하고, 합리적인

기간 이내에 그 조사의 진행 및 결과, 특히 추가적인 조사 또는 다른 감독기관과의 조정이 필요한지를 청구인에게 알리는 것.

(g) 본 규칙의 적용 및 집행의 일관성을 보장하기 위하여 정보공유를 포함하여 다른 감독기관과 협력하며, 상호원조를 제공하는 것.

(h) 다른 감독기관이나 다른 공적 기관으로부터 받은 정보에 근거하는 것을 포함하여, 본 규칙의 적용에 관한 조사를 행하는 것.

(i) 개인정보의 보호에 관해 영향을 가지는 경우에, 관련 발전상, 특히 정보통신기술 및 상업적 실무를 모니터링하는 것.

(j) 제28조 제8항과 제46조 제2항 제d호에서 규정된 표준계약조항을 채택하는 것.

(k) 제35조 제4항에 의한 정보보호영향평가의 요건과 관련하여 리스트를 만들고 유지하는 것.

(l) 제36조 제2항에서 규정된 처리작용에 대해 조언을 하는 것.

(m) 제40조 제1항에 의한 행동강령의 작성을 장려하며, 제40조 제5항에 의해서 의견을 제공하고, 충분한 안전장치를 제공하는 행동강령을 승인하는 것.

(n) 제42조 제1항에 따른 정보보호인증제도와 정보보호 씰 및 마크의 설정을 장려하며, 제42조 제5항에 따른 인증기준을 승인하는 것.

(o) 해당하는 경우, 제42조 제7항에 따라서 발행된 인증의 정기적인 심사를 수행하는 것.

(p) 제41조에 의해서 행동강령을 모니터링하는 기구와 제43조에 의해서 인증기구의 인가기준을 입안해서 공표하는 것.

(q) 제41조에 의해서 행동강령을 모니터링하는 기구와 제43조에 의해서 인증기구의 인가를 행하는 것.

(r) 제46조 제3항에서 규정된 계약조항을 허가하는 것.

(s) 제47조에 의해서 구속적 기업규칙을 승인하는 것.

(t) 유럽정보보호위원회의 활동에 기여하는 것.

(u) 본 규칙의 위반과 제58조 제2항에 따라서 취해진 조치의 내부기록을 보존하는 것.

(v) 개인정보의 보호와 관련된 다른 임무를 완수하는 것.

(2) 각 감독기관은 다른 통신수단을 배제시키지 않고, 또한 전자적으로 완성될 수 있는 쟁송신청서와 같은 조치에 의해, 쟁송의 제기를 촉진시켜야 한다.

각 감독기관의 임무의 수행은 정보주체와 해당하는 경우 정보보호책임자를 위하여 무료여야 한다. 그러나, 감독기관은 청구가 명백히 근거가 없거나 또는 특히 그 반복성으로 인해 과도한 경우에 행정비용에 근거한 합리적인 수수료를 부과할 수 있으며, 또는 그 청구에 따라 행위할 것을 거부할 수 있다. 다만, 감독기관은 청구가 명백히 근거 없거나 과도한 것에 대해 입증책임을 부담하여야 한다.

7. 감독기관의 권한

감독기관은 다음과 같이 조사권, 시정권, 허가권 및 지도권 등을 갖는다(이하 제58조 참조). 감독기관에게 부여된 권한의 행사는 유럽연합기본권헌장에 따라서 EU법과 회원국법에서 규정된, 효과적인 사법적 구제와 적정절차를 포함하여 적절한 안전장치를 적용하여야 한다.

(1) 조사권

(a) 관리자 및 처리자, 그리고 해당하는 경우 관리자나 처리자의 대리인에게 그 임무의 수행을 위해 요구되는 정보를 제공할 것을 명령하는 것.

(b) 정보보호감사의 형태로 조사를 수행하는 것.

(c) 제42조 제7항에 의하여 발행된 인증에 대한 심사를 수행하는 것.

(d) 관리자나 처리자에게 본 규칙의 추정된 위반에 대해 통보하는 것.

(e) 관리자 및 처리자로부터 그 임무수행을 위하여 필요한 모든 개인정보와 모든 정보에의 접근을 얻는 것.

(f) EU나 회원국의 절차법에 따라서 정보처리장치와 수단을 포함하여 관리자 및 처리자의 구내에 출입하는 것.

(2) 시정권

(a) 예정된 처리작용이 본 규칙의 조항을 위반할 것 같다는 사실을 관리자나 처리자에게 경고를 발령하는 것.

(b) 처리작용이 본 규칙의 조항을 위반한 경우에 관리자나 처리자에게 계고를 발령하는 것.

(c) 본 규칙에 따라서 그 권리를 행사하는 정보주체의 청구에 따를 것을 관리자나 처리자에게 명령하는 것.

(d) 해당하는 경우, 특정된 방식으로 그리고 특정된 기간 이내에 처리작용이 본 규칙의 조항을 준수하도록 관리자나 처리자에게 명령하는 것.

(e) 개인정보 침해사실을 정보주체에게 연락할 것을 관리자에게 명령하는 것.

(f) 처리에 대한 금지를 포함하여, 임시적이거나 종국적인 제한을 부과하는 것.

(g) 개인정보의 정정이나 삭제 또는 처리의 제한을 명령하고, 제17조 제2항과 제19조에 의해서 개인정보가 공개된 수취인들에게 그러한 행위의 통지를 명령하는 것.

(h) 제42조와 제43조에 의해서 발행된 인증을 철회하거나 인증기구에게 철회할 것을 명령하거나, 또는 인증요건이 충족되지 않거나 더 이상 충족되지 않게 된다면 인증기구에게 인증을 발행하지 말 것을 명령하는 것.

(i) 각 개별사건의 상황에 따라서 본 항에서 규정된 조치에 부가하거나 그에 대신하여 제83조에 의해 행정적 과징금을 부과하는 것.

(j) 제3국에 있는 수취인이나 국제조직에 대한 정보유통의 정지를 명령하는 것.

(3) 허가권과 지도권

(a) 제36조에서 규정된 사전협의절차에 따라서 관리자에게 조언하는 것.

(b) 개인정보의 보호와 관련된 문제에 대해 국가의회, 회원국정부 또는 회원국법에 따라서 다른 기관 및 기구와 일반에게 직권으로 또는 요청에 따라서 의견을 발하는 것.

(c) 회원국법이 그러한 사전허가를 요구한다면, 제36조 제5항에서 규정된 처리를 허가하는 것.

(d) 제40조 제5항에 따라서 의견을 발하며, 행동강령안을 승인하는 것.

(e) 제43조에 의해서 인증기구를 인가하는 것.

(f) 제42조 제5항에 따라서 인증을 발행하고 인증기준을 승인하는 것.

(g) 제28조 제8항과 제46조 제2항 제d호에서 규정된 표준정보보호조항을 채택하는 것.

(h) 제46조 제3항 제a호에서 규정된 계약조항을 허가하는 것.

(i) 제46조 제3항 제b호에서 규정된 행정협정을 허가하는 것.

(j) 제47조에 의해 구속적 기업규칙을 승인하는 것.

(4) 각 회원국은 그 감독기관이 본 규칙의 위반에 대해 사법기관의 주의를 환기시키며, 해당하는 경우, 본 규칙의 조항을 집행하기 위하여 법적 소송을 개시하거나 달리 참여할 권한을 가져야 할 것을 법률로 규정하여야 하며, 위의 권한들에 더해 추가적인 권한을 가져야 할 것을 법률로 규정할 수 있다.

제8. 협력과 일관성

1. 협력(Cooperation)

(1) 주 감독기관과 다른 관계 감독기관 간의 협력

1) 주 감독기관은 합의를 이루기 위한 노력으로 다른 관계 감독기관과 협력하여야 하며, 사안에 대한 관련정보를 다른 관계 감독기관에게 지체없이 연락하여야 한다. 주 감독기관과 관계 감독기관은 서로 모든 관련정보를 교환하여야 한다(이하 제60조 참조). 주 감독기관은 다른 관계 감독기관에게 상호원조를 제공할 것을 언제라도 요청할 수 있으며, 특히 조사를 수행하기 위하거나 또는 다른 회원국에서 설립된 관리자나 처리자에 대한 조치의 이행을 모니터링하기 위하여 공동작업을 수행할 수 있다.

주 감독기관은 결정안을 다른 관계 감독기관에게 지체없이 제출하여 그 의견을 구하며, 그 견해를 적정하게 고려하여야 한다. 다른 관계 감독기관이 협의를 받은 후 4주 이내에 그 결정안에 대해 관련성 있고 이유 있는 반대를 표시한 경우에, 주 감독기관은 만일 그 반대에 따르지 않거나 또는 반대가 관련성이 없거나 이유가 없다는 의견이라면 그 사안을 제63조에서 규정된 일관성체계에 제출하여야 한다. 주 감독기관이 관련성 있고 이유 있는 반대에 따르려는 경우에, 그 의견을 구하여 수정된 결정안을 다른 관계 감독기관에게 제출하여야 한다. 그 수정된 결정안은 2주 이내에 위에서 규정된 절차에 따라야 한다. 다른 관계 감독기관이 규정된 기간 이내에 주 감독기관이 제출한 결정안에 반대하지 않은 경우에, 주 감독기관과 관계 감독기관은 그 결정안에 합의한 것으로 간주되어야 하며, 그것에 구속되어야 한다.

2) 주 감독기관은 각 경우에 맞게 결정을 채택하고 관리자나 처리자의 주된 설립체나 단일 설립체에 그것을 통보하여야 하며, 관련 사실관계와 이유 요약을 포함하여 문제의 결정에 대해 다른 관계 감독기관과 유럽정보보호위원회에게 통보하여야 한다. 쟁송을 청구받은 감독기관은 그 청구인에게 결정에 대해 통지하여야 한다.

쟁송이 각하 또는 기각된 경우에, 쟁송을 청구받은 감독기관은 결정을 채택하고 그것을 청구인에게 통지하여야 하며, 관리자에게 그것을 통지하여야 한다. 주 감독기관과 관계 감독기관이 쟁송의 일부에 대해 각하나 기각하고 다른 부분에 대해서는 처리하기로 합의하는 경우에, 그 사안의 각 부분에 대해 별개의 결정이 채택되어야 한다.

주 감독기관은 관리자와 관련된 행위에 관한 부분에 대한 결정을 채택하여야 하며, 그것을 그 회원국의 영토상의 관리자나 처리자의 주된 설립체나 단일 설립체에게 통보하여야 하고, 그 청구인에게 통지하여야 한다. 한편, 청구인의 감독기관은 그 쟁송의 각하 또는 기각에 관한 부분에 대한 결정을 채택하여야 하며, 그 청구인에 대해 그것을 통지하여야 하고, 그에 대한 관리자나 처리자에게 통지하여야 한다.

3) 관리자나 처리자는 주 감독기관의 결정에 대한 통지를 받은 후, EU내의 모든 설립체의 처리활동에 대하여 결정의 준수를 보장하는 필요한 조치를 취하여야 한다. 관리자나 처리자는 그 결정의 준수를 위해 취한 조치를 주 감독기관에게 통보하여야 하며, 주 감독기관은 다른 관련감독기관에게 통보하여야 한다. 예외적인 상황에서, 관계 감독기관이 정보주체의 이익을 보호하기 위하여 행위를 할 긴급한 필요가 있다고 생각할 이유가 있는 경우에, 제66조에서 규정된 긴급절차가 적용되어야 한다.

주 감독기관과 다른 관계 감독기관은 표준화된 포맷을 이용하여 전자적 수단으로 정보를 상호 제공하여야 한다.

(2) 상호원조

1) 감독기관들은 일관성있게 본 규칙을 이행하고 적용하기 위하여 관련정보와 상호원조를 서로 제공하여야 하며, 상호 실효적인 협력을 위한 조치를 정비하여야 한다. 상호원조는 특히 정보요청과, 사전허가와 협의, 검사와 조사를 수행하는 요청과 같은 감독조치를 포함하여야 한다(이하 제61조 참조).

2) 각 감독기관은 그 요청을 받은 날부터 1월 이내에 부당한 지체없이 다른 감독기관의 요청에 응답할 것이 요구되는 모든 적절한 조치를 취하여야 한다. 그러한 조치는 특히 조사의 수행에 관한 관련정보의 전송을 포함할 수 있다. 원조요청은 요청의 목적과 이유를 포함하여, 모든 필요한 정보를 포함하여야 하며, 교환된 정보는 요청된 목적을 위하여서만 이용되어야 한다.

3) 요청받은 감독기관은 (a) 요청받은 주제문제에 대해서나 실행을 요청받은 조치에 대해 관할이 아닌 경우, 또는 (b) 요청에 따르는 것이 본 규칙이나 또는 요청

받은 감독기관이 준수해야 할 EU법이나 회원국법을 위반하는 경우에 해당하지 않으면, 그 요청에 따를 것을 거부하여서는 안된다.

요청받은 감독기관은 요청하는 감독기관에게 그 결과 또는, 경우에 따라서, 요청에 응하기 위하여 취한 조치의 진행에 대해 통지하여야 한다. 요청받은 감독기관은 요청에 따를 것을 거부하는 이유를 제공하여야 하며, 일반적으로 다른 감독기관에 의하여 요청받은 정보를 표준화된 포맷을 이용하여 전자적 수단에 의하여 제공하여야 한다.

요청받은 감독기관들은 상호원조 요청에 따라서 취한 조치에 대해 비용을 부과하여서는 안된다. 감독기관들은 예외적인 상황에서 상호원조의 제공으로 발생하는 특별한 비용에 대해 서로 면제하는 규정에 대해 합의할 수 있다.

4) 감독기관이 다른 감독기관의 요청을 받은 날로부터 1월 이내에 그 결과 또는 요청에 응하기 위하여 취한 조치에 관한 정보를 제공하지 않는 경우에, 요청하는 감독기관은 그 회원국의 영토상에서 임시조치를 채택할 수 있다. 그러한 경우에, 긴급절차에 의해 행위할 긴급한 필요성은 충족된 것으로 추정되어야 하며, 유럽정보보호위원회에게 긴급한 구속적 결정을 요구하여야 한다.

5) 유럽위원회는 집행법령에 의하여 상호원조의 포맷 및 절차, 그리고 감독기관들 간, 감독기관들과 유럽정보보호위원회 간에 전자적 수단에 의한 정보교환을 위한 협정, 특히 요청받은 정보에 대한 표준화된 포맷을 구체화할 수 있다.

(3) 감독기관들의 공동활동

1) 감독기관들은, 해당하는 경우, 다른 회원국의 감독기관들의 구성원이나 직원이 포함된 공동조사와 공동집행조치를 포함하는 공동활동을 수행하여야 한다(이하 제62조 참조).

2) 관리자나 처리자가 몇몇 회원국들에서 설립체를 가지고 있는 경우 또는 하나 이상의 회원국의 상당수의 정보주체들이 처리활동에 의해 상당히 영향을 받을 것 같은 경우에, 그들 각 회원국의 감독기관은, 해당하는 경우, 공동활동에 참여할 권리를 가져야 한다. 제56조 제1항이나 제4항에 의해 관할권이 있는 감독기관은 그들 각 회원국의 감독기관에게 관련 공동활동에 참여하도록 요청하여야 하며, 감독기관의 참여요청에 대해 지체없이 응답하여야 한다.

3) 감독기관은 회원국법에 따라서 그리고 원조하는 감독기관의 허가에 의하여,

공동활동에 관여한 원조하는 감독기관의 구성원이나 직원에게 조사권을 포함하여 권한을 부여할 수 있고, 또는 원조요청 감독기관의 회원국법이 허용하는 한, 원조하는 감독기관의 구성원이나 직원이 원조하는 감독기관의 회원국법에 따른 조사권을 행사하는 것을 허용할 수 있다. 그러한 조사권은 원조요청 감독기관의 구성원이나 직원의 지도와 참여에 의해서만 행사될 수 있다. 원조하는 감독기관의 구성원이나 직원은 원조요청 감독기관의 회원국법에 따라야 한다.

4) 원조하는 감독기관의 직원이 다른 회원국에서 활동하는 경우에, 원조요청 감독기관의 회원국은 그 직원들이 활동하는 영토의 회원국법에 따라서 그들이 활동하는 동안 그들에 의해 발생된 손해에 대해 배상책임을 포함하여 그들의 행위책임을 부담하여야 한다.

손해가 발생된 영토의 회원국은 그 자신의 직원에 의해 발생된 손해에 적용될 수 있는 조건에 따라서 손해를 배상하여야 한다. 그 직원이 다른 회원국의 영토에 있는 사람에게 손해를 발생시킨 원조하는 감독기관의 회원국은 대신하여 피해자에게 지불한 금액을 전액 그 다른 회원국에게 변상하여야 한다. 그러나, 각 회원국은 제3자에 대한 권리의 행사를 침해하지 않는 경우, 그 손해와 관련하여 다른 회원국에 대한 변상청구를 자제하여야 한다.

공동활동이 예정되고, 감독기관이 참여요청에 대한 응답의무를 1월 이내에 이행하지 않는 경우, 다른 감독기관들은 그 회원국의 영토상에서 임시조치를 채택할 수 있다. 그 경우에, 제66조 제1항에 의해 행위할 긴급한 필요성은 충족된 것으로 간주되어야 하며, 유럽정보보호위원회에게 의견이나 긴급한 구속적 결정을 요청하여야 한다.

2. 일관성(Consistency)

(1) 일관성체계(Consistency mechanism)

EU 전역에서 본 규칙의 일관성 있는 적용에 기여하기 위하여, 감독기관들은 일관성체계에 의하여, 서로 그리고 관련된 경우에, 유럽위원회와 협력하여야 한다(제63조).

(2) 유럽정보보호위원회의 의견

1) 유럽정보보호위원회는 관할감독기관이 다음 하나의 조치를 채택하려고 하는 경우에 의견을 내어야 한다. 그러한 목적에서, 관할감독기관은 다음의 경우에, 결

정안을 유럽정보보호위원회에 연락하여야 한다(이하 제64조 참조)[43].

(a) 정보보호영향평가가 요구되는 처리작용의 리스트를 채택할 것을 목적으로 하는 경우

(b) 행동강령안 또는 행동강령의 개정이나 연장이 본 규칙을 준수하는지의 문제와 관련되는 경우

(c) 제41조 제3항에 의한 기구 또는 제43조 제3항에 의한 인증기구의 인가기준을 승인하는 것을 목적으로 하는 경우

(d) 제46조 제2항 제d호와 제28조 제8항에서 규정된 표준정보보호조항의 결정을 목적으로 하는 경우

(e) 제46조 제3항 제a호에서 규정된 계약조항의 허가를 목적으로 하는 경우

(f) 구속적 기업규칙의 승인을 목적으로 하는 경우

2) 감독기관, 유럽정보보호위원회 위원장 또는 유럽위원회는 일반적 적용문제나 하나 이상의 회원국에서 효과를 발생시키는 문제는 특히 관할감독기관이 상호원조의무 또는 공동활동의무를 준수하지 않는 경우, 의견을 얻기 위하여 유럽정보보호위원회의 심사를 받을 것을 요청할 수 있다.

3) 유럽정보보호위원회는 동일한 사안에 대해 아직 의견을 발하지 않았다면 제출된 사안에 대한 의견을 발하여야 한다. 그 의견은 유럽정보보호위원회의 구성원의 단순다수결로 8주 이내에 채택되어야 한다. 그 기간은 주제문제의 복잡성을 고려하여, 6주 더 연장될 수 있다. 제5항에 따라서 유럽정보보호위원회의 구성원에게 회람된 제1항에서 규정된 결정안에 관하여, 유럽정보보호위원회 위원장에 의해 제시된 합리적인 기간 이내에 반대를 하지 않은 구성원은 그 결정안에 동의하는 것으로 간주되어야 한다. 관할감독기관은 이들 기간 이내에, 결정안을 채택하여서는 안된다.

4) 감독기관과 유럽위원회는, 경우에 따라서, 사실관계의 개요, 결정안, 그러한 조치의 시행을 필요로 하는 이유와 다른 관계 감독기관들의 견해를 포함한 관련정보를 부당한 지체없이 표준화된 포맷을 이용하여 전자적 수단에 의해 유럽정보보

43) 관할감독기관은 유럽정보보호위원회의 의견을 최대한 고려하여야 하며, 결정안을 유지할 것인지 또는 수정할 것인지, 그리고 있다면 수정된 결정안을 표준화된 포맷을 사용하여 전자적 수단에 의하여 유럽정보보호위원회 위원장에게 의견을 접수한 후 2주 이내에 연락하여야 한다(동조 제7항).

호위원회에 연락하여야 한다.

유럽정보보호위원회 위원장은 부당한 지체없이 전자적 수단에 의해 (a) 유럽정보보호위원회의 구성원들과 유럽위원회에게 표준화된 포맷을 사용하여 유럽정보보호위원회에 전달된 관련정보와 (b) 경우에 따라서, 감독기관과 유럽위원회에게 의견을 통지하여야 한다.

관계 감독기관은 타당한 근거를 제공하여 유럽정보보호위원회의 의견을 전부 또는 부분적으로 따르지 않을 것임을 유럽정보보호위원회 위원장에게 의견 접수일로부터 4주 이내에 통지한 경우, 제65조 제1항이 적용되어야 한다.

(3) 유럽정보보호위원회에 의한 분쟁해결

1) 개별적인 경우에 본 규칙의 정확하고 일관성있는 적용을 보장하기 위하여, 유럽정보보호위원회는 다음의 경우에 구속적 결정을 채택하여야 한다(이하 제65조 참조).

(a) 제60조 제4항에서 규정된 경우에, 관계 감독기관이 주 감독기관의 결정안에 대해 관련성 있고 이유 있는 반대를 표시하였거나 또는 주 감독기관이 관련성이 없거나 이유가 없다고 하여 반대를 기각한 경우. 구속적 결정은 관련성 있고 이유 있는 반대의 대상인 모든 사안들, 특히 본 규칙의 위반이 있는지와 관련되어야 한다.

(b) 주 설립체를 관할하는 관계 감독기관들의 견해가 충돌하는 경우

(c) 관할감독기관이 제64조 제1항에서 규정된 경우에 있어서 유럽정보보호위원회의 의견을 요청하지 않거나 또는 제64조에 의해 발한 유럽정보보호위원회의 의견을 따르지 않는 경우. 관계 감독기관 또는 유럽위원회는 그 사안을 유럽정보보호위원회에 전달할 수 있다.

2) 위 결정은 주제문제의 소개로부터 1월 이내에 유럽정보보호위원회 구성원의 3분의 2 이상의 다수결로 채택되어야 하며, 그 기간은 주제문제의 복잡성을 이유로 1월 더 연장될 수 있다. 그 결정은 주 감독기관과 모든 관계 감독기관에게 이유를 붙여서 이루어져야 하며, 그들에 대해 구속력을 가져야 한다. 유럽정보보호위원회가 그 기간 이내에 결정을 채택할 수 없었던 경우에, 위원회 구성원의 단순다수결로 두 번째 달의 종료로부터 2주 이내에 그 결정을 채택하여야 한다. 위원회 구성원의 의견이 똑같이 나뉜 경우에, 결정은 위원장의 표결로 채택되어야 한다.

관계 감독기관들은 위의 기간 중에 유럽정보보호위원회에 제기된 주제문제에

관한 결정을 채택하여서는 안된다.

3) 위원장은 유럽정보보호위원회의 구속적 결정을 관계 감독기관에게 부당한 지체없이 통보하여야 하며, 유럽위원회에 대해서도 그에 대해 알려야 한다. 결정은 감독기관이 4)의 최종결정을 통보한 후 지체없이 유럽정보보호위원회의 웹사이트에 공표되어야 한다.

4) 주 감독기관 또는 경우에 따라서, 쟁송을 청구받은 감독기관은 부당한 지체없이 그리고 유럽정보보호위원회가 그 결정을 통보한 후 늦어도 1월까지 유럽정보보호위원회의 구속적 결정에 근거하여 최종결정을 채택하여야 한다. 주 감독기관 또는 경우에 따라서, 쟁송을 청구받은 감독기관은 그 최종결정이 관리인이나 처리인 및 정보주체에게 각각 통보된 일자를 유럽정보보호위원회에게 통지하여야 한다. 관계 감독기관의 최종결정은 제60조 제7항, 제8항 및 제9항의 규정에 따라서 채택되어야 한다. 최종결정은 유럽정보보호위원회의 구속적 결정을 참고하여야 하며, 그 결정이 유럽정보보호위원회의 웹사이트상에 공표될 것임을 적시하여야 한다. 최종결정은 유럽정보보호위원회의 구속적 결정을 첨부하여야 한다.

(4) 긴급절차(Urgency procedure)

1) 예외적인 상황에서, 관계 감독기관이 정보주체의 권리와 자유를 보호하기 위하여 행위할 긴급한 필요성이 있다고 생각하는 경우, 제63조, 제64조 및 제65조에서 규정된 일관성체계의 특례에 의하여 또는 제60조에서 규정된 절차에 의하여 3월을 초과하지 않는 특정한 유효기간으로 그 자신의 영토상에서 법적 효과의 발생을 의도한 임시조치를 즉시 채택할 수 있다. 감독기관은 그것들을 채택한 조치와 이유들을 다른 관계 감독기관, 유럽정보보호위원회와 유럽위원회에게 지체없이 연락하여야 한다(이하 제66조 참조).

감독기관은 위의 조치를 취하고, 최종조치가 긴급하게 채택될 필요가 있다고 생각하는 경우, 그러한 의견 또는 결정을 요청하는 이유를 제시하여, 유럽정보보호위원회에게 긴급한 의견 또는 긴급한 구속적 결정을 요청할 수 있다.

2) 관할감독기관이 행위할 긴급한 필요성을 포함하여 그러한 의견이나 결정을 요청하는 이유를 제시하여 정보주체의 권리와 자유를 보호하기 위하여 행위할 긴급한 필요성이 있는 상황에서 적절한 조치를 취하지 않은 경우에, 감독기관은 경우에 따라서 긴급한 의견이나 긴급한 구속적 결정을 유럽정보보호위원회에게 요

청할 수 있다.

3) 위의 긴급한 의견 또는 긴급한 구속적 결정은 유럽정보보호위원회의 구성원들의 단순다수결로 2주 이내에 채택되어야 한다.

(5) 정보의 교환(Exchange of information)

유럽위원회는 감독기관들 간, 그리고 감독기관들과 유럽정보보호위원회 간의 정보교환을 위한 협약을 전자적 수단, 특히 제64조에서 규정된 표준화된 포맷에 의하여 구체화하기 위하여 일반적 범위의 집행법령을 채택할 수 있다. 그들 집행법령은 제93조 제2항에 규정된 심사절차에 따라서 채택되어야 한다(제67조).

3. 유럽정보보호위원회(European Data Protection Board)

1995년 지침 제29조에서 규정된 '개인정보의 처리에 관한 개인의 보호에 대한 작업반(Working Party on the Protection of Individuals with regard to the Processing of Personal Data)'('제29조 작업반')에 대체하여, 2016년 규칙은 '유럽정보보호위원회(European data protection board)'를 설치하였다. 1995년 지침의 제29조 작업반에 관한 규정은 2개조(제29조, 제30조)에 불과하였으나, 유럽정보보호위원회에 관한 규정은 1개절 9개조(제68조~제76조)에 걸쳐서 자세히 규정하고 있다. 이하에서 그 규정내용을 살펴보도록 한다.

(1) 일반규정

1) 유럽정보보호위원회는 유럽연합의 기구로서 설립되며, 법인격을 가져야 한다(제68조 제1항). 유럽정보보호위원회는 그 임무를 수행하거나 그 권한을 행사할 때 독립적으로 행위해야 하며, 그 임무의 수행이나 권한의 행사에서 누구로부터도 지시를 구하거나 받아서는 안된다(제69조 제1,2항).

유럽정보보호위원회는 그 위원장에 의해 대표되어야 하며, 각 회원국의 하나의 감독기관의 장과 유럽정보보호감독관 또는 그들 각각의 대리인으로 구성되어야 하고, 회원국에서 하나 이상의 감독기관이 본 규칙에 따른 규정의 적용을 모니터링할 책임이 있는 경우, 하나의 공동대리인이 그 회원국법에 따라서 임명되어야 한다((제68조 제2,3,4항).

본 규칙에서 달리 규정되어 있지 않다면, 유럽정보보호위원회는 그 구성원의 단순다수결로 결정하여야 하며, 그 구성원의 3분의 2 다수결로 그 자신의 절차규정을 채택하여야 하고, 그 자신의 활동계획을 마련하여야 한다(제72조 제1,2항).

2) 유럽위원회는 투표권없이 유럽정보보호위원회의 활동과 회의에 참가할 권리를 가지며, 대리인을 지명하여야 한다. 유럽정보보호위원회 위원장은 유럽정보보호위원회의 활동에 대해 유럽위원회에 연락하여야 한다(제68조 제5항).

3) 제65조에서 규정된 경우에, 유럽정보보호감독관은 실체에 있어서 본 규칙의 그것들에 상당하는 EU기관, 기구, 사무소, 그리고 에이전시에 적용가능한 원칙 및 규정들과 관련되는 결정에 대해서만 투표권을 가져야 한다(동 조 제6항).

4) 절차규칙에서 규정된 바와 같이, 유럽정보보호위원회의 토론은 위원회가 필요하다고 간주하는 경우에 비밀로 유지되어야 한다(제76조 제1항).

⑵ 위원장과 그 직무

1) 유럽정보보호위원회는 그 구성원 중에서 단순다수결로 1인의 위원장과 2인의 부위원장을 선출하여야 한다. 위원장과 부위원장의 임기는 5년이며, 1회 연임될 수 있다(제73조 제1,2항).

2) 위원장의 직무(제74조 제1항)

(a) 유럽정보보호위원회의 회의를 소집하며, 그 의사일정을 준비하는 것

(b) 제65조에 의하여 유럽정보보호위원회가 채택한 결정을 주 감독기관과 관계감독기관에게 통보하는 것

(c) 특히 제63조에서 규정된 일관성체계와 관련하여, 유럽정보보호위원회의 적시의 직무수행을 보장하는 것

⑶ 유럽정보보호위원회의 임무

1) 유럽정보보호위원회는 본 규칙의 일관성있는 적용을 보장하여야 하며, 그를 위하여 그 자신의 직권으로 또는 관련되는 경우 유럽위원회의 요청으로 특히 다음을 하여야 한다. 유럽위원회는 유럽정보보호위원회로부터의 조언을 요청하는 경우, 그 사안의 긴급성을 고려하여 기한을 지정할 수 있다(제70조 제1,2항).

(a) 국가감독기관들의 임무를 침해하지 않고 제64조와 제65조에서 규정된 경우에 본 규칙의 정확한 적용을 모니터하고 보장하는 것.

(b) 본 규칙의 제안된 개정에 관한 것을 포함하여, 유럽연합에서 개인정보의 보호와 관련된 문제에 대해 유럽위원회에 조언하는 것.

(c) 구속적 기업규칙에 대해 관리자, 처리자와 감독기관들 간의 정보의 교환을

위한 포맷과 절차에 대해 유럽위원회에 조언하는 것.

(d) 제17조 제2항에서 규정된 공중이용통신서비스로부터 개인정보의 링크, 복사 또는 복제를 삭제하기 위한 절차에 관한 가이드라인, 권고 및 모범실무를 발하는 것.

(e) 그 자신의 직권으로, 그 구성원의 1인의 요구로 또는 유럽위원회의 요구로 본 규칙의 적용에 관한 질문을 조사하고, 본 규칙의 일관성있는 적용을 장려하기 위하여 가이드라인, 권고 및 모범실무를 발하는 것.

(f) 제22조 제2항에 의한 프로파일링에 근거한 결정의 기준 및 조건을 보다 구체화하기 위하여 가이드라인, 권고 및 모범실무를 발하는 것.

(g) 개인정보 침해의 입증과 제33조 제1항과 제2항에서 규정된 부당한 지체의 결정을 위하여, 그리고 관리자나 처리자가 개인정보 침해사실을 신고할 것이 요구되는 특별한 상황을 위하여 가이드라인, 권고 및 모범실무를 발하는 것.

(h) 개인정보 침해가 자연인의 권리와 자유에 대한 높은 위험을 초래할 것 같은 상황에 대하여 가이드라인, 권고 및 모범실무를 발하는 것.

(i) 관리자 및 처리자에 의해 준수된 구속적 기업규칙, 그리고 제47조에서 규정된 관련 정보주체의 개인정보의 보호를 보장하는 추가적인 필요요건에 근거한 정보이전의 기준과 요건을 보다 구체화하기 위하여 (e)에 따라서 가이드라인, 권고 및 모범실무를 발하는 것.

(j) 제49조 제1항에 근거한 개인정보이전의 기준과 요건을 보다 구체화하기 위하여 가이드라인, 권고 및 모범실무를 발하는 것.

(k) 제58조 제1항, 제2항 및 제3항에서 규정된 조치의 적용과 제83조에 의한 행정적 과징금의 결정에 관하여 감독기관을 위하여 가이드라인을 작성하는 것.

(l) 가이드라인, 권고 및 모범실무의 실제적용을 심사하는 것.

(m) 제54조 제2항에 의하여 본 규칙의 위반에 대한 개인에 의한 보고를 위한 공통절차를 확립하기 위하여 가이드라인, 권고 및 모범실무를 발하는 것.

(n) 행동강령의 작성과 정보보호인증제도와 정보보호 씰 및 마크의 설정을 장려하는 것.

(o) 제43조에 의하여 인증기구의 인가와 그 정기적 심사를 수행하며, 제43조 제6항에 의하여 인가받은 기구와 제42조 제7항에 의하여 제3국에서 설립된 인가받은 관리자나 처리자의 공적 등록부를 유지하는 것.

(p) 제42조에 의한 인증기구의 인가를 위하여 제43조 제3항에서 규정된 요건을

구체화하는 것.

(q) 제43조 제8항에서 규정된 인증요건에 관한 의견을 유럽위원회에 제시하는 것.

(r) 제12조 제7항에서 규정된 아이콘에 대한 의견을 유럽위원회에 제시하는 것.

(s) 제3국, 그 제3국의 영토나 하나 이상의 특정한 영역, 또는 국제조직이 더 이상 적합한 보호수준을 보장하지 않는지에 대한 평가를 포함하여, 제3국이나 국제조직에서 보호수준의 적합성의 평가에 대한 의견을 유럽위원회에 제시하는 것. 그를 위하여, 유럽위원회는 그 제3국, 영토 또는 특정한 처리영역과 관련하여 그 제3국정부 또는 국제조직과의 교신을 포함하여, 모든 필요한 문서를 유럽정보보호위원회에 제공하여야 한다.

(t) 제64조 제1항에서 규정된 일관성체계에 의한 감독기관의 결정안과 제64조 제2항에 의해 제기된 사안들에 관한 의견을 발하고, 제66조에서 규정된 경우들을 포함하여 제65조에 의한 구속적 결정을 발하는 것.

(u) 감독기관들 간의 협력과 실효적인 양자간 및 다자간 정보교환과 모범실무를 촉진시키는 것.

(v) 공통교육프로그램을 향상시키며, 감독기관들 간, 그리고 해당하는 경우 제3국의 감독기관들이나 국제조직들과 인적 교류를 촉진시키는 것.

(w) 세계 정보보호감독기관과 정보보호입법 및 실무에 대한 지식과 자료의 교환을 촉진시키는 것.

(x) 제40조 제9항에 의해 유럽연합 차원에서 작성된 행동강령에 관한 의견을 발하는 것.

(y) 일관성체계에서 다룬 문제에 관해 감독기관과 법원이 취한 결정의 공개적으로 접근가능한 전자공부를 유지하는 것.

2) 유럽정보보호위원회는 그 의견, 가이드라인, 권고와 모범실무를 유럽위원회와 제93조에서 규정된 위원회에 송부하여야 하며, 그것들을 공개하여야 한다. 유럽정보보호위원회는 해당하는 경우 이해당사자들과 협의하여야 하며, 합리적인 기간 내에 의견을 진술할 기회를 주어야 하며, 협의절차의 결과를 공개적으로 이용할 수 있게 하여야 한다.

3) 유럽정보보호위원회는 유럽연합, 관련되는 경우, 제3국 및 국제조직에서의 처리와 관련하여 자연인들의 보호에 관한 연차보고서를 작성하여야 한다. 보고서는 공개되며, 유럽의회, 이사회 및 유럽위원회에 송부되어야 한다. 연차보고서는

제70조 제1항 제1호에서 규정된 가이드라인, 권고 및 모범실무와 제65조에서 규정된 구속적 결정의 실제적용에 대한 심사를 포함하여야 한다(제71조 제1,2항).

(4) 사무국

1) 유럽정보보호위원회는 사무국을 가져야 하며, 사무국은 유럽정보보호감독관이 제공하여야 한다. 사무국은 유럽정보보호위원회 위원장의 지시에 따라서만 그 직무를 수행하여야 하며, 분석적 · 행정적 · 논리적 지원을 유럽정보보호위원회에 제공하여야 한다(이하 제75조 참조).

2) 본 규칙에 의해 유럽정보보호위원회에 부여된 직무를 수행하는 것과 관련된 유럽정보보호감독관의 직원은 유럽정보보호감독관에게 부여된 직무를 수행하는 직원과는 별개의 보고라인에 따라야 한다.

3) 유럽정보보호위원회와 유럽정보보호감독관은 본 조를 이행하고, 협력조건을 결정하며, 본 규칙에 의해 유럽정보보호위원회에 부여된 직무를 수행하는 것과 관련된 유럽정보보호감독관의 직원에게 적용되는 양해각서를 제정하여 공표하여야 한다.

4) 사무국의 업무

(a) 유럽정보보호위원회의 일상 업무
(b) 유럽정보보호위원회의 구성원, 그 위원장 및 유럽위원회 간의 연락
(c) 다른 기관들 및 일반인과의 연락
(d) 내부 및 외부의 전자적 연락수단의 이용
(e) 관련정보의 번역
(f) 유럽정보보호위원회의 회의의 준비와 자료정리
(g) 의견, 감독기관들 간의 분쟁의 해결에 관한 결정과 유럽정보보호위원회가 채택한 다른 텍스트의 준비, 입안 및 발행

제9. 권리구제, 책임 및 벌칙

1. 쟁송제기권(Right to lodge a complaint with a supervisory authority)

다른 행정적 또는 사법적 구제를 침해하지 않고, 모든 정보주체는 특히 자기와 관련되는 개인정보의 처리가 본 규칙을 위반한다고 생각한다면, 특히 일상적 거주

지, 활동지 또는 추정된 침해지인 회원국에서 감독기관에게 쟁송을 청구할 권리를 가져야 한다. 쟁송을 청구받은 감독기관은 청구인에게 사법적 구제의 가능성을 포함하여 쟁송의 진행상황 및 결과를 고지하여야 한다(제77조 참조).

2. 사법적 구제권(Right to an effective judicial remedy)

(1) 감독기관을 상대로 한 경우

1) 각 자연인 또는 법인은 자기에 관한 감독기관의 법적인 구속적 결정에 대해 실효적인 사법적 구제권을 가져야 한다. 관할감독기관이 쟁송을 취급하지 않거나 또는 청구된 쟁송의 진행상황이나 결과에 대해 3월 이내에 정보주체에게 고지하지 않는 경우, 각 정보주체는 실효적인 사법적 구제권을 가져야 한다(이하 제78조 참조).

2) 감독기관에 대한 소송은 감독기관이 설치된 회원국의 법원에 제기되어야 한다. 일관성체계에서 유럽정보보호위원회의 의견이나 결정이 먼저 이루어진 감독기관의 결정에 대한 소송이 제기된 경우, 감독기관은 그 의견이나 결정을 법원에 송부하여야 한다.

(2) 관리자나 처리자를 상대로 한 경우

각 정보주체는 본 규칙에 의한 자신의 권리가 본 규칙을 준수하지 않는 자기의 개인정보의 처리의 결과로서 침해되었다고 생각하는 경우에, 실효적인 사법적 구제권을 가져야 한다(제79조 제1항).

관리자나 처리자를 상대로 한 소송은 관리자나 처리자가 설립체를 가지고 있는 회원국의 법원에 제기되어야 한다. 그 대신, 관리자나 처리자가 그 공권력의 행사로 행위하는 회원국의 공적 기관이 아니라면, 그 소송은 정보주체가 일상적 거주지를 가지고 있는 회원국의 법원에 제기될 수 있다(동 조 제2항).

(3) 소송의 정지

1) 한 회원국의 관할법원이 동일한 관리자나 처리자에 의한 소송에 관하여 동일한 주제문제에 대한 소송이 다른 회원국의 법원에 계속 중이라는 정보를 가지는 경우에, 다른 회원국의 그 법원과 연락하여 그러한 소송의 존재를 확인하여야 한다(이하 제81조 참조).

2) 동일한 관리자나 처리자의 처리에 관한 주제문제에 대한 소송이 다른 회원국

의 법원에서 계속 중인 경우에, 첫 번째 수소법원이 아닌 관할법원은 그 소송을 정지시킬 수 있다.

3) 소송이 제1심에서 계속 중인 경우에, 첫 번째 수소법원이 문제의 행위에 대한 재판관할권을 가지며, 그 법률이 병합을 허용한다면 첫 번째 수소법원이 아닌 법원은 일방 당사자의 청구로 재판관할권을 거부할 수 있다.

3. 공익단체에 의한 정보주체의 대리

1) 회원국법에서 규정된 경우에, 정보주체를 대신하여 쟁송을 청구하고, 그를 대신하여 제77조, 제78조 및 제79조에서 규정된 권리를 행사하고, 그를 대신하여 제82조에서 규정된 보상을 받을 권리를 행사하기 위하여, 정보주체는 회원국법에 따라서 적정하게 구성되었으며, 실정법상의 공익목적을 가지며, 개인정보 보호와 관련하여 정보주체의 권리와 자유의 보호의 영역에서 활동하는 비영리적 기구, 조직이나 협회에게 위임할 권리를 가져야 한다(이하 제80조 참조).

2) 회원국들은 정보주체의 위임과 관계없이, 본 규칙을 준수하지 않은 개인정보의 처리의 결과로서 정보주체의 권리가 침해되었다고 생각한다면, 위의 비영리적 기구, 조직이나 협회가 그 회원국에서 관할감독기관에게 쟁송을 청구하며, 사법적 구제권을 행사할 권리를 가져야 할 것을 규정할 수 있다.

4. 배상권과 책임(Right to compensation and liability)

(1) 배상권

본 규칙 위반의 결과로서 물질적 또는 비물질적 손해를 입은 사람은 받은 손해에 대해 관리자나 처리자로부터 배상을 받을 권리를 가져야 한다(제82조 제1항).

(2) 배상책임

1) 처리에 관여한 관리자는 본 규칙을 위반한 처리에 의해 야기된 손해에 대해 책임을 져야 한다. 처리자는 특별히 처리자에게 지시된 본 규칙의 의무를 준수하지 않은 경우에만 또는 관리자의 적법한 지시에 대해 그 범위를 일탈하거나 반하여 행위한 경우에만, 처리에 의해 발생된 손해에 대해 책임을 져야 한다(동 조 제2항). 그러나, 손해를 발생시킨 사건에 대해 전혀 책임이 없음을 입증하면, 관리자나 처리자는 그 책임으로부터 면제되어야 한다(동 조 제3항).

2) 하나 이상의 관리자나 처리자 또는 관리자 및 처리자 양자가 동일한 처리에 관여한 경우, 그리고 그들이 처리에 의해 발생된 손해에 대해 책임이 있는 경우, 각 관리자나 처리자는 정보주체의 실효적인 배상을 보장하기 위하여 모든 손해에 대해 책임을 부담하여야 한다(동 조 제4항).

3) 한 관리자나 처리자가 손해에 대해 완전한 배상을 한 경우, 그 관리자나 처리자는 동일한 처리에 관여한 다른 관리자들이나 처리자들로부터 손해의 그들 책임부분에 상응하는 배상액을 구상할 권리를 가져야 한다(동 조 제5항).

4) 배상을 받을 권리를 행사하기 위한 소송은 제79조 제2항에서 규정된 회원국 법에 의해 관할권이 있는 법원에 제기되어야 한다(동 조 제6항).

5. 과징금(administrative fines)

(1) 과징금 부과의 일반적 조건

1) 각 감독기관은 본 규칙의 위반에 대한 과징금의 부과가 각 개별적인 경우에 실효적이며, 비례적이고 억지적이어야 할 것을 보장하여야 한다(제83조 제1항).

2) 과징금은 각 개별적인 경우의 사정에 따라서, 제58조 제2항 제a호부터 제h호까지 그리고 제j호에서 규정된 조치에 부가하여 또는 그에 대체하여 부과되어야 한다. 각 개별적인 경우에 과징금을 부과할지 여부를 결정할 때 그리고 과징금 금액을 결정할 때, 다음 사항에 대해 정당한 고려가 이루어져야 한다(동 조 제2항).

(a) 관련 처리의 성질, 범위 또는 목적을 고려하여 침해의 성질, 정도 및 지속기간, 그리고 영향을 받은 정보주체의 숫자와 그에 의해 받은 손해의 정도

(b) 침해의 고의성 또는 과실적 성격

(c) 정보주체가 받은 손해를 완화시키기 위해 관리자나 처리자가 취한 조치

(d) 제25조 및 제32조에 따라서 그에 의해 이행된 기술적・조직적 조치를 고려하여 관리자나 처리자의 책임의 정도

(e) 관리자나 처리자에 의한 이전의 관련 침해사실

(f) 침해를 구제하고, 그 침해의 가능한 부작용을 완화시키기 위한 감독기관과의 협력의 정도

(g) 침해에 의해 영향을 받은 개인정보의 범주

(h) 침해가 감독기관에게 알려진 방식, 특히 관리자나 처리자가 침해를 신고하였

는지 여부와 하였다면 어느 정도로 하였는지

(i) 제58조 제2항에서 규정된 조치가 동일한 주제문제와 관련하여 관련 관리자나 처리자에게 이전에 명령된 경우에, 그들 조치의 준수

(j) 제40조에 의해 승인된 행동강령 또는 제42조에 의해 승인된 인증제도의 준수

(k) 그 침해로부터 직접적으로나 간접적으로 얻은 재정상 이익 또는 회피된 손실과 같이, 그 사안의 상황에 적용할 수 있는 다른 악화시키거나 완화시키는 요인

3) 관리자나 처리자가 동일하거나 관련된 처리작용에 대해 고의나 과실로 본 규칙의 여러 조항들을 위반하였다면, 과징금의 총액은 그 가장 중한 위반에 대해 규정된 금액을 초과하여서는 안된다(동 조 제3항).

4) 제58조 제2항에 의한 감독기관의 시정권을 침해하지 않고, 각 회원국은 과징금이 그 회원국에서 설립된 공적 기관 및 기구들에 대해 부과될 수 있는지 및 어느 정도로 부과될 수 있는지에 대한 규정을 설정할 수 있다(동 조 제7항).

5) 감독기관의 권한 행사는 실효적인 사법적 구제와 적정절차를 포함하여, EU법 및 회원국법에 따라서 적절한 절차적 안전장치를 따라야 한다(동 조 제8항).

6) 회원국법제도가 과징금을 규정하고 있지 않는 경우, 본 조는 그들 법적 구제가 실효적이며 감독기관에 의해 부과된 과징금에 대해 동등한 효과를 가지는 것을 보장하면서, 과징금이 관할감독기관에 의해 제안되고 관할국가법원에 의해 부과되는 방식으로 적용될 수 있다. 어떠한 경우에도, 부과된 과징금은 실효적이며, 비례적이고 억지적이어야 한다. 그들 회원국은 본 항에 의해 채택하는 법조항들을 2018년 5월 25일까지, 그리고 그들 법조항에 영향을 미치는 후속개정법이나 개정을 지체없이 유럽위원회에 통보하여야 한다(동 조 제9항).

(2) 과징금의 부과

1) 다음 조항들의 위반은 10,000,000 유로까지 또는 기업의 경우에 이전 회계연도의 세계연간전체매출액의 2%까지 중에서 높은 쪽의 과징금이 부과되어야 한다(제83조 제4항).

(a) 제8조, 제11조, 제25조부터 제39조까지와 제42조 및 제43조에 의한 관리자 및 처리자의 의무

(b) 제42조 및 제43조에 의한 인증기구의 의무

(c) 제41조 제4항에 의한 모니터링기구의 의무

2) 다음 조항들의 위반은 20,000,000 유로 또는 기업의 경우 이전 회계연도의 세계연간전체매출액의 4%까지 중에서 높은 쪽의 과징금이 부과되어야 한다(동 조 제5항).

(a) 제5조, 제6조, 제7조 및 제9조에 의해 동의의 조건을 포함하여, 처리의 기본 원칙

(b) 제12조부터 제22조까지에 의한 정보주체의 권리

(c) 제44조부터 제49조까지에 의한 제3국이나 국제조직의 수취인으로의 개인정보의 이전

(d) 제9장에 의해 채택된 회원국법에 의한 의무

(e) 제58조 제2항에 의해서 감독기관에 의한 명령 또는 처리에 대한 임시적이거나 최종적인 제한 또는 정보유통의 정지의 불준수 또는 제58조 제1항에 위반하여 접근을 제공하지 않는 것

3) 제58조 제2항에서 규정된 바와 같이 감독기관에 의한 명령의 불준수는 20,000,000 유로 또는 기업의 경우 이전 회계연도의 세계연간전체매출액의 4%까지 중에서 높은 쪽의 과징금이 부과되어야 한다(동 조 제6항).

6. 벌칙(Penalties)

회원국들은 특히 과징금이 부과되지 않는 위반에 대해 본 규칙의 위반에 적용할 수 있는 벌칙규정을 설정하여야 하며, 그것이 이행되는 것을 보장하는 필요한 모든 조치를 취하여야 한다(제84조 제1항).

각 회원국은 채택하는 법조항들을 2018년 5월 25일까지, 그리고 그들 법조항에 영향을 미치는 후속 개정을 지체없이 유럽위원회에 통보하여야 한다(동 조 제2항).

제10. 특별한 정보처리상황과의 관련

1. 표현 및 정보의 자유와의 관련

(1) 회원국들은 본 규칙에 의한 개인정보의 보호권과, 언론과 학문적, 예술적 또는 문학적 표현을 위한 처리를 포함하여, 표현 및 정보의 자유권을 법률에 의하여 조화시켜야 한다(제85조 제1항).

(2) 언론을 위하여 또는 학문적, 예술적 또는 문학적 표현을 위하여 수행된 처리

에 대하여, 회원국들은 그것들이 개인정보의 보호권과 표현 및 정보의 자유를 조화시킬 필요가 있다면, 제2장(원칙), 제3장(정보주체의 권리), 제4장(관리자와 처리자), 제5장(개인정보의 제3국 또는 국제조직으로의 이전), 제6장(독립적 감독기관), 제7장(협력과 일관성) 및 제9장(특정한 정보처리상황)의 규정들의 적용제외 또는 특례를 규정하여야 한다(동 조 제2항).

각 회원국은 채택한 법조항들과, 그들 법조항에 영향을 미치는 후속개정법 또는 개정을 지체없이 유럽위원회에 통보하여야 한다(동 조 제3항).

2. 일반인의 공문서에의 접근

공적 기관이나 공적 기구 또는 공익상 이행된 임무의 수행을 위한 사적 기구에 의해 보유된 공문서에서의 개인정보는 일반인의 공문서에의 접근과 본 규칙에 의한 개인정보의 보호권을 조화시키기 위하여 공적 기관이나 기구가 준수해야 하는 EU법이나 회원국법에 따라서 기관이나 기구에 의하여 공개될 수 있다(제86조).

3. 국민식별번호의 처리

회원국들은 국민식별번호 또는 일반적으로 적용되는 다른 식별자의 처리를 위하여 특별한 조건들을 추가적으로 결정할 수 있다. 그 경우에, 국민식별번호 또는 일반적으로 적용되는 다른 식별자는 본 규칙에 의한 정보주체의 권리와 자유를 위하여 적절한 안전장치에 의해서만 이용되어야 한다(제87조).

4. 고용관계에서의 처리

(1) 회원국들은 특히 채용, 법률이나 단체협약에 의해 설정된 의무의 면제를 포함하여 고용계약의 이행, 경영, 업무의 계획과 구성, 직장에서의 평등과 다양성, 작업에서의 건강과 안전, 고용주나 고객의 재산권의 보호를 위하여, 그리고 개별적으로 또는 단체로 고용과 관련된 권리 및 이익의 행사와 향유를 위하여, 그리고 고용관계의 종료를 위하여, 고용관계에서의 근로자들의 개인정보의 처리에 대해 권리와 자유의 보호를 보장하는 보다 세부적인 규정을 법률 또는 단체협약에 의하여 규정할 수 있다(제88조 제1항).

각 회원국은 채택하는 법조항을 2018년 5월 25일까지, 그리고 그들 법조항에 영향을 미치는 후속 개정을 지체없이 유럽위원회에 통보하여야 한다(동 조 제3항).

(2) 그들 규정은 특히 처리의 투명성, 공동경제활동에 관여한 사업체그룹이나 기

업그룹 내에서의 개인정보의 이전과 직장에서의 모니터링시스템과 관련하여, 정보주체의 인간의 존엄성, 정당한 이익 및 기본권을 보장하는 적합하고 특별한 조치를 포함하여야 한다(동 조 제2항).

5. 공익상의 아카이브, 과학적 · 역사적 연구 또는 통계를 위한 처리

(1) 공익상의 아카이브 또는 과학적 · 역사적 연구나 통계를 위한 처리는 본 규칙에 따라서 정보주체의 권리와 자유를 위한 적절한 안전장치에 의하여야 한다. 그들 안전장치는 기술적 · 조직적 조치가 특히 정보 최소화의 원칙에 대한 존중을 보장하기 위하여 마련되어야 한다. 그들 조치는 그들 목적이 그러한 방식으로 이행될 수 있다면, 가명화를 포함할 수 있다. 그들 목적이 정보주체의 신원을 허용하지 않거나 더 이상 허용하지 않게 되는 추가적인 처리에 의해 이행될 수 있을 경우, 그들 목적은 그러한 방식으로 이행되어야 한다(제89조 제1항).

(2) 개인정보가 과학적 · 역사적 연구 또는 통계를 위하여 처리되는 경우, 그러한 권리가 특정한 목적들의 달성을 불가능하게 만들거나 또는 심각하게 훼손시킬 것 같으며, 그리고 그러한 특례가 그들 목적의 완수에 필요한 한, EU법이나 회원국법은 (1)에서 규정된 조건과 안전장치에 따라서 제15조, 제16조, 제18조 및 제21조에서 규정된 권리의 특례를 규정할 수 있다(동 조 제2항).

(3) 개인정보가 공익상의 아카이브를 위하여 처리되는 경우, EU법이나 회원국법은 그러한 권리가 특정한 목적들의 달성을 불가능하게 만들거나 또는 심각하게 훼손시킬 것 같으며, 그리고 그러한 특례가 그들 목적의 완수에 필요한 한, (1)에서 규정된 조건과 안전장치에 따라서 제15조, 제16조, 제18조, 제19조, 제20조 및 제21조에서 규정된 권리의 특례를 규정할 수 있다(동 조 제3항).

6. 비밀준수의무

회원국들은, 개인정보보호권과 비밀준수의무를 조화시키기 위하여 필요하며 비례적인 경우, EU법이나 회원국법 또는 국가관할기구에 의해 제정된 규정에 따라서 직업적 비밀준수의무나 다른 동등한 비밀준수의무의 적용을 받는 관리자나 처리자와 관련하여, 제58조 제1항 제e호 및 제f호에서 규정된 감독기관에 의한 권한을 설정하는 구체적인 규정을 채택할 수 있다. 그들 규정은 관리자나 처리자가 그러한 비밀준수의무의 대상이 되는 활동의 결과로서 받은 또는 그 활동에서 얻은 개인정보와 관련하여서만 적용되어야 한다(제90조 제1항).

각 회원국은 채택한 규정을 2018년 5월 25일까지, 그리고 그들 규정에 영향을 미치는 후속적인 개정을 지체없이 유럽위원회에 통보하여야 한다(동 조 제2항).

7. 교회 및 종교단체의 현행정보보호규정

어느 회원국에서 교회와 종교단체가, 본 규칙의 시행 시에, 처리에 관하여 자연인들의 보호와 관련되는 포괄적 규정들을 적용하는 경우에, 그러한 규정들은 본 규칙의 규정들과 일치한다면 계속해서 적용될 수 있다(제91조 제1항).

이에 따라서, 포괄적인 규정들을 적용하는 교회와 종교단체는 독립적 감독기관이 본 규칙 제6장에서 규정된 조건들을 이행한다면, 특정적일 수 있는 독립적 감독기관의 감독에 따라야 한다(동 조 제2항).

제11. 위임법령과 집행법령

EU의 집행기관인 유럽위원회는 EU법의 집행을 위하여 위임법령과 집행법령을 제정하여 시행하는 경우가 일반적이다. 유럽위원회가 제출한 2012년 규칙안은 유럽위원회에 포괄적이고 강력한 집행권한을 부여하고 있었다[44]. 이로 인하여, 유럽경제사회위원회(European Economic and Social Committee)는 2012년 규칙안에 대하여 2012년 5월 23일 회의에서 채택한 의견에서 개인정보보호정책과 관련하여 거의 모든 사항에 걸쳐서 유럽위원회에 위임법령권이 부여되는 것은 EU운영조약(TFEU) 제290조[45]의 적용범위를 명백히 벗어나는 것으로서 받아들일 수 없음을

---

44) 다만, 이러한 유럽위원회의 권한은 유럽의회와 이사회에 의하여 언제라도 철회될 수 있으며(동 규칙안 제86조 제3항), 유럽위원회는 위와 관련된 위임명령을 제정한 경우에는 동시에 유럽의회와 이사회에 통보하여야 하고(동 조 제4항), 유럽의회와 이사회의 어느 일방이라도 반대하게 되면, 그 위임명령은 효력을 발생하지 못하게 된다(동 조 제5항).

45) EU운영조약(TFEU) 제290조 제1항은 다음과 같이 규정하고 있다.
"입법의 어떠한 비본질적인 요소를 보충하거나 보완하기 위하여 일반적으로 적용되는 비법규법령을 제정할 권한을 입법으로 위원회에 위임할 수 있다. 권한의 위임의 목적, 내용, 범위와 기간은 입법에서 명시적으로 규정되어야 한다. 어떤 영역의 본질적인 요소는 입법에 유보되어야 하고, 따라서 권한의 위임의 대상이 되어서는 안된다."(1. A legislative act may delegate to the Commission the power to adopt non-legislative acts of general application to supplement or amend certain non-essential elements of the legislative act.The objectives, content, scope and duration of the delegation of power shall be explicitly defined in the legislative acts. The essential elements of an area shall be reserved for the legislative act and accordingly shall not be the subject of a delegation of power.)

분명히 하였었다[46]. 이러한 우여곡절을 거쳐서, 2016년 규칙은 2개사항(제12조 제8항과 제43조 제8항)에 대해서만 위임법령을 인정하는 입법을 하였다. 이하에서 규정내용을 살펴보기로 한다.

1. 위임법령(Delegated acts)

(1) 위임법령을 채택할 권한은 본 조에서 규정된 조건에 따라서 유럽위원회에 부여된다(제92조 제1항).

(2) 제12조 제8항과 제43조 제8항에서 규정된 권한의 위임은 2016년 5월 24일부터 불확정기간 동안 유럽위원회에 부여되어야 한다(동 조 제2항).

제12조 제8항과 제43조 제8항에서 규정된 권한의 위임은 유럽의회와 이사회에 의해 언제라도 철회될 수 있으며, 철회결정은 그 결정에서 특정된 권한의 위임을 종결시켜야 한다. 그것은 유럽연합공보에서 그 결정의 공포일의 다음 날 또는 공보에서 적시된 일자에 효력을 가지며, 이미 시행 중인 위임법령들의 효력에 영향을 미쳐서는 안된다(동 조 제3항). 유럽위원회가 위임법령을 채택할 때는 그것을 유럽의회와 이사회에 동시에 통보하여야 한다(동 조 제4항).

(3) 제12조 제8항과 제43조 제8항에 의해 채택된 위임법령은 그 법령을 유럽의회와 이사회에 통보한 날로부터 3월 이내에 유럽의회 또는 이사회에 의해 반대가 표시되지 않은 경우에만 또는 그 기간의 만료 전에 유럽의회와 이사회가 모두 반대하지 않을 것임을 유럽위원회에 통지한 경우에만 시행되어야 한다. 그 기간은 유럽의회나 이사회의 직권으로 3월까지 연장될 수 있다.

2. 집행법령(Implementing acts)

(1) 유럽위원회는 위원회(a committee)에 의해 지원을 받아야 한다. 그 위원회는 규칙(EU) No 182/2011[47]의 의미 내에서의 위원회이어야 한다.

---

46) Opinion of the European Economic and Social Committee on the 'Proposal for a Regulation of the European Parliament and of the Council on the protection of individuals with regard to the processing of personal data and on the free movement of such data (General Data Protection Regulation)', OJ C 229, 2012.7.31., p.90.

47) REGULATION (EU) No 182/2011 OF THE EUROPEAN PARLIAMENT AND OF THE COUNCIL of 16 February 2011 laying down the rules and general principles concerning mechanisms for control by Member States of the Commission's exercise of implementing powers, OJ L 55, 2011.2.28, p 13.

(2) 본 항에 대해 인용이 이루어지는 경우, 규칙(EU) No 182/2011 제5조가 적용되어야 한다.

(3) 본 항에 대해 인용이 이루어지는 경우, 규칙(EU) No 182/2011 제8조가 제5조와 연계하여 적용되어야 한다.

제12. 최종규정

1. 1995년 지침의 폐지

(1) 1995년 지침은 2018년 5월 25일부터 폐지된다(제94조 제1항).

(2) 폐지된 지침에 대한 인용은 본 규칙에 대한 인용으로 해석되어야 한다. 지침 95/46/EC 제29조에 의해 설립된 개인정보처리와 관련한 개인의 보호에 관한 작업반(Working Party on the Protection of Individuals with regard to the Processing of Personal Data)에 대한 인용은 본 규칙에 의해 설립된 유럽정보보호위원회(European Data Protection Board)에 대한 인용으로 해석되어야 한다(동 조 제2항).

2. 2002년 전자통신분야지침과의 관계

본 규칙은 2002년 전자통신분야지침과의 관계에서 규정된 동일한 목적을 가진 특정한 의무에 따르는 사안들과 관련된 유럽연합의 공공통신망에서의 공중이용전자통신서비스의 제공과 연결된 처리와 관련하여 자연인이나 법인에 대해 추가적인 의무를 부과하여서는 안된다(제95조).

2012년 규칙안에서는 "지침 2002/58/EC 제1조 제2항[48]은 폐지된다."는 규정을 두었으나, 2016년 규칙에서는 채택되지 않았다.

3. 이전에 체결된 협정과의 관계

2016년 5월 24일 이전에 회원국들에 의해 체결되었으며, 그 일자 이전에 적용가능한 것으로서 EU법을 준수하는, 개인정보의 제3국이나 국제조직으로의 이전을

48) "이 지침의 조항들은 제1항에서 규정된 목적을 위하여 지침 95/46/EC에 대해 특별화되고 보충한다. 또한 그들 조항은 법인인 가입자들의 합법적인 이익의 보호를 규정한다."(The provisions of this Directive particularise and complement Directive 95/46/EC for the purposes mentioned in paragraph 1. Moreover, they provide for protection of the legitimate interests of subscribers who are legal persons.)

포함하는 국제협정은 개정되거나 대체되거나 철회될 때까지는 효력을 가져야 한다(제96조).

4. 유럽위원회 보고서

(1) 2020년 5월 25일까지 그리고 그 이후에는 매 4년마다 유럽위원회는 본 규칙의 평가와 심사에 관한 보고서를 유럽의회와 이사회에 제출하여야 한다. 보고서는 공개되어야 한다(제97조 제1항). 이를 위하여, 유럽위원회는 회원국들과 감독기관들에게 정보를 요청할 수 있다(동 조 제3항).

(2) 위의 평가 및 심사에서, 유럽위원회는 특히 다음 규정의 적용과 기능을 조사하여야 한다(동 조 제2항).

(a) 특별히 본 규칙 제45조 제3항에 의해 채택된 결정과 1995년 지침 제25조 제6항에 근거하여 채택된 결정들과 관련하여서 개인정보의 제3국이나 국제조직으로의 이전에 관한 제5장
(b) 협력과 일관성에 관한 제7장

(3) 위의 평가와 심사를 수행할 때, 유럽위원회는 유럽의회, 이사회 및 다른 관련 기구나 출처의 지위 및 결정들을 고려하여야 한다(동 조 제4항).

(4) 유럽위원회는 필요하다면 특히 정보기술의 발전을 고려하여, 그리고 정보사회에서의 발전상의 관점에서 본 규칙을 개정하기 위한 적절한 법안을 제출하여야 한다(동 조 제5항).

5. 다른 EU정보보호법령의 심사

유럽위원회는 처리와 관련하여 자연인들의 통일적이고 일관성 있는 보호를 보장하기 위하여, 개인정보 보호에 대한 다른 EU법령을 개정할 목적으로, 해당한다면, 입법안을 제출하여야 한다. 이것은 특히 EU기관, 기구, 사무소 및 에이전시에 의한 처리에 관하여 자연인들의 보호와 관련되며, 그러한 정보의 자유로운 이동에 관한 규정과 관련되어야 한다(제98조).

6. 시행과 적용

(1) 본 규칙은 유럽연합공보에서 공표된 날의 20일째 되는 날에 시행되어야 한다(제99조 제1항).

(2) 그것은 2018년 5월 25일부터 적용되어야 한다(동 조 제2항).

본 규칙은 모든 회원국들에서 완전히 구속력을 갖으며, 직접 적용될 수 있어야 한다.

제3절 우리나라 「개인정보 보호법」과의 비교

제1. 개괄적 비교

1. 목적

2016년 규칙은 '개인정보의 처리에 관한 자연인의 기본적 권리와 자유, 특히 개인정보보호권의 보호'와 '개인정보의 자유로운 이동의 보호'를 그 입법목적으로 하고 있는 데 비하여(제1조), 우리나라 개인정보 보호법은 "개인정보의 처리 및 보호에 관한 사항을 정함으로써 개인의 자유와 권리를 보호하고, 나아가 개인의 존엄과 가치를 구현함"(제1조)을 그 목적으로 한다고 규정하고 있다. 이러한 규정으로부터 2016년 규칙은 자연인의 기본적 권리와 자유의 보호와 함께, 오늘날 개인정보가 정치·경제·사회에서 차지하는 기능에 비추어 그 자유로운 이동도 또 다른 목적으로 선언하고 있으며, 나아가서는 "유럽연합 역내에서의 개인정보의 자유로운 이동은 개인정보의 처리에 대한 자연인의 보호와 관련된 이유로 제한되거나 금지되어서는 안된다."(제1조 제3항)고 까지 규정하고 있는데 비하여, 우리나라 법은 전자만을 그 목적으로 내걸고 있는 점은 다시 고려할 필요가 있다.

2. 적용제외

2016년 규칙은 "(a) EU법의 범위에 속하지 않는 활동, (b) EU조약(TEU) 제5편 제2장의 범위 내에 속하는 회원국들의 활동, (c) 자연인의 순전히 사적 활동이나 가사활동, (d) 공공의 안전의 보호와 그 예방을 포함하여, 범죄의 예방, 수사, 탐지나 기소 또는 형벌의 집행을 위한 형사사법활동"을 그 적용대상에서 제외하고 있는 데 비하여(제2조 제2항 참조), 우리나라 법은 "1. 공공기관이 처리하는 개인정보 중 「통계법」에 따라 수집되는 개인정보, 2. 국가안전보장과 관련된 정보 분석을 목적으로 수집 또는 제공 요청되는 개인정보, 3. 공중위생 등 공공의 안전과 안녕을 위하여 긴급히 필요한 경우로서 일시적으로 처리되는 개인정보, 4. 언론, 종교단체, 정당이 각각 취재・보도, 선교, 선거 입후보자 추천 등 고유 목적을 달성하기 위하여 수집・이용하는 개인정보"(제58조 제1항)에 대해서는 일정한 규정들(제3장～제7장)의 적용을 제외시키고 있다.

3. 개념 정의

2016년 규칙은 26개의 개념 정의에 대한 규정을 두고 있는 데 비하여, 우리나라 법은 7개의 개념 정의만을 규정하고 있다. 그들 중에 공통되는 개념으로서는 '개인정보'와 '처리'가 있다.

'개인정보'의 개념 정의와 관련하여, 2016년 규칙은 "'개인정보'(personal data)란 식별된 또는 식별가능한 자연인('정보주체')과 관련되는 정보를 의미한다."고 하고, 다시 "식별가능한 자연인이란 특히 이름, 식별번호, 위치정보, 온라인 식별자와 같은 식별자, 또는 그 자연인의 신체적, 심리적, 유전적, 정신적, 경제적, 문화적이나 사회적 정체성을 참조함으로써 직접적으로 또는 간접적으로 식별될 수 있는 자를 말한다."고 규정하고 있는데 비하여(제4조 제1호 참조), 우리나라 법은 "개인정보"란 살아 있는 개인에 관한 정보로서 성명, 주민등록번호 및 영상 등을 통하여 개인을 알아볼 수 있는 정보(해당 정보만으로는 특정 개인을 알아볼 수 없더라도 다른 정보와 쉽게 결합하여 알아볼 수 있는 것을 포함한다)를 말한다."(제2조 제1호)고 규정하고 있다. 이들 규정내용을 비교하여 볼 때, 양자의 규정내용은 상당히 유사하다고 할 수 있다.

'처리'와 관련하여서는, 2016년 규칙이 "'처리'(processing)란 자동화된 수단에 의하는지 여부와 관계없이, 수집, 기록, 편성, 구성, 저장, 편집이나 변경, 검색, 참조, 이용, 전송에 의한 공개, 배포나 그밖의 방법에 의한 이용, 연결이나 결합, 제한, 삭제 또는 파기와 같이 개인정보에 대해 이루어지는 작용을 의미한다."(제4조 제2호)고 규정하고 있는데 비하여, 우리나라 법은 "처리"란 개인정보의 수집, 생성, 연계, 연동, 기록, 저장, 보유, 가공, 편집, 검색, 출력, 정정(訂正), 복구, 이용, 제공, 공개, 파기(破棄), 그 밖에 이와 유사한 행위를 말한다."(제2조 제2호)고 규정하여, 양자 모두 개인정보와 관련한 일련의 행위를 '처리'라는 개념으로 포괄적으로 파악하고 있다는 점에서 유사하다고 할 것이다.

4. 개인정보보호원칙

개인정보보호원칙과 관련하여, 2016년 규칙이나 우리나라 법이 모두 이른바

OECD8원칙에 충실하게 규정하고 있는 점에서 유사하다고 할 수 있다. 다만, 2016년 규칙이 해당 원칙의 명칭을 명기하고 있는데 비하여, 우리나라 법은 그렇게 하고 있지 않다. 그러나, 양자의 규정내용은 대동소이하다고 할 수 있으나, 2016년 규칙은 투명성의 원칙을 규정하고 있는데 비하여, 우리나라 법은 규정하고 있지 않다.

제2. 개별적 비교

1. 개인정보의 처리

개인정보의 처리와 관련하여, 2016년 규칙과 우리나라 개인정보 보호법의 차이점은 전자가 원칙적으로 '처리'라고 하는 포괄적인 개념으로 규정하고 있는데 비하여, 후자는 처리의 개별적 국면, 즉, 수집, 이용, 제공, 파기 등으로 세분하여 규정하고 있다는 점을 들 수 있다. 그러나, 양자는 처리의 대상인 개인정보의 성질에 의한 유형, 즉, 민감정보 등에 대해 규정하고 있다는 점에서는 공통된다. 다만, 2016년 규칙은 민감정보에 대해서만 규정하고 있는데 비하여(제9, 10조 참조), 우리나라 법은 민감정보 이외에도 고유식별정보(제24조, 제24조의2)에 대한 규정을 두고 있으며, 또한 처리의 목적 등과 관련하여 업무위탁이나 영업양도 등에 따른 개인정보의 처리에 대해 규정하고 있다(제26, 27조 참조). 그밖에도 영상정보처리기기의 설치·운영과 관련된 규정(제25조)을 두고 있는 것은 2016년 규칙에는 없는 우리나라 개인정보 보호법의 특색이라고 할 수 있다.

2. 정보주체의 권리

2016년 규칙은 1995년 지침에 비하여 정보주체의 권리에 대하여 상당히 강화한 규정들을 두고 있다. 즉, 정보주체의 권리 행사를 위한 요건으로서 정보, 연락과 양식 등을 규정하고(제12조), 종래의 정보주체의 접근·정정·삭제권이나 반대권 이외에도 처리제한권(제18조)과 정보이동권(제20조)이 신설되었다. 그에 비해, 우리나라 개인정보 보호법은 '제1장 총칙'에서 '정보주체의 권리'(제4조)라고 하여 총괄적으로 규정한 조항에서, "1. 개인정보의 처리에 관한 정보를 제공받을 권리, 2. 개인정보의 처리에 관한 동의 여부, 동의 범위 등을 선택하고 결정할 권리, 3. 개인정보의 처리 여부를 확인하고 개인정보에 대하여 열람을 요구할 권리, 4. 개인정보의 처리 정지, 정정·삭제 및 파기를 요구할 권리, 5. 개인정보의 처리로 인하여 발생한 피해를 신속하고 공정한 절차에 따라 구제받을 권리"를 규정하고, '제5장 정보주체의 권리 보장'에서 보다 구체적으로 규정하고 있다.

그런데, 양자를 비교할 때, 2016년 규칙에 비하여, 우리나라 법은 자기의 개인정보 처리에 대한 반대권을 규정하고 있지 않고, 새로운 기본권으로서의 잊혀질 권리와 정보이동권 등도 명문으로 규정하고 있지 않다는 점을 들 수 있을 것이다. 특히 '잊혀질 권리'와 관련하여, 양자의 관계를 보다 자세하게 검토해 보기로 한다.

(1) 2012년 규칙안 및 2016년 규칙의 규정

2012년 규칙안에서의 '잊혀질 권리'의 주된 규정내용은 개인정보의 삭제 또는 배포의 금지이다. 2012년 규칙안은 이 권리가 인정되는 경우로서, ①정보가 수집되거나 처리된 목적과 관련하여 더 이상 필요하지 아니한 경우, ②정보주체가 처리 동의를 철회한 경우 또는 동의한 저장기간이 만료된 경우, 그리고 정보처리의 다른 법적 근거가 없는 경우, ③정보주체가 개인정보의 처리를 거부한 경우, ④개인정보의 처리가 본 규칙에 합치하지 아니한 경우를 들고 있다. 그리고, 관리자는 개인정보의 삭제를 요구받은 경우에 지체없이 이를 삭제하여야 한다. 다만, ①표현의 자유의 권리를 행사하기 위한 경우, ②공중보건영역에서 공익의 이유를 위한 경우, ③역사적, 통계적, 과학적 연구목적을 위한 경우, ④관리자가 따라야 할 EU나 회원국법에 의하여 개인정보를 보유할 법적 의무를 준수하기 위한 경우 등과 같이 개인정보의 보유가 필요한 경우에는 그러하지 않다. 정보관리자가 개인정보를 공개한 경우에, 공개한 정보와 관련하여 기술적 방법을 포함한 모든 합리적인 조치를 취하고, 정보주체가 개인정보에의 링크나 복사 또는 복제를 삭제할 것을 요구한다는 사실을 그 정보를 처리하는 제3자에게 통지하여야 한다고 규정하였다(동 규칙안 제17조 참조).

그에 비해, 2016년 규칙은 '잊혀질 권리'를 삭제권에 포함시키고, 정보주체는 관리자로부터 부당한 지체 없이 자기에 관한 개인정보의 삭제를 얻을 권리를 가져야 하며, 관리자는 다음 근거들 중의 하나가 적용되는 경우에 부당한 지체 없이 개인정보를 삭제할 의무를 가져야 한다고 규정하고, 그러한 근거들로서 (a) 정보가 수집되거나 달리 처리된 목적과 관련하여 더 이상 필요하지 않은 경우, (b) 정보주체가 개인정보 처리의 근거가 되는 동의를 철회하는 경우와 정보처리의 법적 근거가 없는 경우, (c) 정보주체가 개인정보의 처리를 반대하는 경우와 처리에 대해 우월한 정당한 근거가 없는 경우, (d) 개인정보가 불법적으로 처리된 경우, (e) 관리자가 준수해야 하는 EU법이나 회원국법상의 법적 의무의 준수를 위하여 개인정보가 삭제되어야 하는 경우 등을 규정하고 있다. 또한, 관리자는 이용가능한 기술과 이행비용을 고려하여, 그 정보를 처리하고 있는 관리자들에게 정보주체가 그 개인정보에의 링크 또는 그 복사나 복제의 관리자들에 의한 삭제를 청구하였음을 통지할, 기술적 조치를 포함하여 합리적인 조치를 취하여야 하도록 규정하고 있다. 그러나, 이러한 규정들은 (a) 표현 및 정보의 자유권의 행사를 위하여, (b) 관리자가 준수해야 하는 EU법이나 회원국법에 의해 처리를 요구하는 법적 의무의 준수를 위하여, 또는 공익상으로나 관리자에게 부여된 공권력의 행사로 수행된 임무의 완수를 위하여, (c) 공중보건의 영역에서 공익상의 이유로, (d) 공익상의 아카이브 또는 과학적·역사적 연구나 통계를 위하여, (e) 법적 청구권의 설정, 행사 또는 방어를 위한 경우에는 그 적용이 제외된다(동 규칙 제17조 참조).

(2) 우리나라 개인정보 보호법상의 규정과의 비교

우리나라 개인정보 보호법상의 개인정보의 정정·삭제를 요구할 수 있는 권리는 개인정보처리자가 처리하는 자신의 개인정보를 열람한 정보주체가 개인정보처리자에게 그 개인정보의 정정 또는 삭제를 요구할 수 있는 것을 말한다(제36조 제1항). 개인정보처리자는 정보주체의 요구를 받았을 때에는 개인정보의 정정 또는 삭제에 관하여 다른 법령에 특별한 절차가 규정되어 있는 경우를 제외하고는 지체 없이 그 개인정보를 조사하여 정보주체의 요구에 따라 정정·삭제 등 필요한 조치를 한 후, 그 결과를 정보주체에게 알려야 한다(동조 제2항). 그런데, 우리나라 개인정보 보호법은 정정 또는 삭제요구권의 대상에서 제외되는 경우로서, ①공공기관이 처리하는 개인정보 중 「통계법」에 따라 수집되는 개인정보, ②국가안전보장과 관련된 정보 분석을 목적으로 수집 또는 제공 요청되는 개인정보, ③공중위생 등 공공의 안전과 안녕을 위하여 긴급히 필요한 경우로서 일시적으로 처리되는 개인정보, ④언론, 종교단체, 정당이 각각 취재·보도, 선교, 선거 입후보자 추천 등 고유 목적을 달성하기 위하여 수집·이용하는 개인정보를 들고 있다(제58조 제1항).

이러한 적용제외사유를 2016년 규칙과 비교하여 볼 때, 표현의 자유나 공중위생 등 상당 부분 서로 겹치는 영역도 있지만, 국가안전보장과 관련한 정보 분석이나 종교단체의 선교나 정당의 선거입후보자 추천에 대하여 적용제외를 인정한다는 점 등에서 우리나라 개인정보 보호법이 2016년 규칙에 비하여 적용제외사유를 폭넓게 인정하고 있음을 알 수 있다. 또한 2016년 규칙은 정보관리자가 개인정보를 공개한 경우에, 기술적 방법을 포함한 모든 합리적인 조치를 취하여, 정보주체가 개인정보에의 링크 또는 그 복사나 복제를 삭제할 것을 청구하였다는 사실을 그 정보를 처리하는 관리자들에게 통지하도록 규정하고 있지만, 우리나라 개인정보 보호법은 그러한 규정을 두고 있지 않다.

3. 실효성 확보수단

2016년 규칙은 '과징금 부과를 위한 일반적 조건'을 두고(제83조 참조), 각 감독기관은 규칙 위반에 대하여 과징금의 부과에 있어서의 고려사항으로서 다음을 규정하고 있다. 즉, (a) 관련 처리의 성질, 범위 또는 목적을 고려하여 침해의 성질, 정도 및 지속기간, 그리고 영향을 받은 정보주체의 숫자와 그에 의해 받은 손해의 정도, (b) 침해의 고의성 또는 과실적 성격, (c) 정보주체가 받은 손해를 완화시키기 위해 관리자나 처리자가 취한 조치, (d) 이행된 기술적·조직적 조치를 고려하여 관리자나 처리자의 책임의 정도, (e) 관리자나 처리자에 의한 이전의 관련 침해사실, (f) 침해를 구제하고, 그 침해의 가능한 부작용을 완화시키기 위한 감독기관과의 협력의 정도, (g) 침해에 의해 영향을 받은 개인정보의 범주, (h) 침해가 감독기관에 알려진 방식, 특히 관리자나 처리자가 침해를 신고하였는지 여부와 하였다면 어느 정도로 하였는지, (i) 제58조 제2항에서 규정된 조치가 동일한 주제문제와 관련하여 관련 관리자나 처리자에게 이전에 명령된 경우에, 그들 조치의 준수, (j) 승인된 행동강령 또는 승인된 인증제도의 준수, (k) 그 침해로부터 직접적으로나 간접적으로 얻은 재정상 이익 또는 회피된 손실과 같이, 그 사안의 상황에 적용할 수 있는 다른 악화시키거나 완화시키는 요인이 그것이다(제83조 제2항 참조).

그리고서, 2016년 규칙상의 각 의무 위반에 대해 2가지 유형으로 분류하여, 보다 경한 경우에는 10,000,000 유로까지 또는 기업의 경우에 이전 회계연도의 세계연간전체매출액의 2%까지 중에서 높은 쪽의 과징금을, 보다 중한 경우에는 20,000,000 유로 또는 기업의 경우 이전 회계연도의 세계연간전체매출액의 4%까지 중에서 높은 쪽의 과징금이 부과되어야 한다고 규정하고 있다(제83조 제4,5,6항 참조). 또한, 2016년 규칙은 규정을 위반한 경우에, 회원국은 그 위반에 적용할 수 있는 벌칙에 관한 법규를 제정하고, 그 법규가 집행되는 것을 보장하는 필요한 모든 조치를 취하여야 한다(제84조 제1항 참조).

그에 대해, 우리나라 개인정보 보호법은 법령 위반의 경우에 과징금의 부과(제34조의2), 과태료의 부과(제75조)와 벌칙(형사벌) 부과(제70조~제74조의 2)의 경우로 나누어 규정하고 있다. 과징금을 부과할 수 있는 것은 개인정보처리자가 처리하는 주민등록번호가 분실·도난·유출·위조·변조 또는 훼손된 경우로서 행정자치부장관이 5억원 이하의 과징금을 부과·징수할 수 있다고 규정하고 있다(제34조의2 제1항 참조). 다만, 그러한 경우에 고려사항으로서 "1. 안전성 확보에 필요한 조치 이행 노력 정도, 2. 분실·도난·유출·위조·변조 또는 훼손된 주민등록번호의 정도, 3. 피해확산 방지를 위한 후속조치 이행 여부"를 규정하고 있다(동조 제2항 참조). 그리고, 과태료의 부과과 관련하여서는, 그 위반사항의 경중에 따라서 5,000만원, 3,000만원, 1,000만원 이하의 과태료를 대통령령으로 정하는 바에 따라 행정자치부장관과 관계 중앙행정기관의 장이 부과·징수하도록 규정하고 있다(제75조 참조). 또한, 벌칙과 관련하여서는, 그 위반사항의 경중에 따라서 ①10년 이하의 징역 또는 1억원 이하의 벌금(제70조), ②5년 이하의 징역 또는 5천만원 이하의 벌금(제71조), ③3년 이하의 징역 또는 3천만원 이하의 벌금(제72조), ④ 2년 이하의 징역 또는 2천만원 이하의 벌금(제73조)에 처하도록 규정하고 있으며, 양벌규정(제74조)과 몰수·추징(제74조의2)에 관한 것도 규정하고 있다. 이처럼, 우리나라는 개인정보 보호법에서 직접 벌칙을 규정하고 있다는 점에서 단지 회원국에 대해 그 위반에 적용할 수 있는 벌칙에 관한 법규를 제정하도록 의무지우고 있는 2016년 규칙과 다르다고 할 수 있다.

4. 권리구제

(1) 행정적 구제

2016년 규칙은 모든 정보주체에게 자기와 관련되는 개인정보의 처리가 동 규칙을 위반한다고 생각한다면, 특히 일상적 거주지, 활동지 또는 추정된 침해지인 회원국에서 감독기관에게 쟁송(complaint)을 제기할 권리를 가져야 한다고 규정한다(제77조 제1항 참조).

또한, 회원국법에서 규정된 경우에, 정보주체를 대신하여 쟁송을 제기하고, 그를 대신하여 정보주체의 권리를 행사하기 위하여, 정보주체는 회원국법에 따라서 적정하게 구성되었으며, 공익인 제정법상의 목적을 가지며, 개인정보 보호와 관련하여 정보주체의 권리 및 자유의 보호의 영역에서 활동하는 비영리적인 기구, 조직이나 협회에게 위임할 권리를 가져야 한다고 규정하고 있다(제80조 제1항 참조).

2012년 규칙안은 정보주체의 권리 · 이익의 보호를 목적으로 하는 단체들의 독자적인 쟁송제기권을 인정하고 있었으나(동 규칙안 제73조 제2,3항 참조), 2016년 규칙은 이를 채택하지 않았다.

한편, 우리나라 개인정보 보호법은 개인정보와 관련하여 분쟁이 발생한 경우에 개인정보 분쟁조정위원회(이하 '분쟁조정위원회')의 조정에 의하는 방법을 규정하고 있다. 개인정보와 관련한 분쟁의 조정을 원하는 자는 분쟁조정위원회에 분쟁조정을 신청할 수 있고(제43조 제1항), 분쟁조정위원회는 분쟁조정 신청을 받은 날부터 60일 이내에 이를 심사하여 조정안을 작성[49]하여야 한다(제44조 제1항). 당사자가 조정 내용을 수락한 경우에는 이러한 조정의 내용은 재판상 화해와 동일한 효력을 갖는다(제47조 제5항). 또한 정보주체의 피해 또는 권리침해가 다수의 정보주체에게 같거나 비슷한 유형으로 발생하는 경우로서 대통령령으로 정하는 사건에 대하여는 분쟁조정위원회에 일괄적인 집단분쟁조정을 신청할 수 있다(제49조 제1항).

그밖에도, 개인정보처리자가 개인정보를 처리할 때 개인정보에 관한 권리 또는 이익을 침해받은 사람은 행정자치부장관에게 그 침해 사실을 신고할 수 있고(제62조 제1항), 행정자치부장관은 신고의 접수 · 처리 등에 관한 업무를 효율적으로 수행하기 위하여 전문기관[50]을 지정할 수 있도록 규정하고 있다. 이 경우 전문기관은 개인정보침해 신고센터를 설치 · 운영하여, ①개인정보 처리와 관련한 신고의 접수 · 상담, ②사실의 조사 · 확인 및 관계자의 의견청취 등의 업무를 수행하도록 하고 있다(동조 제2항, 제3항).

그러나, 이러한 제도들은 간이한 절차에 의하여 신속하게 권리구제가 이루어질 수 있다는 장점이 있으나, 당사자간의 합의를 전제로 한다는 점(분쟁조정위원회의 조정에 의하는 경우)에서, 또는 법적 구속력을 갖지 않는다는 점(개인정보침해 신고센터에 의한 경우)에서 그 한계가 있다.

(2) 사법적 구제

2016년 규칙은 사법적 구제와 관련하여, 감독기관을 상대로 하는 경우와 관리자

---

49) 분쟁조정위원회는 조정안을 작성함에 있어서, ①조사 대상 침해행위의 중지, ②원상회복, 손해배상, 그 밖에 필요한 구제조치, ③같거나 비슷한 침해의 재발을 방지하기 위하여 필요한 조치를 포함하여 작성할 수 있다(제47조 제1항).

50) 동법 시행령은 이러한 업무를 수행하는 전문기관으로서 '한국인터넷진흥원'을 지정하고 있다(제62조 제3항).

또는 처리자를 상대로 하는 경우로 나누어 규정하고 있다.

우선, 감독기관을 상대로 하는 경우, 자연인 또는 법인은 감독기관의 법적인 구속적 결정에 대하여 실효적인 사법적 구제권을 가진다고 규정한다. 정보주체는 감독기관이 권리 보호에 필요한 결정을 하지 않는 경우 또는 감독기관이 쟁송의 진행상황이나 결과에 대하여 3개월 이내에 정보주체에게 통지하지 아니한 경우에 실효적인 사법적 구제권을 가진다. 이 경우에 감독기관에 대한 소송은 감독기관이 설치된 회원국 법원에 제기되어야 한다(제78조 참조).

다음으로, 관리자 또는 처리자를 상대로 하는 경우, 각 정보주체는 2016년 규칙에 위반하여 개인정보를 처리한 결과 자신의 권리가 침해되었다고 판단한 경우 실효적인 사법적 구제권을 가진다. 관리자 또는 처리자를 상대로 하는 소송은 관리자나 처리자가 설립체를 가지고 있는 회원국의 법원에 제기되어야 한다. 그 대신, 관리자나 처리자가 그 공권력의 행사로 행위하는 회원국의 공적 기관이 아니라면, 그 소송은 정보주체가 일상적 거주지를 가지고 있는 회원국의 법원에 제기될 수 있다(제79조 참조).

또한, 2016년 규칙은 회원국법에 따라서 적정하게 구성되었으며, 공익인 제정법상의 목적을 가지며, 개인정보 보호와 관련하여 정보주체의 권리 및 자유의 보호의 영역에서 활동하는 비영리적인 기구, 조직이나 협회에게 위임할 권리를 정보주체에게 인정하고 있다(제80조 제1항).

한편, 우리나라 개인정보 보호법은 제7장(제51조 내지 제57조)에서 '개인정보 단체소송'에 관하여 규정하고 있다. 즉, 개인정보 단체소송은 일정한 법정요건을 갖춘 단체가 법원의 소송허가를 받아 개인정보처리자가 집단분쟁조정을 거부하거나 집단분쟁조정의 결과를 수락하지 아니한 경우에 법원에 권리침해 행위의 금지·중지를 구하는 소송이다(제51조). 그러나, 우리나라 개인정보 단체소송은 일정한 법정요건을 갖춘 단체에게만 원고적격이 인정된다는 점, 집단분쟁조정을 거친 경우에 대해서만 인정된다는 점, 권리침해 행위의 금지·중지만을 인정할 뿐 권리침해 행위로 인한 결과를 제거하기 위한 조치(손해배상 등)를 인정하지 않는다는 점 등에 있어서 그 한계가 지적된다[51].

(3) 손해배상청구

2016년 규칙은 동 규칙 위반의 결과로서 물질적 또는 비물질적 손해를 입은 자

51) 함인선, 정보사회와 법(개정판), 전남대출판부, 2013, 61쪽.

는 그 받은 손해에 대하여 관리자나 처리자로부터 배상을 받을 권리가 있다고 규정한다. 처리에 관여한 관리자는 동 규칙을 위반하는 처리에 의해 발생된 손해에 대해 책임을 져야 하며, 처리자는 특별히 처리자에게 지시된 본 규칙의 의무를 준수하지 않은 경우에만 또는 관리자의 적법한 지시에 대해 그 범위를 일탈하거나 반하여 행위한 경우에만, 처리에 의해 발생된 손해에 대해 책임을 진다. 다만, 관리자나 처리자는 손해를 발생시킨 사건에 대해 전혀 책임이 없음을 입증하면 면책된다. 하나 이상의 관리자나 처리자 또는 관리자 및 처리자 양자가 동일한 처리에 관여한 경우, 그리고 그들이 처리에 의해 발생된 손해에 대해 배상책임이 있는 경우, 각 관리자나 처리자는 정보주체의 실효적인 배상을 보장하기 위하여 모든 손해에 대해 연대책임을 부담한다. 한 관리자나 처리자가 손해에 대해 완전한 배상을 한 경우, 그 관리자나 처리자는 동일한 처리에 관여한 다른 관리자들이나 처리자들로부터 그들 책임부분에 상응하는 배상액을 구상할 권리를 가진다(제82조 참조).

한편, 우리나라 개인정보 보호법은 손해배상책임과 관련하여 별개의 규정을 두고, 정보주체가 개인정보처리자의 위법행위로 인하여 손해를 입으면 개인정보처리자에게 손해배상을 청구할 수 있고, 이 경우 그 개인정보처리자는 고의 또는 과실이 없음을 입증하지 아니하면 책임을 면할 수 없다고 규정하고 있다(제39조 제1항). 그리고, 2015년 법개정에 의하여, 개인정보처리자의 고의 또는 중대한 과실로 인하여 개인정보가 분실・도난・유출・위조・변조 또는 훼손된 경우로서 정보주체에게 손해가 발생한 때에는 법원은 그 손해액의 3배를 넘지 아니하는 범위에서 손해배상액을 정할 수 있고, 이 경우에 배상액의 결정에 있어서는 일정한 사항[52]을 고려하도록 개정하였다(동 조 제3,4항 참조). 또한, 2015년 법개정에서는 법정손해배상 청구제도를 신설하여, 정보주체는 개인정보처리자의 고의 또는 과실로

52) ④ 법원은 제3항의 배상액을 정할 때에는 다음 각 호의 사항을 고려하여야 한다. 〈신설 2015.7.24.〉

1. 고의 또는 손해 발생의 우려를 인식한 정도
2. 위반행위로 인하여 입은 피해 규모
3. 위법행위로 인하여 개인정보처리자가 취득한 경제적 이익
4. 위반행위에 따른 벌금 및 과징금
5. 위반행위의 기간・횟수 등
6. 개인정보처리자의 재산상태
7. 개인정보처리자가 정보주체의 개인정보 분실・도난・유출 후 해당 개인정보를 회수하기 위하여 노력한 정도
8. 개인정보처리자가 정보주체의 피해구제를 위하여 노력한 정도

인하여 개인정보가 분실 · 도난 · 유출 · 위조 · 변조 또는 훼손된 경우에는 300만원 이하의 범위에서 상당한 금액을 손해액으로 하여 배상을 청구할 수 있으며, 이 경우에 해당 개인정보처리자는 고의 또는 과실이 없음을 입증하지 아니하면 책임을 면할 수 없도록 하였다(제39조의2 제1항 참조).

위에서 살펴본 바와 같이, 양자는 위법한 개인정보 처리 등과 관련하여 발생한 손해에 대하여 배상책임을 인정하고 있는 점, 일정한 경우에 관리자(개인정보처리자) 등에게 손해배상책임의 감경을 인정하고 있는 점은 공통된다고 할 수 있다. 다만, 2016년 규칙은 관리자 또는 처리자가 둘 이상인 경우에는 손해배상액 전액에 대하여 연대책임이 있다고 규정하고 있는 데 반하여, 우리나라 개인정보 보호법은 그에 대한 규정이 없다. 그러나, 개인정보 보호법에 규정이 없는 경우에는 불법행위에 관하여 일반법적 지위를 가지는 민법의 규정이 적용되고, 우리 민법은 "수인이 공동의 불법행위로 타인에게 손해를 가한 때에는 연대하여 그 손해를 배상할 책임이 있다."(제760조 제1항)고 규정하고 있기 때문에 양자 간에 차이는 없다고 할 것이다.

제6장

EU개인정보보호 특별법제 - 통신분야

제1절 처음에 - 입법과정 개관

1990년 7월 27일에 EC위원회(당시)는 이사회(Council of the EC)에 1990년 지침안[1]과 함께 「공공디지털통신망 특히 ISDN 및 공공디지털이동통신망에서의 개인정보 및 프라이버시의 보호에 관한 이사회 지침안[2]」(이하 '1990년 통신망지침안'이라 한다.)을 제출하였다. 1990년 통신망지침안을 채택하게 된 배경으로는 공공디지털통신망의 발달로 유럽공동체(당시)의 역내는 물론, 역외 국가와의 개인정보의 유통이 활발하게 되었지만, 각 국가마다 개인정보보호법제가 서로 다른 관계로 개인정보의 자유로운 유통에 지장을 초래하고, 또한 개인정보(프라이버시)의 보호에도 문제가 있다는 인식을 들 수 있다[3].

1990년 통신망지침안에 대해서는 경제사회위원회(Economic and Social Committee)의 의견[4]과 유럽의회의 수정안[5]을 참고하여, 1994년 6월 14일에 「디지털전기통신망, 특히 ISDN 및 디지털이동통신망에서의 개인정보 및 프라이버시의 보호에 관한 유럽의회 및 이사회 지침개정안[6]」(이하 '1994년 통신망지침개정안'이라 한다.)

1) Proposal for a Council Directive concerning the protection of individuals in relation to the processing of personal data, OJ C 277, 1990.11.5, p.3.

2) Proposal for a Council Directive concerning the protection of personal data and privacy in the context of public digital telecommunications networks, in particular the integrated services digital network (ISDN) and public digital mobile networks, COM(90) 314 final – SYN 288, OJ C 277, 1990.11.5., p.12.

3) OJ C 277, pp.12-13.

4) OJ C 159, 1991.6.17., p.38.

5) OJ C 94, 1992.4.13., p.198.

6) Amended proposal for a EUROPEAN PARLIAMENT AND COUNCIL DIRECTIVE concerning the protection of personal data and privacy in the context of digital telecommunications networks,

이 유럽의회와 이사회에 제출되었다.

위와 같은 입법과정을 거쳐서, 1997년 12월에 통신분야에서의 개인정보 보호에 관한 특별법적 지위를 가지는 「전기통신분야에서의 개인정보의 처리 및 프라이버시의 보호에 관한 1997년 12월 15일의 유럽의회 및 이사회 지침 97/66/EC[7)]」(이하 '1997년 전기통신분야지침'이라 한다.)이 입법화되었다.

그런데, 1997년 전기통신분야지침은 2000년 8월 25일에 제출된 EU위원회의 제안[8)]과 2001년 1월 24일에 채택된 경제사회위원회의 의견[9)]을 받고, 지역위원회(Committee of the Regions)의 자문을 거쳐, 2002년 7월에 「전자통신분야에서의 개인정보의 처리와 프라이버시의 보호에 관한 2002년 7월 12의 유럽의회 및 이사회 지침 2002/58/EC[10)]」(이하 '2002년 전자통신분야지침'이라 한다.)에 의하여 전면개정되었다. 이로써 1997년 전기통신분야지침은 폐지되었고, 2002년 전자통신분야지침으로 대체되었다. 동 지침은 공중통신망에서의 새로운 디지털기술의 발전과 새로운 전자통신서비스의 등장으로 인해 이용되는 기술에 관계없이 EU역내에서의 공중이용전자통신서비스의 이용자의 개인정보와 프라이버시를 동등한 수준으로 보호하고, 전자통신서비스의 시장과 기술의 발전에 대응하기 위하여 1997년 전기통신분야지침의 개정이 요구됨을 밝히고 있다. 또한, 당시의 1995년 지침과의 관계라는 관점에서 본다면, EU 역내에서의 개인정보 보호에 관한 일반법적 지위를 가지는 1995년 지침에 대해 2002년 전자통신분야지침(2002/58/EC)은 특별법적 지위를 가짐을 규정하였다[11)].

---

in particular the Integrated Services Digital Network (ISDN) and digital mobile networks, COM(94) 128 final - COD 288, OJ C 200, 1994.7.22., p.4.

7) Directive 97/66/EC of the European Parliament and of the Council of 15 December 1997 concerning the processing of personal data and the protection of privacy in the telecommunications sector, OJ L 24, 1998.1.30, p.1.

8) OJ C 365 E, 2000.12.19, p.223.

9) OJ C 123, 2001.4.25, p.53.

10) Directive 2002/58/EC of the European Parliament and of the Council of 12 July 2002 concerning the processing of personal data and the protection of privacy in the electronic communications sector)(Directive on privacy and electronic communications), OJ L 201, 2002.7.31, p.37.

11) Article 1(2) The provisions of this Directive particularise and complement Directive 95/46/EC for the purposes mentioned in paragraph 1. Moreover, they provide for protection of the legitimate interests of subscribers who are legal persons.

제2절 현행법 입법과정에서의 법안

제1. 1990년 통신망지침안

1990년 통신망지침안은 장 구분도 없이, 또한 조문 타이틀도 붙이지 않고 전 25개조로 구성되었다. 동 지침안을 1990년 지침안과 별도로 작성한 이유에 대해서는 새로운 공공디지털통신망, 특히 ISDN과 공공디지털이동통신망의 등장으로 이용자의 개인정보 및 프라이버시의 보호를 위한 특별한 요건을 제정할 필요성이 발생하였음을 들고 있다[12].

1. 제정목적과 적용범위

1990년 통신망지침안은 유럽공동체(EC)에서의 프라이버시 보호수준을 동등하게 보장하고, 회원국 간 통신장비와 통신서비스의 자유로운 이동을 제공하기 위한 규정의 통일을 도모하기 위한 것임을 선언하였다(제1조 제1항 참조). 회원국들은 동 통신망지침안과 합치되게 통신분야에서의 개인정보 및 프라이버시의 보호를 보장하기 위하여 필요한 규정을 채택하여야 한다.

한편, 1990년 통신망지침안은 1990년 지침안의 일반규정을 위반하지 않는 범위에서 유럽공동체의 공공디지털통신망, 특히 ISDN과 공공디지털이동통신망에서의 공공통신서비스의 제공과 관련하여 통신조직에 의한 개인정보의 수집, 저장 및 처리에 대해서 적용된다.

2. 개념 정의

1990년 통신망지침안은 '개인정보', '통신조직', '공공통신망', '공공통신서비스'의 개념에 대한 정의규정을 두었다(제3조 참조). '개인정보(personal data)'에 대해서는 1990년 지침안과 달리, "식별된 또는 식별가능한 개인과 관련한 정보"라고만 규정하였고, '통신조직(telecommunications organization)'이란 "회원국이 공공통신망과 공공통신서비스의 제공에 대하여 특별한 또는 배타적인 권리를 부여한 공적 또는 사적 기구"라고 하고, '공공통신망(public telecommunications network)'이란 "전선, 마이크로파(극초단파), 광학적 수단이나 다른 전자파 수단에 의해 제한된 망 접속점 간의 신호의 전달을 할 수 있게 해주는 공공통신설비"로, 또한, '공공통

12) OJ C 277, p.1.

신서비스(public telecommunications service)'란 "회원국들이 특히 하나 또는 그 이상의 통신조직에게 그 공급을 맡기는 통신서비스"로 정의하였다.

3. 개인정보 처리의 기본원칙

(1) 통신조직에 의한 개인정보의 수집, 저장 및 처리는 오직 통신목적, 특히 음성, 데이터 또는 영상의 전달을 위한 접속(connections)을 설치하고 청구서를 발행하며 디렉토리를 작성하기 위해서만 정당화되고, 또한 다른 정당한 운영목적, 예컨대 문제 제거, 통신조직설비의 오용 방지나 착신호출(incoming calls)의 등록 등을 위한 경우에 정당화된다(제4조 제1항).

(2) 통신조직은 가입자의 전자적 프로필이나 개별 가입자를 카테고리에 의한 분류를 하기 위하여 개인정보를 이용하여서는 안된다(동 조 제2항).

(3) 가입자의 개인정보는 통신조직과의 계약을 체결, 이행, 수정 또는 종료시키기 위하여 필요한 범위에서 수집되고 저장될 수 있다. 계약 종료 후, 개인정보는 삭제되어야 한다. 다만, 쟁송(complaints)을 다루거나 요금을 확인하거나 또는 유럽공동체법에 부합되게 국가법에 의해 부과된 다른 의무를 준수하기 위하여 필요한 경우에는 그러하지 아니하다(제5조 제1항).

(4) 전달된 정보의 내용은 전달이 종료된 후 통신조직에 의해 저장되어서는 안된다. 다만, 유럽공동체법에 합치되게 국가법에 의해 부과된 다른 의무를 준수하기 위한 경우에는 그러하지 아니하다(동 조 제2항).

(5) 원칙적으로 통신망과 통신서비스와 관련하여 처리된 모든 개인정보는 비밀성을 유지하여야 한다. 개인정보는 법률에 의한 특별허가나 가입자의 사전동의 없이 통신조직의 서비스나 망의 외부로 공개될 수 없다. 가입자는 통신조직의 요청에 대해 개별적인 응답의 방식으로 동의한 경우에만 동의를 한 것으로 간주되어야 한다. 가입자의 사전동의 없이 이러한 개인정보는 제공된 관련 서비스를 취급하고 있지 않는 통신조직 내의 구성원들에게 공개되어서는 안된다. 또한 통신조직은 동의 여부에 따라서 통신서비스를 제공하여서는 안된다(제7조).

(6) 통신조직은 권한 없는 접근과 이용에 대비하여 개인정보의 적절하고 최신의 기술에 의한 보호를 제공하여야 한다. 망 안전성이 침해될 특별한 위험이 있는 경우에 통신조직은 가입자들에게 그러한 위험에 대하여 통보하여야 하고, 암호화서

비스를 제공하여야 한다(제8조).

(7) 가입자 전화국의 전화번호나 ID, 가입자의 주소 및 전화국 유형, 수신된 전화번호, 수신된 통화의 유형 및 시간 등을 포함하는 청구서 정보와 선결제 등의 요금청구에 필요한 정보는 저장 및 처리될 수 있다. 청구서 정보의 일반적인 저장은 요금에 대한 쟁송제기기간 종료 시까지 허용된다(제9조).

(8) 통화나 요금청구 또는 다른 영업목적에 필요한 개인정보를 포함하는 통화정보는 요청된 통신서비스를 제공하기 위하여 필요한 경우에 수집, 저장, 처리될 수 있다. 또한 통신조직의 스위칭센터에 저장된 통화정보는 그 정보가 익명화되거나 요금청구나 다른 합법적 목적을 위하여 요청되는 경우가 아니면 통화종료 후 삭제되어야 한다(제10조).

4. 가입자의 권리

가입자는 합리적인 기간마다 너무 지체되거나 과도한 비용부담 없이 자기와 관련된 개인정보가 파일에 저장되는지 여부에 대한 확인과 그 정보를 알기 쉬운 형태로 전달받을 권리를 갖는다. 또한, 자기의 개인정보가 유럽공동체법과 부합되는 국가법에 위반되게 처리된 경우에 그러한 정보의 정정 또는 삭제를 얻을 권리를 갖는다(제6조).

제2. 1994년 통신망지침개정안

1994년 통신망지침개정안은 1991년의 경제사회위원회의 의견을 참고하고 1992년의 유럽의회의 수정안을 반영하여, 1994년 6월에 EU위원회에 의하여 유럽의회와 EU이사회에 제출되었다. 동 개정안은 1990년 통신망지침안에 비하여 통신망에서의 개인정보 보호에 중점을 두고, 개인정보 일반에 관한 규정은 대부분 배제되었다[13]. 그 결과, 1994년 통신망지침개정안은 1990년 통신망지침안에 비하여 오히려 조문수가 종래 전 25개조에서 전 20개조로 감소되었다. 또한 동 개정안은 장, 절의 구별없이 구성되었다는 점에서는 1990년 통신망지침안과 동일하나, 조문에 표제를 붙이고 있는 점에서 구별된다.

---

13) 예컨대, '개인정보'에 관한 개념 정의규정(제3조 제1항), 개인정보의 처리원칙과 가입자의 권리에 관한 규정들(제4조~제7조)이 삭제되었다.

1. 개념 정의

1990년 통신망지침안과 다른 점은 '개인정보'에 대한 개념 정의가 삭제되었다는 점과 '서비스 제공자', '가입자', '이용자' 개념이 신설되었다는 점을 들 수 있다. 여기서, '서비스 제공자(service provider)'란 "전파방송과 텔레비전을 제외하고 전면적으로 또는 부분적으로 공공통신망상에서 신호의 전송으로 이루어진 서비스를 제공하는 자연인이나 법인"을, '가입자(subscriber)'란 "통신조직이나 다른 서비스 제공자의 통신서비스에 가입한 자연인이나 법인"을, '이용자(user)'란 "반드시 이 서비스에 가입하지 않고서도 사적으로나 사업 목적으로 통신서비스를 이용하는 사람"을 의미한다(제2조 참조).

2. 관련서비스

1994년 통신망지침개정안은 유럽공동체의 공공디지털통신망, 특히 ISDN과 공중디지털이동통신망에서의 공공통신서비스의 제공과 관련하여 통신조직에 의한 개인정보의 처리에 적용된다(제3조 참조).

망 보안, 청구서정보, 가입자 디렉토리, 기술적 특징 및 표준화와 함께 사법적 구제 및 제재에 관한 원칙들은 통신조직이 아닌 서비스 제공자의 공중디지털통신서비스와 공공통신망을 통하여 일반에게 제공되는 다른 통신서비스에 적용된다.

회원국은 동 개정안의 규정이 기술적으로 가능한 경우에 아날로그망을 통하여 제공된 서비스와 관련한 개인정보의 처리에 적용되도록 보장하여야 한다.

3. 디렉토리에 포함된 개인정보

디렉토리에 포함된 개인정보는 가입자가 추가적인 개인정보의 공표를 동의하지 않는다면 특정 가입자를 식별하는데 필요한 것으로 제한되어야 한다. 가입자는 비용부담 없이 자기의 성별을 나타내지 않고, 자기의 요청에 따라서 디렉토리에서 삭제될 권리가 부여되어야 한다(제11조 참조).

4. 사법적 구제와 제재

회원국은 동 개정안에서 보장되는 권리가 침해되는 경우에 개인이 사법적 구제를 갖도록 보장하여야 하며, 동 개정안에 따라서 채택된 회원국법규정을 준수하지 않는 사람에게 적용될 수 있는 제재의 적용에 대해서 법규정을 두어야 한다(제16조 참조).

제3절 1997년 전기통신분야지침

제1. 처음에

1990년 지침안과 동시에 성립하였던 1990년 통신망지침안은, 전자가 1992년 지침개정안을 거쳐 1995년 지침으로서 입법화된 것과 달리, 1994년 통신망지침개정안을 거쳐 1997년 12월에 이르러서야 입법화되었다. 즉, 「통신분야에서의 개인정보의 처리 및 프라이버시의 보호에 관한 1997년 12월 15일의 유럽의회 및 이사회 지침 97/66/EC[14)]」(이하 '1997년 전기통신분야지침'이라 한다.)가 그것이다.

1997년 전기통신분야지침은 1994년 통신망지침개정안과 마찬가지로 장 · 절의 구분 없이 전 16개조의 비교적 단순한 구성으로 이루어졌다[15)]. 1994년 통신망지침개정안에 비하여 중요한 변경사항을 중심으로 그 주요내용을 살펴보도록 한다.

제2. 주요내용

1. 목적과 적용범위

1997년 전기통신분야지침은 통신분야에서의 개인정보의 처리와 관련하여 기본적 권리와 자유, 특히 프라이버시권의 보호수준을 동등하게 보장하고, EU에서의 그러한 정보와 전기통신설비 및 서비스의 자유로운 이동을 보장하기 위하여 요청되는 회원국들의 법규정의 통일을 도모함을 그 목적으로 한다. 동 지침의 규정들은 이러한 목적들을 위하여 1995년 지침을 특별화하고 보완하는 것이다(제1조 제2항 참조). 나아가, 이 규정들은 법인인 가입자들의 정당한 이익의 보호를 규정한다. 이 규정에 의해 1997년 전기통신분야지침이 1995년 지침의 특별법적 성격을 가짐을 명백히 한 것이라고 할 수 있다.

1997년 전기통신분야지침은 공동체법의 적용범위 밖의 활동, 즉 EU조약(TEU)

14) DIRECTIVE 97/66/EC OF THE EUROPEAN PARLIAMENT AND OF THE COUNCIL of 15 December 1997 concerning the processing of personal data and the protection of privacy in the telecommunications sector, OJ L 24, 1998.1.30, p.1.

15) 동 지침은 제1조(목적과 적용범위), 제2조(개념 정의), 제3조(관련서비스), 제4조(보안), 제5조(통신의 비밀), 제6조(트래픽정보와 요금청구정보), 제7조(요금청구의 명세화), 제8조(통화 및 접속회선 ID의 표시와 제한), 제9조(예외), 제10조(자동통화전송), 제11조(가입자 디렉토리), 제12조(스팸통화), 제13조(기술적 특징과 표준화), 제14조(지침 95/46/EC의 특정한 규정의 적용범위의 확장), 제15조(지침의 시행), 제16조(수범자)로 구성되었다.

제5편과 제6편에서 규정된 것과 같은 활동과 공공의 안전, 방위, 국가안전보장(그 활동들이 국가안전보장문제와 관련될 때는 국가의 경제복지를 포함한다)에 관한 활동, 그리고 형사법영역에서의 국가의 활동에 대하여서는 적용되지 않는다(제1조 제3항 참조).

2. 개념 정의

1997년 전기통신분야지침에서는 1994년 통신망지침개정안에 규정되었던 '통신조직'과 '서비스 제공자' 개념이 삭제되었으며, 존속한 개념의 정의도 변경이 이루어졌다. 즉, '가입자(subscriber)'란 "통신서비스의 공급을 목적으로 하는 공중통신서비스 제공자와의 계약 당사자인 자연인이나 법인"을, '이용자(user)'란 "통신서비스에 반드시 가입하지 않고도 사적 또는 사업목적을 위하여 공중통신서비스를 이용하는 자연인"을, '공공통신망(public telecommunications network)'이란 "전송시스템과 전면적으로 또는 부분적으로 공중통신서비스의 제공을 위하여 사용되는 전선, 전파, 광학적이나 다른 전자기적 수단에 의한 스위칭설비와 제한된 종료점간의 신호의 전달을 가능하게 하는 스위칭장비와 다른 설비"를, '통신서비스(telecommunications service)'란 "통신서비스의 제공이 라디오와 텔레비전방송을 제외하고 전면적으로 또는 부분적으로 통신망에서의 신호의 전달이나 전송으로 구성된 서비스"를 의미한다고 규정하였다(제2조 참조).

3. 통신의 비밀

회원국들은 국가법에 의하여 공공통신망과 공중통신서비스에 의한 통신의 비밀을 보장하여야 한다. 특히, 법적으로 허용된 경우를 제외하고 이용자의 동의없이 이용자가 아닌 자에 의한 통신의 청취, 도청, 저장이나 다른 유형의 간섭이나 감시를 금지하여야 한다. 다만, 이 경우에도 상업적 거래의 증거 제공이나 다른 사업상의 연락 목적으로 합법적인 사업 업무 중에 법적으로 허용된 통신의 기록에는 영향을 미치지 않는다(제5조 참조).

4. 1995년 지침의 특정 규정의 적용범위의 확장

회원국들은 그러한 제한이 국가안전보장, 국가방위, 공공의 안전, 전기통신시스템의 권한없는 이용이나 범죄의 예방, 조사, 수사 및 기소를 보호하기 위해 필요한 조치를 강구할 때 동 지침에서 규정하고 있는 의무와 권리의 범위를 제한하기 위한 입법적 조치를 채택할 수 있다(제14조 제1항 참조). 1995년 지침의 사법적 구제, 책임 및 제재에 관한 규정들은 동 지침에 따라서 채택된 국가법규정과 동 지침에서 파생된 개별적 권리와 관련하여 적용된다.

1995년 지침 제29조에 따라서 설치된 '개인정보의 처리와 관련한 개인의 보호에 관한 작업반'(The Working Party on the Protection of the Individuals with regard to the Processing of Personal Data)은 기본적 권리 및 자유와 통신분야에서의 정당한 이익의 보호와 관련하여 1995년 지침에서 규정된 임무를 수행하도록 한다.

제4절 현행 2002년 전자통신분야지침

제1. 현행 2002년 전자통신분야지침의 성립과 그 개정

1997년 전기통신분야지침은 2000년 8월 25일에 제출된 EU위원회의 제안[16]과 2001년 1월 24일에 채택된 경제사회위원회의 의견[17]을 받고, 지역위원회(Committee of the Regions)의 자문을 거쳐, 2002년 7월에 성립된 「전자통신분야에서의 개인정보의 처리와 프라이버시의 보호에 관한 2002년 7월 12의 유럽의회 및 이사회 지침 2002/58/EC[18]」(이하 '2002년 전자통신분야지침'이라 한다.)에 의하여 폐지되었고, 2002년 전자통신분야지침으로 대체되었다. 2002년 전자통신분야지침은 공공통신망에서의 새로운 디지털기술의 발전과 새로운 전자통신서비스의 등장으로 인해, 이용되는 기술에 관계없이 EU 역내에서의 공중전자통신서비스 이용자의 개인정보와 프라이버시의 동등한 수준의 보호를 제공하고, 전자통신서비스의 시장과 기술의 발전에 대응하기 위하여 1997년 전기통신분야지침의 개정이 요구됨을 밝히고 있다[19].

한편, 2002년 전자통신분야지침은 EU의 전자통신규제체계라는 관점에서 관련

16) Proposal for a Directive of the European Parliament and of the Council concerning the processing of personal data and the protection of privacy in the electronic communications sector, COM(2000) 385 final - 2000/0189(COD), OJ C 365E, 2000.12.19., p.223.

17) Opinion of the Economic and Social Committee on the 'proposal for a Directive of the European Parliament and of the Council concerning the processing of personal data and the protection of privacy in the electronic communication sector', OJ C 123, 2001.4.25., p.53.

18) Directive 2002/58/EC of the European Parliament and of the Council of 12 July 2002 concerning the processing of personal data and the protection of privacy in the electronic communications sector (Directive on privacy and electronic communications), OJ L 201, 2002.7.31., p.37

19) *Ibid*, p.37.

지침들과 함께 성립되었다[20]. 즉, 기본지침으로서 「전자통신 네트워크 및 서비스의 공동규제체계에 관한 2002년 3월 7일의 유럽의회와 이사회의 지침 2002/21/EC[21]」와 특별지침으로서 ①「전자통신 네트워크 및 관련설비에의 액세스와 상호접속에 관한 2002년 3월 7일의 유럽의회와 이사회의 지침 2002/19/EC[22]」, ②「전자통신 네트워크 및 서비스의 허가에 관한 2002년 3월 7일의 유럽의회와 이사회의 지침 2002/20/EC[23]」, ③「전자통신 네트워크 및 서비스와 관련되는 보편적 서비스와 이용자의 권리에 관한 2002년 3월 7일의 유럽의회와 이사회의 지침 2002/22/EC[24]」에서 후자, 즉 특별지침의 하나로서 자리매김되었다[25].

그 후, 동 지침은 2006년의 지침[26]에 의해 약간 개정[27]되었으며, 또한 2009년에는 위의 전자통신관련 지침들과 더불어 개정이 이루어졌다. 즉, 2009년 개정은 동년 11월 25일에 성립된 2건의 지침, 즉, 지침 2009/136/EC[28]와 지침 2009/140/E

20) 이에 관해 다룬 것으로서, 김태오, "EU 전자통신 법체계 개정이 독일통신법(TKG)에 미치는 영향", 『경제규제와 법』 제3권 제1호(2010. 5), 251쪽 이하.

21) Directives 2002/21/EC of the European Parliament and of the Council of 7 March 2002 on a common regulatory framework for electronic communications networks and services(Framework Directive), OJ L 108, 2002.4.22., p.33.

22) Directive 2002/19/EC of the European Parliament and of the Council of 7 March 2002 on access to, and interconnection of, electronic communications networks and associated facilities(Access Directive), OJ L 108, p.7.

23) Directive 2002/20/EC of the European Parliament and of the Council of 7 March 2002 on the authorisation of electronic communications networks and services(Authorisation Directive), OJ L 108, p.21.

24) Directive 2002/22/EC of the European Parliament and of the Council of 7 March 2002 on universal service and users' rights relating to electronic communications networks and services(Universal Service Directive), OJ L 108, p.51.

25) DIRECTIVE 2009/140.EC OF THE EUROPEAN PARLIAMENT AND OF THE COUNCIL of 25 November 2009 amending Directives 2002/21/EC on a common regulatory framework for electronic communications networks and services, 2002/19/EC on access to, and interconnection of, electronic communications networks and associated facilities, and 2002/20/EC on the authorisation of electronic communications networks and services, OJ L 337, 2009.12.18., p.37 ; Ofcom, Implementing the revised EU Framework, 2011.5.11, p.1.

26) DIRECTIVE 2006/24/EC OF THE EUROPEAN PARLIAMENT AND OF THE COUNCIL of 15 March 2006 on the retention of data generated or processed in connection with the provision of publicly available electronic communications services or of public communications networks and amending Directive 2002/58/EC, OJ L 105, 2006.4.13., p.54.

27) 동 지침 제11조는 2002년 지침 제15조 제1a항으로 "제1항은 지침 2006/24/EC에 의해 특별히 요구되고, 동 지침 제1조 제1항에서 규정된 목적을 위해 보유된 정보에 적용되지 않는다."를 삽입하도록 개정하고 있다.
그러나, 2006년 지침은 2014년 4월에 유럽사법재판소에 의하여 무효판결을 받았다. Joined cases C-293/12 and C-594/12, Digital Rights Ireland and Seitlinger and Others[2014], EU:C:2014:238

C[29] 중에서, 2002년 전자통신분야지침의 개정은 전자에 의해 이루어졌다. 이들 개정의 내용을 반영한 2002년 전자통신분야지침은 전 23개조로 구성되어 있다[30].

[관련판례 1] : Digital Rights Ireland Case(Joined cases C-293/12 and C-594/12, 2014.4.8.)[31]

〈사실관계〉

Case C-293/12

원고(Digital Rights Ireland Ltd. 이하 'Digital Rights')는 2006년 8월 11일에 아일랜드 법원(High Court)에 전자통신과 관련되는 국가의 입법적·행정적 조치의 적법성을 다투는 소송을 제기하였다. 특히, Digital Rights는 2006년 지침(Directive 2006/24/EC)과 전화통신서비스 제공자에게 범죄의 예방, 탐지, 수사 및 기소와 국가안보를 위하여 법률로 정한 일정한 기간 동안 이들 제공자에게 트래픽정보와 위치정보를 보관할 것을 요구한 아일랜드의 2005년 형사사법법(테러범죄법) 제7편의 무효확인을 청구하였다. 동 법원은 먼저 2006년 지침의 효력이 심판되지 않으면 국가법과 관련하여 제기된 문제들을 해결할 수 없다고 판단하여 소송절차를 정지시키고, 유럽사법재판소에 선결적 판결을 제청하기로 결정하였다.

Case C-594/12

지방자치단체를 포함한 다수의 청구인들(1만여 명)은 2006년 지침을 오스트리아 국가법에 도입하기 위하여 오스트리아의 2003년 전기통신법을 개정하여

28) DIRECTIVE 2009/136/EC OF THE EUROPEAN PARLIAMENT AND OF THE COUNCIL of 25 November 2009 amending Directive 2002/22/EC on universal service and users' rights relating to electronic communications networks and services, Directive 2002/58/EC concerning the processing of personal data and the protection of privacy in the electronic communications sector and Regulation (EC) No 2006/2004 on cooperation between national authorities responsible for the enforcement of consumer protection laws, OJ L 337, 2009.12.18, p.11.

29) OJ L 337, p.37.

30) 즉, 목적과 적용범위(제1조), 개념 정의(제2조), 관련서비스(제3조), 처리의 보안(제4조), 통신의 비밀(제5조), 트래픽정보(제6조), 청구의 명세화(제7조), 통화 및 연결회선 식별의 표시와 제한(제8조), 트래픽정보가 아닌 위치정보(제9조), 적용제외(제10조), 자동통화전달(제11조), 가입자의 디렉토리(제12조), 스팸통신(제13조), 기술적 특징과 표준화(제14조), 위원회 절차(제14a조), 지침 95/46/EC 특정한 규정의 적용(제15조), 실시와 집행(제15a조), 경과규정(제16조), 국내조치(제17조), 심사(제18조), 폐지(제19조), 발효(제20조), 수범자(제21조)에 관한 규정이 그것이다.

31) Digital Rights Ireland and Seitlinger and Others[2014], EU:C:2014:238

신설된 동법 제102a조가 정보보호기본권을 침해한다고 하여 동조의 무효를 주장하며, 오스트리아 헌법재판소에 소송을 제기하였다. 오스트리아 헌법재판소는 2006년 지침이 장기간 무제한의 사람들과 관련되는 많은 유형의 정보의 저장을 허용하는바, 이것이 EU기본권헌장과 양립가능한지 여부에 대해 의문을 가졌다. 동 헌법재판소는 정보의 보관이 정당화되지 않는 사람들까지 포함될 수 있고, 그들은 국가기관들이 자기와 관련된 정보를 조사하여 그 정보의 내용을 알게 되면 그것들을 여러 가지 목적에 이용하게 될 것이며, 특히 최소한 6개월의 기간 동안 정보에 접근하여 무수한 사람들의 정보를 조회할 수 있게 되는 보다 큰 위험에 노출된다고 판단하였다. 동 헌법재판소에 따르면, 2006년 지침은 관련 기본권 침해의 비례성과 동 지침이 추구하는 목적의 달성에 있어서 의문이 있다. 따라서, 동 헌법재판소는 소송절차를 정지시키고, 유럽사법재판소에 선결적 판결을 제청하기로 결정하였다.

유럽사법재판소는 위 두 사건의 제청법원은 다수의 사항에 관하여 제청하고 있으나, 두 사건 모두 2006년 지침이 EU기본권헌장 제7조, 제8조 및 제11조에 위반되는지 여부가 핵심적 제청사항으로서 공통되기 때문에 두 사건을 병합하여 심리하기로 결정하였다. 이하에서는 이 제청사항에 대한 유럽사법재판소의 판결을 소개하기로 한다.

〈유럽사법재판소의 판결 요지〉

2006년 지침의 효력문제에 관한 헌장 제7조, 8조 및 11조의 관련성

2006년 지침 제1조 등에 의하면, 동 지침의 주된 목적은 EU기본권헌장 제7조와 제8조에서 규정된 권리를 존중하며 조직범죄와 테러와 같은 중대범죄의 예방, 수사, 탐지 및 기소의 목적으로 정보를 이용할 수 있는 것을 보장하기 위하여, 공중전자통신서비스 또는 공공통신망 제공자가 생성하거나 처리한 일정한 정보의 보관에 관하여 회원국들 규정 간의 조화를 도모하는 것이다. 필요하다면 관할 국가기관이 접근할 수 있도록 하기 위하여 동 지침 제3조에 의하여 공중전자통신서비스 또는 공공통신망 제공자에 대하여 부과된 2006년 지침 제5조에 열거된 정보를 보관할 의무는 헌장 제7조에 의한 사생활 및 통신의 존중과 헌장 제8조에 의한 개인정보의 보호와 헌장 제11조에 의한 표현의 자유의 존중과 관련되는 문제를 제기한다.

그와 관련하여, 2006년 지침 제3조와 제5조에 따라서 공중전자통신서비스 또는 공공통신망 제공자가 보관해야하는 정보는 통신의 출처와 그 목적지를 추적하고 식별하며, 통신의 일자, 시간, 기간 및 유형을 식별하고, 이용자의 통신장치를 식별하고, 그리고 이동통신장치의 위치를 식별하기 위하여 필요한 정보, 즉 가입자 또는 등록된 이용자의 이름 및 주소, 송신자 전화번호, 수신자 전화번호와 인터넷서비스의 IP주소로 구성된 정보를 포함한다. 이들 정보는 특히 가입자나 등록된 이용자가 통신한 사람의 신원과 통신수단을 알 수 있게 하고, 그리고 그 통신이 발생한 장소와 시간을 식별할 수 있게 해준다. 또한 이들 정보는 일정한 기간 동안 가입자나 등록된 이용자의 특정한 사람들과의 통신의 빈도도 알 수 있게 해준다. 이들 정보는 대체로 일상생활의 습관, 영구적 또는 일시적 거주지, 매일의 이동, 수행된 활동, 사회적 관계와 빈번하게 이루어진 사회적 환경과 같이, 정보가 보관된 개인의 사생활에 관하여 대단히 정확한 결론이 도출될 수 있게 해준다.

2006년 지침 제1조 제2항과 제5조 제2항에서 명백한 것처럼, 동 지침은 통신이나 전자통신망을 사용하여 조회된 정보의 내용의 보관을 허용하고 있지 않지만, 문제의 정보의 보관이 동 지침의 대상이 되는 통신수단의 가입자나 등록된 이용자들에 의한 사용과, 따라서 헌장 제11조에 의해 보장된 표현의 자유의 행사에 대해 영향을 미칠 수 있다는 것을 생각 못할 바도 아니다. 2006년 지침에서 규정되어 있는 바와 같이, 관할 국가기관들에 의한 정보에의 접근을 위한 정보의 보관은 직접적이고 구체적으로 사생활과, 따라서 헌장 제7조에 의해 보장된 권리들에 영향을 준다. 나아가, 그러한 정보의 보관은 헌장 제8조의 개인정보의 처리를 형성하고, 따라서 동 조에서 발생하는 정보보호요건을 충족시켜야 하기 때문에 또한 헌장 제8조의 적용대상에 해당된다[32].

헌장 제7조 및 제8조에서 규정된 권리에 대한 간섭

2006년 지침은 동 지침 제5조 제1항에서 열거된 정보의 보관을 요구하고, 관할 국가기관들에게 그들 정보에의 접근을 허용함으로써, 1995년 지침과 전자통신분야에서의 개인정보의 처리에 관한 2002년 지침에 의해 정립된 프라이버시권의 보호제도의 적용을 제외시키고 있다. 이들 지침은 통신과 트래픽정보의

32) Joined cases C-92/09 and C-93/09, Volker und Markus Schecke and Eifert[2010], EU:C:2010:662, paragraph 47

비밀을 규정하고 있을 뿐만 아니라, 그들 정보가 더 이상 통신의 전송을 위하여 필요하지 않는 경우에 요금청구 목적과 그를 위해 필요한 기간이 아니라면, 그들 정보를 삭제하거나 익명화할 의무도 규정하고 있다.

프라이버시권에의 간섭의 존재를 입증하기 위하여, 관련 사생활에 관한 정보가 민감한지 여부 또는 관계인들이 불편을 느끼는지 여부는 중요하지 않다[33]. 결과적으로, 2006년 지침 제3조와 제6조에 의하여 공중전자통신서비스 또는 공공통신망 제공자들에게 부과된, 동 지침 제5조에서 규정된 것들과 같은 사생활 및 통신과 관련되는 정보를 일정기간 동안 보관할 의무는 그 자체로 헌장 제7조에 의해 보장된 권리들에 대한 간섭을 형성한다. 나아가, 관할 국가기관의 정보에의 접근은 그 기본권에의 간섭을 형성한다. 따라서, 관할 국가기관들의 그 정보에의 접근에 관한 규정인 동 지침 제4조 및 제8조는 헌장 제7조에 의해 보장된 권리들에의 간섭을 형성한다. 마찬가지로, 동 지침은 개인정보의 처리를 규정하고 있기 때문에 헌장 제8조에 의해 보장된 개인정보보호의 기본권에의 간섭을 형성한다.

2006년 지침에 의해 야기된 헌장 제7조 및 제8조에서 규정된 기본권들에의 간섭은 광범위하게 걸쳐있다고 하여야 하고, 그리고 그것은 현저하게 심각하다고 간주되어야 한다. 나아가, 정보가 보관되고, 이후에 가입자나 등록된 이용자에게 통지되지 않고서 사용된다는 사실은 관계인들의 마음에 자신들의 사생활이 끊임없는 감시의 대상이라는 느낌을 낳게 한다.

헌장 제7조 및 제8조에 의해 보장된 권리들에의 간섭의 정당화

EU기본권헌장 제52조 제1항은 동 헌장에서 규정된 권리와 자유의 행사에 대한 제한이 법률에 의해 규정되어야 하고, 그 본질을 존중하여야 하며, 그리고 비례성의 원칙에 따라서 그러한 제한이 필요한 경우에, 그리고 EU에 의하여 인정된 일반공익의 목적 또는 타인의 권리와 자유를 보호할 필요를 순수하게 충족하는 경우에만, 그들 권리와 자유에 대해 제한이 이루어질 수 있다. 프라이버시권의 본질과 헌장 제7조에서 규정된 다른 권리들과 관련되는 한, 2006년 지침에 의해 요구된 정보의 보관이 그들 권리에의 특별히 심각한 간섭을 형성한다고 할지라도, 동 지침 제1조 제2항으로부터 동 지침이 전자통신의 내용 그 자체에 대해 알게 되는 것을 허용하지 않는다면, 그것은 그들 권리의 본질에 악영향을

33) Joined cases C-465/00, C-138/01 and C-139/01, Österreichischer Rundfunk and Others[2003], EU:C:2003:294, paragraph 75

미치는 것은 아니다. 또한, 정보의 보관이 헌장 제8조에서 보장된 개인정보보호의 기본권의 본질에 악영향을 미치는 것도 아니다. 왜냐하면, 동 지침 제7조는 정보보호 및 정보보안과 관련하여, 정보보호 및 정보보안의 일정한 원칙들이 공중전자통신서비스 또는 공공통신망 제공자들에 의해 존중되어야 한다고 규정하고 있기 때문이다. 그들 원칙에 따라서, 회원국들은 우발적이거나 불법적인 파기, 정보의 우발적인 소실이나 변경에 대비해 적절한 기술적·조직적 조치가 채택될 것을 보장하여야 한다.

그러한 간섭이 일반공익의 목적을 충족하는지의 문제와 관련하여, 2006년 지침은 제공자들이 생성하거나 처리한 일정한 정보의 보관에 대해 이들 제공자의 의무에 관한 회원국들의 규정을 조화시키는 것이 그 목적이지만, 동 지침 제1조 제1항에서 규정하고 있는 바와 같이, 동 지침의 중요한 목적은 중대범죄의 수사, 탐지 및 기소를 위하여 정보가 사용될 수 있는 것을 보장하는 것이다. 따라서, 동 지침의 중요한 목적은 중대범죄에 대한 싸움에서, 그리하여 궁극적으로는 공공의 안전에 대해 기여하는 것이다. 국제 평화와 안전을 유지하기 위하여 국제테러에 대한 싸움이 일반공익의 목적을 형성한다는 것은 유럽사법재판소의 판례로부터 명백하다[34]. 공공의 안전을 확보하기 위하여 중대범죄에 대한 싸움에 대해서도 마찬가지이다[35]. 나아가, 이러한 점에서 헌장 제6조가 자유에 대한 권리뿐만 아니라 안전에 대한 권리도 규정하고 있다는 점을 주목하여야 한다. 이와 관련하여서는, 동 지침 전문 제7단(recital)으로부터도 전자통신의 이용과 관련되는 정보가 특히 중요하며, 따라서 범죄의 예방과 특히 조직범죄에 대한 싸움에서 중요한 도구라고 하는 점은 명백하다. 따라서, 관할 국가기관들이 그들 정보에 접근하는 것을 허용하기 위한 정보의 보관은 일반공익의 목적을 충족한다고 판단하여야 한다.

이어서, 간섭의 비례성을 입증할 필요가 있다. 그와 관련하여, 유럽사법재판소의 확립된 판례에 따라서, 비례성의 원칙은 EU기관들의 행위가 당해 입법에 의해 추구된 정당한 목적을 획득하기 위하여 적절할 것과 그들 목적을 달성하기 위하여 적절하고 필요한 한계를 초과하지 않을 것을 요구한다[36]. 이들 조건의

34) Joined cases C-402/05 P and C-415/05 P, Kadi and Al Barakaat International Foundation v Council and Commission[2008], EU:C:2008:461, paragraph 363, and Joined cases C-539/10 P and C-550/10 P, Al-Aqsa v Council[2012], EU:C:2012:711, paragraph 130

35) Case C-145/09, Tsakouridis[2010], EU:C:2010:708, paragraphs 46 and 47

36) Case C-343/09, Afton Chemical[2010], EU:C:2010:419, paragraph 45; Joined cases C-92/09 and

준수에 대한 사법심사와 관련하여, 기본권 간섭이 문제가 되는 경우에 EU입법기관의 재량의 범위는 특히 관련 영역, 헌장에 의해 보장된 당해 권리의 성질, 간섭의 성질 및 심각성과 간섭에 의해 추구된 목적을 포함하는 다수의 요인에 따라서 제한적으로 될 수 있다.

본 사건에서 사생활 존중의 기본권과 2006년 지침이 야기한 권리에의 간섭의 범위와 심각성의 측면에서 개인정보의 보호가 하는 중요한 역할의 관점에서 EU입법기관의 재량은 감소되었다. 개인정보의 보관은, 2006년 지침이 추구한 목적을 달성하기 위하여 적절한지 여부의 문제와 관련하여, 전자통신수단의 중요성이 증가하고 있는 것을 고려하고, 동 지침에 따라서 보관되어야 하는 정보가 형사소추를 담당하는 국가기관들이 중대범죄를 조명할 추가적인 기회를 가질 수 있도록 허용하기 때문에, 이러한 점에서 범죄수사의 중요한 도구이다. 따라서, 그러한 정보의 보관은 동 지침에 의해 추구된 목적을 달성하기 위하여 적절한 것으로 간주될 수 있다.

2006년 지침에 의해 요구된 정보의 보관에 대한 필요성과 관련하여, 중대범죄, 특히 조직범죄 및 테러에 대한 싸움은 공공의 안전을 확보하기 위하여 사실 가장 중요하고, 그 실효성은 현대수사기술의 이용에 크게 달려 있다고 하여야 한다. 그러나, 일반공익의 그러한 목적은 그것이 아무리 기본적이라고 할지라도, 그러한 싸움을 위해 필요하다고 간주되는 2006년 지침에 의해 수립된 보관조치 그 자체를 정당화하지 않는다. 사생활 존중권과 관련되는 한, 그러한 기본권의 보호는 유럽사법재판소의 확립된 판례에 따라서 어떠한 경우에도 개인정보의 보호와 관련하여 적용제외와 제한은 엄격히 필요한 경우에만 적용되어야 할 것을 요구한다[37]. 그와 관련하여, 헌장 제8조 제1항에서 규정된 명시적인 의무에서 기인하는 개인정보의 보호는 헌장 제7조에서 보장된 사생활 존중권을 위해서 특히 중요하다.

그러므로, 문제의 EU입법은 그 정보가 보관된 사람들이 남용의 위험과 그 정보의 불법적인 접근과 이용에 대비하여, 그들의 개인정보를 효과적으로 보호할

C-93/09, Volker und Markus Schecke and Eifert[2010], EU:C:2010:662, paragraph 74; Joined cases C-581/10 and C-629/10, Nelson and Others[2012], EU:C:2012:657, paragraph 71; Case C-283/11, Sky Österreich[2013], EU:C:2013:28, paragraph 50; and Case C-101/12, Schaible[2013], EU:C:2013:661, paragraph 29

37) Case C-473/12, IPI[2013], EU:C:2013:715, paragraph 39

충분한 보장장치를 갖추기 위하여 당해 조치의 범위 및 적용을 규율하고, 최소한의 보장조치를 부과하는 명백하고 정확한 법규범을 규정하여야 한다. 이러한 보장장치의 필요성은 2006년 지침에 규정된 바와 같이 개인정보가 자동처리되는 경우, 그리고 그러한 정보에의 불법적인 접근의 중대한 위험이 존재하는 경우에 더욱 커진다.

2006년 지침에 의해 야기된 간섭이 필요한 것으로 엄격하게 제한될 것인지의 문제에 대해서는 동 지침 제5조 제1항과 더불어 제3조에 의해서, 동 지침은 유선전화, 이동전화, 인터넷접속, 인터넷 e-mail과 인터넷전화에 관한 모든 트래픽정보의 보관을 요구한다고 하여야 한다. 따라서, 그것은 이용이 대단히 광범위하고 일상생활에서 그 중요성이 증대하고 있는 모든 전자통신수단에 적용된다. 나아가, 동 지침 제3조에 따라서, 동 지침은 모든 가입자와 등록된 이용자들을 그 대상으로 한다. 그러므로, 그것은 실질적으로 모든 유럽시민들의 기본권에의 간섭을 초래한다.

이와 관련하여, 첫째로, 2006년 지침은 중대범죄와의 싸움이라는 목적에서 이루어지는 모든 트래픽정보뿐만 아니라 모든 사람과 모든 전자통신수단도 무차별적이며, 무제한적으로 예외없이 그 대상으로 한다. 동 지침은 전자통신서비스를 이용하는 모든 사람들에게 광범위하게 영향을 준다. 따라서, 그것은 증거는 없지만 간접적이거나 대단히 우회적인 것이라고 할지라도, 그 행동이 중대범죄와의 관련성이 있다고 추정할 수 있는 사람들에게도 적용된다. 나아가, 예외규정이 없기 때문에 결과적으로 국가법규정에 따라서, 그 통신이 직업상의 비밀의무의 대상이 되는 사람들에게까지도 적용된다. 더구나, 동 지침은 중대범죄와의 싸움에 기여하고자 하면서도, 그 보관이 요구된 정보와 공공의 안전에 대한 위협 사이의 관련성을 요구하지 않으며, 다음과 관련된 보관으로 제한되지도 않는다. 즉, ①중대범죄에 어떠한 방식으로든 관련된 것으로 추정되는 특정한 시간, 그리고/또는 특정한 지역, 그리고/또는 특정한 사람들의 범위와 관련되는 정보, ②정보의 보관에 의하여 중대한 법규 위반의 예방, 탐지 또는 기소에 기여할 수 있는 사람들.

둘째로, 2006년 지침에는 한계가 일반적으로 부재할 뿐만 아니라, 동 지침은 관할 국가기관들의 정보에의 접근과 헌장 제7조 및 제8조에서 규정된 기본권에의 간섭의 범위와 심각성의 관점에서, 그러한 간섭을 정당화하기에 충분히 심각한 것으로 간주될 수 있는 위법행위에 대해 예방, 탐지 또는 형사기소의 목적으로 그 정보의 계속적인 이용의 한계를 결정하는 객관적인 기준을 규정하고 있지 않다. 오히려, 동 지침은 각 회원국들이 국가법에서 규정하고 있는 것처럼, 제1조 제1항에서 일반적인 방식으로 중대범죄에 대해 언급하고 있을 뿐이다. 나아가, 동 지침은 관할 국가기관들의 정보에의 접근과 그 정보의 후속적인 이용과 관련되는 실체적·절차적 요건들을 포함하고 있지 않다. 동 지침 제4조는 그들 국가기관들의 보관된 정보에의 접근을 규율하고 있지만, 당해 정보에의 접근과 후속적인 이용이 자세히 규정된 중대범죄의 예방과 탐지 또는 그와 관련되는 형사기소의 목적으로 엄격하게 제한되어야 한다는 것을 명시적으로 규정하고 있지 않다. 동 지침은 각 회원국이 필요성과 비례성 요건에 의하여 따라야 할 절차와 보관된 정보에의 접근을 얻기 위하여 갖춰야할 요건을 규정하여야 한다고 규정할 뿐이다. 특히, 동 지침은 보관된 정보에의 접근과 후속적인 이용을 할 수 있는 권한을 가진 사람들의 숫자가 추구된 목적의 관점에서 필요한 것으로 엄격하게 제한되는 객관적인 기준을 규정하고 있지 않다. 무엇보다, 관할 국가기관들의 보관된 정보에의 접근은 법원 또는 독립적인 행정기구에 의한 사전심사에 의하여 이루지고 있지 않다. 또한, 동 지침은 그러한 한계를 수립하고자 하는 회원국들에 대한 특정한 의무를 규정하고 있지 않다.

셋째로, 정보보관기간과 관련하여, 2006년 지침 제6조는 추구된 목적을 위하여 또는 관계인에 따라서 그들의 유용성에 근거하여, 동 지침 제5조에서 규정된 정보 사이에 구별없이 그들 정보는 적어도 6개월의 기간 동안 보관될 것을 요구한다. 나아가, 그 기간은 최소 6개월과 최대 24개월 사이로 결정되지만, 보관기간의 결정은 필요한 것으로 엄격하게 제한되어야 할 것을 보장하기 위하여 객관적인 기준에 기초되어야 한다는 것이 기술되어 있지 않다.

이상으로부터 동 지침은 헌장 제7조와 제8조에서 보장된 기본권에의 간섭의 범위를 규율하는 명백하고 상세한 규정을 두고 있지 않다고 할 수 있다. 더구나, 공중전자통신서비스 또는 공공통신망 제공자들에 의하여 보관된 정보의 보안 및 보호와 관련되는 규정들에 관하는 한, 2006년 지침은 헌장 제8조가 요구하는 바와 같이, 남용의 위험과 그 정보의 불법적인 접근과 이용에 대해 보관정보의 효과적인 보호를 보장하는 충분한 안전장치를 규정하고 있지 않다.

첫째로, 동 지침 제7조는 ①동 지침에 의해 보관이 요구된 정보의 방대한 양, ②그 정보의 민감성, 그리고 ③그 정보에의 불법적인 접근의 위험에 특유하고 적합적인 규정들, 즉 특히 그 정보의 완결성과 비밀성을 확보하기 위하여 명백하고도 엄격한 방식으로 당해 정보의 보호와 보안을 규율하는 규정들을 두고 있지 않다. 나아가, 회원국들에게 그러한 규정을 제정할 구체적인 의무도 규정되고 있지 않다. 2002년 지침 제4조 제1항과 1995년 지침 제17조 제1항 제2단과 함께 해석할 때, 2006년 지침 제7조는 기술적·조직적 조치에 의하여 그들 제공자가 특별히 높은 수준의 보호와 보안을 적용할 것을 보장하고 있지 않으며, 그들 제공자가 적용할 보안수준을 결정할 때 보안조치의 실행비용에 대하여 특히 경제적 고려를 하도록 허용하고 있다. 특히 동 지침은 정보보관기간이 종료할 때, 그 정보의 복구불가능한 파기를 보장하고 있지도 않다.

둘째로, 2006년 지침은 그 정보가 EU 역내에 보관될 것을 요구하고 있지도 않고, 그 결과로 EU기본권헌장 제8조 제3항에 의하여 명시적으로 요구되는, 독립기관에 의한 보호와 보안 요건의 준수에 대한 통제가 완전히 확보된다고 주장할 수도 없다. EU법에 근거하여 이루어진 그러한 통제는 개인정보의 처리와 관련하여 개인의 보호의 필수적 구성요소이다.

이상의 모든 검토를 고려할 때, EU입법기관은 2006년 지침을 채택함으로써, 헌장 제7조, 제8조 및 제52조 제1항에 비추어, 비례성의 원칙의 준수에 의해 부과된 한계를 초과하였다고 주장되어야 한다. 따라서, 헌장 제11조의 관점에서 동 지침의 유효성을 심사할 필요성은 없다. 제청사항에 대한 답변은 2006년 지침은 무효라는 것이다.

제2. 주요내용

1. 목적과 적용범위(Aim and Scope)

(1) 2002년 전자통신분야지침의 목적은 유럽공동체에서 전자통신분야에서의 개인정보의 처리와 관련하여 기본적 권리와 자유, 특히 프라이버시권을 보장하고, 개인정보와 전자통신장비 및 서비스의 자유로운 이동을 보장할 것이 요구되는 회원국들의 규정을 조화시키기 위한 것이다(제1조 제1항 참조). 동 지침의 목적규정은 개인정보의 처리와 관련한 프라이버시권의 보장과 함께, 개인정보의 자유로운 이동을 보장함을 명백히 하고 있는 점에서 1995년 지침 및 2016년 규칙과 유사하다고 할 수 있다.

한편, 1995년 지침과의 관계에 대해서 특별화하고 보완하는 것이라고 하여, 동 지침이 1995년 지침에 대하여 특별법적 성격을 가짐을 명백히 하고 있다. 따라서, 2016년 규칙에 대해서도 동일하게 해석된다. 또한, 1995년 지침 및 2016년 규칙이 '자연인'만을 그 보호의 대상으로 하고 있는데 반하여, 2002년 지침은 '법인'의 정당한 이익도 동 지침의 보호의 대상임을 명백히 규정하고 있다(제1조 제2항 참조).

(2) 동 지침의 적용범위와 관련하여서, 동 지침은 유럽공동체설립조약의 적용범위 밖의 활동들, 즉 EU조약(TEU) 제5편 및 제6편에서 규정하고 있는 활동들[38]과 공공의 안전, 방위, 국가안보(그 활동들이 국가안보문제들과 관련되는 경우 국가의 경제적 복지를 포함한다)에 관한 활동들, 그리고 형사법 영역에서의 국가활동들에 대해서는 적용이 제외됨을 규정하고 있다(제1조 제3항 참조). 따라서, 동 지침은 회원국들이 합법적으로 전자통신을 도청하는 등의 행위에 영향을 미치지 않는다고 해석된다. 다만, 그러한 경우에도 유럽인권협약에 따라서 적절하고 비례적인 경우에만 합법적인 것으로 해석된다[39].

2. 개념 정의(Definitions)

2002년 전자통신분야지침은 1997년 전기통신분야지침과 비교하여 볼 때, '트래픽정보', '위치정보', '커뮤니케이션', '통화', '동의', '부가가치서비스', '전자메일' 개념이 신설되었으며, 1997년 지침에서 규정되었던 '가입자', '공중통신망', '통신서비스' 개념이 삭제되었다. 따라서, 1997년 지침상의 개념규정으로는 '이용자' 개념만이 존속하게 된 셈이다. 한편, 2009년 개정은 개념 정의에 관해서도 이루어져, '통화'(call)에 관한 개념 정의가 삭제되었으며, '개인정보 침해'(personal data breach)에 관한 개념 정의가 신설되었다.

위의 개정사항들을 반영한 2002년 지침은 '이용자', '트래픽정보', '위치정보', '통신', '동의', '부가가치서비스', '전자메일', '개인정보 침해'에 대한 개념 정의규정을 두고 있다(제2조 참조). 이들 개념의 규정내용을 살펴보면, '이용자(user)'란 "반드시 이러한 서비스에 가입하지 않고서도 사적 또는 사업 목적을 위하여 공중전자통신서비스를 이용하는 자연인"을 의미하고, '트래픽정보(traffic data)'란 "전자통신망상에서 통신의 전달 또는 요금 청구의 목적을 위하여 처리되는 정보"를 의미하며, '위치정보(location data)'란 "공중전자통신서비스 이용자의 단말기의 지리적 위치를 나타내는 전자통신망에서 처리되거나 또는 공중전자통신서비스에 의

38) EU조약(TEU)은 그에 대해 대외활동과 공통외교안보정책에 관한 활동 등을 규정하고 있다.
39) OJ L 201, 2002.7.31., recital (11), p.38.

해 처리되는 정보"를 의미하고, '통신(communication)'이란 "한정된 숫자의 당사자간에 공중전자통신서비스에 의해 교환되거나 전달된 정보를 말한다. 이것은 전자통신망을 통하여 방송서비스의 일부로서 대중에게 전달된 정보를 포함하지 않는다. 다만 그 정보가 그것을 수신하는 식별가능한 가입자 또는 이용과 관련된 경우에는 제외한다."고 하며, 이용자 또는 가입자에 의한 '동의(consent)'란 1995년 지침에서의 '정보주체의 동의', 즉 "정보주체가 자신과 관련한 개인정보가 처리되는 것에 합의를 나타내는, 자유롭게 주어진 특정되고 정보에 기한 의사표시"와 동일하며, '부가가치서비스(value added service)'란 "통신데이터 또는 그 이외의 위치정보의 처리를 요구하는 서비스로서 통신 또는 그 요금청구서의 전송을 위해 필요한 것을 제외한다."고 하며, 그리고 '개인정보 침해(personal data breach)'란 "공동체 내에서 공중전자통신서비스의 제공과 관련하여 전송되거나, 저장되거나, 또는 그 밖의 방법으로 처리된 개인정보의 우발적이거나 불법적인 파기, 분실, 변경, 권한이 없는 공개 또는 접근을 낳는 보안의 침해"라고 규정하고 있다.

3. 처리의 보안(Security of processing)

이와 관련하여서는 2009년 개정 시에 많은 규정이 신설되었다. 즉, 종래의 규정 이외에도 제1a항과 제3항부터 제5항까지가 신설되었다. 처리의 보안과 관련된 주요내용을 살펴보면 다음과 같다(제4조 참조).

(1) 공중전자통신서비스 제공자는 필요한 경우에 망 보안과 관련하여 공공통신망 제공자와 연계하여 그 서비스의 보안을 보장하기 위하여 적절한 기술적 · 조직적 조치를 취하도록 되어 있고, 그 이행의 기술수준 및 비용과 관련하여, 이들 조치는 제기된 리스크에 적정한 보안수준을 보장하여야 하도록 규정하였다.

(2) 위에서 언급된 조치들은 적어도 개인정보가 법적으로 허용된 목적을 위하여 권한있는 담당자에 의하여서만 접근될 수 있다는 것을 보장하여야 하며, 저장되거나 전송된 개인정보의 우발적이거나 불법적인 파기, 우발적인 소실 또는 변경, 그리고 불법적인 저장, 처리, 접근 또는 공개에 대해서 보호하여야 하고, 그리고 개인정보의 처리와 관련한 보안정책의 이행을 보장하여야 한다. 관련 국가기관들은 공중전자통신서비스 제공자가 취하는 조치들을 감사하고, 그들 조치가 달성해야 하는 보안수준에 대하여 모범실무(best practices)에 관한 권고를 할 수 있어야 한다.

(3) 망 보안 침해에 특별한 위험이 있는 경우에, 공중전자통신서비스 제공자는

그들 위험에 관하여 가입자에게 통지하여야 한다. 그리고, 그 위험이 서비스 제공자가 취할 수 있는 조치의 범위를 벗어나는 경우에 발생가능한 관련 비용의 적시를 포함하여 가능한 구제수단을 통지하여야 한다.

(4) 개인정보가 침해된 경우에 공중전자통신서비스 제공자는 부당하게 지체되지 않게 개인정보 침해를 관할 국가기관에 신고하여야 하며, 개인정보의 침해가 가입자 또는 개인의 개인정보 또는 프라이버시에 불리한 영향을 미칠 가능성이 있는 경우에, 제공자는 또한 부당하게 지체되지 않게 가입자 또는 개인에게 그 침해를 통보하여야 한다[40]. 가입자 또는 개인에 대한 통보는 적어도 개인정보 침해의 성질과 정보를 더 얻을 수 있는 연락처를 표시하여야 하고, 개인정보 침해의 가능한 부작용을 완화시키기 위한 조치들을 권고하여야 한다. 나아가, 괄할 국가기관에 대한 신고는 개인정보 침해의 결과와 서비스 제공자가 제안하거나 취한 조치의 결과를 설명하여야 한다.

(5) 유럽위원회는 위의 조치 이행의 일관성을 보장하기 위하여, 유럽네트워크정보보안기구(European Network and Information Security Agency ; ENISA), 1995년 지침 제29조에 의한 작업반(Working Party)과 유럽정보보호감독관(European Data Protection Supervisor ; EDPS)과의 협의를 거쳐, 위의 신고 및 통보요건에 적용가능한 상황, 형식 및 절차에 관하여 기술적 이행조치를 채택할 수 있다. 여기에서 채택된 기술적 이행조치에 따라서, 관할 국가기관들은 가이드라인을 채택할 수 있고, 필요한 경우에 서비스 제공자에게 개인정보 침해를 신고할 필요가 있는 상황, 그러한 신고의 형식과 방법에 관한 지시를 할 수 있다. 그 기관들은 또한 서비스 제공자가 그러한 신고의무를 준수하였는지 여부를 감사할 수 있어야 하고, 그 의무를 이행하지 못한 경우에 적절한 제재를 부과하여야 한다.

4. 통신의 비밀(Confidentiality of the communications)

회원국들은 국가입법을 통하여 공공통신망과 공중전자통신서비스에 의한 통신과 관련 트래픽정보의 비밀을 보장하여야 하고, 특히 이용자의 동의없이 이용자 이외의 사람에 의한 통신과 트래픽정보의 청취, 도청, 저장 또는 다른 유형의 간섭이나 감시를 금지하여야 한다. 다만, 국가안보, 방위, 공공의 안전 그리고 형사범죄

40) 다만, 그 제공자가 관할 국가기관이 만족스럽게 적절한 기술적 보호조치를 이행하였고, 그들 조치가 보안 침해에 관련된 정보에 적용된 것을 입증한 경우에는 관련 가입자 또는 개인에게 개인정보 침해의 통보는 요구되어서는 안된다.

또는 전자통신시스템의 부당한 이용의 예방, 조사, 인지 및 기소를 보장하기 위하여 필요하며 적절하고 비례적인 조치에 대해서는 예외가 인정된다. 또한, 영업상 거래나 다른 사업상 교신의 증거를 제공할 목적으로 적법한 사업수행 중에 이루어질 때 통신이나 관련 트래픽정보의 법적으로 허용된 기록에 대해서도 예외가 인정된다. 나아가, 관련 가입자나 이용자가 동의를 하고, 처리의 목적에 관하여 명확하고 포괄적인 정보를 제공받았으며 정보관리자에 의한 그러한 처리에 대해 반대할 권리가 부여된다는 조건에서 가입자나 이용자의 단말기에 정보의 저장 또는 이미 저장된 정보에의 접근이 허용된다(제5조 참조).

5. 트래픽정보(Traffic data)

공공통신망이나 공중전자통신서비스의 제공자가 처리하고 저장한 가입자 및 이용자에 관한 트래픽정보는 통신 전송의 목적을 위하여 더 이상 필요하지 않게 되었을 때 삭제되거나 익명화되어야 한다. 다만, 전자통신서비스의 마케팅을 위하여 또는 부가가치서비스의 제공을 위하여 공중전자통신서비스 제공자는 가입자 또는 이용자가 사전동의를 한다면, 그러한 서비스 또는 마케팅에 필요한 정도로 그리고 그 기간 동안에 트래픽정보를 처리할 수 있다. 이러한 경우에, 이용자 또는 가입자는 언제라도 트래픽정보의 처리에 대한 동의를 철회할 수 있어야 한다.

또한, 가입자 통신요금 청구 및 상호접속이용료 청구를 위해 필요한 트래픽정보는 처리될 수 있다. 다만, 서비스 제공자는 사전에 처리되는 트래픽정보의 유형과 처리기간을 통지하여야 하며, 그러한 처리는 요금청구가 적법하게 다투어질 수 있거나 이용료 청구가 이루어질 수 있는 기간 종료까지만 허용될 수 있다.

이상의 트래픽정보의 처리는 요금청구나 트래픽 관리, 고객대응, 사기 적발, 전자통신서비스의 마케팅 또는 부가가치서비스의 제공을 취급하는 공공통신망과 공중전자통신서비스 제공자의 권한에 따라 대리하는 사람들과 그러한 활동목적에 필요한 사항으로 제한되어야 한다(제6조 참조).

[관련판례 2] : Probst Case (Case C-119/12, 2012.11.22.)[41]

〈사실관계〉

Mr Probst는 Deutsche Telekom이 제공하는 전화회선의 소유자로서, 그 전화회

41) Probst[2012], EU:C:2012:748

선을 통하여 컴퓨터가 인터넷에 연결되어 있다. 2009년 6월 28일부터 같은 해 9월 6일까지 그는 인터넷에 수시로 접속하기 위하여 Verizon이 제공한 번호를 사용하였다. 그런데, 원고가 통신요금을 납부하지 못하자, 팩토링계약에 따라서 그 채권의 수탁자인 회사(nexnet)가 통신요금의 납부를 청구하였다. Mr Probst에 따르면, 팩토링계약은 특히 독일 전기통신법의 관련규정을 위반하는 한 무효이다. 관할 지방법원은 nexnet의 지급청구를 기각하였지만, 항소법원은 인용하였다. 법률적 쟁점에 관한 상고가 독일연방사법재판소(Bundesgerichtshof)에 제기되었다.

독일연방사법재판소는 소송을 정지시키고, 2002년 지침 제6조 제2항과 제5항은 서비스 제공자가 통신정보를 지급청구권의 양수인에게 이전할 수 있고, 양수인은 그 정보를 처리할 수 있는지 여부와 어떠한 상황에서 이전할 수 있는지 여부에 대하여 선결적 판결을 구하여 유럽사법재판소에 제청하였다.

〈유럽사법재판소의 판결 요지〉

제청법원은 2002년 지침 제6조 제2항과 제5항은 서비스 제공자가 통신정보를 지급청구권의 양수인에게 이전할 수 있고, 양수인은 그 정보를 처리할 수 있는지 여부와 어떠한 상황에서 이전할 수 있는지를 묻는다.

첫째로, 2002년 지침 제6조 제2항에 따라서, 가입자 요금청구와 접속료청구 목적에 필요한 통신정보는 처리될 수 있다. 동 조항은 요금청구 목적을 위하여서뿐만 아니라 채권추심 목적을 위하여서도 통신정보의 처리를 인정한다. 통신정보의 처리를 '요금청구가 적법하게 청구될 수 있거나 지급절차가 추진될 수 있는 기간이 종료할 때까지' 인정함으로써, 동 조항은 요금청구시의 정보처리뿐만 아니라 그 지급의 확보에 필요한 처리와도 관련된다.

둘째로, 동 지침 제6조 제5항에 따라서, 동 조 제2항에 의해 인정된 통신정보의 처리는 '요금을 취급하는 공공통신망과 공중전자통신서비스 제공자의 허가에 따라 활동하는 사람들에 한정되어야 하고', 그리고 그러한 활동을 위하여 '필요한 것으로 제한되어야 한다'. 동 지침의 이들 규정의 종합적인 해석에 의하면, 서비스 제공자는 지급청구권의 만족을 위하여 그 지급청구권의 양수인에게 통신정보의 이전이 인정되고, 양수인은 먼저 그 정보의 처리에 관하여 서비스 제공자의 '허가에 따라' 행동하고, 다음으로 그들 청구권의 달성을 위하여 필요한 통신정보만을 처리한다는 조건으로 그 정보를 처리할 수 있다.

동 지침도 교섭기록(travaux préeparatoires)과 같이 그 해석의 관련문서도 '허가에 따라'('under the authority')의 개념의 정확한 범위에 대해 명확하게 규정하고 있지는 않다. EU법이 그 개념 정의를 규정하고 있지 않는 용어의 의미와 범위는 일상언어에서의 그 통상적인 의미를 고려함으로써 결정되어야 하고, 또한 그 용어가 사용되는 문맥과 그것이 속하는 규정들의 목적을 고려에 넣어야 한다[42]. 일상언어에서의 그 단어들의 통상적인 의미에 관하여, 어떤 사람이 다른 사람의 지시에 따라 그 통제 아래에서 행동하는 경우에, 어떤 사람은 다른 사람의 허가에 따라 행동한다고 주장되어야 한다. 동 지침 제6조가 나타내는 문맥과 관련하여서는, 동 지침 제5조 제1항이 회원국들은 공공통신망과 공중전자통신서비스에 의한 통신과 관련 통신정보의 비밀성을 보장할 것이 요구된다고 규정하고 있음이 상기되어야 한다. 동 지침 제6조 제2항과 제5항은 요금청구서비스의 요건에 따른 통신정보의 처리를 인정함으로써 동 지침 제5조 제1항에서 규정된 통신의 비밀성에 대한 예외를 담고 있다. 그것이 예외를 형성하기 때문에, 동 지침의 '허가에 따라'라는 단어는 엄격하게 해석되어야 한다. 이러한 해석은 지급청구권의 양수인이 통신정보의 처리와 관련하여 부여된 조건에 따라서 행동하고 있는지를 서비스 제공자가 결정할 수 있는 실질적인 감독권을 가지고 있을 것을 요구한다. 이러한 해석은 일반적으로는 동 지침 제6조 제5항의 목적에 의해 확인된다. 동 지침 제1조 제1항과 제2항에서도 명백한 바와 같이, 동 지침은 전자통신분야에서의 개인정보의 처리와 관련하여 특별히 기본적 권리와 자유, 특히 프라이버시권의 동등한 수준을 보장하기 위하여 전자통신분야에서 1995년 지침에 대해 특별법적 지위를 가지며 그것을 보충하고 있다. 따라서, 2002년 지침 제6조 제5항은 1995년 지침의 유사규정의 관점에서 해석되어야 한다. 정보관리자(controller)는 자기가 임명한 정보처리자(processor)에 대해 행사하는 통제의 수준에 대해 규정하는 1995년 지침 제16조와 제17조에 의하여 그 정보처리자는 정보관리자의 지시에 따라서만 행동하고, 정보관리자는 불법적인 처리형태에 대하여 개인정보를 보호하기 위하여 합의된 법규범의 준수를 보장하는 것은 명백하다. 특히 2002년 지침 제6조 제5항에 의해 추구된 목적에 관하여, 비록 동 조항이 특히 서비스 제공자의 채권추심과 그가 전자통신서비스의 공급에 집중할 수 있게 할 목적으로 일정한 제3자에 의한 통신정보의 처리를 인정한다고 하더라도, 동 조항은

42) Case C-336/03, easyCar[2005], EU:C:2005:150, paragraphs 20 and 21, and Case C-49/11, Content Services[2012], EU:C:2012:419, paragraph 32

통신정보의 처리가 그 서비스 제공자의 '통제 아래에서' 행동하는 사람들에게로 제한되어야 한다고 규정함으로써, 이용자가 누리는 개인정보의 보호의 수준에 영향을 미치지 않을 것을 보장하고자 한다는 것이 기술되어야 한다. 채권추심을 위하여 전기통신요금의 지급과 관련되는 지급청구권의 양수인은 그 활동이 포함되는 통신정보의 처리를 위하여 서비스 제공자의 지시와 통제에 따라서만 행동하는 경우에, 동 지침 제6조 제5항의 의미 내에서, 서비스 제공자의 '허가에 따라' 행동하는 것이다. 특히, 지급청구권을 양도하는 서비스 제공자와 그러한 청구권을 양수받는 당사자 간에 체결된 계약은 양수인에 의한 통신정보의 합법적인 처리를 보장하는 규정을 포함하여야 하고, 서비스 제공자가 항상 그들 규정이 양수인에 의해 준수되고 있다는 것을 보장할 수 있어야 한다. 회원국의 국가법원은 그들 조건들이 본안소송의 사건에서 충족되는지 여부를 결정하여야 한다.

팩토링계약은 정보의 처리가 반드시 채권추심에 필요하고, 관련 청구권의 만족을 위하여 더 이상 필요하지 않음을 알게 되는 경우, 곧 그들 정보를 즉각적이고 복구불가능하게 삭제하거나 반환할 의무를 그 양수인에게 부과하는 한에서만, 지급청구권의 양수인에 의한 통신정보의 처리를 허용한다. 나아가, 그것은 서비스 제공자에게 간단한 청구에 의해 통신정보를 삭제하거나 반환할 의무를 지는 양수인측이 보안 및 정보보호에 관한 규정을 준수하는지를 체크할 수 있게 한다.

이상에서 살펴본 바와 같이, 제청사항에 대한 답변은 2002년 지침 제6조 제2항과 제5항은 서비스 제공자가 통신정보를 그들 청구권의 만족을 위하여 통신서비스의 공급의 측면에서 지급청구권의 양수인에게 이전하는 것과, 그리고 그 양수인이 첫째로, 그들 정보의 처리에 관하여 서비스 제공자의 허가에 따라 행동한다는 것과, 둘째로, 양수된 청구권의 만족을 위하여 필요한 통신정보를 처리하는 것으로 한정된다는 조건으로 그 정보의 처리를 인정하는 것으로 해석되어야 한다.

6. 위치정보(Location data other than traffic data)

공공통신망이나 공중전자통신서비스의 이용자나 가입자와 관련된 위치정보가 처리될 수 있는 경우에, 그러한 정보는 익명화되거나 이용자나 가입자의 동의가 있는 경우 부가가치서비스의 제공에 필요한 정도와 기간 동안 처리될 수 있을 뿐이다. 이 경우에, 서비스 제공자는 동의를 얻기 전에 이용자나 가입자에게 처리되는 위치정보의 유형, 처리의 목적 및 기간, 그리고 그 정보가 부가가치서비스를 제공할 목적으로 제3자에게 전달될지 여부에 대하여 통지하여야 하며, 이용자나 가입자는 언제든지 위치정보의 처리에 대한 동의를 철회할 수 있다. 위치정보의 처리를 위하여 이용자나 가입자의 동의를 얻은 경우에도, 이용자나 가입자는 간단한 수단과 비용부담 없이 망에 대한 접속 시 또는 통신의 전송 시 그러한 정보의 처리를 일시적으로 거부할 수 있어야 한다.

이상의 위치정보의 처리는 공공통신망이나 공중통신서비스의 제공자나 부가가치서비스를 제공하는 제3자의 권한 하에 행동하는 사람과, 부가가치서비스를 제공하기 위하여 필요한 사항으로 제한되어야 한다(제9조 참조).

7. 가입자 디렉토리(Directories of subscribers)

회원국들은 가입자[43]들이 비용부담 없이, 그리고 디렉토리에 포함되기 전에 일반이 이용할 수 있거나 디렉토리문의서비스를 통하여 가입자의 인쇄된 또는 전자적 디렉토리의 목적에 대해 통지를 받고, 그러한 디렉토리에는 가입자 개인정보가 포함될 수 있으며, 전자판 디렉토리에서 작동되는 검색기능에 근거한 보다 진보된 사용가능성에 관하여 통지를 받을 것을 보장하여야 한다. 또한 가입자들은 자신들의 개인정보가 공공디렉토리에 포함될 것인지 여부를 결정하고, 만일 포함된다면 디렉토리 제공자에 의해 결정된 그러한 정보가 디렉토리의 목적에 대하여 관련성이 있는 정도만큼, 그러한 정보를 확인, 정정 또는 철회하기 위한 기회가 주어진다는 것을 보장하여야 한다. 그러한 디렉토리에 포함되지 않는다 하더라도, 디렉토리에서 개인정보를 확인, 정정 또는 철회하는 것은 비용부담 없이 가능하여야 한다(제12조 참조).

[관련판례 3] : Deutsche Telekom Case(Case C-543/09, 2011.5.5.)[44]

〈사실관계〉

독일 전기통신망사업자로서의 자격에서 Deutsche Telekom은 그 가입자들에게 전화번호를 할당하며, 전국적인 전화번호안내서비스를 운영한다. 또한 자신의

43) 여기에서의 가입자는 자연인인 가입자를 말한다. 그러나, 회원국들은 또한 공동체법과 적용가능한 국가법체계 내에서 자연인이 아닌 가입자들에게도 공공디렉토리에의 가입과 관련하여 그들의 정당한 이익이 충분히 보호되도록 하여야 한다.

44) Deutsche Telekom[2011], EU:C:2011:279

고객들은 물론, 타사 가입자들과 관련되는 정보를 포함하는 활자 및 전자 전화번호부를 발행한다. Deutsche Telekom은 그러한 목적을 위해 필요한 정보를 관련 가입자들에게 전화번호를 할당한 전화서비스 제공자들로부터 획득한다. 이러한 방법으로, Deutsche Telekom은 거의 100개의 기업들과 가입자정보의 획득을 위한 계약을 체결하였다.

본안소송의 참가인들인 GoYellow GmbH ('GoYellow')와 Telix AG ('Telix')는 인터넷안내서비스와 전화번호안내서비스를 각각 운영한다. 그들은 유료로 Deutsche Telekom에 의해 제공되는 정보를 이용한다. Deutsche Telekom이 GoYellow와 Telix에게 제공할 의무가 있는 정보의 범위에 대한 합의를 이루지 못함에 따라서, GoYellow와 Telix 회사들은 독일 전기통신법에 의하여 연방기관에 문제를 제기하였다.

2006년 9월 11일의 결정으로, 연방기관은 Deutsche Telekom에 대해 Deutsche Telekom 자신의 고객정보뿐만 아니라 제3자인 전화서비스 제공자들의 가입자들과 관련되는 Deutsche Telekom이 보유하는 정보도, 그들 제공자나 가입자들이 그들 정보가 Deutsche Telekom에 의해서만 발행되기를 원했다고 할지라도, GoYellow와 Telix에게 이용할 수 있게 하도록 명령하였다.

이에 대해, Deutsche Telekom은 연방행정기관의 결정에 대해 쾰른 행정법원에 소를 제기하였다. 동 법원은 2008년 2월 14일 기각판결을 하였다. 그래서, Deutsche Telekom은 법적 쟁점에 대해 특히 외부정보를 둘러싼 정보를 제공할 의무는 2002년 보편적서비스지침(DIRECTIVE 2002/22/EC)을 위반한다고 주장하여, 연방행정법원에 항소하였다.

연방행정법원은 본안소송의 쟁점은, 한편으로, 외부정보를 GoYellow와 Telix에게 제공할 Deutsche Telekom에게 부과된 의무로 제한되고, 다른 한편으로, 가입자나 서비스 제공자가 Deutsche Telekom에 의해서만 발행되기를 원하는 정보로 제한된다고 설명한다. 연방행정법원은 국가법에만 근거하는 경우 법적 쟁점에 관한 항소는 기각되어야 한다고 판단하지만, 그 분쟁에 적용가능한 국가법에 의해 제기된 의무가 EU법에 부합하는지 여부에 대하여 의문을 가지고 있다. 첫째로, 연방행정법원은 2004년의 유럽사법재판소의 판례[45]에 의하면, 2002년 보편적서비스지침 제25조 제2항은 전화번호를 그 자신의 가입자들과 관련하는 정보

45) Case C-109/03, KPN Telecom[2004], EU:C:2004:749

만을 넘길 것을 전화번호를 할당하는 회사에게 요구하고 있음을 확인한다고 말한다. 둘째로, 연방행정법원에 의하면, 특히 경쟁을 촉진시키는 2002년 구조지침(DIRECTIVE 2002/21/EC)의 목적의 관점에서 EU법은 국가입법기관이 외부정보를 이용할 수 있도록 그 의무를 확장시키는 것을 허용하고 있다고 해석될 가능성이 배제될 수 없다. 연방행정법원에 의하면, 일방 당사자로부터 정보를 수집하는 것은 전화번호를 할당하는 각 개별기업으로부터 정보를 얻는 것과 관련된 중요한 장애물을 제거하는 것과 같다. 그것은 또한 강력한 경쟁구조를 촉진하게 될 것이다. 만일 국가입법기관이 그러한 의무를 부담하는 기업이 보유하는 외부정보를 그 대상으로 하기 위하여 정보를 이용할 수 있는 의무의 범위를 확장하는 것이 정당하다면, 연방행정법원은 2002년 지침(Directive 2002/58/EC) 제12조가 그러한 외부정보의 이전을 관련 가입자와 전화서비스 제공자의 동의를 조건으로 하는지 여부에 대해 의문을 가진다. 따라서, 연방행정법원은 소송절차를 정지시키고, 다음 사항에 대해 선결적 판결을 구하여 유럽사법재판소에 제청하였다.

첫째로, 2002년 보편적서비스지침(DIRECTIVE 2002/22/EC) 제25조 제2항[46)]은 회원국들이 가입자들에게 전화번호를 할당하는 기업들에게 공중디렉토리문의서비스의 제공을 위하여 당해 기업이 보유하고 있으면 전화번호를 할당하지 않은 가입자관련 정보를 이용할 수 있도록 할 것을 요구할 수 있다고 해석되어야 하는지?

둘째로, 위의 질문에 대한 답변이 긍정적이라면, 2002년 지침(Directive 2002/58/EC) 제12조는 국가기관에 의한 상술한 의무의 부과가 그 정보의 이전에 대해 다른 전화서비스 제공자 또는 그 가입자들의 동의를 전제로 하는 것으로 해석되어야 하는지?

〈유럽사법재판소의 판결 요지〉

– 첫 번째 제청사항과 관련하여

첫 번째 제청사항은 2002년 보편적서비스지침 제25조 제2항은 이용자들에게 전화번호를 할당하는 기업이 공중디렉토리문의서비스를 제공하는 것을 그 활동

46) Article 25 Operator assistance and directory enquiry services
2. Member States shall ensure that all undertakings which assign telephone numbers to subscribers meet all reasonable requests to make available, for the purposes of the provision of publicly available directory enquiry services and directories, the relevant information in an agreed format on terms which are fair, objective, cost oriented and non-discriminatory.

으로 하는 기업에게 그 기업이 보유하고 있는 제3자기업들의 가입자와 관련되는 정보를 이용할 수 있게 할 의무를 부과하는 국가입법을 금지하는 것으로 해석되어야 하는지 여부의 문제이다.

위 질문에 답변하기 위하여서는, 본안소송에서 쟁점이 되고 있는 외부정보가 2002년 보편적서비스지침 제25조 제2항의 목적을 위하여 '관련정보'인지 여부를 검토하는 것이 필요하다. 그와 관련하여, 2002년 보편적서비스지침 제25조 제2항에 의하여 정보를 이전할 의무는 '전화번호를 가입자들에게 할당하는 기업들'에 대해서만 부과된다는 것을 주목하여야 한다. 그래서, 정보를 이전할 의무와 전화번호의 가입자에의 할당 사이의 관계를 고려할 때, 2002년 보편적서비스지침 제25조 제2항에 의하여 요구되는 '관련정보'의 교부는 관계기업들의 가입자들과 관련되는 정보만이 해당된다고 하여야 한다. 즉, 동 조항은 Deutsche Telekom과 같은 기업에게 부과하는 것이며, 그것은 디렉토리문의서비스의 제공자로서의 자격에서가 아니라 전화번호를 할당하는 기업으로서의 자격에서 부과되는 것이다. 이러한 해석은 동 지침 제5조 제1항에서 규정된 보편적서비스의무의 준수를 보장하는 2002년 보편적서비스지침 제25조 제2항에 의해서 추구된 목적에 의해서도 확인된다. 전화번호를 할당하는 각 기업들에게 부과되는 그 자신의 가입자들과 관련되는 정보를 이전할 의무에 의하여, 보편적 서비스를 제공하고자 하는 기업은 제한적인 데이터베이스를 수립할 수 있고, 따라서 동 지침 제5조 제1항에 의한 의무의 준수를 보장할 수 있다.

한편, 2002년 보편적서비스지침 전문 제11단(recital)이 "이용자들과 소비자들은 모든 전화번호가입자와 그들의 번호를 포함하는 포괄적인 디렉토리와 디렉토리문의서비스를 원하고 있다"고 기술하고 있는 것을 주의하여야 한다. 그러나, 그 문언은 동 지침 제5조 제1항에서 규정된 보편적서비스의무와 함께 해석되어야 한다. 그런데, 동 조항은 회원국들에게 모든 디렉토리와 전화문의서비스는 포괄적일 것을 보장하라고 요구하고 있지 않다. 동 조항에 의하면, 회원국들은 적어도 하나의 포괄적인 디렉토리 또는 하나의 포괄적인 전화디렉토리문의서비스가 최종이용자들에게 이용할 수 있을 것만을 보장하여야 한다.

또한, 경쟁촉진이라는 CRF(common regulatory framework)의 일반적 목적도 Deutsche Telekom과 같이 가입자들에게 전화번호를 할당하는 기업이 2002년 보편적서비스지침 제25조 제2항에 의해 그 자신의 가입자들과 관련되는 정보가 아닌 정보를 제3자 기업에게 이전할 것이 요구된다는 견해를 지지하는 것도 아니다. 동 조항은 동 지침 제5조 제1항에서 규정된 보편적서비스의무의 준수를 보장하는 것인 특정한 목적의 관점에서 해석되어야 한다. 더구나, 동 지침 전문 제35단(recital)은 디렉토리문의서비스와 디렉토리의 제공이 이미 경쟁에 열려 있다고 기술하고 있다. 경쟁시장에서, 동 지침 제25조 제2항에 의해 전화번호를 할당하는 기업들이 그들의 가입자들과 관련되는 정보를 이전할 의무는 원칙적으로 당해 기업이 동 지침 제5조 제1항에서 규정된 보편적서비스의무를 준수할 수 있게 할뿐만 아니라, 모든 전화서비스 제공자가 완전한 데이터베이스를 수립할 수 있게 하고, 전화디렉토리문의서비스 시장에서 적극적으로 되게 할 수 있다. 그와 관련하여, 관련제공자가 전화번호를 할당하는 각 기업들에게 그 가입자들과 관련되는 관련정보를 요청하는 것은 충분히 있을 수 있다.

이상으로부터, 2002년 보편적서비스지침 제25조 제2항의 목적을 위한 '관련정보'의 교부는 전화번호를 할당하는 기업들의 가입자들과 관련되는 정보만을 그 대상으로 한다고 하여야 한다.

다음으로, 2002년 보편적서비스지침 제25조 제2항은 동 지침 제5조 제1항에 의하여 회원국들에게 부과된 적어도 하나의 포괄적인 디렉토리 또는 하나의 포괄적인 전화디렉토리문의서비스가 최종이용자들에게 이용될 수 있을 것을 보장할 의무의 준수를 확보하는 데 그 목적이 있다는 것을 기억하여야 한다. 그것은 회원국들이 충족하여야 할 최소한의 요건을 나타내기 때문에, 원칙적으로 회원국들은 공중전화 및 디렉토리서비스시장에 새로운 참가자들의 진입을 촉진하기 위하여 보다 엄격한 조항들을 자유롭게 채택할 수 있다.

이상에서 살펴본 바와 같이, 첫 번째 제청사항에 대한 답변은 2002년 보편적서비스지침 제25조 제2항은 전화번호를 최종이용자들에게 할당하는 기업들은 그 활동이 공중디렉토리문의서비스와 디렉토리를 제공하는 데 있는 기업들에게 그 자신의 가입자들에 관련되는 정보뿐만 아니라 제3자기업들의 가입자들과 관련되는 정보도 이용할 수 있게 하는 국가입법을 금지하지 않는 것으로 해석되어야 한다는 것이다.

- 두 번째 제청사항과 관련하여

두 번째 제청사항은 2002년 지침(Directive 2002/58/EC) 제12조는 그 활동이 공중디렉토리문의서비스의 제공에 있는 기업에게 전화번호를 할당하는 기업에 의해 제3자기업의 가입자들과 관련되는 그 기업이 보유하는 정보의 이전을 그 기업이나 가입자들의 동의를 또는 반대의 부존재를 조건으로 하고 있는지 여부이다.

그와 관련하여, EU기본권헌장 제8조 제1항은 "모든 사람은 자기와 관련되는 개인정보보호권을 갖는다"고 규정하고 있는 것을 주목하여야 한다. 1995년 지침은 회원국들에게 개인정보보호권의 준수를 보장하게 하고자 하는 것이다. 2002년 지침은 동 지침 제1조 제2항에서 명백한 것처럼, 전자통신분야에서 1995년 지침을 명확히 하고 보완하고자 하는 것이다.

그러나, 개인정보보호권은 절대적인 권리가 아니며, 사회에서의 그 기능과 관련하여 고려되어야 한다[47]. 그래서, 헌장 제8조 제2항은 일정한 요건이 충족되는 경우에 개인정보의 처리를 규정하고 있다. 동 조항은 개인정보는 "특정한 목적을 위하여, 그리고 관계인의 동의에 근거하여 또는 법률에 의해 규정된 다른 정당한 근거에 기하여야 한다"고 규정한다. 가입자의 개인정보를 공중디렉토리문의서비스를 제공하고자 하는 제3자 기업에게 이전하는 것은 헌장 제8조 제2항의 목적을 위한 개인정보의 처리를 형성한다. 더구나, 2002년 지침은 가입자에 관한 개인정보의 공개를 그들 가입자의 동의를 조건으로 하도록 하고 있다는 것을 명백히 규정하고 있다. 그리하여, 동 지침 제12조 제2항은 가입자들이 자신들의 개인정보를 공공디렉토리에 포함시킬 것인지, 만일 포함시킨다고 한다면 어떠한 개인정보를 포함시킬 것인지를 자유롭게 결정할 수 있다고 규정한다.

다른 한편으로, 2002년 지침에는 가입자와 관련되는 개인정보의 공개를 관련 전화번호를 할당하거나 외부정보를 보유하고 있는 기업의 동의를 조건으로 한다는 규정은 없다. 그러한 기업은 사전동의권이 없다. 사전동의권은 가입자들에게만 부여된 것이다.

두 번째 제청사항 중에 연방행정법원은 2002년 지침 제12조가 그 활동이 공중디렉토리문의서비스의 제공에 있는 제3자 기업으로의 개인정보의 이전을 가입자로부터 새로운 동의를 조건으로 하는지를 묻는다. 그와 관련하여서는, 공공디렉토리에 포함되기 전에 가입자들은 특히 전자판 디렉토리의 소프트웨어에 내재

47) Joined Cases C-92/09 and C-93/09, Volker und Markus Schecke and Eifert[2010], EU:C:2010:662, paragraph 48

된 검색기능을 통하여 디렉토리의 목적을 통지받아야 한다는 것은 동 지침 제12조 제1항으로부터 명백하다는 것을 상기하여야 한다. 그러한 사전통지에 의하여, 관련가입자는 1995년 지침 제2조 제h호와 제7조 제a호의 목적을 위하여 그의 개인정보를 공공디렉토리에서 공개하는 것에 대해 자유롭고, 특정되며 사전통지를 받은 동의를 할 기회를 갖게 된다. 2002년 지침 전문 제39단(recital)은 동 지침 제12조 제1항에 의하여 가입자들에 대한 사전통지의무와 관련하여, 다음과 같이 기술한다. "개인정보가 하나 또는 그 이상의 제3자에게 이전되는 경우에, 가입자는 이러한 가능성과 수취인에 대해 통지 받아야 한다."

그러나, 동 지침 제12조 제1항에서 규정된 통지를 받은 이후에는 제12조 제2항에서 명백한 바와 같이, 그 개인정보는 공공디렉토리에 포함될 수 있는지, 만일 포함된다면, 어떠한 개인정보를 포함할 것인지 여부만을 결정할 수 있다. 따라서, 동 지침 제12조 제2항에 의한 동의는 어느 특정한 디렉토리 제공자의 정체성과 관련되는 것이 아니라, 개인정보의 공공디렉토리에서의 공개목적과 관련된다고 하여야 한다.

가입자가 전화번호를 할당한 기업으로부터 자신의 개인정보가 공공디렉토리에서 공개되기 위하여 Deutsche Telekom과 같은 제3자 기업에게 이전될 수 있다는 가능성에 대해 통지받은 경우에, 그리고 그러한 디렉토리(본 사건의 경우에는 Deutsche Telekom의 디렉토리)에서 그들 정보의 공개에 동의한 경우에, 공공디렉토리를 발행하고자 하는 다른 기업에게 그와 동일한 정보를 이전하기 위하여 가입자로부터 새로운 동의가 필요하지 않다고 하여야 한다. 공공디렉토리에서 자신의 개인정보의 공개에 대해 적정하게 통지를 받은 가입자에 의한 동 지침 제12조 제2항에 따른 동의는 그 공개목적과 관련되는 것이며, 따라서 그러한 처리가 동일한 목적을 추구한다면, 공중디렉토리문의서비스시장에서 활동하는 제3자 기업에 의해 그들 정보의 후속적인 처리에까지 확대된다. 더구나, 가입자가 그 기업의 공공디렉토리의 발행을 위하여 자신의 개인정보를 그 기업에 이전할 것을 동의한 경우에, 그 가입자로부터 새로운 동의를 획득하지 않고서도 공공디렉토리를 발행하려고 하는 다른 기업에게 동일한 정보의 이전은 헌장 제8조에서 인정된 바와 같이, 실체적으로 개인정보보호권을 손상할 수 없다.

그러므로, 두 번째 제청사항에 대한 답변은 2002년 지침 제12조는 공공디렉토리를 발행하는 기업이 다른 전화서비스 제공자의 가입자들과 관련되는 그 기업이 보유하는 개인정보를 그 활동이 공공디렉토리를 발행하는 데 있는 제3자 기업에게 이전하여야 한다고 하고, 그들 정보의 이전은 가입자들로부터의 새로운 동의를 조건으로 하지 않는 국가입법을 금지하지 않는 것으로 해석되어야 한다. 다만, 그들 가입자는 공공디렉토리에 최초로 포함되기 전에 그 디렉토리의 목적과 그 개인정보가 다른 전화서비스 제공자에게 교부될 수 있다는 사실에 대해서 통지받은 것을 조건으로 하며, 그리고 그 개인정보는 일단 이전되는 경우에 최초의 발행을 위해 수집된 목적과 다른 목적을 위해 사용되지 않을 것이 보장된다는 것을 조건으로 한다.

8. 스팸통신(Unsolicited communications)

다이렉트마케팅을 위한 자동통화·통신시스템(자동통화기계), 팩스나 전자메일의 이용은 사전동의를 한 가입자 또는 이용자에 대해서만 허용될 수 있다. 자연인이나 법인이 고객으로부터 제품이나 서비스의 판매를 위하여 전자메일로 전자적 연락사항을 받은 경우에, 동일한 자연인이나 법인은 고객들이 비용부담 없이 그리고 손쉬운 방식으로 전자적 연락사항의 이용을 거부할 기회가 명백하게 주어진다면 유사한 제품이나 서비스의 다이렉트마케팅을 위하여 이들 전자적 연락사항을 이용할 수 있다(제13조 참조).

회원국들은 다이렉트마케팅 목적의 스팸통신이 관련 가입자들이나 이용자들의 동의가 없거나 이들 스팸통신의 수신을 원하지 않는 가입자들이나 이용자들의 입장에서 허용되지 않음을 보장할 적절한 조치를 취하여야 한다. 발신자의 신원을 속이거나 감추고 하는 경우, 전자상거래지침(DIRECTIVE 2000/31/EC[48])) 제6조[49])

48) DIRECTIVE 2000/31/EC OF THE EUROPEAN PARLIAMENT AND OF THE COUNCIL of 8 June 2000 on certain legal aspects of information society services, in particular electronic commerce, in the Internal Market (Directive on electronic commerce), OJ L 178, 2000.7.17, p.1.

49) Article 6 Information to be provided
In addition to other information requirements established by Community law, Member States shall ensure that commercial communications which are part of, or constitute, an information society service comply at least with the following conditions:
(a) the commercial communication shall be clearly identifiable as such;
(b) the natural or legal person on whose behalf the commercial communication is made shall be clearly identifiable;
(c) promotional offers, such as discounts, premiums and gifts, where permitted in the Member State where the service provider is established, shall be clearly identifiable as such, and the conditions

를 위반하는 경우, 수신자가 그러한 통신을 중지하라는 요청을 보낼 수 있는 유효한 주소를 가지지 않는 경우, 또는 위법한 웹사이트의 방문을 권장하는 다이렉트 마케팅을 위하여 전자메일을 송부하는 경우 등은 금지되어야 한다.

한편, 회원국들은 본 지침에 따라서 채택된 국가법조항들의 위반에 의해 불리한 영향을 받는, 따라서 그러한 위반의 중지 또는 금지에 정당한 이익을 가지는 자연인 또는 법인은 그 정당한 사업이익을 보호하는 전자통신서비스 제공자를 포함하여, 그러한 위반에 대해 법적 소송의 제기를 보장하여야 하며, 또한 과실로 그들 국가법조항의 위반에 기여하는 전자통신서비스 제공자들에게 적용가능한 벌칙에 관한 특별규정들을 제정할 수 있다(제13조 제5항 참조).

[관련판례 1] : Bonnier Audio Case(Case C-461/10, 2012.4.19.)[50)]

〈사실관계〉

본안소송의 원고들은 오디오북의 형태로 27편의 작품들의 재발간, 출판 및 배포에 대한 독점적 권리를 보유하고 있는 출판사들이다. 그들은 인터넷에 연결된 컴퓨터 간의 파일 공유와 정보전송을 허용하는 FTP(file transfer protocol)서버에 의해, 자신들의 동의없이 27편의 작품들이 배포되어 자신들의 독점적 권리가 침해되었다고 주장한다. 불법적인 파일 교환이 발생한 인터넷서비스 제공자는 ePhone이다. 본안소송의 원고들은 2009년 4월 1일 03:28과 05:45 사이의 시간 동안 문제의 파일들이 발송된 것으로 추정되는 IP주소를 사용하는 사람들의 이름과 주소를 교부받기 위하여 정보공개명령을 관할지방법원에 청구하였다. 인터넷서비스 제공자인 ePhone은 청구된 금지명령(injunction)이 2006년 지침(Directive 2006/24/EC)에 반한다고 주장하여 동 청구를 다퉜다.

관할지방법원은 정보공개명령청구를 인용하였으며, ePhone이 그에 대해 항소하였다. ePhone은 또한 2006년 지침이 IP주소가 할당된 가입자와 관련된 정보를 지침에서 규정하고 있는 기관이 아닌 사람들에게 공개하는 것을 금지하고 있는

---

which are to be met to qualify for them shall be easily accessible and be presented clearly and unambiguously;

(d) promotional competitions or games, where permitted in the Member State where the service provider is established, shall be clearly identifiable as such, and the conditions for participation shall be easily accessible and be presented clearly and unambiguously.

50) Bonnier Audio and Others[2012], EU:C:2012:219

지 여부를 명확히 하기 위하여 유럽사법재판소에 제청할 것을 신청하였다. 항소법원은 민사분쟁의 일방 당사자가 공공기관이 아닌 사람들에게 가입자정보를 공개할 것을 명령받는 것을 금지하는 규정이 2006년 지침에는 없다고 판결하면서, 유럽사법재판소에의 제청신청을 기각하였다. 항소법원은 또한 오디오북 출판사들이 지적재산권의 침해가 있었음을 증명하는 명백한 증거를 제출하지 않았다고 하면서, 지방법원에 의한 정보공개명령을 기각하였다.

그래서, 본안소송의 원고들이 대법원에 상고하였다. 대법원은 2006년 지침을 근거로 하지 않으면 스웨덴 관련법률의 적용이 금지되는지에 대해 의문이 있다고 판단하여, 소송절차를 정지시키고, 유럽사법재판소에 선결적 판결을 구하여 다음 사항에 대하여 제청하였다.

즉, 2006년 지침 제3조부터 제5조까지와 제11조는 2004년 지침[51] 제8조에 근거하고 있으며, 또한 특정한 가입자의 신원을 밝히기 위하여 침해에 사용된 특정한 IP주소를 가진 가입자에 대한 정보를 인터넷서비스 제공자가 저작권자에게 제공하는 것을 허용하는 국가법의 적용을 금지하는가?

〈유럽사법재판소의 판결 요지〉

선결문제로서, 첫째로, 본안소송에서 다퉈지고 있는 정보가 2002년 지침 제15조 제1항[52]에서 규정된 조건들과 합치된 국가법을 준수하여 보관되고 있다-이는 국가법원이 확인하여야 할 문제이다-는 전제에서, 유럽사법재판소는 시작하고 있다는 점을 주의하여야 한다. 둘째로, 2006년 지침 제1조 제1항은 "각 회원국의 국가법에서 규정되고 있는 바와 같이, 중대범죄의 수사, 탐지 및 기소의 목적

---

51) DIRECTIVE 2004/48/EC OF THE EUROPEAN PARLIAMENT AND OF THE COUNCIL of 29 April 2004 on the enforcement of intellectual property rights, OJ L 195, 2004.4.30, p.16

52) Article 15 Application of certain provisions of Directive 95/46/EC

1. Member States may adopt legislative measures to restrict the scope of the rights and obligations provided for in Article 5, Article 6, Article 8(1), (2), (3) and (4), and Article 9 of this Directive when such restriction constitutes a necessary, appropriate and proportionate measure within a democratic society to safeguard national security (i.e. State security), defence, public security, and the prevention, investigation, detection and prosecution of criminal offences or of unauthorised use of the electronic communication system, as referred to in Article 13(1) of Directive 95/46/EC. To this end, Member States may, inter alia, adopt legislative measures providing for the retention of data for a limited period justified on the grounds laid down in this paragraph. All the measures referred to in this paragraph shall be in accordance with the general principles of Community law, including those referred to in Article 6(1) and (2) of the Treaty on European Union.

으로 정보가 이용될 수 있음을 보장하기 위하여 공중전자통신서비스 제공자 또는 공공통신망 제공자에 의해 생성되거나 처리된 일정한 정보의 보관과 관련하여, 그들의 의무에 관한 회원국들의 법규정을 조화시키는 것을 그 목적으로 한다"는 것이다. 나아가, 2006년 지침 제4조에 의하여, 동 지침에 따라서 보관된 정보는 특정한 사안에서 관할 국가기관에게만 그리고 관련 국가법에 따라서만 제공되어야 한다는 것이다. 그리하여, 2006년 지침은 중대범죄의 수사, 탐지 및 기소의 목적으로 공중전자통신서비스 또는 공공통신망 제공자들에 의해 생성되거나 처리된 정보의 취급 및 보관과 그들의 관할 국가기관과의 연락(communication)만을 다루고 있다는 점이다. 2006년 지침의 물적 범위는 제11조에서 규정되고 있는 바, 동 조는 그러한 정보가 동 지침 제1조 제1항을 위하여 특정하여 보관된다면, 2002년 지침 제15조 제1항은 그들 정보에는 적용되지 않는다고 규정한다.

그러나, 2002년 지침 제15조 제1항은 2006년 지침 제1조 제1항에서 명시적으로 규정된 목적들과 다른 목적을 위해 보관된 정보에는 계속해서 적용된다. 그리하여, 2006년 지침은 특별하고 제한적인 법규를 형성하고 있으며, 적용범위에 있어서 일반적으로 그리고 2002년 지침 제15조 제1항을 적용제외하며 대체하고 있다는 것은, 2006년 지침 제11조와 전문 제12단(recital)으로부터 알 수 있다. 본안소송과 관련하여, 문제의 입법은 2006년 지침과 다른 목적을 추구하고 있다는 점을 주목하여야 한다. 그것은 민사소송에서 지적재산권의 침해가 있었다는 것의 선언을 얻기 위하여 청구한 정보의 교부와 관련된 것이다. 따라서, 동 법은 2006년 지침의 물적 범위에 속하지 않는다. 그러므로, 관련 회원국이 그 기한이 도과하였음에도 2006년 지침을 국가법화하지 않았다는 것은 본안소송과 관련이 없다. 그럼에도 불구하고, 본안소송에서의 사실들은 관련 EU법규범과 관련된다는 점을 주목하여야 한다.

먼저, 본안소송의 원고들이 신원확인을 위하여, 보호받고 있는 작품들을 포함하는 파일들의 불법적인 교환이 있었던 것으로 추정되는 IP주소를 사용하는 인터넷가입자 또는 이용자들의 이름과 주소의 교부를 청구한다는 것을 상기할 필요가 있다. 본안소송의 원고들이 청구한 정보의 교부는, 1995년 지침 제2조 제b호와 함께 해석할 때, 2002년 지침 제2조의 '개인정보의 처리'를 형성한다고 판단하여야 한다. 따라서, 그러한 교부는 2002년 지침의 적용범위에 속한다. 또한 본안소송에서 그들 정보의 교부는 저작권소유자 또는 그 승계인의 이익을 위하여 민사소송에서 요구되는 것이지, 관할 국가기관의 이익을 위한 것이 아니라는 점을 주목하여야 한다.

그와 관련하여, 먼저, 저작권의 효과적인 보호를 확보하기 위하여 개인정보의 교부청구는 2004년 지침(Directive 2004/48)의 범위 내에 속한다고 말하여야 한다. 유럽사법재판소는 2004년 지침 제8조 제3항은 2002년 지침 제15조 제1항과 함께 해석할 때, 저작권 침해에 대한 민사소송을 제기할 수 있도록 개인정보의 공개의무를 회원국들이 사인들에게 부과하는 것을 금지하지 않으며, 또한 회원국들이 그러한 의무를 규정할 것을 요구하지도 않는다고 이미 판결한 바 있다[53].

그러나, 유럽사법재판소는 회원국들이 2002년 지침과 2004년 지침을 국가법화할 때, EU법질서에 의해 보호되는 여러 가지 기본권 간의 공정한 형량이 이루어질 수 있도록 그들 지침을 해석할 것을 지적한 바 있다. 나아가, 그들 지침을 국가법화하는 조치를 실시할 때, 회원국들의 기관과 법원은 그들 지침과 합치하는 방식으로 국가법을 해석해야 할뿐만 아니라, 또한 그들 기본권이나 비례성원칙과 같은 EU법의 일반원칙과 충돌되는 해석을 하여서는 안된다.

본 사건에서, 관련 회원국은 민사소송에서 개인정보를 사인들에게 교부할 의무를 규정하여, 이용할 수 있도록 하였다. 관련 국가법에 의하면, 관련 정보의 공개명령에 대해 지적재산권의 침해의 명백한 증거를 요구하고, 저작권의 침해 또는 손상에 대한 조사를 촉진하는 것으로 간주될 수 있고, 그리고 그러한 조치의 이유가 그로 인해 영향을 받는 사람이나 다른 충돌되는 이익에 대해 그 조치가 야기하는 피해(harm)나 생활방해(nuisance)에 우월하여야 한다. 그리하여, 그러한 국가법에 의하여, 국가법원은 적법한 권한을 가진 사람이 한 개인정보의 공개명령청구를 받고서, 각 사건의 사실관계에 기초하여 충돌하는 관련이익들을 형량하고, 비례성원칙의 요건을 적정하게 고려할 수 있게 된다. 따라서, 그러한 국가법은 원칙적으로 저작권소유자가 가지는 지적재산권의 보호와 인터넷가입자나 이용자가 가지는 개인정보의 보호 사이에 공정한 형량을 보장하는 것으로 간주되어야 한다.

이상에서 살펴본 바와 같이, 제청사항에 대한 답변은 다음과 같다.

– 2006년 지침은 2004년 지침에 근거하여, 인터넷가입자나 이용자의 신원을

53) Promusicae, paragraphs 54 and 55, and order in LSG-Gesellschaft zur Wahrnehmung von Leistungsschutzrechten, paragraph 29

식별하기 위하여 저작권 침해에 사용된 것으로 추정되는 IP주소를 제공한 인터넷서비스 제공자에게 민사소송에서 가입자에 관한 정보를 저작권자에게 줄 것을 명령하는 것을 허용하는 국가법의 적용을 금지하지 않는 것으로 해석되어야 한다. 왜냐하면, 그러한 국가법은 2006년 지침의 물적 적용범위 내에 속하지 않기 때문이다.

- 2002년 지침과 2004년 지침은 그러한 국가법에 의하여 정당한 권리를 가진 사람이 한 개인정보 공개명령청구를 받은 국가법원이 각 사건의 사실관계에 기초하여 충돌하는 관련이익을 형량하고 비례원칙의 요건을 고려할 수 있도록 하는 한, 본안소송에서 쟁점이 되고 있는 국가법을 금지하지 않는 것으로 해석되어야 한다.

9. 1995년 지침의 특정한 규정의 적용(Application of certain provisions of Directive 95/46/EC)

회원국들은 통신의 비밀(제5조), 트래픽정보(제6조), 통화회선 및 접속회선 ID의 표시 및 제한(제8조), 그리고 위치정보(제9조)와 관련된 가입자 및/또는 이용자의 권리와 의무의 범위를 제한하기 위한 입법적 조치를 채택할 수 있다. 다만, 이러한 제한은 국가안보, 국가방위, 공공의 안전 그리고 형사범죄 또는 전자통신시스템의 부당한 이용의 방지, 조사, 인지 및 기소를 보장하기 위하여 필요하며 적절하고 비례적인 조치에 해당하는 것이어야 한다(제15조 참조).

한편, 위의 사항은 2006년 지침(Directive 2006/24/EC)에 의하여, 동 지침 제1조 제1항[54]에서 규정된 목적들을 위하여 보유될 것이 특별히 요구된 정보에 적용되지 않는다[55]. 또한, 2009년 개정(Directive 2009/136/EC)에 의하여, 제공자들은 위에서 채택된 국가법조항에 근거한 이용자들의 개인정보에의 접근 요청에 대응하기 위한 내부절차를 수립하여야 하도록 되어 있다. 제공자들은 관할 국가기관이

54) Article 1 Subject matter and scope

1. This Directive aims to harmonise Member States' provisions concerning the obligations of the providers of publicly available electronic communications services or of public communications networks with respect to the retention of certain data which are generated or processed by them, in order to ensure that the data are available for the purpose of the investigation, detection and prosecution of serious crime, as defined by each Member State in its national law.

55) 그러나, 2006년 지침은 2014년 4월에 유럽사법재판소에 의하여 무효판결을 받았다. Joined cases C-293/12 and C-594/12 (8 April 2014) - 동 판례에 대해서는 본서 219쪽 이하를 참조.

요구하는 경우에 내부절차, 접수된 요청건수, 제기된 법적 정당화와 그 대응에 관한 정보를 제공하여야 한다.

[관련판례 1] : Scarlet Case(Case C-70/10, 2011.11.24.)[56]

〈사실관계〉

SABAM은 작가, 작곡자와 음악작품의 편집자들을 대표하여, 저작권에 의해 보호받는 작품들을 제3자에게 사용할 권리를 부여하는 매니지먼트회사이다. Scarlet은 다운로드나 파일공유와 같은 서비스는 제공하지 않고, 고객들에게 인터넷에의 접근을 제공하는 인터넷서비스 제공자(ISP)이다.

SABAM은 Scarlet의 서비스를 이용하고 있는 인터넷이용자들이 peer-to-peer 네트워크에 의해 아무런 권원없이 그리고 로열티도 지불하지 않고 인터넷으로부터 SABAM의 카탈로그에 있는 작품들을 다운로드하고 있다고 결론 내렸다. 따라서, 2004년 6월 24일에 SABAM은 Scarlet이 ISP로서 그 고객들에 의한 저작권 침해를 종결시킬 조치를 취할 가장 적임자라고 주장하며, Scarlet을 상대로 중간소송(interlocutory proceedings)을 제기하였다.

첫째로, SABAM은 peer-to-peer 소프트웨어에 의하여 전자음악파일의 불법적인 공유로 인하여 자신의 레퍼토리에 포함된 음악작품들의 저작권이 침해되었으며, 그러한 침해는 Scarlet의 서비스를 이용하여 이루어졌다는 것의 선언을 청구하였다.

다음으로, SABAM은 차단을 하거나 또는 권리자의 허락없이 peer-to-peer 소프트웨어를 사용하여 음악작품을 포함하는 파일들을 보내거나 받을 수 없도록 함으로써, 그러한 권리침해를 종결시키도록 요구하는 명령을 청구하였다.

2004년 11월 26일 판결에서, 제1심법원은 SABAM에 의해 주장된 권리가 침해되었다고 판결하였다. 그러나, 동 법원은 금지청구에 대한 결정에 앞서, SABAM이 제안한 기술적 해법이 기술적으로 가능한지, 그러한 기술이 불법적인 파일공유만을 걸러낼 수 있는지, peer-to-peer 소프트웨어를 모니터할 다른 방법이 있는지 여부를 조사하고, 예상되는 조치들의 비용을 결정하기 위하여 전문가를 지명하였다. 지명된 전문가는 그 보고서에서 수많은 기술적 장애에도 불구하고, 전자파일의 불법적인 공유를 필터링하고 차단할 가능성이 완전히 배제될 수는 없다고 하였다.

56) Scarlet Extended[2011], EU:C:2011:771

2007년 6월 29일의 판결에서, 제1심법원은 Scarlet의 고객들이 peer-to-peer 소프트웨어에 의해 SABAM의 레퍼토리의 음악작품을 포함하는 파일을 보내거나 받을 수 없게 함으로써 2004년 11월 26일 판결에서 결정된 저작권침해를 종결시킬 것과 이를 이행하지 아니한 경우의 정기적인 이행강제금의 부과를 명령하였다.

이러한 결정에 대하여, Scarlet은 필터링 및 차단시스템의 실효성과 지속성이 입증된 바 없기 때문에 그러한 금지명령을 준수하는 것은 불가능하며, 그렇게 하기 위한 장비의 설치에는 수많은 실질적인 장애, 예컨대 네트워크용량과 네트워크에 대한 영향과 같은 문제에 직면하게 된다고 주장하며, 제청법원인 항소법원에 항소하였다. 더구나, 관련파일을 차단하고자 하는 시도는 제3자가 그 내용을 체크하는 것이 불가능하게 만드는 여러 가지의 peer-to-peer 소프트웨어가 있기 때문에 곧바로 실패할 수밖에 없다고 Scarlet은 주장하였다.

또한, Scarlet은 그러한 금지명령은 2000년 지침 제15조를 국가법화한 국가법조항에도 반한다고 주장하였다. 왜냐하면, 국가법조항은 peer-to-peer 트래픽을 차단하거나 필터링하는 제도는 반드시 그 네트워크를 통과하는 모든 통신의 일반적인 감시를 요구하고 있기 때문에, Scarlet 네트워크상의 통신을 모니터할 일반적인 의무를 Scarlet에 부과하는 것이기 때문이다.

마지막으로, Scarlet은 그러한 필터링은 개인정보인 IP주소의 처리를 포함하기 때문에 필터링시스템의 설치는 개인정보의 보호에 관한 EU법조항과 통신의 비밀을 위반한다고 생각하였다.

항소법원은 peer-to-peer 파일을 필터링하고 차단하는 메커니즘이 존재하는지 그리고 실효적일 수 있는지 여부를 확인하기 전에, Scarlet에 부과되는 의무가 EU법에 일치하는지가 충족되어야 한다고 판단하였다. 따라서, 동 법원은 소송절차를 정지시키고, 다음 사항에 대하여 선결적 판결을 구하여 유럽사법재판소에 제청하였다.

"(1) 1995년 지침(Directive 95/46), 2000년 지침(Directive 2000/31[57]), 2002년 지침(Directive 2002/58)과 함께, 특히 유럽인권조약 제8조 및 제10조의 관점에서 해석할 때, 2001년 지침(Directive 2001/29[58])과 2004년 지침(Directive 2004/48[59])은

57) Directive 2000/31/EC of the European Parliament and of the Council of 8 June 2000 on certain legal aspects of information society services, in particular electronic commerce, in the Internal Market('Directive on electronic commerce'), OJ L 178, 2000.7.17, p.1

58) DIRECTIVE 2001/29/EC OF THE EUROPEAN PARLIAMENT AND OF THE COUNCIL of 22

실체소송이 제기되기 전에 그리고 관련법규정[60]만을 근거로 하여, 회원국들은 국가법원에게 원고가 권리를 보유하고 있는 것과, 따라서 그러한 파일의 전송을 차단할 것을 주장하는 관점에서, 음악작품들을 포함하는 전자파일의 이동을 그 네트워크상에서 식별하기 위하여 모든 고객들에 대하여 추상적이며 예방적 조치로서 그리고 전적으로 ISP의 비용으로 또한 무기한으로, 특히 peer-to-peer 소프트웨어의 사용을 포함하는 그 서비스를 통과하는 수신과 송신 모두의 전자통신필터링시스템의 설치를 ISP에게 명령할 권한을 부여하는 것을 허용하고 있는가?
(2) 위의 질문에 대한 답변이 긍정적이라면, 이들 지침은 그 서비스가 제3자에 의해 저작권의 침해에 사용되고 있는 중개자에 대한 금지명령청구에 대한 결정이 요구되는 국가법원에게 청구된 조치의 실효성과 억지적 효과에 대해 결정할 때, 비례성의 원칙을 적용할 것을 요구하는가?

〈유럽사법재판소의 판결 요지〉

제청법원은 2000년 지침, 2001년 지침, 2004년 지침, 1995년 지침과 2002년 지침을 적용가능한 기본권의 보호에서 발생하는 요건의 관점에서 종합적으로 해석할 때, 전적으로 ISP의 비용부담으로 그리고 무기한으로 예방적 조치로서 모든 고객들에게 무차별적으로 적용하는 서비스, 특히 peer-to-peer 소프트웨어의 사용을 포함하는 서비스들을 통과하는 모든 전자통신을 필터링하는 시스템을 도입하라는 ISP에게 부과되는 금지명령을 금지하는 것으로 해석되어야 하는지를 묻는다.

그와 관련하여, 우선, 2001년 지침 제8조 제3항[61]과 2004년 지침 제11조 제3문단[62]에 의하여, 지적재산권의 소유자는 그 서비스가 제3자에 의하여 그들 권리를 침해하는데 사용되고 있는 ISP와 같은 중개자들에 대해 금지명령을 청구

May 2001 on the harmonisation of certain aspects of copyright and related rights in the information society, OJ L 167, 2001.6.22, p.10

59) Directive 2004/48/EC of the European Parliament and of the Council of 29 April 2004 on the enforcement of intellectual property rights, OJ L 157, Corrigendum OJ L 195, 2004.6.2, p.16

60) "They [the national courts] may also issue an injunction against intermediaries whose services are used by a third party to infringe a copyright or related right."

61) "Member States shall ensure that rightholders are in a position to apply for an injunction against intermediaries whose services are used by a third party to infringe a copyright or related right."

62) "Member States shall also ensure that rightholders are in a position to apply for an injunction against intermediaries whose services are used by a third party to infringe an intellectual property right, without prejudice to Article 8(3) of Directive 2001/29/EC."

할 수 있다는 것을 기억하여야 한다.

다음으로, 유럽사법재판소의 확립된 판례[63]에 의하면, 위의 조항들에 따라서 국가법원에 부여된 재판권에 근거하여, 국가법원들은 중개자들의 정보사회서비스를 이용하여 지적재산권에 대해 이미 야기한 침해를 종결시키는 것뿐만 아니라, 추가적인 침해를 금지하기 위한 조치를 중개자들에게 명령하여야 한다.

마지막으로, 동일한 판례[64]에 의하여, 2001년 지침 제8조 제3항과 2004년 지침 제11조 제3문단에 의하여 규정하여야 하는 금지명령의 기능을 위한 규정들, 예컨대 충족해야 할 요건들과 따라야 할 절차는 국가법문제이다.

그렇다면, 국가법규정들은 그들 법규정의 국가법원에 의한 적용과 마찬가지로 2001년 지침과 2004년 지침, 그리고 그들 지침이 규정하는 법원(sources of law)으로부터 발생하는 제한을 준수하여야 한다. 따라서, 2001년 지침 전문 제16단(recital)과 2004년 지침 제2조 제3항 제a호에 의하여, 회원국들이 제정한 이들 법규정은 2000년 지침, 보다 구체적으로는 동 지침 제12조부터 제15조에 영향을 미칠 수 없다.

그러므로, 이들 법규정은 ISP의 네트워크상에서 전송되는 정보의 일반적인 모니터링을 ISP가 수행할 것을 요구하는 조치들의 채택을 금지하는 2000년 지침 제15조 제1항[65]을 특히 존중하여야 한다. 그와 관련하여, 유럽사법재판소는 이미 그러한 금지는 특히 지적재산권의 장래 침해를 방지하기 위하여 ISP와 같은 중개사업자가 그 고객들의 모든 정보를 적극적으로 모니터할 것을 요구하는 국가조치에 적용된다고 판결하였다. 나아가, 그러한 일반적 모니터링의무는 동 지침에 의해 규정된 조치들은 공정하고 비례적이며 과도하게 비용부담이 되어서는 안된다고 규정하는 2004년 지침 제3조와 양립할 수 없다.

따라서, ISP에게 필터링시스템의 설치를 요구하는 본안소송에서 쟁점이 되는 금지명령이 지적재산권의 장래 침해를 금지하기 위하여 그러한 시스템의 일부로서 그 고객 각자의 모든 정보를 적극적으로 모니터링할 것을 ISP에게 강제하는지 여부를 검토할 필요가 있다.

63) Case C-324/09, L'Oréal and Others[2011], EU:C:2011:474, paragraph 131
64) L'Oréal and Others[2011], paragraph 135
65) "Member States shall not impose a general obligation on providers, when providing the services covered by Articles 12, 13 and 14, to monitor the information which they transmit or store, nor a general obligation actively to seek facts or circumstances indicating illegal activity."

그와 관련하여, 그러한 필터링시스템의 시행은 첫째로, ISP가 모든 고객들의 모든 전자통신 내에서 peer-to-peer 트래픽과 관련되는 파일을 식별할 것, 둘째로, ISP가 그러한 트래픽 내에서 지적재산권소유자들이 권리를 소유하고 있다고 주장하는 작품들을 포함하는 파일들을 식별할 것, 셋째로, ISP가 그들 파일이 불법적으로 공유되고 있다는 것을 결정할 것, 넷째로, ISP가 불법적이라고 간주하는 파일공유를 차단할 것을 요구한다는 것이 일반적인 인식이다.

따라서, 이러한 예방적 모니터링은 관련 ISP의 네트워크상에서 수행되는 모든 전자통신의 적극적인 관찰이 요구되며, 결과적으로, 전송되는 모든 정보와 그러한 네트워크를 사용하는 모든 고객들을 포함하게 될 것이다.

이상에서 검토한 바와 같이, 관련 ISP에게 필터링시스템의 설치를 요구하는 금지명령은 지적재산권의 장래 침해를 금지하기 위하여 그 고객 각자와 관련되는 모든 정보를 적극적으로 모니터링할 것을 강제하는 것이라고 하여야 한다. 따라서, 그러한 금지명령은 2000년 지침 제15조 제1항에 의하여 금지되고 있는 일반적 모니터링을 ISP에게 요구하고 있는 것이다. 그러한 금지명령이 EU법과 일치하는지 여부를 평가하기 위하여, 제청법원이 언급하고 있는 것과 같은 적용가능한 기본권의 보호로부터 생기는 요건들이 고려되어야 한다.

그와 관련하여, 본안소송에서 쟁점이 되고 있는 금지명령은 관련 ISP의 네트워크를 통하여 수행되는 전자통신의 성질과 내용에 의하여 침해될 수 있는 지적재산권인 저작권의 보호를 보장하는 목적을 추구하고 있다는 점이 상기되어야 한다. 지적재산권의 보호는 사실 EU기본권헌장 제17조 제2항[66]에서 보장되고 있다. 그러나, 동 규정의 문언에서나 또는 유럽사법재판소의 판례에서도 동 권리가 불가침이고 따라서 절대적으로 보호되어야 한다는 것을 시사하는 것은 전혀 없다. 유럽사법재판소의 판례[67]가 명백히 밝히고 있는 바와 같이, 지적재산권을 포함하는 재산권의 보호는 다른 기본권의 보호와 형량되어야 한다. 보다 구체적으로 살펴보면, 국가기관과 법원은 저작권의 보호와 그러한 조치에 의해 영향을 받는 개인들의 기본권의 보호 사이에서 정당한 형량을 하여야 한다.

따라서, 본안소송의 경우에, 국가기관과 법원은 특히 저작권소유자들이 향유하는 지적재산권의 보호와 헌장 제16조에 따라서 ISP와 같은 운영자들이 향유하는 사업을 영위할 자유의 보호 사이에서 정당한 형량을 하여야 한다. 본 사안

66) "Intellectual property shall be protected."

67) Case C-275/06, Promusicae[2008], EU:C:2008:54, paragraphs 62 to 68

의 경우, 필터링시스템의 설치를 요구하는 금지명령은 저작권소유자들의 이익을 위하여 관련 ISP의 네트워크를 통하여 이루어진 모든 전자통신의 모니터링을 포함한다. 더구나, 그러한 모니터링은 시간의 제한이 없으며, 모든 장래의 침해에 향해 있고, 현존하는 작품뿐만 아니라 그 시스템이 도입될 때에는 아직 창작되지 않은 장래 작품도 보호하고자 한다. 그러한 금지명령은 결국 관련 ISP의 사업을 영위할 자유에 대한 중대한 침해를 야기할 것이다. 왜냐하면, 그것은 그러한 ISP에게 그의 비용부담으로 복잡하며, 고비용적이고, 영구적인 컴퓨터시스템의 설치를 요구하는 것이며, 이는 2004년 지침 제3조 제1항[68]에서 규정된 조건들과 반하기 때문이다.

따라서, 필터링시스템을 설치하라는 금지명령은, 한편으로, 저작권소유자가 향유하는 지적재산권의 보호와, 다른 한편으로, ISP와 같은 운영자들이 향유하는 사업을 영위할 자유의 보호 사이에서 정당한 형량이 이루어져야 한다는 요건을 존중하지 않는 것으로 간주되어야 한다. 더구나, 그러한 금지명령의 효과는 필터링시스템이 또한 ISP고객들의 기본권, 다시 말하자면, 헌장 제8조와 제11조에 의하여 보장되는 권리들인 그들의 개인정보보호권과 정보를 발신하고 수신할 자유를 또한 침해할 수 있기 때문에, 관련 ISP에 한정되지 않을 것이다.

이상에서 검토한 바와 같이, 제청사항에 대한 답변은 2000년 지침, 2001년 지침, 2004년 지침, 1995년 지침과 2002년 지침은 적용가능한 기본권의 보호에서 발생하는 요건의 관점에서 종합 해석할 때, ISP에게 필터링시스템의 설치를 요구하는 금지명령을 금지하는 것으로 해석되어야 한다는 것이다.

10. 이행 및 강제집행(Implementation and enforcement)

이와 관련된 사항은 2009년 지침(Directive 2009/136/EC)에 의하여 신설된 것으로서, 현행 2002년 지침의 실효성을 담보하기 위한 것이라고 할 수 있다. 그 주된 내용은 다음과 같다(제15a조 참조).

(1) 회원국들은 2002년 지침에 따라서 채택된 국가법조항의 위반에 적용할 수

68) "Member States shall provide for the measures, procedures and remedies necessary to ensure the enforcement of the intellectual property rights covered by this Directive. Those measures, procedures and remedies shall be fair and equitable and shall not be unnecessarily complicated or costly, or entail unreasonable time-limits or unwarranted delays."

있는 벌칙규정들을 필요한 경우에 형벌을 포함하여 규정하여야 하고, 그것들의 이행을 보장하는 필요한 모든 조치들을 취하여야 한다. 규정된 벌칙들은 효과적이고, 비례적이며, 억지력이 있어야 한다. 회원국들은 이러한 입법조치를 취한 후, 2011년 5월 25일까지 그 규정을 유럽위원회에 통보하여야 하며, 그에 영향을 미치는 이후의 개정에 대해서도 지체없이 통보하여야 한다.

(2) 회원국들은 관할 국가기관과 관련있는 경우에 다른 국가기구들이, 본 지침에 따라서 채택된 국가법조항을 감시하고 강제집행하기 위하여 필요한 관련정보를 얻을 권한을 포함하여 필요한 조사권과 자원들을 보유함을 보장하여야 한다.

(3) 관련 국가기관들은 본 지침에 따라서 채택된 국가법의 강제집행에서 국경을 넘는 실효적인 협력을 보장하고, 국경을 넘는 정보유통을 포함한 서비스의 제공을 위한 조건들을 설정하는 조치들을 채택할 수 있다. 국가규제기관들은 유럽위원회에 그러한 조치들을 채택하기 전 적절한 때에 행위의 근거의 요약, 예상되는 조치들과 행위의 과정에 대한 법안을 제공하여야 한다. 유럽위원회는 그러한 정보를 조사하여, ENISA 및 1995년 지침 제29조에 의한 작업반(Working party)과 협의한 후, 특히 예정된 조치가 역내시장의 기능에 불리한 영향을 미치지 않도록 하기 위하여 그에 대한 코멘트 또는 권고를 할 수 있다. 국가규제기관들은 조치들을 결정할 때 유럽위원회의 코멘트 또는 권고를 최대한 고려하여야 한다.

11. 기타

(1) 회원국들은 2002년 지침을 준수하기 위해 필요한 국내법화 조치를 2003년 10월 31일까지 시행하여야 한다. 회원국들은 그러한 조치를 취한 후 그에 대해 유럽위원회에 즉시 통지하여야 한다(제17조 제1항 참조).

(2) 유럽위원회는 2003년 10월 31일로부터 3년 이내에 본 지침의 적용과 사업자 및 소비자들에 대한 영향, 특히 스팸통신에 대한 조항에 관하여 국제적 환경을 고려하여 그에 관한 보고서를 유럽의회와 이사회에 제출하여야 한다. 이를 위하여, 유럽위원회는 회원국으로부터 정보를 요청할 수 있고, 이러한 경우에, 회원국들은 부당하게 지연되지 않게 그 정보를 제공하여야 한다(제18조 참조).

(3) 1997년 지침(97/66/EC)은 2003년 10월 31일부터 그 효력을 상실한다(제19조 참조).

제3. 2002년 전자통신분야지침과 우리나라 정보통신망법과의 비교

EU의 2002년 전자통신분야지침은 전자통신분야에서의 개인정보(프라이버시)를 그 규율대상으로 한다는 점에서 우리나라 「정보통신망 이용촉진 및 정보보호 등에 관한 법률」(이하 '정보통신망법'이라 한다.)과 비슷한 성격의 입법으로 간주된다. 개인정보라는 측면에서 보면, EU의 경우에는 2016년 규칙이 일반법적 지위를 가지고 있고 2002년 지침이 전자통신분야에서의 특별법적 지위를 가지고 있는데 비하여, 우리나라의 경우에는 「개인정보 보호법」이 일반법적 지위를 가지고 있고 정보통신망법이 정보통신분야에서의 특별법적 지위를 가지고 있다고 할 수 있다. 이러한 성격으로 인해 양자 간에는 적지 아니한 사항에 있어서 서로 비슷한 점이 존재하지만, 서로 다른 점도 또한 적지 아니하다. 즉, 2002년 지침은 EU라고 하는 국제조직의 법규범으로서 '지침'(Directive)의 성격상 회원국들의 입법조치를 통하여 그 실효성을 갖는 것이 원칙이고 그 수범자(Addressee)도 회원국들인데 비하여[69], 정보통신망법은 단일국가의 법규범으로서 그 시행으로 인해 바로 실효성을 갖고 그 수범자도 국가등 행정주체와 국민 모두에 대해 양면적 구속력을 갖는다는 점에서 근본적으로 차이가 있다. 이러한 양자의 유사점과 차이점을 전제로 하여, 이하에서 주요사항을 중심으로 하여 좀 더 구체적으로 비교해 보도록 한다.

1. 목적

입법목적과 관련하여, 2002년 지침은 "유럽공동체에서 전자통신분야에서의 개인정보의 처리와 관련하여 기본적 권리와 자유, 특히 프라이버시 및 비밀에 대한 권리의 동등한 수준의 보호와, 개인정보와 전자통신장비 및 서비스의 자유로운 이동을 보장할 것이 요구되는 국가법규정의 조화를 규정하는 것"(제1조 제1항)을 들고 있는데 비하여, 정보통신망법은 "정보통신망의 이용을 촉진하고 정보통신서비스를 이용하는 자의 개인정보를 보호함과 아울러 정보통신망을 건전하고 안전하게 이용할 수 있는 환경을 조성하여 국민생활의 향상과 공공복리의 증진에 이바지함"(제1조)을 들고 있다. 이들 양자의 규정으로부터 전자통신분야(또는 정보통신서비스)에서의 개인정보의 보호가 그 공통 목적임을 알 수 있다. 그러나, 그와 더불어 2002년 지침은 개인정보와 전자통신장비 및 서비스의 '자유로운 이동'을 규정하고 있는데 비하여, 정보통신망법은 정보통신망의 이용 촉진과 건전하고 안전한

69) Article 21 Addressees This Directive is addressed to the Member States.

환경을 들고 있는 점이 다르다.

이러한 양자의 차이점은 EU의 일반법인 2016년 규칙이 개인정보의 보호와 함께 그 자유로운 유통을 그 목적으로 하고 있는 데 비하여(제1조 참조), 우리나라의 개인정보 보호법이 개인정보의 보호만을 그 목적으로 하고 있는 것과도 비교된다.

2. 다른 법규범과의 관계

다른 법규범, 특히 개인정보에 관한 일반법과의 관계에 대하여, 2002년 지침은 1995년 지침(2016년 규칙)에 대해 특별법적 지위를 가짐을 명시적으로 규정하고 있는 데 비하여(제1조 제2항 참조), 정보통신망법은 "정보통신망 이용촉진 및 정보보호등에 관하여는 다른 법률에서 특별히 규정된 경우 외에는 이 법으로 정하는 바에 따른다."(제5조 1문)고 하여 다른 법률(특히 개인정보 보호법)과의 관계에서 해석상 문제된다. 이에 대해서는 개인정보 보호법이 제6조에서 "개인정보 보호에 관하여는 다른 법률에 특별한 규정이 있는 경우를 제외하고는 이 법에서 정하는 바에 따른다."고 규정하고 있다[70]. 종래와 달리 정보통신망법이 동법에 대해 특별법적 지위를 가짐을 명시적으로 규정하고 있지 않으나, 정보통신망법은 개인정보의 보호와 관련하여 개인정보 보호법에 대해 특별법적 지위를 가진다고 해석하여야 할 것이다. 이러한 점에서 양자는 공통된다고 할 수 있다.

3. 개념 정의

2002년 지침은 '이용자', '트래픽정보', '위치정보', '통신', '동의', '부가가치서비스', '전자메일'과 '개인정보 침해'에 대한 개념 정의를 하고 있는 데 비하여, 정보통신망법은 '정보통신망', '정보통신서비스', '정보통신서비스 제공자', '이용자', '전자문서', '개인정보', '침해사고', '게시판', '통신과금서비스', '통신과금서비스 제공자', '통신과금서비스이용자', '전자적 전송매체'에 대해 규정(제2조 제1항)하고 있는 이외에도, "제1항에서 정하는 것 외에는 「국가정보화 기본법」에서 정하는 바에 따른다"(동조 제2항)고 규정하고 있다.

이들 양자가 규정하고 있는 개념은 '이용자'와 '개인정보 침해'에 있어서 유사성

---

70) 종래에는 "개인정보 보호에 관하여는 「정보통신망 이용촉진 및 정보보호 등에 관한 법률」, 「신용정보의 이용 및 보호에 관한 법률」 등 다른 법률에 특별한 규정이 있는 경우를 제외하고는 이 법에서 정하는 바에 따른다."고 하여, 정보통신망법이 개인정보 보호법의 특별법적 지위에 있음을 명시적으로 규정하고 있었으나, 2014년 3월의 개인정보 보호법의 개정으로 현재와 같이 변경되었다.

을 찾을 수 있는 이외에는 상당히 다른 입장을 나타내고 있음을 알 수 있다. 공통적으로 규정하고 있는 '이용자'에 대해서, 2002년 지침이 "사적 또는 사업적 목적을 위하여 공중전자통신서비스를 이용하는 자연인으로서 반드시 이러한 서비스에 가입할 것을 필요로 하지 않는다"(제2조 제a호)고 규정하고 있는 데 비하여, 정보통신망법은 "정보통신서비스 제공자가 제공하는 정보통신서비스를 이용하는 자"(제2조 제4호)라고 규정하고 있다. 이와 같은 규정방식은 전자가 자연인으로 한정하고 공중전자통신서비스(정보통신서비스)에 가입할 것을 필요로 하지 않는다는 점을 명시적으로 규정하고 있는 데 비하여, 정보통신망법은 이에 대해 명확한 입장을 명시하지 않고 있다.

4. 정보보호 관련

정보보호와 관련하여, 2002년 지침은 통신정보의 비밀, 트래픽정보, 위치정보 등으로 나누어 규정하고 있다(제5,6,9조 참조). 즉, 이용자의 동의없이 이용자 이외의 사람에 의한 통신과 트래픽정보의 청취, 도청, 저장 또는 다른 유형의 간섭이나 감시를 금지하고, 서비스 제공자가 처리하고 저장한 가입자 및 이용자에 관한 트래픽정보는 통신 전송의 목적을 위하여 더 이상 필요하지 않을 때 삭제되거나 익명화되어야 한다. 또한, 이용자나 가입자와 관련된 위치정보는 익명으로 되거나 동의가 있는 경우 부가가치서비스의 제공에 필요한 정도와 기간 동안 처리될 수 있고, 이 경우에 서비스 제공자는 동의를 얻기 전에 이용자나 가입자에게 처리되는 위치정보의 유형, 처리의 목적 및 기간, 그리고 그 정보가 부가가치서비스를 제공할 목적으로 제3자에게 전달될지 여부에 대하여 통지하여야 하며, 이용자나 가입자는 언제든지 위치정보의 처리에 대한 동의를 철회할 수 있다.

이에 대해, 정보통신망법은 제4장에서 '개인정보의 보호'와 제5장에서 '정보통신망에서의 이용자 보호 등'이라는 표제로 자세히 규정하고 있다. 먼저, 제4장에서는 개인정보의 보호와 관련하여, 정보통신서비스 제공자는 이용자의 개인정보를 이용하려고 수집하는 경우에는 이용자에게 알리고 동의를 받아야 하며, 사상, 신념, 가족 및 친인척관계, 학력·병력, 기타 사회활동 경력 등 개인의 권리·이익이나 사생활을 뚜렷하게 침해할 우려가 있는 개인정보를 수집하여서는 아니 되며, 다만, 이용자의 동의를 받거나 다른 법률에 따라 특별히 수집 대상 개인정보로 허용된 경우에는 필요한 범위에서 최소한으로 그 개인정보를 수집할 수 있고, 이용자가 필요한 최소한의 개인정보 이외의 개인정보를 제공하지 아니한다는 이유로 그 서비스의 제공을 거부하여서는 아니 된다[71]. 또한, 정보통신서비스 제공자는 해당 서비스를 제공하기 위하여 이용자의 이동통신단말장치 내에 저장되어 있는 정보 및 이동통신단말장치에 설치된 기능에 대하여 접근할 수 있는 권한이 필요한 경우 일정한 사항[72]을 이용자가 명확하게 인지할 수 있도록 알리고 이용자의 동의를 받아야 하며, 이동통신단말장치의 기본 운영체제를 제작하여 공급하는 자와 이동통신단말장치 제조업자 및 이동통신단말장치의 소프트웨어를 제작하여 공급하는 자는 정보통신서비스 제공자가 이동통신단말장치 내에 저장되어 있는 정보 및 이동통신단말장치에 설치된 기능에 접근하려는 경우 접근권한에 대한 이용자의 동의 및 철회방법을 마련하는 등 이용자 정보 보호에 필요한 조치를 하여야 한다. 그리고, 정보통신서비스 제공자는 일정한 경우[73]를 제외하고는 이용자의 주민등록번호를 수집·이용할 수 없으며, 주민등록번호를 수집·이용할 수 있는 경우에도 이용자의 주민등록번호를 사용하지 아니하고 본인을 확인하는 대체수단을 제공하여야 하고, 방송통신위원회는 일정한 사항을 심사하여 대체수단의 본인확인업무를 안전하고 신뢰성 있게 수행할 능력이 있다고 인정되는 자를 본인확인기관으로 지정할 수 있다.

또한, 정보통신서비스 제공자는 이용자로부터 동의받은 목적과 다른 목적으로 이용하여서는 아니 되며, 이용자의 개인정보를 제3자에게 제공하려면 일정한 사항을 이용자에게 알리고 동의를 받아야 한다. 이 경우에 정보통신서비스 제공자로부터 이용자의 개인정보를 제공받은 자는 그 이용자의 동의가 있거나 다른 법률에

---

71) 이 경우 필요한 최소한의 개인정보는 해당 서비스의 본질적 기능을 수행하기 위하여 반드시 필요한 정보를 말한다.(제23조 제3항 2문)

72) 제22조의2(접근권한에 대한 동의) ① 정보통신서비스 제공자는 해당 서비스를 제공하기 위하여 이용자의 이동통신단말장치 내에 저장되어 있는 정보 및 이동통신단말장치에 설치된 기능에 대하여 접근할 수 있는 권한(이하 "접근권한"이라 한다)이 필요한 경우 다음 각 호의 사항을 이용자가 명확하게 인지할 수 있도록 알리고 이용자의 동의를 받아야 한다.
1. 해당 서비스를 제공하기 위하여 반드시 필요한 접근권한인 경우
 가. 접근권한이 필요한 정보 및 기능의 항목
 나. 접근권한이 필요한 이유
2. 해당 서비스를 제공하기 위하여 반드시 필요한 접근권한이 아닌 경우
 가. 접근권한이 필요한 정보 및 기능의 항목
 나. 접근권한이 필요한 이유
 다. 접근권한 허용에 대하여 동의하지 아니할 수 있다는 사실

73) 그러한 경우로서는, "1. 제23조의3에 따라 본인확인기관으로 지정받은 경우, 2. 법령에서 이용자의 주민등록번호 수집·이용을 허용하는 경우, 3. 영업상 목적을 위하여 이용자의 주민등록번호 수집·이용이 불가피한 정보통신서비스 제공자로서 방송통신위원회가 고시하는 경우"(제23조의2 제1항)를 들 수 있다.

특별한 규정이 있는 경우 외에는 개인정보를 제3자에게 제공하거나 제공받은 목적 외의 용도로 이용하여서는 아니 된다. 나아가, 정보통신서비스 제공자등은 개인정보의 분실·도난·누출 사실을 안 때에는 지체 없이 일정한 사항을 해당 이용자에게 알리고 방송통신위원회 또는 한국인터넷진흥원에 신고하여야 하며, 정당한 사유 없이 그 사실을 안 때부터 24시간을 경과하여 통지·신고해서는 아니 되고[74], 개인정보를 처리할 때에는 개인정보의 분실·도난·유출·위조·변조 또는 훼손을 방지하기 위하여 일정한 기술적·관리적 조치를 하여야 한다. 한편, 정보통신서비스 제공자등은 주민등록번호, 계좌정보, 신용카드정보 등 이용자의 개인정보가 정보통신망을 통하여 공중에 노출되지 아니하도록 하여야 하며, 방송통신위원회 또는 한국인터넷진흥원의 요청이 있는 경우에 노출된 개인정보에 대한 삭제·차단 등 필요한 조치를 취하여야 하도록 되어 있다.

그리고, 이용자의 권리와 관련하여, 이용자는 정보통신서비스 제공자등에 대하여 언제든지 개인정보 수집·이용·제공 등의 동의를 철회할 수 있으며, 본인에 관한 일정한 사항에 대한 열람이나 제공을 요구할 수 있고 오류가 있는 경우에는 그 정정을 요구할 수 있다. 이에 대해, 정보통신서비스 제공자등은 이용자가 동의를 철회하면 지체 없이 수집된 개인정보를 복구·재생할 수 없도록 파기하는 등 필요한 조치를 하여야 하며, 열람 또는 제공을 요구받으면 지체 없이 필요한 조치를 하여야 하고, 오류의 정정을 요구받으면 지체 없이 그 오류를 정정하거나 정정하지 못하는 사유를 이용자에게 알리는 등 필요한 조치를 하여야 하고, 필요한 조치를 할 때까지는 해당 개인정보를 이용하거나 제공하여서는 아니 된다.

이용자는 정보통신서비스 제공자등의 위법한 행위로 손해를 입으면 그 정보통신서비스 제공자등에게 손해배상을 청구할 수 있고, 이 경우에 해당 정보통신서비스 제공자등은 고의 또는 과실이 없음을 입증하지 아니하면 책임을 면할 수 없다. 한편, 이용자는 일정한 경우[75]에는 대통령령으로 정하는 기간[76] 내에 정보통신서

---

74) 다만, 이용자의 연락처를 알 수 없는 등 정당한 사유가 있는 경우에는 대통령령으로 정하는 바에 따라 통지를 갈음하는 조치를 취할 수 있다.(제27조의3 제1항 단서)

75) 이러한 경우로서, "1. 정보통신서비스 제공자등이 고의 또는 과실로 이 장의 규정을 위반한 경우, 2. 개인정보가 분실·도난·유출·위조·변조 또는 훼손된 경우"(제32조의2 제1항)를 들고 있다.

76) 이에 대해, 동법 시행령은 "제18조(법정손해배상의 청구기간) ① 법 제32조의2제1항에 따른 배상은 이용자가 개인정보의 누출등의 사실을 안 날부터 3년 이내에 청구하여야 한다. ② 법 제32조의2제1항에 따른 배상은 개인정보의 누출등이 발생한 날부터 10년이 지나면 청구하지 못한다."고 규정하고 있다.

비스 제공자등에게 제32조에 따른 손해배상을 청구하는 대신 300만원 이하의 범위에서 상당한 금액을 손해액으로 하여 배상을 청구할 수 있다.

다음으로, 제5장에서는 청소년 보호를 위한 시책의 마련, 청소년유해매체물의 표시, 청소년유해매체물의 광고금지와 청소년 보호 책임자의 지정 등 청소년의 보호와 관련한 다수의 규정을 두고 있으며, 또한 이용자는 사생활 침해 또는 명예훼손 등 타인의 권리를 침해하는 정보를 정보통신망에 유통시켜서는 아니 된다고 하여 정보통신망에서의 권리보호와 함께, 정보통신망을 통하여 유통되는 정보 중 사생활의 침해 또는 명예훼손 등 타인의 권리를 침해하는 정보와 관련된 분쟁의 조정업무를 효율적으로 수행하기 위하여 심의위원회에 명예훼손 분쟁조정부를 두도록 규정하고 있다.

위와 같이, 2002년 지침은 1995년 지침(2016년 규칙)에 대한 특별법적 지위를 가진다는 점에서 개인정보 등에 관한 규정이 1995년 지침(2016년 규칙)에 있는 경우에는 중복규정을 최대한 피하여 2002년 지침에서는 규정하고 있지 않음을 알 수 있다. 그에 비해, 우리나라 정보통신망법은 개인정보 보호법에 개인정보의 보호 등과 관련한 상세한 규정이 있음에도 불구하고 다수의 중복규정을 두고 있다고 할 수 있다.

5. 보안(Security) 관련

2002년 지침은 공중전자통신서비스의 보안을 위한 적절한 기술적·조직적 조치를 취하고, 그 이행의 기술 수준 및 비용과 관련하여, 이들 조치는 제기된 리스크에 적절한 보안수준을 보장할 의무를 서비스 제공자에게 부과하도록 규정하였다. 또한 저장되거나 전송된 개인정보를 우발적이거나 불법적인 파기, 우발적인 분실 또는 변경, 그리고 불법적인 저장, 처리, 접근 또는 공개에 대해서 보호하고, 개인정보의 처리와 관련한 보안정책의 이행을 보장하도록 하였으며, 관련 국가기관들은 서비스 제공자가 취하는 조치들을 감사하고, 그들 조치가 달성해야 하는 보안수준에 관하여 모범실무(best practices)에 관한 권고를 규정하고 있다. 나아가, 망 보안 침해에 특별한 위험이 있는 경우에, 서비스 제공자는 가입자에게 그 사실과 가능한 구제수단을 통지하여야 하며, 개인정보가 침해된 경우에 서비스 제공자는 개인정보 침해를 관할 국가기관에 통보하고[77], 가입자 또는 개인에게 그 침해를

77) 나아가, 관할 국가기관에 대한 통보는 개인정보 침해의 결과와 사업자가 제안하거나 취한 조치의 결과를 설명하여야 한다(제4조 제3항 참조).

통보하여야 한다. 가입자 또는 개인에 대한 통보는 적어도 개인정보 침해의 성질, 연락처가 포함되어야 하고, 개인정보 침해의 가능한 부작용을 완화시키기 위한 조치들을 권고하여야 한다.

이에 대해, 정보통신망법은 독립된 장(제6장)에서 '정보통신망의 안정성 확보 등'이라는 표제로 다수의 조항을 두고 있다. 즉, 정보통신서비스 제공자에게 정보통신서비스의 제공에 사용되는 정보통신망의 안정성 및 정보의 신뢰성을 확보하기 위한 보호조치를 하여야 할 의무를 부과하고, 정보통신시스템 등에 대한 보안 및 정보의 안전한 관리를 위하여 임원급의 정보보호 최고책임자를 지정할 수 있도록 하였다. 미래창조과학부장관은 정보통신망의 안정성·신뢰성 확보를 위하여 관리적·기술적·물리적 보호조치를 포함한 정보보호 관리체계의 인증을 할 수 있으며, 정보보호 관리등급을 부여할 수 있다. 또한, 누구든지 정당한 접근권한 없이 또는 허용된 접근권한을 넘어 정보통신망에 침입하여서는 아니 된다고 하는 정보통신망 침해행위 등의 일반적인 금지의무를 부과하고, 이러한 침해사고에 적절히 대응하기 위하여 필요한 업무의 전부 또는 일부를 한국인터넷진흥원이 수행하도록 하고 있다.

위와 같은 비교에서 알 수 있듯이, 양자는 정보통신망 및 정보 보호와 관련된 보안을 위하여 기술적·관리적 보호조치를 하여야 할 의무를 정보통신서비스 제공자에게 부과하고 있으며, 그에 대한 침해 시에 관련 국가기관과 이용자 등에게 일정한 통지의무를 부과하고 있다. 특히, 우리나라 정보통신망법은 그를 위한 구체적인 조치로서 정보보호 사전점검, 정보보호 최고책임자의 지정, 정보보호 관리체계의 인증, 정보보호 관리등급의 부여 등의 구체적인 제도를 다수 규정하고 있음을 알 수 있다.

6. 통신요금 관련

통신요금과 관련하여, 2002년 지침은 명세화되지 않은 통신요금 청구를 받을 권리가 가입자에게 있음을 인정하고, 가입자들의 명세화된 통신요금 청구를 받을 권리와 통화이용자 및 가입자들의 프라이버시권의 조화를 고려한 국가입법을 하도록 회원국들에게 요구하고 있다.

이에 대해, 정보통신망법은 제7장에서 독립된 장으로 '통신과금서비스'라는 표제로 다수의 조항을 두고 있다. 즉, 통신과금서비스제공자가 되기 위해서는 등록을 요구하고, 통신과금서비스제공자는 통신과금서비스에 관한 약관의 신고와 통신과금서비스를 통한 거래의 안전성과 신뢰성을 확보하기 위하여 업무처리지침의 제정 및 회계처리 구분 등의 관리적 조치와 정보보호시스템 구축 등의 기술적 조치를 할 것을 요구하고 있다. 또한 재화등의 판매·제공의 대가를 청구할 때에 통신과금서비스이용자에게 일정한 사항을 고지하여야 하고, 통신과금서비스이용자가 구매·이용 내역을 확인할 수 있는 방법을 제공하여야 한다. 통신과금서비스이용자는 통신과금서비스가 자신의 의사에 반하여 제공되었음을 안 때에는 통신과금서비스제공자에게 이에 대한 정정을 요구할 수 있으며(통신과금서비스이용자의 고의 또는 중과실이 있는 경우는 제외한다), 통신과금서비스제공자는 이용자의 정정요구가 이유 있을 경우 판매자에 대한 이용 대금의 지급을 유보하고 그 정정 요구를 받은 날부터 2주 이내에 처리 결과를 알려 주어야 한다. 나아가, 통신과금서비스제공자는 통신과금서비스에 있어서 이용자의 권익을 보호하기 위하여 자율적인 분쟁해결 등을 시행하는 기관 또는 단체를 설치·운영할 수 있으며, 통신과금서비스와 관련한 통신과금서비스이용자의 이의신청 및 권리구제를 위한 절차를 마련하여야 하고, 통신과금서비스를 제공함에 있어서 통신과금서비스이용자에게 손해가 발생한 경우에 그 손해를 배상하여야 한다[78]. 이 때 손해배상을 함에 있어서는 손해배상을 받을 자와 협의하여야 하며, 손해배상에 관한 협의가 성립되지 아니하거나 협의를 할 수 없는 경우에는 당사자는 방송통신위원회에 재정을 신청할 수 있다.

이상에서 살펴본 바와 같이, 통신요금과 관련하여 많은 분쟁이 발생하고 있는 현실을 감안할 때, 그에 대한 보다 구체적인 규정을 두고 있는 정보통신망법의 규정방식이 이용자등의 권리보호에 보다 우월하다고 할 것이다.

7. 스팸통신 관련

스팸통신과 관련하여, 2002년 지침은 다이렉트마케팅 목적으로 하는 자동통화·통신시스템(자동통화기계), 팩스나 전자메일의 이용은 사전동의를 한 가입자 또는 이용자에 대해서만 허용하고 있다. 회원국들은 다이렉트마케팅 목적의 스팸통신이 관련 가입자들이나 이용자들의 동의가 없거나 이들 스팸통신의 수신을 원하지 않는 가입자들이나 이용자들의 입장에서 이를 방지할 적절한 조치를 취하여야 한다. 또한, 발신자의 신원을 속이거나 감추고 하는 경우, 전자상거래지침을 위

78) 다만, 그 손해의 발생이 통신과금서비스이용자의 고의 또는 중과실로 인한 경우에는 그러하지 아니하다.

반하는 경우 등을 금지하고 있다. 한편, 본 지침에 따라서 채택된 국가법조항들의 위반의 중지 또는 금지에 대해 정당한 이익을 가지는 자연인 또는 법인은 그 위반에 대해 법적 소송의 제기가 보장되도록 하고 있다.

이에 대하여, 정보통신망법은 속이는 행위에 의한 개인정보의 수집을 금지하고, 전자적 전송매체를 이용하여 영리목적의 광고성 정보를 전송하려면 그 수신자의 명시적인 사전 동의를 받아야 하며[79], 수신자가 수신거부의사를 표시하거나 사전 동의를 철회한 경우에는 영리목적의 광고성 정보를 전송하여서는 아니 된다고 규정하고 있다. 또한, 영리목적의 광고성 정보를 인터넷 홈페이지에 게시하려면 인터넷 홈페이지 운영자 또는 관리자의 사전 동의를 받아야 하며[80], 인터넷 홈페이지 운영자 또는 관리자가 명시적으로 게시 거부의사를 표시하거나 사전 동의를 철회한 경우에는 영리목적의 광고성 정보를 게시하여서는 아니 된다. 인터넷 홈페이지 운영자 또는 관리자는 이를 위반하여 게시된 영리목적의 광고성 정보를 삭제하는 등의 조치를 할 수 있다. 그리고, 영리목적의 광고성 정보의 전송을 타인에게 위탁한 자는 그 업무를 위탁받은 자에 대한 관리・감독을 하여야 하며, 이를 위탁받은 자는 그 업무와 관련한 법을 위반하여 발생한 손해의 배상책임에 있어 정보전송을 위탁한 자의 소속 직원으로 간주하도록 규정하고 있다. 나아가, 정보통신서비스 제공자는 일정한 경우[81]에 해당 역무의 제공을 거부하는 조치를 할 수 있으나, 그러한 거부조치를 하려면 해당 역무 제공의 거부에 관한 사항을 그 역무의 이용자와 체결하는 정보통신서비스 이용계약의 내용에 포함하여야 하고, 거부조치 사실을 그 역무를 제공받는 이용자 등 이해관계인에게 알려야 한다[82]. 또한, 정보

---

79) 다만, 다음 어느 하나에 해당하는 경우에는 사전 동의를 받지 아니한다. "1. 재화등의 거래관계를 통하여 수신자로부터 직접 연락처를 수집한 자가 대통령령으로 정한 기간 이내에 자신이 처리하고 수신자와 거래한 것과 동종의 재화등에 대한 영리목적의 광고성 정보를 전송하려는 경우, 2. 「방문판매 등에 관한 법률」에 따른 전화권유판매자가 육성으로 수신자에게 개인정보의 수집출처를 고지하고 전화권유를 하는 경우"(제50조 제1항 단서). 그러나, 이 경우에도 "오후 9시부터 그 다음 날 오전 8시까지의 시간에 전자적 전송매체를 이용하여 영리목적의 광고성 정보를 전송하려는 자는 제1항에도 불구하고 그 수신자로부터 별도의 사전 동의를 받아야 한다."(제50조 제3항)

80) 다만, 별도의 권한 없이 누구든지 쉽게 접근하여 글을 게시할 수 있는 게시판의 경우에는 사전 동의를 받지 아니한다.(제50조의7 제1항 단서)

81) 이러한 경우로써, "1. 광고성 정보의 전송 또는 수신으로 역무의 제공에 장애가 일어나거나 일어날 우려가 있는 경우, 2. 이용자가 광고성 정보의 수신을 원하지 아니하는 경우"(제50조의4 제1항)를 들고 있다.

82) 다만, 미리 알리는 것이 곤란한 경우에는 거부조치를 한 후 지체 없이 알려야 한다.(제50조의4 제3항 단서)

통신서비스 제공자는 이용계약을 통하여 해당 정보통신서비스 제공자가 이용자에게 제공하는 서비스가 법규정을 위반하여 영리목적의 광고성 정보전송에 이용되고 있는 경우 해당 역무의 제공을 거부하거나 정보통신망이나 서비스의 취약점을 개선하는 등 필요한 조치를 강구하여야 한다고 규정하고 있다.

이상의 비교에서 알 수 있듯이, 우리나라 정보통신망법이 스팸통신과 관련한 규정이 보다 구체적이고 그에 대한 대응이 포괄적임을 알 수 있다. 이는 2002년 지침이 정보통신망법 보다 정보통신기술의 발달과 그를 둘러싼 환경의 변화를 적시에 입법에 반영하지 못한 측면과 함께, 2002년 지침은 그 입법의 형식이 지침(Directive)으로서 그 구체적 제도설계는 각 회원국에 위임하고 있는 것과도 무관하지 않다고 할 것이다.

제7장

EU개인정보보호법의 시사점과 전망

제1절 EU개인정보보호법의 시사점

제1. 개인정보보호 기본원칙의 보편적 적용가능성

개인정보 보호의 기본원칙과 관련하여서는 이른바 OECD8원칙이 중요한 위상을 차지하고 있음은 기술한 바와 같다. OECD8원칙, 즉 ①수집 제한의 원칙(Collection Limitation Principle), ②정보 내용의 원칙(Data Quality Principle), ③목적 명확화의 원칙(Purpose Specification Principle), ④이용 제한의 원칙(Use Limitation Principle), ⑤안전 보호의 원칙(Security Safeguards Principle), ⑥공개의 원칙(Openness Principle), ⑦개인 참가의 원칙(Individual Participation Principle), ⑧책임의 원칙(Accountability Principle)은 이후 유럽평의회의 1981년 조약 제108호, 1990년 UN가이드라인, 그리고 EU의 1995년 지침이나 2016년 일반정보보호규칙에서 다소의 가감은 있을지라도 기본원칙으로서 채택되고 있음을 확인할 수 있다. 즉, 유럽평의회의 1981년 조약 제108호에서는 개인정보가 ①공정하고 합법적으로 수집되고 처리될 것, ②특정되고 합법적인 목적을 위해 저장되고, 그들 목적과 양립할 수 없는 방식으로 사용되지 않을 것, ③개인정보가 저장된 목적과 관련하여 적당하고 관련성이 있으며 과도하지 않을 것, ④정확하고, 필요한 경우에 최신성을 유지할 것, ⑤개인정보가 저장된 목적을 위해 요구된 기간보다 길지 아니한 기간 동안 정보주체의 신원확인을 허용하는 방식으로 보존될 것을 요구하고 있다. 또한, 1990년 UN가이드라인에서는 ①합법성과 공정성의 원칙(Principle of lawfulness and fairness), ②정확성의 원칙(Principle of accuracy), ③목적 명확성의 원칙(Principle of the purpose-specification), ④이해관계인 접근의 원칙(Principle of interested-person access), ⑤차별금지의 원칙(Principle of non-discrimination), ⑥예외를 적용할 권한(Power to make exceptions), ⑦보안의 원칙(Principle of security)을 개인정보보호의 기본원칙으로 들고 있다. 그리고, 1995년 지침은 개인정보가 ①공정하고 합법적으로 처리될 것, ②특정되고 명확하며 정당한 목적을 위하여 수집되어야 하고, 그 목적과 양립할 수 없는 방식으로 더 이상 처리되지 말 것, ③수집되고 처리되는 목적과 관련하여, 적절하고 관련성이 있으며 과도하지 않을 것, ④정확하고 필요한 경우에 최신성을 유지하여야 하며, 수집 또는 처리되는 정보의 목적과 관련하여 부정확하거나 불완전한 정보는 삭제 또는 정정될 것을 보장하는 모든 합리적인 조치가 강구될 것, ⑤정보주체의 신원을 허용하는 형태로 그 정보가 수집되거나 처리된 목적을 위하여 필요한 이상의 기간 동안 보관하여서는 안 됨을 기본원칙으로 규정하였다. 이어서, 2016년 규칙도 이미 살펴본 바와 같이, ①적법성, 공정성 및 투명성의 원칙, ②목적 제한의 원칙, ③정보 최소화의 원칙, ④정확성의 원칙, ⑤저장 제한의 원칙, ⑥무결성과 비밀성의 원칙, ⑦책임성의 원칙을 규정하고 있다(제5조 참조).

이러한 점은 우리나라 개인정보보호 관련입법의 경우를 살펴보아도 역시 마찬가지이다. 즉, 2011년 9월에 폐지된 「공공기관의 개인정보보호에 관한 법률」 제3조의2[1)]에서 규정하였던 개인정보보호의 원칙과 2012년 3월에 시행된 「개인정보 보호법」 제3조[2)]에서 규정하고 있는 개인정보 보호 원칙에서도 마찬가지임을 확인할

1) 제3조의2(개인정보보호의 원칙) ① 공공기관의 장은 개인정보를 수집하는 경우 그 목적을 명확히 하여야 하고, 목적에 필요한 최소한의 범위 안에서 적법하고 정당하게 수집하여야 하며, 목적 외의 용도로 활용하여서는 아니 된다. ②공공기관의 장은 처리정보의 정확성 및 최신성을 보장하고, 그 보호의 안전성을 확보하여야 한다. ③공공기관의 장은 개인정보관리의 책임관계를 명확히 하여야 한다. ④공공기관의 장은 개인정보의 수집·활용 등 개인정보의 취급에 관한 사항을 공개하여야 하며, 개인정보처리에 있어서 처리정보의 열람청구권 등 정보주체의 권리를 보장하여야 한다. [본조신설 2007.5.17]

2) 제3조(개인정보 보호 원칙) ① 개인정보처리자는 개인정보의 처리 목적을 명확하게 하여야 하고 그 목적에 필요한 범위에서 최소한의 개인정보만을 적법하고 정당하게 수집하여야 한다. ② 개인정보처리자는 개인정보의 처리 목적에 필요한 범위에서 적합하게 개인정보를 처리하여야 하며, 그 목적 외의 용도로 활용하여서는 아니 된다. ③ 개인정보처리자는 개인정보의 처리 목적에 필요한 범위에서 개인정보의 정확성, 완전성 및 최신성이 보장되도록 하여야 한다. ④ 개인정보처리자는 개인정보의 처리 방법 및 종류 등에 따라 정보주체의 권리가 침해받을 가능성과 그 위험 정도를 고려하여 개인정보를 안전하게 관리하여야 한다. ⑤ 개인정보처리자는 개인정보 처리방침 등 개인정보의 처리에 관한 사항을 공개하여야 하며, 열람청구권 등 정보주체의 권리를 보장하여야 한다. ⑥ 개인정보처리자는 정보주체의 사생활 침해를 최소화하는 방법으로 개인정보를 처리하여야 한다. ⑦ 개인정보처리자는 개인정보의 익명처리가 가능한 경우에는 익명에 의하여 처리될 수 있도록 하여야 한다. ⑧ 개인정보처리자는 이 법 및 관계 법령에서 규정

수 있다. 특히, 후자의 경우에는 OECD8원칙에 충실히 따르고 있음을 알 수 있다.

이상에서 살펴본 바와 같이, 컴퓨터 및 인터넷의 등장으로 인한 개인정보의 보호와 국가간 개인정보의 자유로운 유통을 보장하기 위하여 설정된 OECD8원칙은 EU개인정보보호법제에서도 그 대부분이 구현되어 있고, 이것은 개인정보 보호의 기본원칙이 시간과 장소가 다름에도 보편적으로 적용가능함을 우리에게 시사하여 준다고 할 수 있다.

제2. 개인정보의 보호와 자유로운 유통의 조화

현대정보사회에서의 정보의 의미와 관련하여서는 명확한 개념 정의가 정립되어 있지 않고, 그 용어도 각 영역별로 각기 다르게 사용되고 있는 실정이지만[3], 개인정보는 본질적으로 '정보'의 하나라고 할 수 있다. 그런데, 정보는 제4의 자원으로서 단독으로 또는 다른 요소와 결합하여 중요한 재화의 하나로 간주되고 있다. 그런 의미에서 정보를 '정보재'로 파악하는 관점도 등장하게 되었으며, 이러한 관점에서는 정보도 헌법이 보장하는 재산권의 객체가 될 수 있고[4][5], 따라서 '정보'는 자유로운 유통의 대상이 된다고 할 수 있다.

한편, 개인정보는 정보의 하나이지만 그것은 '개인(자연인)'에 관한 정보라는 점

하고 있는 책임과 의무를 준수하고 실천함으로써 정보주체의 신뢰를 얻기 위하여 노력하여야 한다.

3) 오병철, 디지털정보계약법, 법문사, 2005, 3쪽.

4) 컴퓨터에 저장된 정보가 절도죄의 객체인 재물에 해당하는지와 관련하여, 대법원은 "절도죄의 객체는 관리가능한 동력을 포함한 '재물'에 한한다 할 것이고, 또 절도죄가 성립하기 위해서는 그 재물의 소유자 기타 점유자의 점유 내지 이용가능성을 배제하고 이를 자신의 점유하에 배타적으로 이전하는 행위가 있어야만 할 것인바, 컴퓨터에 저장되어 있는 '정보' 그 자체는 유체물이라고 볼 수도 없고, 물질성을 가진 동력도 아니므로 재물이 될 수 없다 할 것이며, 또 이를 복사하거나 출력하였다 할지라도 그 정보 자체가 감소하거나 피해자의 점유 및 이용가능성을 감소시키는 것이 아니므로 그 복사나 출력 행위를 가지고 절도죄를 구성한다고 볼 수도 없다." 고 하여 부정하고 있다(대법원 2002.07.12., 2002도745).

5) 그러나, '정보'가 재산권의 하나가 될 수 있다고 하여도 구체적으로 그 법적 성격이 무엇인지와 관련하여서는 논란이 있다. 우선, 정보는 소비되어 없어지거나 감가되는 성질을 가지지 않는다는 점 및 정보를 이전한 경우에도 동일한 정보가 판매자에게 그대로 남아 있게 된다는 점 등에서 민법상의 물건(유체물)과는 다른 특성을 지니기 때문에 정보에 대한 민법상 소유권은 인정할 수 없다고 할 것이다(최경진, "민법상 정보의 지위", 「산업재산권」 제15호, 2004, 19쪽.). 그러한 점에서 '디지털정보'를 기존의 물권이나 채권과는 구별되는 독자적 지위를 가지는 것으로 볼 수 있을 것이다. 오병철, 앞의 책, 25쪽 이하. 디지털정보의 물건성을 부정하는 견해로서, 배대헌, "거래대상으로서 디지털정보와 '물건'개념 확대에 관한 검토", 「상사판례연구」 14집, 2003.6, 307쪽.

에서 다른 정보와 구별되는 특징이 있다. 즉, 개인정보는 그밖의 다른 유형의 정보에서와는 달리 개인(자연인)의 기본적인 권리와 자유 등이 관련되며, 그를 위한 보호의 필요성이 강하게 요구된다. 특히 정보주체인 개인이 자신에 관한 개인정보의 생성, 유통, 소멸에 참여하여, 이를 통제할 수 있는 권리로서 개인정보자기결정권이 중요한 의미를 지니게 되었다. 개인정보자기결정권은 개인이 자신에 관한 정보가 언제 누구에게 어느 범위까지 알려지고 또 이용되도록 할 것인지를 그 정보주체가 스스로 통제하고 결정할 권리[6]라고 할 수 있다. 개인정보자기결정권은 타인에 의한 개인정보의 처리를 통제한다는 측면 이외에도 정보주체인 개인이 자신에 관한 정보의 유통을 적극적으로 형성하고 조절한다는 측면을 갖는다[7].

이상에서 살펴본 바와 같이, 개인정보는 '정보'로서 자유로운 유통의 대상이라는 속성과 '개인'의 기본적 권리와 자유(특히 사생활의 비밀과 자유, 개인정보자기결정권)가 관련된다는 점에서 '보호'의 대상이라는 속성을 가진다. 이와 같은 개인정보의 양면성을 반영하여, 2016년 규칙은 그 정식명칭에서도 알 수 있듯이 '개인정보의 처리와 관련한 자연인의 보호'와 '개인정보의 자유로운 이동'에 관한 것이다[8]. 동 규칙은 특히 EU내에서의 개인정보의 자유로운 이동이 개인정보의 처리에 대한 자연인의 보호와 관련되었다는 이유로 제한되거나 금지되어서는 안된다는 점을 명백히 하고 있다(제1조 제3항 참조). 그에 반하여, 우리나라 개인정보 보호법은 "개인정보의 처리 및 보호에 관한 사항을 정함으로써 개인의 자유와 권리를 보호하고, 나아가 개인의 존엄과 가치를 구현함"(제1조)을 그 목적으로 하고 있다. 이처럼 우리나라 개인정보 보호법에서의 개인정보는 '보호'의 대상일 뿐 '자유로운 유통'의 대상이라는 관점이 결락되어 있다고 할 수 있다. 이러한 점에서 2016년 규칙은 개인정보에 대한 '자유로운 유통'과 '보호'의 조화가 중요함을 우리에게 시사하여 준다고 할 수 있다.

---

6) 성낙인, 헌법학, 법문사, 2011, 615쪽.

7) 성낙인 외, 개인정보에 관한 입법평가, 한국법제연구원, 2008, 171쪽.

8) 다만, 1995년 지침의 입법과정에서 나온 1990년 지침안은 그 명칭이 「개인정보 처리와 관련한 개인의 보호에 관한 이사회 지침안」(Proposal for a Council Directive concerning the protection of individuals in relation to the processing of personal data)이라고 한 점에서 알 수 있듯이 '보호'에 중점을 두었으나, 1992년 지침개정안은 「개인정보의 처리와 관련한 개인의 보호와 개인정보의 자유로운 이동에 관한 이사회 지침개정안」(Amended proposal for a COUNCIL DIRECTIVE on the protection of individuals with regard to the processing of personal data and on the free movement of such data)이라고 한 바와 같이 '보호'와 '자유로운 이동'의 조화를 도모하였다.

제3. 개인정보 보호와 관련한 일반법과 특별법의 관계

EU의 개인정보관련입법의 추진은 일반법적 지위를 가지는 1990년 지침안과 특별법적 지위를 가지는 1990년 통신망지침안으로 구별되어 진행되었음을 위에서 살펴보았다. 1990년 지침안과 동시에 성립하였던 1990년 통신망지침안은 전자가 1992년 지침개정안을 거쳐 1995년 지침으로서 입법화되었으며, 이것이 2016년 규칙으로 대체된 것과 달리, 1994년 통신망지침개정안을 거쳐 1997년 12월에 이르러서야 1997년 전기통신분야지침으로 입법화되었으며[9], 그 후, 2002년 7월에 2002년 전자통신분야지침[10]으로 대체되었다. 2002년 지침은 공중통신망에서의 새로운 디지털기술의 발전과 새로운 전자통신서비스의 등장으로 인해 이용되는 기술에 관계없이 EU역내에서의 공중이용전자통신서비스의 이용자의 개인정보와 프라이버시를 동등한 수준으로 보호하고, 전자통신서비스의 시장과 기술의 발전에 대응하기 위하여 1997년 전기통신분야지침의 개정이 요구됨을 밝히고 있다. 또한, 당시의 1995년 지침과의 관계라는 관점에서 본다면, EU 역내에서의 개인정보 보호에 관한 일반법적 지위를 가지는 1995년 지침에 대해 2002년 전자통신분야지침(2002/58/EC)은 특별법적 지위를 가짐을 규정하였다[11].

이러한 EU개인정보보호법제의 체계와 유사하게, 우리나라도 개인정보보호의 일반법인 개인정보 보호법과 정보통신망에서의 개인정보에 관한 특별법인 정보통신망법으로 이원화되어 있다. 그러나, 공·사 양 영역을 아우르는 일원적인 개인정보 보호법은 명실상부한 개인정보보호 관련 일반법으로서의 역할이 기대되었지만, 개인정보 보호법 자체가 특별법의 존재를 인정하고 있고(제6조), 그로 인하여 개인정보 보호의 주된 대상영역인 온라인관련부문에서 특별법인 정보통신망법 등이 우선하여 적용되고 있는 실정이다. 그런데, 특히 정보통신망법의 경우에는 개인정보 보호법과 적지 않게 유사한 규정을 두고 있는 실정이다. 개인정보 보호법의 제정으로 공공기관의 개인정보보호에 관한 법률은 폐지되었으나, 정보통신망법상의 개인정보 관련규정의 다수가 그대로 존치되고 있는 결과이다.

그런데, EU 역내에서의 개인정보 보호에 관한 일반법적 지위를 가지는 1995년

9) OJ L 24, 1998.1.30, p.1.

10) OJ L 201, 2002.7.31, p.37.

11) Article 1(2) The provisions of this Directive particularise and complement Directive 95/46/EC for the purposes mentioned in paragraph 1. Moreover, they provide for protection of the legitimate interests of subscribers who are legal persons.

지침에 대해서는 이미 살펴본 바와 같이 2016년 5월에 새로운 2016년 일반정보보호규칙이 제정되었다. 동 규칙은 2012년 1월에 유럽위원회가 공표하고, 유럽의회와 이사회에 제출한 2012년 규칙안[12)]에서는 1995년 지침에 대해 2002년 전자통신분야지침이 특별법에 해당함을 규정한 조항[13)]을 삭제하여[14)], 개인정보 보호관련 입법으로서는 EU 역내에서의 명실상부한 일반법적 지위를 부여하고자 하였다. 그러나, 2016년 규칙에서는 2012년 규칙안이 2002년 전자통신분야지침이 특별법에 해당함을 규정한 조항을 삭제한 것과 달리, 2002년 전자통신분야지침과의 관계에 대해서 "본 규칙은 2002년 지침에서 규정된 동일한 목적을 가진 특정한 의무에 따르는 사안들과 관련된 유럽연합의 공공통신망에서의 공중이용전자통신서비스의 제공과 연결된 처리와 관련하여 자연인이나 법인에 대해 추가적인 의무를 부과하여서는 안된다."(제95조)고 하여, 2002년 전자통신분야지침의 특별법적 성격을 인정하는 듯한 규정을 두었다. 2012년 규칙안과 다른 2016년 규칙의 이러한 스탠스는 개인정보 보호법제에서의 일반법과 특별법의 존재를 인정하지 않을 수 없는 현실을 반영한 결과가 아닌가 생각되며, 그러한 점에서 우리에게 시사하는 바가 있다고 할 것이다.

제4. EU레벨에서의 공(公)·사(私) 영역 구별의 포기

개인정보 보호에 관한 입법모델은 크게 유럽형과 미국형으로 나누어 볼 수 있다. 전자는 공공부문과 민간부문을 분리하지 않고 통합하여 일원적으로 규율하는 방식인데 비하여, 후자는 공공부문과 민간부문을 분리하는 방식을 취하고 있다. 후자를 대표하는 미국은 개인정보 처리에 대해서 공공부문에 있어서는 일찍부터 엄격한 법적 규율을 통해 프라이버시를 보호하였으나(Privacy Act of 1974), 민간부문에 대해서는 기본적으로 정부의 개입을 최소화하여 시장의 자율규제기능을 중시하고, 다만 문제가 된 영역별로 개별입법에 의한 해결을 도모하는 방식이라고

12) Proposal for a REGULATION OF THE EUROPEAN PARLIAMENT AND OF THE COUNCIL on the protection of individuals with regard to the processing of personal data and on the free movement of such data (General Data Protection Regulation), COM(2012) 11 final – 2012/011 (COD)

13) Article 1(2) The provisions of this Directive particularise and complement Directive 95/46/EC for the purposes mentioned in paragraph 1. Moreover, they provide for protection of the legitimate interests of subscribers who are legal persons.

14) Article 89(2) Article 1(2) of Directive 2002/58/EC shall be deleted.

할 수 있다[15]. 미국에서는 특히 정보의 자유로운 유통(free flow of information)을 제1의 원리로 삼는 강한 표현(언론)의 자유의 전통을 가지고 있다고 할 수 있다[16]. 그 때문에 미국의 경우 아직 온라인상에서의 개인정보 수집과 이용 및 제3자 제공을 규제하는 일반법을 가지고 있지 않고, 민간영역의 각 부문별로 존재하는 입법들도 주로 개인정보의 정확성에 초점을 맞추고 있으며, 정보주체에게 열람 및 정정청구권은 일반적으로 인정되고 있지 않다고 할 수 있다.

EC위원회(당시)의 1990년 지침안[17]은 그 적용범위와 관련하여 공적 영역과 사적 영역으로 나누어 각 영역에서의 개인정보의 처리에 관해 규정하고 있었다[18]. 즉, 동 지침안은 개념 정의에서 '공적 영역'(public sector)이란 "산업이나 상업활동을 수행하는 기구와 조직체, 그리고 공적 기관의 작용에 가담하는 경우에도 사법에 의해 규율되는 기구나 조직체를 제외하고, 공법에 의해 규율되는 회원국의 모든 기관, 기구 및 조직체[19]"를 의미하고, '사적 영역'(private sector)이란 "산업 또는 상업활동을 수행하는 한 공적 영역의 기관, 기구 및 조직체를 포함하여 자연인이나 법인 또는 단체[20]"를 의미한다고 규정하고 있다. 개념 정의에서도 알 수 있듯이 '공적 영역'과 '사적 영역'의 구별은 결국 '공법'과 '사법'의 구별을 전제로 하고 있다. 이러한 접근법은 대륙법계 국가의 중심을 이루는 것이 프랑스와 독일임을 고려하여 볼 때 당연하다고도 할 수 있을 것이다.

그런데, 1990년 지침안에 대한 유럽의회의 다수의 비판적 의견을 반영하여 성립된 1992년 지침개정안[21]에서는 '공적 영역'과 '사적 영역'의 분류법을 포기하였다. 동 지침개정안의 '해석각서'(EXPLANATORY MEMORANDUM)의 서문에서 유럽의회의 요구에 따른 2가지 주요 개정사항으로서 첫째로, 공적 영역에 적용하는 규범과 사적 영역에 적용하는 규범간의 공식적 구별을 폐지한 점, 둘째로, 감독기관에 대한 신고절차와 행동강령에 관한 규정을 확장한 점을 들고 있다[22]. 1992년 지

15) 성낙인 외, 개인정보보호법제에 관한 입법평가, 한국법제연구원, 2008, 359쪽 이하.

16) Franz Werro, "*The Right to Inform v. the Right to Be Forgotten: A Transatlantic Clash*", In Liability in the Third Millennium, 285 - 300. Baden-Baden, F.R.G.: Nomos., 2009, pp.290-292 ; James Q. Whitman, "*The Two Western Cultures of Privacy: Dignity Versus Liberty*", 113 The Yale Law Journal 1153, 2004

17) OJ C 277, 1990.11.5, p.3.

18) 1990년 지침안은 제2장(공적 영역에서의 처리의 합법성)과 제3장(사적 영역에서의 처리의 합법성)으로 분류하고 있었다. OJ C 277, 1990.11.5., pp.6-7.

19) Article 2(g).

20) Article 2(h).

21) OJ C 311, 1992.11.27, p.30.

침개정안의 입장을 반영하여, 그 후 제정된 1995년 지침도 공적 영역과 사적 영역의 구별을 폐지하고 있다. 또한, 2016년 규칙도 이러한 기존의 입장을 유지하고 있다. 이와 같이, EU의 개인정보보호입법에서 공적 영역과 사적 영역의 '공식적 구별'(formal distinction)을 폐지한 것[23]은 개인정보보호입법에 있어서의 '일원적·포괄적인' 입법모델, 즉, 세계적인 개인정보보호입법모델에서 이원적·부문별 입법모델인 미국모델과 더불어 대비되는 입법모델[24]을 결정짓는 계기로 작용하였다고 할 수 있다.

이처럼, 세계적인 개인정보보호입법모델에서 EU의 입법모델은 이원적·부문별 입법모델인 미국모델과 더불어 대비되는 입법모델을 제시하였으며, 이후 우리나라를 비롯한 다수의 국가가 이를 채택하게 됨으로써 그 영향력을 보여주고 있다. 특히 우리나라의 개인정보 보호법 제정 이전의 관련입법은 공공부문과 민간부문으로 나뉘어 있었고, 규제가 미치지 못하는 개인정보 보호의 사각지대가 존재하였으며, 관련입법이 규정하는 개인정보 보호의 수준에도 차이가 발견되는 등 통일적이고 체계적인 개인정보 보호가 이루어지지 않고 있다는 비판이 존재하였다[25]. 이와 같은 비판을 수용하여 2011년에 공공부문과 민간부문을 통합한 개인정보 보호법이 제정·시행되고 있다. 이러한 일원적·포괄적인 개인정보 보호법의 시행은 결과적으로 유럽모델을 채택한 셈이 되고, EU개인정보보호법제가 제3국으로의 개인정보의 이전에는 EU개인정보 보호수준에 상응하는 법제도의 정비를 요구하는 조건을 보다 충족하기 용이한 법제를 마련하게 된 것이라고 할 수 있다. 이처럼 1995년 지침은 유럽모델이 개인정보 보호입법과 관련하여 세계적인 주류를 차지하는 계기가 되었으며, 앞으로도 이러한 경향은 지속될 것으로 예상할 수 있다. 이러한 점은 2016년 규칙과 관련하여서도 EU의 관련입법의 동향이 우리나라의 그것에 중요한 영향을 미칠 수 있음을 시사한다고 할 것이다.

---

22) COM(92) 422 final, p.2.

23) 1992년 지침개정안은 다음과 같이 기술하고 있다. "it drops the formal distinction between the rules applying in the public sector and the rules applying in the private sector" COM(92) 422 final, p.2.

24) 성낙인 외, 개인정보보호법제에 관한 입법평가, 359쪽 이하.

25) 김일환, 個人情報保護法制의 體系的 整備方案에 관한 考察, 인터넷법률 제27호(2005. 1), 23쪽 이하 ; 박노형, EU 및 영국의 개인정보보호법제 연구, 법제처, 2010, 87-88쪽. 한편, 행정안전부(당시)는 "개인정보보호법은 약 350만개 모든 공공기관과 사업자를 규율대상으로 확대(약 300만개 기관·사업자 제도권 편입)하여, 법적용 사각지대를 해소하는데 큰 의의가 있다."고 평가하였다. 행정안전부, 개인정보보호 2.0 시대의 개막 "개인정보보호법 제정·공포" -모든 공공기관·사업자를 규율대상으로 9월30일 전면시행-, 2011년 3월 30일 보도자료.

제2절 EU개인정보보호법의 전망

제1. EU개인정보보호제도의 강화

2016년 규칙은 종래의 1995년 지침에 비하여 훨씬 강화된 내용을 가지고 있는 바, 이하에서 보다 구체적으로 살펴보도록 한다.

첫째로, 법형식의 강화를 들 수 있다. EU개인정보 보호에 관해 2016년 규칙은 EU법의 법형식에 있어서 '지침'(Directive)에서 '규칙'(Regulation)으로 변경되었다. EU법의 법원(法源)은 크게 제1차법(primary sources), 제2차법(secondary sources), 판례, 일반법원칙, 관습국제법 등으로 나눌 수 있다. 이 가운데 가장 우위에 있는 것은 제1차법이며, 여기에는 다시 EU기초조약과 EU가 제3국이나 다른 국제조직 간에 체결한 조약으로 나눌 수 있다[26]. 제2차법은 제1차법으로부터 파생되는 법으로서 파생법이라고도 하며, 또한 EU의 기관이 채택하는 조치라는 의미에서 EU법행위 또는 EU입법이라고도 한다. 이들 EU입법에는 규칙(Regulation), 지침(Directive), 결정(Decision), 권고(Recommendation) 및 의견(Opinion)이 있는데, 이 가운데에서 전3자(규칙, 지침, 결정)는 법적 구속력이 있고, 후2자(권고, 의견)는 법적 구속력이 없다. '규칙'은 EU역내에서 일반적으로 적용되며, 그 모든 부분이 법적 구속력을 가지며, 모든 회원국에서 직접 적용될 수 있다. '지침'은 달성되어야 할 결과에 대하여 상대방 회원국을 구속하지만, 방식 및 수단의 선택은 회원국 기관에 위임된다. '결정'은 그 모든 부분이 구속력을 가지며, 상대방을 특정한 결정은 상대방만을 구속한다. 이들 규칙, 지침과 결정 간의 효력의 우열은 없다[27]. 다만, 규칙은 일반적으로 적용된다는 점에서 보통 수범자가 특정되는 결정과 다르며, 규칙의 모든 부분이 구속력을 갖는다는 점에서 상대방인 회원국만 그리고 결과의 달성만을 구속하는 지침과 다르며, 규칙은 직접 적용할 수 있기 때문에 일단 발효가 되면

---

26) 전자의 예로서는, EU조약(Treaty on European Union ; TEU)과 EU운영조약(Treaty on the functioning of the European Union ; TFEU) 등이 있으며, 후자의 예로서는, WTO협정과 EFTA, 여러 국가와 체결한 유럽경제영역협정 등이 있다.

27) Ivan Boev, Droit européen, Bréal, 2012, pp.167- ; 中西優美子, EU法, 新世社, 2012, 34쪽 ; 庄司克宏, EU法 基礎扁, 岩波書店, 2003, 109쪽 이하 ; 岡村 尭, 新ヨーロッパ法, 三省堂, 2010, 48쪽 이하. 다만, 발효되지 못한 채 폐기된 유럽헌법조약에서는 규칙을 법률(legislation)이라고 하였다가, 리스본조약에서 다시 규칙으로 환원된 것에 알 수 있듯이 제2차법의 일반적・중심적인 법형식이 규칙이라고 할 수 있다.

자동적으로 모든 회원국에 대해 법적 구속력을 가지게 되고 비준과 같은 회원국의 국내조치를 필요로 하지 않는다는 점에서 지침이나 결정과 구별된다고 할 수 있다. 이러한 점에서 EU개인정보보호에 관한 입법이 '지침'이 아니라 '규칙'의 형식을 취한 것은 EU 역내에서의 개인정보보호정책을 일관되고 통일적으로 실시할 수 있게 되었다는 점을 의미한다.

둘째로, 개인정보 감독기관의 강화를 들 수 있다. 2016년 규칙은 1995년 지침에 비하여 각 회원국 국내에서의 개인정보 감독기관에 대한 규정을 대폭 강화하고 있다. 우선, 규정형식상으로도 개인정보 감독기관에 관한 규정이 1995년 지침에서는 1개조(제28조)에 불과한 것이 2016년 규칙에서는 1개장(제6장) 9개조(제51조~제59조)에 이른다. 또한, 그 규정내용에 있어서도 1995년 지침이 감독기관의 권한으로서 조사권, 실효적인 중재권과 법적 쟁송참가권만을 규정하고 있던데 비하여, 2016년 규칙은 관리자에 대한 규칙위반 시정명령권 등 다수의 강화되고 폭넓은 감독권한을 부여하고 있다[28]. 그리고, 감독기관은 독립성을 유지하기 위하여 그 임무와 부여된 권한을 행사함에 있어서 완전히 독립적으로 활동하여야 할 것과 회원국은 감독기관의 독립성에 영향을 주지 않는 재정 통제를 하여야 하고, 감독기관에 별도의 예산을 갖도록 보장해야 한다.

또한, EU 역내에서의 개인정보보호에 관한 임무를 통일적이고 일관성있게 수행하기 위하여 유럽정보보호위원회(European data protection board)를 설치하고 있다[29]. 동 위원회는 각 회원국의 감독기관의 장으로 구성되며, EU내에서의 이 규칙의 일관성있는 적용을 보장하기 위한 임무를 수행한다.

셋째로, 실효성 확보수단의 강화를 들 수 있다. 2016년 규칙은 1995년 지침에 비하여 개인정보 보호와 관련하여 정보주체의 권리와 관리자 또는 처리자 등의 의무에 대하여 규정하고 있는 바, 이들 권리를 침해하거나 의무를 위반하는 경우에 대하여 강력한 제재규정을 두고 있다. 즉, 실효성확보를 위하여 회원국들에 대하여 동 규칙의 위반에 적용할 수 있는 벌칙에 관한 법규를 2018년 5월 25일까지 제정하도록 의무를 부과하고 있다.

또한 행정적 제재와 관련하여서는 금전적 제재를 그 내용으로 하는바, 그 위반 유형별로 분류하여 엄중한 과징금을 부과할 수 있도록 규정하고 있다. 이러한 과징금의 부과는 개인정보를 취급하는 기업 등에 대해 대단히 강력한 제재로서의 효

28) Article 58(1).
29) Article 68~Article 76.

력을 발휘할 것으로 예상된다.

이상과 같이 2016년 규칙의 강화된 내용은 EU가 개인정보의 보호와 관련하여서는 보다 적극적으로 규제하겠다는 의지의 표현이라고 할 수 있다. 따라서, 앞으로 위와 같은 EU개인정보보호입법의 경향은 우리나라를 위시하여 여러 다른 국가에도 영향을 미칠 가능성이 크다 할 것이다.

제2. 새로운 정보기본권의 등장

2016년 규칙의 특징의 하나는 새로운 정보기본권으로서 '잊혀질 권리'와 '정보이동권' 등을 신설하였다는 점을 들 수 있다. 특히 '잊혀질 권리'는 정보주체와 관련된 개인정보의 삭제를 그 주된 내용으로 한다. 이러한 '잊혀질 권리'는 개인이 자기의 개인정보를 보유하고 있는 기업 등 단체에 대하여 정당한 이유가 없는 한 그들이 보유하고 있는 개인정보를 삭제할 것을 요구할 수 있고, 또한 그들 단체는 그 개인정보를 처리하고 있는 제3자에게 개인이 개인정보를 삭제하기를 원한다는 사실을 통지하도록 하는 것이다. 따라서, 가령 예컨대, Google이나 Yahoo, 또는 네이버나 다음 등의 인터넷 포털과 Facebook등의 SNS기업들이 처리하는 개인정보에 대해서 그 정보주체가 삭제를 요구하는 경우에 정당한 이유가 없는 한 그것을 삭제하여야 하고, 그 개인정보의 원래 이용자에 대해 정보주체가 삭제를 원하고 있음을 통지하여야 하는 의무를 지게 되는 것이다. 그리고, 그러한 의무를 이행하지 아니하거나 위반한 경우에는 벌칙이나 막대한 과징금이 부과된다. 이로 인하여, 인터넷기업에게는 적지 아니한 부담을 지게 되었으며, 현재 Google이나 Facebook 등을 상대로 하여 개인정보(또는 프라이버시) 침해를 이유로 EU 여러 국가에서 다수의 소송이 진행되고 있음을 감안하여 볼 때, '잊혀질 권리'의 신설은 특히 이들 인터넷관련기업들에게 적지 않게 영향을 미칠 것으로 예상할 수 있다. 또한, 빅데이터, 클라우드컴퓨팅, IoT 등뿐만 아니라 앞으로의 정보통신기술의 발달에 있어서도 이러한 새로운 정보기본권의 등장이 중요한 영향을 미칠 것으로 예상된다.

제3. 유럽위원회의 집행권한의 강화 시도

유럽위원회(European Commission)는 EU의 집행기관으로서, 입법안 제출, 결정의 집행, EU 제 조약의 준수와 EU의 일상적인 운영을 그 임무로 하고 있다. 2012년 규칙안의 특징의 하나는 이러한 유럽위원회의 권한을 강화하고 있었다는 점을 들 수 있다. 2012년 규칙안은 개인정보 보호와 관련하여 강화된 규칙안을 집행하기 위한 위임법령을 제정할 권한을 폭넓게 부여하였다. 즉, 동 규칙안 제86조 제1항은 "위임법령을 제정할 권한은 이 조항에서 규정된 조건에 따라서 위원회에 부여된다."고 규정하고, 동조 제2항은 "제6조 제5항, 제8조 제3항, 제9조 제3항, 제12조 제5항, 제14조 제7항, 제15조 제3항, 제17조 제9항, 제20조 제6항, 제22조 제4항, 제23조 제3항, 제26조 제5항, 제28조 제5항, 제30조 제3항, 제31조 제5항, 제32조 제5항, 제33조 제6항, 제34조 제8항, 제35조 제11항, 제37조 제2항, 제39조 제2항, 제43조 제3항, 제44조 제7항, 제79조 제6항, 제81조 제3항, 제82조 제3항에 규정한 권한의 위임은 이 규칙이 발효되는 날로부터 불확정기간 동안 위원회에 부여되어야 한다."고 규정하였다. 이러한 규정으로부터 알 수 있듯이, 2012년 규칙안은 유럽위원회에 포괄적이고 강력한 집행권한을 부여하였다. 다만, 이러한 유럽위원회의 권한은 유럽의회와 이사회에 의하여 언제라도 철회될 수 있으며[30], 유럽위원회는 위와 관련된 위임법령을 제정한 경우에는 동시에 유럽의회와 이사회에 통보하여야 하고[31], 유럽의회와 이사회의 어느 일방이라도 반대하게 되면, 그 위임법령은 효력을 발생하지 못하게 되었다[32]. 이와 같은 절차상의 규제장치를 설정하고 있었지만, 유럽위원회의 권한이 강력해지게 됨은 부정할 수 없었다. 이로 인하여, 유럽경제사회위원회(European Economic and Social Committee)는 2012년 규칙안에 대하여 2012년 5월 23일 회의에서 채택한 의견에서 개인정보 보호정책과 관련하여 거의 모든 사항에 걸쳐서 유럽위원회에 위임입법권이 부여되는 것은 EU운영조약(TFEU) 제290조[33]의 적용범위를 명백히 벗어나는 것으로서 받아들일 수 없음을

30) Article 86(3).

31) Article 86(4).

32) Article 86(5).

33) EU운영조약(TFEU) 제290조 제1항은 다음과 같이 규정하고 있다. "입법의 어떠한 비본질적인 요소를 보충하거나 보완하기 위하여 일반적으로 적용되는 비법규명령을 제정할 권한을 입법으로 위원회에 위임할 수 있다. 권한의 위임의 목적, 내용, 범위와 기간은 입법에서 명시적으로 규정되어야 한다. 어떤 영역의 본질적인 요소는 입법에 유보되어야 하고, 따라서 권한의 위임의 대상이 되어서는 안된다."(1. A legislative act may delegate to the Commission the power to adopt non-legislative acts of general application to supplement or amend certain non-essential elements of the legislative act.
The objectives, content, scope and duration of the delegation of power shall be explicitly defined in the legislative acts. The essential elements of an area shall be reserved for the legislative act and accordingly shall not be the subject of a delegation of power.)

분명히 하였었다[34]. 그런데, 이후 유럽의회와 이사회에서의 입법심의과정에서 2012년 규칙안의 이러한 법안에 대하여 관련 위임입법권을 대부분 배제하였다[35].

그런데, 2012년 규칙안에서 유럽위원회의 권한 강화의 시도는 무엇을 시사하는 것일까? '하나의 유럽'을 지향하는 EU는 그 시도로서 2004년 10월에 유럽헌법조약(Treaty establishing a Constitution for Europe)을 조인하였다. 동 조약은 '조약'이라는 명칭에서 알 수 있듯이 EU 회원국간의 국제조약으로서의 성격을 가지지만, 또한 '헌법'이라는 명칭을 사용한 데에서도 알 수 있듯이 하나의 국가의 형태를 취하는 다수의 규정을 포함하고 있었다[36]. 그러나, 동 조약의 발효에는 모든 EU 회원국의 비준이 요구되었으나 프랑스와 네덜란드 국민투표에서 부결된 결과 발효되지 못하고, 2007년 12월에 조인되어 2009년 12월부터 발효된 리스본조약으로 대체되었다. 이러한 사실로 부터서도 알 수 있듯이, EU에는 하나의 유럽을 지향하는 경향이 강하며[37], 2012년 규칙안에서 EU의 집행기관 역할을 하는 유럽위원회의 권한을 강화한 것은 EU에서 이러한 경향이 여전히 강하게 존재함을 알 수 있게 해준다고 할 것이다.

따라서, 2016년 규칙에서 유럽위원회의 폭넓은 위임입법권이 대폭 축소되었지만, 그럼에도 불구하고, 정보주체의 강화된 권리, 개인정보의 제3국으로의 강화된 이전 요건, 엄격한 행정적 제재(특히 과징금) 등이 맞물려, 특히 EU 역내에서 사업활동을 하는 기업체들에 대한 유럽위원회의 통제권은 한층 더 강력하게 작용할 것이 예상된다. 이러한 점은 개인정보 보호가 단지 개인의 인권차원에 머무는 문제가 아니라 무역 등 경제분야와도 밀접한 관련을 가지고 있으며, 유럽위원회의 집행권은 그를 위한 실효적인 도구로서 기능하게 될 것임을 예고한다고 할 것이다.

---

34) Opinion of the European Economic and Social Committee on the 'Proposal for a Regulation of the European Parliament and of the Council on the protection of individuals with regard to the processing of personal data and on the free movement of such data (General Data Protection Regulation)', OJ C 229, 2012.7.31., p.90. "1.6 Furthermore, when it comes to delegated acts, references to which appear almost everywhere, the Committee cannot accept those that do not fall within the express scope of Article 290 TFEU."

35) Article 92(2).

36) 예컨대, 국기나 국가 또는 건국기념일을 상징하는 규정을 두고 있다든지, EU법률이라는 용어를 사용하는 것 등에서 그러한 경향을 엿볼 수 있다.

37) 그러나, 2016년 6월에 영국의 국민투표에 의해 EU탈퇴(이른바 Brexit)가 결정된 것에서 알 수 있듯이, EU 회원국들 중에는 반 EU 정서가 있는 것도 사실이다.

제4. 새로운 스마트시대에 대처하기 위한 입법의 요청

종래 유선 인터넷과 컴퓨터가 정보화시대의 상징이었다고 한다면, 현재는 모바일통신과 스마트폰, 스마트패드(태블릿PC) 및 스마트TV 등의 스마트 디바이스가 그 자리를 대신하고 있으며, 스마트폰 등 스마트 디바이스의 폭넓은 보급으로 인하여 트위터 · 페이스북 등의 SNS와 카카오톡 등의 모바일 메신저로 대표되는 소셜 미디어가 정보 공유 및 사회적 관계 유지 등을 위한 실시간 · 양방향 커뮤니케이션의 플랫폼으로 널리 이용되고 있다. 이러한 소셜미디어는 개인정보 및 프라이버시의 유출 · 노출, 동의 없는 과도한 개인정보의 수집, 페이스북 · 트위터 등 소셜미디어 앱이 이용자 허가 없이 주소록에서 타인의 개인정보를 추출하여 자체 서버에 저장하는 문제, 소셜미디어를 이용한 개인의 신상털기 급증 등이 그 부작용으로 지적되고 있다.

또한, 스마트 디바이스의 보급, 소셜미디어의 활성화, 기업의 고객 데이터 수집, 멀티미디어 콘텐츠의 폭발적 증가 등에 따라 '빅 데이터'가 중요한 이슈로 등장하고 있다. 그러나, 이러한 '빅 데이터' 환경은 그 자체는 개인정보가 아니나 다른 대규모 정보와 결합하여 쉽게 개인을 식별할 수 있는 정보로 전환될 가능성이 크기 때문에 개인정보 보호 이슈가 제기되고 있다. '빅 데이터'가 다루는 정보는 산업기술은 물론 SNS, 고객기록 등에서 얻은 개인정보 등 기업 및 개인의 핵심정보로 구성되어 유출 시 광범위한 피해의 발생이 우려된다[38].

그밖에도 스마트폰 · 태블릿PC 등 이동성(Mobility)이 극대화된 스마트 디바이스가 대중화되면서 개인 콘텐츠에 대한 자유로운 접근성 요구가 증대하고, 이에 따라 사용자 데이터를 클라우드 공간에 자유롭게 저장할 수 있는 스토리지 서비스를 중심으로 한 클라우드 서비스가 확산되고 있다. 그러나, 클라우드 서비스 이용자가 증가하면서 저장된 데이터에 대한 보안 및 개인정보 · 프라이버시 침해의 우려가 커지고 있다. 나아가, 최근 스마트 디바이스의 확산으로 'LBS+증강현실', 'LBS+SNS' 등의 다양한 융합형 위치기반서비스(Location Based Service ; LBS)가 등장하고 있다. 위치기반서비스는 GPS 탑재 단말의 확산 및 위치기반과 융합된 비즈니스 모델의 개발에 힘입어 계속적으로 이슈가 될 것으로 예상된다. 그러나, 위치

38) 실제로 2012년 7월에 구글은 자사 SNS '구글 플러스(Google+)'를 애플의 사파리(Safari) 웹브라우저를 통해 접속한 이용자들을 대상으로 사파리의 추적 거부 기능을 회피해 사용자 검색정보 및 열람행동을 추적한 사실이 적발되어, 미국 연방거래위원회(Federal Trade Commission)는 구글의 이러한 개인정보 침해 행위에 대해 2,250만 달러의 과징금을 부과한 바 있다.

정보는 민감한 개인정보로서 공익적·산업적 가치를 높이기 위해서는 개인정보·프라이버시 보호문제가 선결될 필요가 있다. 따라서, 위치기반서비스 활성화에 따른 개인정보 유출 및 프라이버시 침해를 방지하기 위한 법제도적·기술적 정책의 수립과 시행이 요청된다.

위와 같은 최근의 정보통신환경의 급속한 변화로 인하여 EU의 전자통신분야에서의 개인정보(프라이버시)의 보호에 관한 현행 2002년 지침은 2006년과 2009년에 일부 개정하였다고는 하지만, 최근의 스마트환경에 대응하기에는 대단히 부족하다는 것은 명백하다. 따라서, EU의 현행 2002년 지침은 물론, 우리나라의 정보통신망법도 이에 대한 대응을 위해서는 보다 근본적인 법 개정이 요구된다고 할 것이다.

제5. 개인정보의 정보재로서의 인식 강화

유럽의 유력한 미디어의 보도에 의하면[39], 유럽은 실리콘 밸리가 지배하는 '디지털 식민지'로 되고 있다는 위기감이 커지고 있다고 한다. 그로 인해, 오래된 유럽(Old Europe)이 새로운 전쟁을 준비하고 있는 바, 그것은 종교나 정치, 또는 석탄, 가스, 석유와 같은 자연자원을 둘러싼 싸움이 아니라 정보를 둘러싼 것이며, 이처럼 산업혁명에서의 화석연료의 자리를 현대 디지털시대에서는 정보가 대체하고 있다는 것이다. 이러한 관점에서, 독일이나 프랑스의 정부고위관계자들은 디지털시대를 대표하는 기업들인 아마존, 애플, 페이스북과 구글이 '야만적 정보자본주의(brutal information capitalism)'를 대표하고 있다고 주장한다든지 유럽이 '글로벌 인터넷 거인들의 디지털 식민지(digital colony of the global internet giants)'가 되고 있다고 주장한다. 이러한 인식에는 디지털시대의 선발주자인 미국에 대해 후발주자인 유럽이 느끼는 위기감이 잘 드러난 것이라고 할 수 있을 것이다. 따라서, 잊혀질 권리를 인정한 Google Spain Case나 미국-EU간의 Safe Harbour협정을 무효화시킨 Maximillian Schrems Case도 이러한 관점의 연장선상에서 파악하는 것도 가능할 것이다.

오늘날 정보(data), 특히 개인정보에 대해서는 정보주체의 기본적 인권인 개인정보보호권(또는 프라이버시)이라는 관점뿐만이 아니라, 개인정보의 정보재로서의 관점도 중요한 비중을 차지하고 있다. 2016년 규칙의 성립과정에서 주로 논란이

39) theguardian, Sunday 6 July 2014

되었던 것은 '잊혀질 권리'를 둘러싼 것이었다. 그러나, 실제로 동 규칙의 입법을 추진한 유럽연합의 기관들이 정보주체의 새로운 정보기본권의 설정 못지않게 중점을 두었던 것은 '개인정보의 제3국으로의 이전'과 관련한 규정들이 아니었나 생각한다. 이들 관련 규정에 대해서 주목하여야 할 점은 2016년 규칙이 동 규정들을 위반한 경우에 막대한 과징금을 부과할 수 있다는 것과 2016년 규칙은 1995년 정보보호지침과 달리 '규칙'이라는 법형식으로 인해 EU 역내에서 통일적으로 일관성있게 적용되고 집행될 수 있다는 것이다. EU의 2016년 규칙은 개인정보의 이전과 관련하여 EU 집행기관의 통제력을 크게 강화하고 있으며, 이는 디지털시대의 주요자원인 '정보'의 통제력을 EU의 지배하에 두겠다는 의도라고 할 수 있을 것이다. 이러한 EU의 태도는 앞으로 정보의 이전을 둘러싸고 국가와 국가 간, 국가와 블록 간, 또는 블록과 블록 간의 경쟁과 알력을 야기할 가능성을 크게 할 수 있을 것이다.

부 록

2016년 규칙 : 개인정보의 처리에 관한 자연인의 보호와 그러한 정보의 자유로운 이동에 대한, 그리고 지침 95/46/EC를 폐지하는 2016년 4월 27일의 유럽의회 및 이사회의 규칙(일반정보보호규칙) - Regulation (EU) 2016/679 of the European Parliament and of the Council of 27 April 2016 on the protection of natural persons with regard to the processing of personal data and on the free movement of such data, and repealing Directive 95/46/EC (General Data Protection Regulation), OJ L 119, 2016.5.4., pp.1-88.

* 전문은 생략함.

2016년 규칙(GDPR)의 원문(영어)과 국역

원문(영어)	국역
CHAPTER I General provisions	제1장 총칙
Article 1 Subject-matter and objectives	제1조 주제문제와 목적
1. This Regulation lays down rules relating to the protection of natural persons with regard to the processing of personal data and rules relating to the free movement of personal data.	1. 본 규칙은 개인정보의 처리에 관한 자연인의 보호와 관련되는 규정과 개인정보의 자유로운 이동과 관련되는 규정을 정한다.
2. This Regulation protects fundamental rights and freedoms of natural persons and in particular their right to the protection of personal data.	2. 본 규칙은 자연인의 기본적 권리와 자유, 특히 개인정보보호권을 보호한다.
3. The free movement of personal data within the Union shall be neither restricted nor prohibited for reasons connected with the protection of natural persons with regard to the processing of personal data.	3. 유럽연합 역내에서의 개인정보의 자유로운 이동은 개인정보의 처리에 대한 자연인의 보호와 관련된 이유로 제한되거나 금지되어서는 안된다.
Article 2 Material scope	제2조 물적 범위
1. This Regulation applies to the processing of personal data wholly or partly by automated means and to the processing other than by automated means of personal data which form part of a filing system or are intended to form part of a filing system.	1. 본 규칙은 전면적으로 또는 부분적으로 자동화된 수단에 의한 개인정보의 처리와, 파일링시스템의 일부를 구성하거나 구성할 의도인 개인정보의 자동화 이외의 수단에 의한 처리에 적용한다.
2. This Regulation does not apply to the processing of personal data:	2. 본 규칙은 다음의 개인정보의 처리에 적용하지 않는다.
(a) in the course of an activity which falls outside the scope of Union law;	(a) EU법의 범위에 속하지 않는 활동 중에 하는
(b) by the Member States when carrying out activities which fall within the scope of Chapter 2 of Title V of the TEU;	(b) EU조약(TEU) 제5편 제2장의 범위 내에 속하는 활동을 수행할 때 회원국들에 의한
(c) by a natural person in the course of a purely personal or household activity;	(c) 순전히 사적 활동이나 가사활동 중에 자연인에 의한
(d) by competent authorities for the purposes of the prevention, investigation, detection or prosecution of criminal offences or the execution of criminal penalties, including the safeguarding	(d) 관할기관이 공공의 안전에 대한 위협으로부터의 보호와 그 예방을 포함하여, 범죄의 예방, 수사, 탐지나 기소 또는 형벌의 집행을 위하여 관할기관에 의한

원문(영어)	국역
against and the prevention of threats to public security.	
3. For the processing of personal data by the Union institutions, bodies, offices and agencies, Regulation (EC) No 45/2001 applies. Regulation (EC) No 45/2001 and other Union legal acts applicable to such processing of personal data shall be adapted to the principles and rules of this Regulation in accordance with Article 98.	3. 유럽연합 기관, 기구, 사무소 및 에이전시에 의한 개인정보의 처리에 대해서는 규칙 (EC) No 45/2001을 적용한다. 개인정보의 처리에 적용할 수 있는 규칙 (EC) No 45/2001과 다른 유럽연합법규범은 제98조에 의하여 본 규칙의 원칙과 규정에 적합하게 되어야 한다.
4. This Regulation shall be without prejudice to the application of Directive 2000/31/EC, in particular of the liability rules of intermediary service providers in Articles 12 to 15 of that Directive.	4. 본 규칙은 지침 2000/31/EC, 특히 동 지침 제12조에서 제15조까지의 중개서비스제공자의 책임규정의 적용을 침해하지 않아야 한다.
Article 3 Territorial scope	제3조 영토적 범위
1. This Regulation applies to the processing of personal data in the context of the activities of an establishment of a controller or a processor in the Union, regardless of whether the processing takes place in the Union or not.	1. 본 규칙은 그 처리가 EU 역내에서 이루어지는지 여부에 관계없이, EU에 있는 관리자나 처리자의 사업체 활동에서의 개인정보의 처리에 적용한다.
2. This Regulation applies to the processing of personal data of data subjects who are in the Union by a controller or processor not established in the Union, where the processing activities are related to:	2. 본 규칙은 그 처리활동이 다음과 관련된 경우에, 유럽연합에서 설립되지 않은 관리자나 처리자에 의한 유럽연합에 있는 정보주체의 개인정보의 처리에 적용된다.
(a) the offering of goods or services, irrespective of whether a payment of the data subject is required, to such data subjects in the Union; or (b) the monitoring of their behaviour as far as their behaviour takes place within the Union.	(a) 정보주체의 지불이 요구되는지와 관계없이, EU 역내의 정보주체에 대한 물품이나 서비스의 제공 ; 또는 (b) 정보주체의 행동이 EU 역내에서 이루지는 한 그들 행동의 모니터링.
3. This Regulation applies to the processing of personal data by a controller not established in the Union, but in a place where Member State law applies by virtue of public international law.	3. 본 규칙은 EU에서 설립되지 않았지만 국제공법에 의하여 회원국법이 적용되는 지역에서 설립된 관리자에 의한 개인정보의 처리에 적용된다.
Article 4 Definitions For the purposes of this Regulation:	제4조 개념 정의 본 지침의 목적으로 :

원문(영어)	국역
(1) 'personal data' means any information relating to an identified or identifiable natural person ('data subject'); an identifiable natural person is one who can be identified, directly or indirectly, in particular by reference to an identifier such as a name, an identification number, location data, an online identifier or to one or more factors specific to the physical, physiological, genetic, mental, economic, cultural or social identity of that natural person;	(1) '개인정보'란 식별된 또는 식별가능한 자연인 ('정보주체')과 관련되는 정보를 의미한다 ; 식별가능한 자연인이란 특히 이름, 식별번호, 위치정보, 온라인 식별자와 같은 식별자, 또는 그 자연인의 신체적, 심리적, 유전적, 정신적, 경제적, 문화적이나 사회적 정체성을 참조함으로써 직접적으로 또는 간접적으로 식별될 수 있는 자를 말한다 ;
(2) 'processing' means any operation or set of operations which is performed on personal data or on sets of personal data, whether or not by automated means, such as collection, recording, organisation, structuring, storage, adaptation or alteration, retrieval, consultation, use, disclosure by transmission, dissemination or otherwise making available, alignment or combination, restriction, erasure or destruction;	(2) '처리'란 자동화된 수단에 의하는지 여부와 관계없이, 수집, 기록, 편성, 구성, 저장, 편집이나 변경, 검색, 참조, 이용, 전송에 의한 공개, 배포나 그밖의 방법에 의한 이용, 연결이나 결합, 제한, 삭제 또는 파기와 같이 개인정보에 대해 이루어지는 작용을 의미한다 ;
(3) 'restriction of processing' means the marking of stored personal data with the aim of limiting their processing in the future;	(3) '처리의 제한'은 장래에 처리를 제한할 목적으로 저장된 개인정보를 표시하는 것을 의미한다.
(4) 'profiling' means any form of automated processing of personal data consisting of the use of personal data to evaluate certain personal aspects relating to a natural person, in particular to analyse or predict aspects concerning that natural person's performance at work, economic situation, health, personal preferences, interests, reliability, behaviour, location or movements;	(4) '프로파일링'이란 자연인과 관련되는 일정한 개인적인 측면을 평가하기 위하여, 특히 그 자연인의 업무성취, 경제적 상황, 건강, 개인적 선호, 관심, 신뢰성, 행동, 위치나 이동에 관한 측면을 분석하거나 예측하기 위하여 그들 정보를 이용하는 것을 포함하는 개인정보의 자동화된 처리의 형태를 의미한다.
(5) 'pseudonymisation' means the processing of personal data in such a manner that the personal data can no longer be attributed to a specific data subject without the use of additional information, provided that such additional information is kept separately and is subject to technical and organisational measures to ensure that the personal data are not attributed to an identified or identifiable natural person;	(5) '가명화'란 식별되거나 또는 식별가능한 자연인에게 속하는 것을 알지 못하게 하는 것을 보장하기 위한 기술적·조직적 조치를 받는 한, 부가적인 정보가 별도로 보관되어서, 그러한 부가적인 정보의 이용 없이는 특정한 정보주체에 속하는 것으로 더 이상 알 수 없는 방식으로 하는 개인정보의 처리를 의미한다.
(6) 'filing system' means any structured set of personal data which are accessible according to specific criteria, whether centralised, decentralised	(6) '파일링시스템'은 집중되거나 분산되거나 또는 산재되거나 기능적 또는 지리적 근거로 하여 특정한 기준에 따라서 접근가능한 개인정보의 체

원문(영어)	국역
or dispersed on a functional or geographical basis;	계화된 세트를 의미한다.
(7) 'controller' means the natural or legal person, public authority, agency or other body which, alone or jointly with others, determines the purposes and means of the processing of personal data; where the purposes and means of such processing are determined by Union or Member State law, the controller or the specific criteria for its nomination may be provided for by Union or Member State law;	(7) '관리자'는 단독으로 또는 타인과 공동으로 개인정보의 처리의 목적과 수단을 결정하는 자연인이나 법인, 공적 기관, 에이전시 또는 그밖의 기구를 의미한다 ; 처리의 목적과 수단이 EU법이나 회원국법에 의해 결정되는 경우에, 관리자나 그의 특별한 지명기준은 EU법이나 회원국법에 의해 규정될 수 있다 ;
(8) 'processor' means a natural or legal person, public authority, agency or other body which processes personal data on behalf of the controller;	(8) '처리자'는 관리자를 대신하여 개인정보를 처리하는 자연인이나 법인, 공적 기관, 에이전시 또는 그밖의 기구를 의미한다.
(9) 'recipient' means a natural or legal person, public authority, agency or another body, to which the personal data are disclosed, whether a third party or not. However, public authorities which may receive personal data in the framework of a particular inquiry in accordance with Union or Member State law shall not be regarded as recipients; the processing of those data by those public authorities shall be in compliance with the applicable data protection rules according to the purposes of the processing;	(9) '수취인'은 제3자인지 여부에 관계없이 개인정보가 공개된 자연인이나 법인, 공적 기관, 에이전시 또는 그밖의 기구를 의미한다. 그러나, EU법이나 회원국법에 따라서 특별조사체계에서 개인정보를 수취할 수 있는 공적 기관은 수취인으로 간주되지 않는다. 이들 공적 기관에 의한 정보의 처리는 처리목적에 따라서 적용가능한 정보보호규정을 준수하여야 한다.
(10) 'third party' means a natural or legal person, public authority, agency or body other than the data subject, controller, processor and persons who, under the direct authority of the controller or processor, are authorised to process personal data;	(10) '제3자'는 정보주체, 관리자, 처리자와 관리자나 처리자의 직접적인 권한에 의해 정보의 처리가 허용된 사람들 이외의 자연인이나 법인, 공적 기관, 에이전시 또는 그밖의 기구를 의미한다.
(11) 'consent' of the data subject means any freely given, specific, informed and unambiguous indication of the data subject's wishes by which he or she, by a statement or by a clear affirmative action, signifies agreement to the processing of personal data relating to him or her;	(11) 정보주체의 '동의'는 발언에 의하든 명백히 긍정적인 행위에 의하든 자기와 관련되는 개인정보가 처리되는 것에 대한 승낙을 의미하는, 자유롭게 주어지고, 특정되며, 정보가 제공되고, 애매모호하지 않은 의사표시를 의미한다.
(12) 'personal data breach' means a breach of security leading to the accidental or unlawful destruction, loss, alteration, unauthorised disclosure of, or access to, personal data transmitted, stored or otherwise processed;	(12) '개인정보 침해'란 전송되거나 저장되거나 그밖의 방법으로 처리된 개인정보의 사고나 불법적인 파기, 멸실, 변경, 권한없는 공개 또는 접근을 초래하는 보안의 침해를 의미한다.

원문(영어)	국역
(13) 'genetic data' means personal data relating to the inherited or acquired genetic characteristics of a natural person which give unique information about the physiology or the health of that natural person and which result, in particular, from an analysis of a biological sample from the natural person in question;	(13) '유전자정보'는 특히 문제의 자연인의 생물학적 샘플의 분석으로부터 얻는 그 자연인의 심리나 건강에 대한 특별한 정보를 제공하는, 유전되거나 후천적으로 획득된 자연인의 유전적 특성과 관련되는 개인정보를 의미한다.
(14) 'biometric data' means personal data resulting from specific technical processing relating to the physical, physiological or behavioural characteristics of a natural person, which allow or confirm the unique identification of that natural person, such as facial images or dactyloscopic data;	(14) '생체정보'는 얼굴이미지나 지문정보와 같이 그 자연인의 특유한 식별을 허용하거나 확인시켜 주는 자연인의 신체적, 심리적 또는 행태적 특성과 관련되는, 특정한 기술적 처리로부터 생겨나는 개인정보를 의미한다.
(15) 'data concerning health' means personal data related to the physical or mental health of a natural person, including the provision of health care services, which reveal information about his or her health status;	(15) '건강에 관한 정보'는 헬스케어서비스의 제공을 포함하여 그 건강상태에 관한 정보를 나타내는, 자연인의 신체적 또는 정신적 건강과 관련된 개인정보를 의미한다.
(16) 'main establishment' means:	(16) '주 설립체'란
(a) as regards a controller with establishments in more than one Member State, the place of its central administration in the Union, unless the decisions on the purposes and means of the processing of personal data are taken in another establishment of the controller in the Union and the latter establishment has the power to have such decisions implemented, in which case the establishment having taken such decisions is to be considered to be the main establishment;	(a) EU에서의 중심 관리지인 하나 이상의 회원국에 설립체들을 가지고 있는 관리자와 관련하여, 개인정보의 처리의 목적과 수단에 관한 결정이 EU내의 관리자의 다른 설립체에서 이루어지지 않으며, 그 다른 설립체가 이러한 결정이 실행되게 할 권한을 가지고 있지 않다면, 이러한 경우에 그 결정을 취한 설립체가 주 설립체로 간주되어야 하며,
(b) as regards a processor with establishments in more than one Member State, the place of its central administration in the Union, or, if the processor has no central administration in the Union, the establishment of the processor in the Union where the main processing activities in the context of the activities of an establishment of the processor take place to the extent that the processor is subject to specific obligations under this Regulation;	(b) EU에서의 중심 관리지인 하나 이상의 회원국에 설립체들을 가지고 있는 처리자와 관련하여, 처리자가 본 규칙에 따른 특별한 의무를 지는 범위에서 처리자의 설립체의 활동의 측면에서 주된 처리활동들이 이루어지는 EU내의 처리자의 설립체
(17) 'representative' means a natural or legal person established in the Union who, designated	(17) '대리인'은 제27조에 따라서 서면으로 관리자나 처리자에 의해 지명되어 본 규칙에 따른 각

원문(영어)	국역
by the controller or processor in writing pursuant to Article 27, represents the controller or processor with regard to their respective obligations under this Regulation;	자의 의무와 관련하여 관리자나 처리자를 대표하는 자연인이나 EU에 설립된 법인을 의미한다.
(18) 'enterprise' means a natural or legal person engaged in an economic activity, irrespective of its legal form, including partnerships or associations regularly engaged in an economic activity;	(18) '기업'은 정기적으로 경제활동에 종사하는 파트너쉽이나 단체를 포함하여, 그 법적 형태에 관계없이 경제활동에 종사하는 자연인 또는 법인을 의미한다.
(19) 'group of undertakings' means a controlling undertaking and its controlled undertakings;	(19) '사업체그룹'은 통제하는 사업체와 통제받는 사업체들을 의미한다.
(20) 'binding corporate rules' means personal data protection policies which are adhered to by a controller or processor established on the territory of a Member State for transfers or a set of transfers of personal data to a controller or processor in one or more third countries within a group of undertakings, or group of enterprises engaged in a joint economic activity;	(20) '구속적 기업규칙'이란 공동경제활동에 종사하는 사업체그룹 또는 기업그룹 내에서 제3국에 있는 관리자나 처리자에게 개인정보를 이전하기 위하여 EU회원국의 영토상에 설립된 관리자나 처리자가 시행하는 개인정보보호정책들을 의미한다.
(21) 'supervisory authority' means an independent public authority which is established by a Member State pursuant to Article 51;	(21) '감독기관'은 제51조에 따라서 회원국에 의해 설립된 독립적인 공적 기관을 의미한다.
(22) 'supervisory authority concerned' means a supervisory authority which is concerned by the processing of personal data because:	(22) '관계 감독기관'이란 다음과 같은 이유 때문에 개인정보의 처리에 의해 관계된 감독기관을 의미한다.
(a) the controller or processor is established on the territory of the Member State of that supervisory authority;	(a) 관리자나 처리자가 그 감독기관의 회원국의 영토상에 설립되었기 때문에
(b) data subjects residing in the Member State of that supervisory authority are substantially affected or likely to be substantially affected by the processing; or	(b) 이 회원국에서 거주하는 정보주체가 그 처리에 의하여 상당히 영향을 받고 있거나 받을 것 같기 때문에,
(c) a complaint has been lodged with that supervisory authority;	(c) 그 감독기관에게 쟁송이 제기되었기 때문에
(23) 'cross-border processing' means either:	(23) '국경을 넘는 처리'는 다음 중 어느 것을 의미한다.
(a) processing of personal data which takes place in the context of the activities of establishments in more than one Member State of a controller or processor in the Union where the controller or processor is established in more than one Member State; or	(a) EU내의 관리자나 처리자의 하나 이상의 회원국에 있는 설립체들의 활동과 관련하여 발생하는 처리; 또는
(b) processing of personal data which takes	(b) EU내의 관리자나 처리자의 단일 설립체의

원문(영어)	국역
place in the context of the activities of a single establishment of a controller or processor in the Union but which substantially affects or is likely to substantially affect data subjects in more than one Member State. (24) 'relevant and reasoned objection' means an objection to a draft decision as to whether there is an infringement of this Regulation, or whether envisaged action in relation to the controller or processor complies with this Regulation, which clearly demonstrates the significance of the risks posed by the draft decision as regards the fundamental rights and freedoms of data subjects and, where applicable, the free flow of personal data within the Union; (25) 'information society service' means a service as defined in point (b) of Article 1(1) of Directive (EU) 2015/1535 of the European Parliament and of the Council; (26) 'international organisation' means an organisation and its subordinate bodies governed by public international law, or any other body which is set up by, or on the basis of, an agreement between two or more countries.	활동과 관련하여 발생하지만 하나 이상의 회원국에서 정보주체에게 상당히 영향을 주거나 줄 것 같은 처리. (24) '관련되고 이유 있는 반대'는 본 규칙의 위반이 있는지 여부 또는 관리자나 처리자와 관련된 예상된 행위가 본 규칙을 준수하는지 여부의 결정안에 대한 반대를 의미하는 것으로, 그 반대는 정보주체의 기본적 권리와 자유, 그리고 해당하는 경우 EU 역내에서의 개인정보의 자유로운 유통에 관하여 결정안에 의해 제기되는 위험의 의미를 명확히 나타낸다. (25) '정보사회서비스'는 유럽의회 및 이사회 지침(EU) 2015/1535 제1조 제1항 제b호에서 규정된 서비스를 의미한다. (26) '국제조직'이란 국제공법에 의해 규율되는 조직 및 그 부속기구 또는 2개 이상의 국가 간의 협정에 의해 또는 그에 기초하여 설립된 그밖의 기구를 의미한다.
CHAPTER II Principles Article 5 Principles relating to processing of personal data 1. Personal data shall be: (a) processed lawfully, fairly and in a transparent manner in relation to the data subject ('lawfulness, fairness and transparency'); (b) collected for specified, explicit and legitimate purposes and not further processed in a manner that is incompatible with those purposes; further processing for archiving purposes in the public interest, scientific or historical research purposes or statistical purposes shall, in accordance with Article 89(1), not be considered to be incompatible with the initial purposes ('purpose limitation'); (c) adequate, relevant and limited to what is	제2장 원칙들 제5조 개인정보 처리와 관련된 원칙 1. 개인정보는 : (a) 정보주체와 관련하여 적법하고 공정하며 투명하게 처리되어야 한다.('적법성, 공정성 및 투명성') (b) 특정되고, 명확하며, 정당한 목적을 위하여 수집되어야 하며, 그리고 그들 목적과 양립할 수 없는 방식으로 추가적으로 처리되어서는 안된다. 공익상의 아카이브 또는 과학적 · 역사적 연구나 통계를 위하여 개인정보의 추가적인 처리는 제89조 제1항에 따라서 처음 목적과 양립불가능한 것으로 간주되어서는 안된다.('목적 제한') (c) 적정하고, 관련성이 있으며, 처리목적과 관련

원문(영어)	국역
necessary in relation to the purposes for which they are processed ('data minimisation'); (d) accurate and, where necessary, kept up to date; every reasonable step must be taken to ensure that personal data that are inaccurate, having regard to the purposes for which they are processed, are erased or rectified without delay ('accuracy'); (e) kept in a form which permits identification of data subjects for no longer than is necessary for the purposes for which the personal data are processed; personal data may be stored for longer periods insofar as the personal data will be processed solely for archiving purposes in the public interest, scientific or historical research purposes or statistical purposes in accordance with Article 89(1) subject to implementation of the appropriate technical and organisational measures required by this Regulation in order to safeguard the rights and freedoms of the data subject ('storage limitation'); (f) processed in a manner that ensures appropriate security of the personal data, including protection against unauthorised or unlawful processing and against accidental loss, destruction or damage, using appropriate technical or organisational measures ('integrity and confidentiality'). 2. The controller shall be responsible for, and be able to demonstrate compliance with, paragraph 1 ('accountability').	하여 필요한 것으로 제한되어야 한다.('정보 최소화') (d) 정확하고, 필요한 경우, 최신성을 유지하여야 한다. 부정확한 개인정보는 그 정보의 처리목적을 고려하여 지체없이 삭제나 정정을 보장하기 위한 모든 합리적인 조치가 취해져야 한다.('정확성') (e) 정보주체의 신원은 그 개인정보가 처리되는 목적에 필요한 기간 이상 허용되지 않는 형태로 보유되어야 한다. 개인정보는 정보주체의 권리와 자유를 보장하기 위하여 본 규칙에 의해 요구된 적절한 기술적·조직적 조치의 이행을 부과한 제89조 제1항에 따라서 공익상의 아카이브 또는 과학적·역사적 연구나 통계를 위하여서만 처리되는 한, 보다 장기간 저장될 수 있다.('저장 제한') (f) 적절한 기술적 또는 조직적 조치를 사용하여, 권한없는 또는 불법적인 처리와 사고에 의한 멸실, 파기 또는 손상에 대한 보호를 포함하여, 개인정보의 적절한 보안을 보장하는 방식으로 처리되어야 한다.('무결성과 비밀성') 2. 관리자는 제1항에 대해 책임을 지며, 그 준수를 입증할 수 있어야 한다.('책임')
Article 6 Lawfulness of processing 1. Processing shall be lawful only if and to the extent that at least one of the following applies: (a) the data subject has given consent to the processing of his or her personal data for one or more specific purposes; (b) processing is necessary for the performance of a contract to which the data subject is party or in order to take steps at the request of the	제6조 처리의 적법성 1. 처리는 적어도 다음 하나의 요건이 적용되는 경우에만, 그리고 그 범위에서 적법하다. (a) 정보주체가 특정한 목적을 위하여 자기의 개인정보의 처리에 동의한 경우 (b) 정보주체가 당사자인 계약의 이행을 위하거나 또는 계약을 체결하기 전에 정보주체의 요청에 따라 조치를 취하기 위하여 처리가 필요한 경우

원문(영어)	국역
data subject prior to entering into a contract; (c) processing is necessary for compliance with a legal obligation to which the controller is subject; (d) processing is necessary in order to protect the vital interests of the data subject or of another natural person; (e) processing is necessary for the performance of a task carried out in the public interest or in the exercise of official authority vested in the controller; (f) processing is necessary for the purposes of the legitimate interests pursued by the controller or by a third party, except where such interests are overridden by the interests or fundamental rights and freedoms of the data subject which require protection of personal data, in particular where the data subject is a child.	(c) 관리자가 따라야 할 법적 의무를 준수하기 위하여 처리가 필요한 경우 (d) 정보주체나 다른 자연인의 중대한 이익을 보호하기 위하여 처리가 필요한 경우 (e) 공익상 또는 관리자에게 부여된 공권력의 행사로 행해진 임무의 수행을 위하여 처리가 필요한 경우 (f) 관리자 또는 제3자가 추구하는 정당한 이익을 위하여 처리가 필요한 경우. 다만, 그러한 이익이 개인정보 보호를 요구하는 정보주체, 특히 정보주체가 아동인 경우의 이익 또는 기본적 권리 및 자유보다 열위에 있는 경우에는 제외한다.
Point (f) of the first subparagraph shall not apply to processing carried out by public authorities in the performance of their tasks.	제f호는 공적 기관이 그 임무의 수행으로 하는 처리에 적용되어서는 안된다.
2. Member States may maintain or introduce more specific provisions to adapt the application of the rules of this Regulation with regard to processing for compliance with points (c) and (e) of paragraph 1 by determining more precisely specific requirements for the processing and other measures to ensure lawful and fair processing including for other specific processing situations as provided for in Chapter IX.	2. 회원국들은 제9장에서 규정된 바와 같은 다른 특정한 처리상황을 포함하여 보다 상세하게 구체적인 처리요건과 적법하고 공정한 처리를 보장하기 위한 다른 조치들을 결정함으로써 제1항 제c호와 제e호의 준수를 위한 개인정보의 처리와 관련하여 본 규칙의 규정의 적용을 적합하게 하기 위하여 보다 특정한 조항들을 유지하거나 도입할 수 있다.
3. The basis for the processing referred to in point (c) and (e) of paragraph 1 shall be laid down by:	3. 제1항 제c호와 제e호에서 규정된 처리의 근거는 다음에 의해 규정되어야 한다.
(a) Union law; or (b) Member State law to which the controller is subject.	(a) EU법, 또는 (b) 관리자가 따라야 할 회원국법.
The purpose of the processing shall be determined in that legal basis or, as regards the processing referred to in point (e) of paragraph 1, shall be necessary for the performance of a	처리의 목적은 이 법적 근거에서 결정되어야 하거나 또는 제1항 제e호에서 규정된 처리와 관련하여서는 공익이나 관리자에게 부여된 공권력의 행사로 수행된 임무의 완수를 위하여 필요하여야

원문(영어)	국역
task carried out in the public interest or in the exercise of official authority vested in the controller. That legal basis may contain specific provisions to adapt the application of rules of this Regulation, inter alia: the general conditions governing the lawfulness of processing by the controller; the types of data which are subject to the processing; the data subjects concerned; the entities to, and the purposes for which, the personal data may be disclosed; the purpose limitation; storage periods; and processing operations and processing procedures, including measures to ensure lawful and fair processing such as those for other specific processing situations as provided for in Chapter IX. The Union or the Member State law shall meet an objective of public interest and be proportionate to the legitimate aim pursued.	한다. 그 법적 근거는 제9장에서 규정된 바와 같이 다른 특정한 처리상황을 포함하여, 본 규칙의 규정의 적용을 적합하게 하는 구체적인 규정들, 특히 관리자에 의한 정보처리의 적법성, 처리되는 정보의 유형, 관계 정보주체; 정보가 공개될 수 있는 실체와 목적; 목적 제한; 적법하고 공정한 처리를 보장하는 조치를 포함하여 저장기간과 처리작용 및 처리절차를 규율하는 일반적 조건들을 포함할 수 있다.
4. Where the processing for a purpose other than that for which the personal data have been collected is not based on the data subject's consent or on a Union or Member State law which constitutes a necessary and proportionate measure in a democratic society to safeguard the objectives referred to in Article 23(1), the controller shall, in order to ascertain whether processing for another purpose is compatible with the purpose for which the personal data are initially collected, take into account, inter alia:	4. 개인정보가 수집된 목적과 다른 목적을 위한 처리가 정보주체의 동의에 근거하지 않거나 또는 민주사회에서 제23조 제1항에서 규정된 목적을 보장하기 위한 필요하고 비례적인 조치를 설정하는 EU법이나 회원국법에 근거하지 아니한 경우, 관리자는 다른 목적을 위한 처리가 정보가 처음에 수집된 목적과 양립가능한지를 확인하기 위하여 특히 다음 사항을 고려하여야 한다.
(a) any link between the purposes for which the personal data have been collected and the purposes of the intended further processing;	(a) 정보가 수집된 목적과 의도된 추가적인 처리의 목적 간의 관계
(b) the context in which the personal data have been collected, in particular regarding the relationship between data subjects and the controller;	(b) 특히 정보주체와 관리자 간의 관계에 대하여 개인정보가 수집된 상황
(c) the nature of the personal data, in particular whether special categories of personal data are processed, pursuant to Article 9, or whether personal data related to criminal convictions and offences are processed, pursuant to Article 10;	(c) 정보의 성질, 특히 제9조에 따라서 특별한 범주의 개인정보가 처리되는지 또는 제10조에 따라서 유죄판결 및 범죄와 관련된 정보가 처리되는지

원문(영어)	국역
(d) the possible consequences of the intended further processing for data subjects; (e) the existence of appropriate safeguards, which may include encryption or pseudonymisation.	(d) 정보주체에 대해 의도된 추가적인 처리의 가능한 결과 (e) 적절한 안전장치의 존재. 안전장치는 암호화나 가명화를 포함할 수 있다.
Article 7 Conditions for consent 1. Where processing is based on consent, the controller shall be able to demonstrate that the data subject has consented to processing of his or her personal data. 2. If the data subject's consent is given in the context of a written declaration which also concerns other matters, the request for consent shall be presented in a manner which is clearly distinguishable from the other matters, in an intelligible and easily accessible form, using clear and plain language. Any part of such a declaration which constitutes an infringement of this Regulation shall not be binding. 3. The data subject shall have the right to withdraw his or her consent at any time. The withdrawal of consent shall not affect the lawfulness of processing based on consent before its withdrawal. Prior to giving consent, the data subject shall be informed thereof. It shall be as easy to withdraw as to give consent. 4. When assessing whether consent is freely given, utmost account shall be taken of whether, inter alia, the performance of a contract, including the provision of a service, is conditional on consent to the processing of personal data that is not necessary for the performance of that contract.	제7조 동의의 조건 1. 처리가 동의에 근거하는 경우, 관리자는 개인정보의 처리에 대해 정보주체에 의한 동의가 부여되었음을 입증할 수 있어야 한다. 2. 정보주체의 동의가 다른 사항과 관련되어 서면으로 주어진다면, 동의의 요청은 명확하고 평이한 언어를 사용하여 알기 쉽고 용이하게 접근할 수 있는 형태로 그 다른 문제와 명확히 구별할 수 있는 방식으로 이루어져야 한다. 정보주체가 동의를 하였으나 본 규칙을 위반하는 고지 부분은 구속력이 없어야 한다. 3. 정보주체는 언제든지 그 동의를 철회할 수 있는 권리를 가져야 한다. 동의의 철회는 그 철회 전에 동의에 근거한 처리의 적법성에 영향을 미쳐서는 안된다. 정보주체는 동의를 하기 전에, 그에 관해 정보를 제공받아야 한다. 정보주체는 동의를 하는 것과 마찬가지로 손쉽게 그것을 철회할 수 있어야 한다. 4. 동의가 자유롭게 이루어진 것인지를 평가할 때, 서비스의 제공을 포함하여 특히 계약의 이행이 이 계약의 이행에 필요하지 않은 정보의 처리에 대해 동의를 조건으로 하여 이루어지는지를 가장 고려하여야 한다.
Article 8 Conditions applicable to child's consent in relation to information society services 1. Where point (a) of Article 6(1) applies, in relation to the offer of information society services directly to a child, the processing of the personal data of a child shall be lawful where the child is at	8조 정보사회서비스와 관련하여 아동의 동의에 적용가능한 조건 1. 아동에게 직접 정보사회서비스를 제공하는 것과 관련하여 제6조 제1항 제a호가 적용되는 경우에, 아동의 개인정보의 처리는 그 아동이 적어도 16세인 경우에 적법하다. 아동이 16세 미만인 경

원문(영어)	국역
least 16 years old. Where the child is below the age of 16 years, such processing shall be lawful only if and to the extent that consent is given or authorised by the holder of parental responsibility over the child. Member States may provide by law for a lower age for those purposes provided that such lower age is not below 13 years.	우에, 그 처리는 동의가 그 아동에 대해 부모책임 부담자에 의해 주어지거나 허용된 경우에만 그리고 그 범위에서 적법하다. 회원국들은 그 보다 낮은 연령이 13세 미만이 아니라면 그들 목적으로 보다 낮은 연령을 법률로써 규정할 수 있다.
2. The controller shall make reasonable efforts to verify in such cases that consent is given or authorised by the holder of parental responsibility over the child, taking into consideration available technology.	2. 관리자는 이용가능한 기술을 고려하여 아동에 대한 부모책임 부담자에 의해 동의가 주어졌거나 허용된 경우에 합리적인 확인노력을 하여야 한다.
3. Paragraph 1 shall not affect the general contract law of Member States such as the rules on the validity, formation or effect of a contract in relation to a child.	3. 제1항은 아동과 관련한 계약의 유효성, 형성이나 효과에 대한 규정과 같은 회원국의 일반적인 계약법에 영향을 미쳐서는 안된다.
Article 9 Processing of special categories of personal data	제9조 특별한 범주의 개인정보의 처리
1. Processing of personal data revealing racial or ethnic origin, political opinions, religious or philosophical beliefs, or trade union membership, and the processing of genetic data, biometric data for the purpose of uniquely identifying a natural person, data concerning health or data concerning a natural person's sex life or sexual orientation shall be prohibited.	1. 인종이나 민족, 정치적 견해, 종교적이나 철학적 신념, 조합원 자격을 드러내는 개인정보의 처리, 그리고 유전자정보, 자연인을 고유하게 식별하기 위한 생체정보, 건강에 관한 정보나 또는 자연인의 성생활 및 성적 취향에 관한 정보의 처리는 금지되어야 한다.
2. Paragraph 1 shall not apply if one of the following applies:	2. 제1항은 다음의 하나가 적용되는 경우에는 적용하지 아니한다.
(a) the data subject has given explicit consent to the processing of those personal data for one or more specified purposes, except where Union or Member State law provide that the prohibition referred to in paragraph 1 may not be lifted by the data subject;	(a) 정보주체가 특정된 목적을 위하여 개인정보의 처리에 명백하게 동의한 경우. 그러나, EU법이나 회원국법이 제1항에서 규정된 금지가 정보주체에 의하여 배제될 수 없다고 규정하고 있는 경우에는 적용이 제외되지 아니한다.
(b) processing is necessary for the purposes of carrying out the obligations and exercising specific rights of the controller or of the data	(b) EU법이나 회원국법 또는 정보주체의 기본권 및 이익을 위한 적절한 안전장치를 규정하고 있는 회원국법에 따른 단체협약에 의하여 처리가

원문(영어)	국역
subject in the field of employment and social security and social protection law in so far as it is authorised by Union or Member State law or a collective agreement pursuant to Member State law providing for appropriate safeguards for the fundamental rights and the interests of the data subject;	허용되는 한, 고용법과 사회보장법 및 사회보호법의 분야에서 관리자나 정보주체의 의무이행과 특정한 권리행사를 위하여 처리가 필요한 경우.
(c) processing is necessary to protect the vital interests of the data subject or of another natural person where the data subject is physically or legally incapable of giving consent;	(c) 정보주체가 사실상 또는 법률상으로 동의를 할 수 없는 경우에 정보주체나 다른 자연인의 중대한 이익을 보호하기 위하여 처리가 필요한 경우
(d) processing is carried out in the course of its legitimate activities with appropriate safeguards by a foundation, association or any other not-for-profit body with a political, philosophical, religious or trade union aim and on condition that the processing relates solely to the members or to former members of the body or to persons who have regular contact with it in connection with its purposes and that the personal data are not disclosed outside that body without the consent of the data subjects;	(d) 정치적, 철학적, 종교적 또는 노동조합 목적을 가진 재단, 협회 또는 다른 비영리기구에 의해 적절한 안전장치를 가지고 적법한 활동을 하는 중에, 그리고 처리가 기구의 전·현 구성원 또는 그 목적과 관련하여 그 기구와 정기적으로 접촉을 하고 있는 사람들에게만 관련되고, 그 정보가 정보주체의 동의없이 그 기구의 외부로 공개되지 않는다는 것을 조건으로 하여 처리가 수행되는 경우
(e) processing relates to personal data which are manifestly made public by the data subject;	(e) 처리가 정보주체에 의해 공개된 것이 명백한 개인정보와 관련되는 경우
(f) processing is necessary for the establishment, exercise or defence of legal claims or whenever courts are acting in their judicial capacity;	(f) 법적 청구권의 설정, 행사 또는 방어를 위하여 처리가 필요한 경우 또는 법원이 재판기관으로 행위할 때 처리가 필요한 경우
(g) processing is necessary for reasons of substantial public interest, on the basis of Union or Member State law which shall be proportionate to the aim pursued, respect the essence of the right to data protection and provide for suitable and specific measures to safeguard the fundamental rights and the interests of the data subject;	(g) 추구된 목적에 비례적이고, 정보보호권의 본질을 존중하며, 정보주체의 기본권과 이익을 보장하기 위한 적합하고 특정한 조치를 규정하는 EU법이나 회원국법을 근거로 하여, 상당한 공익상의 이유로 처리가 필요한 경우
(h) processing is necessary for the purposes of preventive or occupational medicine, for the assessment of the working capacity of the employee, medical diagnosis, the provision of health or social care or treatment or the management of health or social care systems and services on the basis of Union or Member	(h) EU법이나 회원국법에 근거하여 또는 건강전문가와의 계약에 따라서, 그리고 제3항에서 규정된 조건과 안전장치에 따라서, 예방의학이나 직업의학을 위하여, 근로자의 작업능력의 평가를 위하여, 의료진단, 헬스케어나 치료의 제공을 위하여 또는 헬스케어제도 및 서비스의 경영을 위하여 처리가 필요한 경우

원문(영어)	국역
State law or pursuant to contract with a health professional and subject to the conditions and safeguards referred to in paragraph 3;	
(i) processing is necessary for reasons of public interest in the area of public health, such as protecting against serious cross-border threats to health or ensuring high standards of quality and safety of health care and of medicinal products or medical devices, on the basis of Union or Member State law which provides for suitable and specific measures to safeguard the rights and freedoms of the data subject, in particular professional secrecy;	(i) 정보주체의 권리와 자유를 보장하기 위한 적합하고 구체적인 조치, 특히 직업상 비밀준수를 규정하는 EU법이나 회원국법을 근거로 하여, 건강에 대한 국경을 넘는 심각한 위협에 대해 보호하는 것이나 또는 헬스케어와 의약품이나 의료기기의 품질 및 안전의 높은 기준을 보장하는 것과 같은, 공중보건 영역에서 공익을 이유로 하여 처리가 필요한 경우
(j) processing is necessary for archiving purposes in the public interest, scientific or historical research purposes or statistical purposes in accordance with Article 89(1) based on Union or Member State law which shall be proportionate to the aim pursued, respect the essence of the right to data protection and provide for suitable and specific measures to safeguard the fundamental rights and the interests of the data subject.	(j) 추구된 목적에 비례적이고, 정보보호권의 본질을 존중하며, 정보주체의 기본권과 이익을 보장하는 적절하고 특별한 조치를 규정하는 EU법이나 회원국법에 근거하여, 제89조 제1항에 따라서 공익상의 아카이브 목적, 또는 과학적・역사적 연구나 통계를 위하여 처리가 필요한 경우
3. Personal data referred to in paragraph 1 may be processed for the purposes referred to in point (h) of paragraph 2 when those data are processed by or under the responsibility of a professional subject to the obligation of professional secrecy under Union or Member State law or rules established by national competent bodies or by another person also subject to an obligation of secrecy under Union or Member State law or rules established by national competent bodies.	3. 제1항에서 규정된 개인정보는, 그들 정보가 EU법이나 회원국법이나 국가관할기구에 의해 제정된 규정에 의한 직업적 비밀준수의무의 적용을 받는 전문가의 책임에 의해 또는 EU법이나 회원국법이나 국가관할기구에 의해 제정된 규정에 의한 비밀준수의무의 적용을 받는 다른 사람에 의해 처리될 때, 제2항 제h호에서 규정된 목적을 위하여 처리될 수 있다.
4. Member States may maintain or introduce further conditions, including limitations, with regard to the processing of genetic data, biometric data or data concerning health.	4. 회원국들은 유전자정보, 생체정보 또는 건강에 관한 정보의 처리와 관련하여 제한을 포함한 추가적인 조건을 유지하거나 도입할 수 있다.
Article 10 Processing of personal data relating to criminal convictions and offences	제10조 유죄판결 및 형사범죄와 관련되는 정보의 처리
Processing of personal data relating to criminal	제6조 제1항에 근거한 유죄판결과 형사범죄 또

원문(영어)	국역
convictions and offences or related security measures based on Article 6(1) shall be carried out only under the control of official authority or when the processing is authorised by Union or Member State law providing for appropriate safeguards for the rights and freedoms of data subjects. Any comprehensive register of criminal convictions shall be kept only under the control of official authority.	는 관련 보안조치와 관련되는 개인정보의 처리는 공권력의 통제에 의하거나 처리가 정보주체의 권리와 자유를 위한 적절한 안전장치를 규정하는 EU법이나 회원국법에 의해 허용될 때 수행될 수 있을 뿐이다. 포괄적인 유죄판결명부는 공권력의 통제에 의해서만이 보유되어야 한다.
Article 11 Processing which does not require identification 1. If the purposes for which a controller processes personal data do not or do no longer require the identification of a data subject by the controller, the controller shall not be obliged to maintain, acquire or process additional information in order to identify the data subject for the sole purpose of complying with this Regulation. 2. Where, in cases referred to in paragraph 1 of this Article, the controller is able to demonstrate that it is not in a position to identify the data subject, the controller shall inform the data subject accordingly, if possible. In such cases, Articles 15 to 20 shall not apply except where the data subject, for the purpose of exercising his or her rights under those articles, provides additional information enabling his or her identification.	제11조 식별을 요구하지 않는 처리 1. 관리자는 개인정보를 처리하는 목적이 그에 의한 정보주체의 식별을 요구하지 않거나 더 이상 요구하지 않게 된다면, 오로지 본 규칙을 준수하기 위하여 정보주체를 식별하기 위한 추가적인 정보를 유지, 획득 또는 처리할 의무를 지지 않아야 한다. 2. 본 조 제1항에서 규정된 경우에, 관리자는 정보주체를 식별할 지위에 있지 않음을 입증할 수 있는 경우, 가능하다면, 정보주체에게 알려야 한다. 그러한 경우에, 제15조부터 제20조까지는 정보주체가 이들 조항에 의한 권리를 행사하기 위하여 식별을 가능하게 하는 추가정보를 제공하는 경우를 제외하고 적용되지 아니한다.
CHAPTER III Rights of the data subject Section 1 Transparency and modalities Article 12 Transparent information, communication and modalities for the exercise of the rights of the data subject 1. The controller shall take appropriate measures to provide any information referred to in Articles 13 and 14 and any communication under Articles 15 to 22 and 34 relating to processing to the data subject in a concise, transparent, intelligible and easily accessible form, using clear and plain	제3장 정보주체의 권리 제1절 투명성과 양식 제12조 정보주체의 권리 행사를 위한 투명한 정보, 연락과 양식 1. 관리자는 처리와 관련되는 제13조 및 제14조에서 규정된 정보와 제15조부터 제22조까지, 그리고 제34조에 의한 연락을 명확하고 쉬운 언어를 사용하여, 간명하고 투명하며 알기 쉽고 접근이 쉬운 방식으로 특히 아동에게 특정하여 전달되는 정보에 대해 정보주체에게 제공하는 적절한

원문(영어)	국역
language, in particular for any information addressed specifically to a child. The information shall be provided in writing, or by other means, including, where appropriate, by electronic means. When requested by the data subject, the information may be provided orally, provided that the identity of the data subject is proven by other means.	조치를 취하여야 한다. 정보는 서면이나 또는 다른 수단, 해당하는 경우 전자적 형태로 제공되어야 한다. 정보가 정보주체에 의해 청구될 때, 정보주체의 신원이 다른 수단에 의해 입증된다면 구두로 주어질 수 있다.
2. The controller shall facilitate the exercise of data subject rights under Articles 15 to 22. In the cases referred to in Article 11(2), the controller shall not refuse to act on the request of the data subject for exercising his or her rights under Articles 15 to 22, unless the controller demonstrates that it is not in a position to identify the data subject.	2. 관리자는 제15조부터 제22조까지에 의한 정보주체의 권리의 행사를 촉진하여야 한다. 제11조 제2항에서 규정된 경우에, 관리자는 정보주체를 식별할 수 있는 지위에 있지 않다는 것을 입증하지 않는다면, 제15조부터 제22조까지에 의한 정보주체의 권리를 행사하기 위한 정보주체의 청구에 따라서 행위할 것을 거부하여서는 안된다.
3. The controller shall provide information on action taken on a request under Articles 15 to 22 to the data subject without undue delay and in any event within one month of receipt of the request. That period may be extended by two further months where necessary, taking into account the complexity and number of the requests. The controller shall inform the data subject of any such extension within one month of receipt of the request, together with the reasons for the delay. Where the data subject makes the request by electronic form means, the information shall be provided by electronic means where possible, unless otherwise requested by the data subject.	3. 관리자는 제15조부터 제22조까지에 의한 청구에 대해 취한 행위에 대한 정보를 지체없이 그리고 늦어도 청구받은 날부터 1월 이내에 정보주체에게 제공하여야 한다. 이 기간은 필요한 경우 청구의 복잡성과 청구건수를 고려하여 최대 2월 더 연장될 수 있다. 기간이 연장되는 경우, 정보주체는 청구접수로부터 1월 이내에 지연이유에 대해 통지되어야 한다. 정보주체가 전자적 형태로 청구하는 경우에, 정보주체에 의해 달리 청구되지 않는다면, 정보는 가능한 경우에 전자적 형태로 제공되어야 한다.
4. If the controller does not take action on the request of the data subject, the controller shall inform the data subject without delay and at the latest within one month of receipt of the request of the reasons for not taking action and on the possibility of lodging a complaint with a supervisory authority and seeking a judicial remedy.	4. 관리자가 정보주체의 청구에 대해 행위를 취하지 않는다면, 관리자는 지체없이 늦어도 청구접수로부터 1월 이내에 행위를 취하지 않은 이유와 감독기관에 쟁송을 제기할 수 있다는 것과 사법적 구제를 구할 수 있다는 사실을 정보주체에게 통지하여야 한다.

원문(영어)	국역
5. Information provided under Articles 13 and 14 and any communication and any actions taken under Articles 15 to 22 and 34 shall be provided free of charge. Where requests from a data subject are manifestly unfounded or excessive, in particular because of their repetitive character, the controller may either:	5. 제13조 및 제14조에 의해 제공되는 정보와 제15조부터 제22조까지와 제34조에 의해 취한 연락과 행위는 무료로 제공되어야 한다. 정보주체의 청구가 명백히 근거가 없거나 과도한 경우, 특히 반복성을 가지는 경우, 관리자는 다음의 행위를 할 수 있다:
(a) charge a reasonable fee taking into account the administrative costs of providing the information or communication or taking the action requested; or	(a) 정보나 연락을 제공하거나 또는 청구받은 행위를 취하는 사무비용을 고려하여 합리적인 수수료를 부과한다 ; 또는
(b) refuse to act on the request. The controller shall bear the burden of demonstrating the manifestly unfounded or excessive character of the request.	(b) 그 청구에 따라 행위할 것을 거부한다. 관리자는 그 청구가 명백히 근거가 없거나 과도한 것이라는 사실의 입증책임을 부담하여야 한다.
6. Without prejudice to Article 11, where the controller has reasonable doubts concerning the identity of the natural person making the request referred to in Articles 15 to 21, the controller may request the provision of additional information necessary to confirm the identity of the data subject.	6. 제11조를 침해하지 않고, 관리자는 제15조부터 제21조까지 규정된 청구를 하는 자연인의 신원에 관하여 합리적인 의문을 가지는 경우에, 정보주체의 신원 확인에 필요한 추가적인 정보의 제공을 요청할 수 있다.
7. The information to be provided to data subjects pursuant to Articles 13 and 14 may be provided in combination with standardised icons in order to give in an easily visible, intelligible and clearly legible manner a meaningful overview of the intended processing. Where the icons are presented electronically they shall be machine-readable.	7. 제13조 및 제14조에 따라서 정보주체에게 제공되는 정보는 쉽게 볼 수 있고, 알기 쉽고 뚜렷하게 읽기 쉬운 방식으로 의도된 처리를 잘 개관할 수 있도록 표준화된 아이콘을 함께 사용하여 제공될 수 있다. 아이콘이 전자적으로 제공된 경우에, 기계 판독이 가능하여야 한다.
8. The Commission shall be empowered to adopt delegated acts in accordance with Article 92 for the purpose of determining the information to be presented by the icons and the procedures for providing standardised icons.	8. 유럽위원회는 아이콘으로 제시되는 정보와 표준화된 아이콘의 제공절차를 결정하기 위하여 제92조에 따라서 위임법령을 채택할 권한이 부여된다.
Section 2 Information and access to personal data	제2절 정보와 개인정보에의 접근
Article 13 Information to be provided where	제13조 개인정보가 정보주체로부터 수집되는 경

원문(영어)	국역
personal data are collected from the data subject	우에 제공되는 정보
1. Where personal data relating to a data subject are collected from the data subject, the controller shall, at the time when personal data are obtained, provide the data subject with all of the following information:	1. 정보주체와 관련되는 개인정보가 정보주체로부터 수집되는 경우, 관리자는 개인정보가 획득될 때 다음 모든 정보를 정보주체에게 제공하여야 한다.
(a) the identity and the contact details of the controller and, where applicable, of the controller's representative;	(a) 관리자의 신원과 연락처, 그리고 관리자의 대리인이 있는 경우에는 그의 신원과 연락처
(b) the contact details of the data protection officer, where applicable;	(b) 정보보호책임자가 있는 경우에는 그의 연락처
(c) the purposes of the processing for which the personal data are intended as well as the legal basis for the processing;	(c) 개인정보가 의도된 처리의 목적과 처리의 법적 근거
(d) where the processing is based on point (f) of Article 6(1), the legitimate interests pursued by the controller or by a third party;	(d) 처리가 제6조 제1항 제f호에 근거하는 경우, 관리자 또는 제3자가 추구하는 정당한 이익
(e) the recipients or categories of recipients of the personal data, if any;	(e) 해당하는 경우, 개인정보의 수취인
(f) where applicable, the fact that the controller intends to transfer personal data to a third country or international organisation and the existence or absence of an adequacy decision by the Commission, or in the case of transfers referred to in Article 46 or 47, or the second subparagraph of Article 49(1), reference to the appropriate or suitable safeguards and the means by which to obtain a copy of them or where they have been made available.	(f) 해당하는 경우, 관리자가 개인정보를 제3국이나 국제조직에 이전하고자 하는 사실, 그리고 유럽위원회에 의한 적합성결정의 존재 또는 부존재, 또는 제46조나 제47조 또는 제49조 제1항 제2문단에서 규정된 이전의 경우에 개인정보의 사본을 획득할 적절하거나 적합한 안전장치와 수단 또는 그 개인정보에 이용되어온 곳에 대한 언급
2. In addition to the information referred to in paragraph 1, the controller shall, at the time when personal data are obtained, provide the data subject with the following further information necessary to ensure fair and transparent processing:	2. 제1항에서 언급된 정보에 더하여, 관리자는 개인정보가 획득될 때 공정하고 투명한 처리를 보장하기 위하여 필요한 다음의 추가적인 정보를 정보주체에게 제공하여야 한다.
(a) the period for which the personal data will be stored, or if that is not possible, the criteria used to determine that period;	(a) 개인정보가 저장될 기간, 또는 그것이 불가능하다면, 그 기간의 결정에 사용되는 기준
(b) the existence of the right to request from the	(b) 개인정보에의 접근, 정정이나 삭제, 또는 정

원문(영어)	국역
controller access to and rectification or erasure of personal data or restriction of processing concerning the data subject or to object to processing as well as the right to data portability;	보주체에 관한 개인정보의 처리의 제한을 관리자에게 청구하거나, 또는 이러한 개인정보의 처리를 반대할 권리와 정보이동권의 존재
(c) where the processing is based on point (a) of Article 6(1) or point (a) of Article 9(2), the existence of the right to withdraw consent at any time, without affecting the lawfulness of processing based on consent before its withdrawal;	(c) 처리가 제6조 제1항 제a호 또는 제9조 제2항 제a호에 근거하는 경우, 그 철회 전에 동의에 근거한 처리의 적법성에 영향을 미치지 않고, 언제라도 동의를 철회할 권리의 존재
(d) the right to lodge a complaint with a supervisory authority;	(d) 감독기관에 쟁송을 신청할 권리
(e) whether the provision of personal data is a statutory or contractual requirement, or a requirement necessary to enter into a contract, as well as whether the data subject is obliged to provide the personal data and of the possible consequences of failure to provide such data;	(e) 개인정보의 제공이 실정법상 또는 계약상 요건인지, 또는 계약 체결에 필요한 요건인지 여부와 정보주체는 정보를 제공할 의무가 있는지 여부와 그러한 정보를 제공하지 아니한 경우의 결과
(f) the existence of automated decision-making, including profiling, referred to in Article 22(1) and (4) and, at least in those cases, meaningful information about the logic involved, as well as the significance and the envisaged consequences of such processing for the data subject.	(f) 제22조 제1항 및 제4항에서 규정된 프로파일링을 포함하여 자동화된 의사결정의 존재와 적어도 그러한 경우에 포함된 로직에 관한 의미있는 정보와 정보주체를 위하여 그러한 처리의 중요성과 예상된 결과
3. Where the controller intends to further process the personal data for a purpose other than that for which the personal data were collected, the controller shall provide the data subject prior to that further processing with information on that other purpose and with any relevant further information as referred to in paragraph 2.	3. 관리자가 개인정보가 수집된 목적과 다른 목적을 위하여 그 개인정보를 추가적으로 처리하고자 하는 경우, 관리자는 추가적인 처리 전에 그 다른 목적에 관한 정보와 제2항에서 규정된 관련있는 추가적인 정보를 정보주체에게 제공하여야 한다.
4. Paragraphs 1, 2 and 3 shall not apply where and insofar as the data subject already has the information.	4. 제1항, 제2항 및 제3항은 정보주체가 이미 그 정보를 가지고 있는 경우에 적용하지 않는다.
Article 14 Information to be provided where personal data have not been obtained from the data subject	제14조 개인정보가 정보주체로부터 획득되지 않은 경우에 제공되는 정보
1. Where personal data have not been obtained from the data subject, the controller shall provide the data subject with the following information:	1. 개인정보가 정보주체로부터 획득되지 않은 경우, 관리자는 다음의 정보를 정보주체에게 제공하여야 한다.

원문(영어)	국역
(a) the identity and the contact details of the controller and, where applicable, of the controller's representative;	(a) 관리자의 신원과 연락처, 그리고 관리자의 대리인이 있는 경우에는 그의 신원과 연락처
(b) the contact details of the data protection officer, where applicable;	(b) 정보보호책임자가 있는 경우에는 그의 연락처
(c) the purposes of the processing for which the personal data are intended as well as the legal basis for the processing;	(c) 개인정보가 의도된 처리의 목적과 처리의 법적 근거
(d) the categories of personal data concerned;	(d) 관련 개인정보의 범주
(e) the recipients or categories of recipients of the personal data, if any;	(e) 해당하는 경우, 개인정보의 수취인
(f) where applicable, that the controller intends to transfer personal data to a recipient in a third country or international organisation and the existence or absence of an adequacy decision by the Commission, or in the case of transfers referred to in Article 46 or 47, or the second subparagraph of Article 49(1), reference to the appropriate or suitable safeguards and the means to obtain a copy of them or where they have been made available.	(f) 해당하는 경우, 관리자가 제3국이나 국제조직의 수취인에게 개인정보를 이전하고자 하는 것, 그리고 유럽위원회에 의한 적정성결정의 존재 또는 부존재, 또는 제46조나 제47조 또는 제49조 제1항 제2문단에서 언급된 이전의 경우에, 개인정보의 사본을 얻는 적정하거나 적합한 안전장치 및 수단 또는 개인정보가 이용되어온 장소에 대한 언급
2. In addition to the information referred to in paragraph 1, the controller shall provide the data subject with the following information necessary to ensure fair and transparent processing in respect of the data subject:	2. 제1항에서 규정된 정보에 더하여, 관리자는 정보주체에 대해 공정하고 투명한 처리를 보장하기 위하여 필요한 다음의 정보를 정보주체에게 제공하여야 한다.
(a) the period for which the personal data will be stored, or if that is not possible, the criteria used to determine that period;	(a) 개인정보가 저장된 기간, 또는 이것이 가능하지 않다면, 이 기간을 결정하는데 사용되는 기준
(b) where the processing is based on point (f) of Article 6(1), the legitimate interests pursued by the controller or by a third party;	(b) 처리가 제6조 제1항 제f호에 근거하는 경우, 관리자나 제3자에 의해 추구된 정당한 이익
(c) the existence of the right to request from the controller access to and rectification or erasure of personal data or restriction of processing concerning the data subject and to object to processing as well as the right to data portability;	(c) 관리자로부터 개인정보에의 접근과 정정이나 삭제, 또는 정보주체에 관한 개인정보의 처리의 제한을 청구할 권리, 그리고 이러한 개인정보의 처리를 반대할 권리와 정보이동권의 존재
(d) where processing is based on point (a) of Article 6(1) or point (a) of Article 9(2), the existence of the right to withdraw consent at any time, without affecting the lawfulness of processing	(d) 처리가 제6조 제1항 제a호 또는 제9조 제2항 제a호에 근거하는 경우, 철회 전에 동의에 근거한 처리의 적법성에 영향을 미치지 않고, 언제라도 동의를 철회할 권리의 존재

원문(영어)	국역
based on consent before its withdrawal; (e) the right to lodge a complaint with a supervisory authority; (f) from which source the personal data originate, and if applicable, whether it came from publicly accessible sources; (g) the existence of automated decision-making, including profiling, referred to in Article 22(1) and (4) and, at least in those cases, meaningful information about the logic involved, as well as the significance and the envisaged consequences of such processing for the data subject.	(e) 감독기관에 쟁송을 신청할 권리 (f) 개인정보의 출처, 그리고, 해당하는 경우 그것이 공개적으로 접근 가능한 출처인지 여부 (g) 제22조 제1항 및 제4항에서 언급된 프로파일링을 포함하여 자동화된 의사결정의 존재와, 적어도 그러한 경우에, 포함된 로직에 관한 의미있는 정보, 그리고 정보주체를 위한 이러한 처리의 중요성과 예상된 결과
3. The controller shall provide the information referred to in paragraphs 1 and 2:	3. 관리자는 제1항과 제2항에서 규정된 정보를 다음의 시기에 제공하여야 한다 :
(a) within a reasonable period after obtaining the personal data, but at the latest within one month, having regard to the specific circumstances in which the personal data are processed; (b) if the personal data are to be used for communication with the data subject, at the latest at the time of the first communication to that data subject; or (c) if a disclosure to another recipient is envisaged, at the latest when the personal data are first disclosed.	(a) 개인정보가 처리된 구체적인 상황을 고려하여, 개인정보를 취득한 후 합리적인 기간 내에, 그러나 늦어도 1월 이내에 ; (b) 만일 개인정보가 정보주체와 연락하기 위하여 이용된다면, 늦어도 정보주체에의 최초의 연락시에 ; 또는 (c) 만일 다른 수취인에 대한 공개가 예상된다면, 늦어도 개인정보가 최초에 공개된 때
4. Where the controller intends to further process the personal data for a purpose other than that for which the personal data were obtained, the controller shall provide the data subject prior to that further processing with information on that other purpose and with any relevant further information as referred to in paragraph 2.	4. 관리자가 개인정보가 획득된 목적과 다른 목적을 위하여 개인정보를 추가적으로 처리하고자 한다면, 추가적인 처리 전에 정보주체에게 다른 목적에 대한 정보와 제2항에서 규정된 바와 같이 관련있는 추가적인 정보를 제공하여야 한다.
5. Paragraphs 1 to 4 shall not apply where and insofar as:	5. 제1항부터 제4항까지는 다음의 경우에는 적용하지 않는다.
(a) the data subject already has the information; (b) the provision of such information proves impossible or would involve a disproportionate effort, in particular for processing for archiving purposes in the public interest, scientific or	(a) 정보주체가 이미 그 정보를 가지고 있는 경우 ; (b) 그러한 정보의 제공이 불가능한 것으로 입증되거나 비례적이지 않은 노력을 포함하는 경우, 특히 제89조 제1항에서 규정된 조건과 안전장치에 따라서 공익상의 아카이브 또는 과학적 · 역사

원문(영어)	국역
historical research purposes or statistical purposes, subject to the conditions and safeguards referred to in Article 89(1) or in so far as the obligation referred to in paragraph 1 of this Article is likely to render impossible or seriously impair the achievement of the objectives of that processing. In such cases the controller shall take appropriate measures to protect the data subject's rights and freedoms and legitimate interests, including making the information publicly available; (c) obtaining or disclosure is expressly laid down by Union or Member State law to which the controller is subject and which provides appropriate measures to protect the data subject's legitimate interests; or (d) where the personal data must remain confidential subject to an obligation of professional secrecy regulated by Union or Member State law, including a statutory obligation of secrecy.	적 연구나 통계를 위한 처리를 위하거나 또는 본조 제1항에서 규정된 의무가 그 처리의 목적의 달성을 불가능하게 하거나 또는 심각하게 손상시키는 것 같은 한. 그러한 경우에, 관리자는 정보를 공개적으로 이용가능하게 만드는 것을 포함하여, 정보주체의 권리 및 자유와 정당한 이익을 보호하기 위한 적절한 조치를 취하여야 한다. (c) 관리자가 준수해야 하며, 정보주체의 정당한 이익을 보호할 적절한 조치를 제공하고 있는 EU 법이나 회원국법에 의해 획득이나 공개가 명시적으로 규정된 경우. (d) 개인정보가 실정법상의 비밀준수의무를 포함하여, EU법이나 회원국법에 의해 규율되는 직업상의 비밀준수의무에 따라서 비밀로 하여야 하는 경우
Article 15 Right of access by the data subject 1. The data subject shall have the right to obtain from the controller confirmation as to whether or not personal data concerning him or her are being processed, and, where that is the case, access to the personal data and the following information: (a) the purposes of the processing; (b) the categories of personal data concerned; (c) the recipients or categories of recipient to whom the personal data have been or will be disclosed, in particular recipients in third countries or international organisations; (d) where possible, the envisaged period for which the personal data will be stored, or, if not possible, the criteria used to determine that period; (e) the existence of the right to request from the controller rectification or erasure of personal data or restriction of processing of personal data concerning the data subject or to object to such processing;	제15조 정보주체의 접근권 1. 정보주체는 관리자로부터 자기에 관한 개인정보가 처리되고 있는지 여부에 대한 확인을 얻을 권리와, 그리고, 처리되고 있는 경우에 개인정보에 대한 접근과 다음의 정보를 얻을 권리를 가져야 한다. (a) 처리의 목적 ; (b) 관련 개인정보의 범주 ; (c) 개인정보가 공개되었거나 공개될 수취인, 특히 제3국이나 국제조직에 있는 수취인 (d) 해당하는 경우, 개인정보가 저장될 예상기간, 또는 이것이 가능하지 않다면, 이 기간을 결정하는데 이용될 기준 (e) 관리자로부터 개인정보의 정정이나 삭제 또는 정보주체에 관한 개인정보의 처리의 제한을 청구할 권리 또는 이러한 개인정보의 처리를 반대할 권리의 존재

원문(영어)	국역
(f) the right to lodge a complaint with a supervisory authority;	(f) 감독기관에게 쟁송을 청구할 권리
(g) where the personal data are not collected from the data subject, any available information as to their source;	(g) 개인정보가 정보주체로부터 수집되지 않은 경우, 그 출처에 관한 이용가능한 정보
(h) the existence of automated decision-making, including profiling, referred to in Article 22(1) and (4) and, at least in those cases, meaningful information about the logic involved, as well as the significance and the envisaged consequences of such processing for the data subject.	(h) 제22조 제1항 및 제4항에서 규정된, 프로파일링을 포함하여 자동화된 의사결정의 존재, 그리고 적어도 그러한 경우에 포함된 로직에 관한 의미있는 정보와, 정보주체를 위한 그러한 처리의 중요성과 예상된 결과
2. Where personal data are transferred to a third country or to an international organisation, the data subject shall have the right to be informed of the appropriate safeguards pursuant to Article 46 relating to the transfer.	2. 개인정보가 제3국이나 국제조직으로 이전되는 경우, 정보주체는 그 이전과 관련되는 제46조에 따라서 적절한 안전장치에 대해 통지받을 권리를 가져야 한다.
3. The controller shall provide a copy of the personal data undergoing processing. For any further copies requested by the data subject, the controller may charge a reasonable fee based on administrative costs. Where the data subject makes the request by electronic means, and unless otherwise requested by the data subject, the information shall be provided in a commonly used electronic form.	3. 관리자는 처리하고 있는 개인정보의 사본을 제공하여야 한다. 정보주체가 청구하는 추가적인 사본에 대해 관리자는 사무비용에 근거한 합리적인 수수료를 부과할 수 있다. 정보주체가 전자적 형태로 청구하는 경우, 그리고 정보주체가 달리 청구하지 아니한 경우에, 정보는 일반적으로 이용되는 전자적 형태로 제공되어야 한다.
4. The right to obtain a copy referred to in paragraph 3 shall not adversely affect the rights and freedoms of others.	4. 제3항에서 언급된 사본을 얻을 권리는 타인의 권리와 자유에 불리하게 영향을 미쳐서는 안된다.
Section 3 Rectification and erasure	제3절 정정과 삭제
Article 16 Right to rectification	제16조 정정권
The data subject shall have the right to obtain from the controller without undue delay the rectification of inaccurate personal data concerning him or her. Taking into account the purposes of the processing, the data subject shall have the right to have incomplete personal data completed, including by means of providing a supplementary statement.	정보주체는 관리자로부터 부당한 지체없이 부정확한 자기에 관한 개인정보의 정정을 얻을 권리를 가져야 한다. 처리의 목적을 고려하여, 정보주체는 보충적 진술을 제공하는 것을 포함하여, 불완전한 개인정보를 완전하게 할 권리를 가져야 한다.

원문(영어)	국역
Article 17 Right to erasure ('right to be forgotten')	제17조 삭제권('잊혀질 권리')
1. The data subject shall have the right to obtain from the controller the erasure of personal data concerning him or her without undue delay and the controller shall have the obligation to erase personal data without undue delay where one of the following grounds applies:	1. 정보주체는 관리자로부터 부당한 지체 없이 자기에 관한 개인정보의 삭제를 얻을 권리를 가져야 하며, 관리자는 다음 근거들 중의 하나가 적용되는 경우에 부당한 지체 없이 개인정보를 삭제할 의무를 가져야 한다.
(a) the personal data are no longer necessary in relation to the purposes for which they were collected or otherwise processed;	(a) 정보가 수집되거나 달리 처리된 목적과 관련하여 더 이상 필요하지 않은 경우
(b) the data subject withdraws consent on which the processing is based according to point (a) of Article 6(1), or point (a) of Article 9(2), and where there is no other legal ground for the processing;	(b) 정보주체가 제6조 제1항 제a호 또는 제9조 제2항 제a호에 따라서 처리의 근거가 되는 동의를 철회하는 경우와 정보처리의 법적 근거가 없는 경우
(c) the data subject objects to the processing pursuant to Article 21(1) and there are no overriding legitimate grounds for the processing, or the data subject objects to the processing pursuant to Article 21(2);	(c) 정보주체가 제21조 제1항에 따라서 처리를 반대하는 경우와 처리에 대해 우월한 정당한 근거가 없는 경우 또는 정보주체가 제21조 제2항에 따라서 처리를 반대하는 경우
(d) the personal data have been unlawfully processed;	(d) 개인정보가 불법적으로 처리된 경우
(e) the personal data have to be erased for compliance with a legal obligation in Union or Member State law to which the controller is subject;	(e) 관리자가 준수해야 하는 EU법이나 회원국법상의 법적 의무의 준수를 위하여 개인정보가 삭제되어야 하는 경우
(f) the personal data have been collected in relation to the offer of information society services referred to in Article 8(1).	(f) 개인정보가 제8조 제1항에서 규정된 정보사회서비스의 제공과 관련하여 수집된 경우
2. Where the controller has made the personal data public and is obliged pursuant to paragraph 1 to erase the personal data, the controller, taking account of available technology and the cost of implementation, shall take reasonable steps, including technical measures, to inform controllers which are processing the personal data that the data subject has requested the erasure by such controllers of any links to, or copy or replication of, those personal data.	2. 관리자가 개인정보를 공개하였으며, 제1항에 따라서 정보를 삭제할 의무가 있는 경우에, 그 관리자는 이용가능한 기술과 이행비용을 고려하여, 그 정보를 처리하고 있는 관리자들에게 정보주체가 그 개인정보에의 링크 또는 그 복사나 복제의 관리자들에 의한 삭제를 청구하였음을 통지할, 기술적 조치를 포함하여 합리적인 조치를 취하여야 한다.

원문(영어)	국역
3. Paragraphs 1 and 2 shall not apply to the extent that processing is necessary: (a) for exercising the right of freedom of expression and information; (b) for compliance with a legal obligation which requires processing by Union or Member State law to which the controller is subject or for the performance of a task carried out in the public interest or in the exercise of official authority vested in the controller; (c) for reasons of public interest in the area of public health in accordance with points (h) and (i) of Article 9(2) as well as Article 9(3); (d) for archiving purposes in the public interest, scientific or historical research purposes or statistical purposes in accordance with Article 89(1) in so far as the right referred to in paragraph 1 is likely to render impossible or seriously impair the achievement of the objectives of that processing; or (e) for the establishment, exercise or defence of legal claims.	3. 제1항과 제2항은 처리가 다음을 위해 필요한 정도에서 적용되지 않아야 한다. (a) 표현 및 정보의 자유권의 행사를 위하여 (b) 관리자가 준수해야 하는 EU법이나 회원국법에 의해 처리를 요구하는 법적 의무의 준수를 위하여, 또는 공익상으로나 관리자에게 부여된 공권력의 행사로 수행된 임무의 완수를 위하여, (c) 제9조 제2항 제h호 및 제i호와 제9조 제3항에 따라서 공중보건의 영역에서 공익의 이유로 (d) 제1항에서 규정된 권리가 그러한 처리의 목적의 달성을 불가능하게 하거나 심각하게 손상시킬 것 같은 한 제89조 제1항에 따라서 공익상의 아카이브 또는 과학적 · 역사적 연구나 통계를 위하여 (e) 법적 청구권의 설정, 행사 또는 방어를 위하여
Article 18 Right to restriction of processing 1. The data subject shall have the right to obtain from the controller restriction of processing where one of the following applies: (a) the accuracy of the personal data is contested by the data subject, for a period enabling the controller to verify the accuracy of the personal data; (b) the processing is unlawful and the data subject opposes the erasure of the personal data and requests the restriction of their use instead; (c) the controller no longer needs the personal data for the purposes of the processing, but they are required by the data subject for the establishment, exercise or defence of legal claims; (d) the data subject has objected to processing pursuant to Article 21(1) pending the verification	제18조 처리제한권 1. 정보주체는 다음의 하나가 적용되는 경우에 관리자로부터 처리의 제한을 얻을 권리를 가져야 한다. (a) 관리자가 그 개인정보의 정확성을 입증할 수 있는 기간 중에 정보주체에 의해 개인정보의 정확성이 다퉈지는 경우 (b) 처리가 불법인데, 정보주체가 개인정보의 삭제에 반대하며 대신 그 이용의 제한을 청구하는 경우 (c) 관리자가 처리를 위하여 더 이상 개인정보를 필요로 하지 아니하지만, 개인정보가 법적 청구권의 설정, 행사나 방어를 위하여 정보주체에 의하여 요구되는 경우 (d) 정보주체가 관리자의 정당한 이익이 정보주체의 그것에 우월하는지 여부의 확인이 될 때까

원문(영어)	국역
whether the legitimate grounds of the controller override those of the data subject.	지 제21조 제1항에 따라서 처리를 반대한 경우
2. Where processing has been restricted under paragraph 1, such personal data shall, with the exception of storage, only be processed with the data subject's consent or for the establishment, exercise or defence of legal claims or for the protection of the rights of another natural or legal person or for reasons of important public interest of the Union or of a Member State.	2. 처리가 제1항에 의해 제한된 경우, 그러한 개인정보는 저장을 제외하고, 정보주체의 동의에 따라 또는 법적 청구권의 설정, 행사나 방어를 위하여 또는 다른 자연인이나 법인의 권리의 보호를 위하여 또는 EU나 회원국의 중요한 공익을 이유로 처리되어야 할 뿐이다.
3. A data subject who has obtained restriction of processing pursuant to paragraph 1 shall be informed by the controller before the restriction of processing is lifted.	3. 제1항에 따라서 처리의 제한을 획득한 정보주체는 처리의 제한이 폐지되기 전에 관리자로부터 통지되어야 한다.
Article 19 Notification obligation regarding rectification or erasure of personal data or restriction of processing	제19조 개인정보의 정정이나 삭제 또는 처리의 제한에 관한 통보의무
The controller shall communicate any rectification or erasure of personal data or restriction of processing carried out in accordance with Article 16, Article 17(1) and Article 18 to each recipient to whom the personal data have been disclosed, unless this proves impossible or involves disproportionate effort. The controller shall inform the data subject about those recipients if the data subject requests it.	관리자는 이것이 불가능한 것으로 입증되거나 또는 비례적이지 않은 노력을 포함하지 않는다면, 제16조, 제17조 제1항과 제18조에 따라서 수행된 개인정보의 정정이나 삭제 또는 처리의 제한을 개인정보가 공개된 각 수취인에게 연락하여야 한다. 정보주체가 이를 청구한다면, 관리자는 그들 수취인에 대해 정보주체에게 알려야 한다.
Article 20 Right to data portability	제20조 정보이동권
1. The data subject shall have the right to receive the personal data concerning him or her, which he or she has provided to a controller, in a structured, commonly used and machine-readable format and have the right to transmit those data to another controller without hindrance from the controller to which the personal data have been provided, where:	1. 정보주체는 체계화되고 일반적으로 이용되며 기계가 인식가능한 포맷으로 자기가 관리자에게 제공하였던 자기에 관한 개인정보를 받을 권리를 가져야 하며, 다음의 경우에 개인정보가 제공되었던 관리자로부터 방해를 받지 않고 다른 관리자에로 그들 정보를 전송할 권리를 가져야 한다.
(a) the processing is based on consent pursuant to point (a) of Article 6(1) or point (a) of Article 9(2) or on a contract pursuant to point (b) of Article	(a) 처리가 제6조 제1항 제a호 또는 제9조 제2항 제a호에 따라서 동의에 근거하거나, 또는 제6조 제1항 제b호에 따라서 계약에 근거하는 경우 ; 그

원문(영어)	국역
6(1); and (b) the processing is carried out by automated means.	리고 (b) 처리가 자동화된 수단에 의해 수행되는 경우
2. In exercising his or her right to data portability pursuant to paragraph 1, the data subject shall have the right to have the personal data transmitted directly from one controller to another, where technically feasible.	2. 제1항에 따라서 정보이동권을 행사할 때, 정보주체는 기술적으로 가능한 경우 한 관리자로부터 다른 관리자에로 직접적으로 전송될 것을 얻을 권리를 가진다.
3. The exercise of the right referred to in paragraph 1 of this Article shall be without prejudice to Article 17. That right shall not apply to processing necessary for the performance of a task carried out in the public interest or in the exercise of official authority vested in the controller.	3. 본 조 제1항에서 규정된 권리의 행사는 제17조를 침해하지 않아야 한다. 그 권리는 공익상 또는 관리자에게 부여된 공권력의 행사로 이행된 임무의 수행을 위하여 필요한 처리에는 적용하지 않아야 한다.
4. The right referred to in paragraph 1 shall not adversely affect the rights and freedoms of others.	4. 제1항에서 규정된 권리는 타인의 권리와 자유에 불리하게 영향을 미쳐서는 안된다.
Section 4 Right to object and automated individual decision-making	제4절 반대권과 자동화된 개별적 의사결정
Article 21 Right to object	제21조 반대권
1. The data subject shall have the right to object, on grounds relating to his or her particular situation, at any time to processing of personal data concerning him or her which is based on point (e) or (f) of Article 6(1), including profiling based on those provisions. The controller shall no longer process the personal data unless the controller demonstrates compelling legitimate grounds for the processing which override the interests, rights and freedoms of the data subject or for the establishment, exercise or defence of legal claims.	1. 정보주체는 자기의 특별한 상황과 관련되는 이유로 언제라도 제6조 제1항 제e호 또는 제f호에 근거하여, 또한 이들 규정에 근거한 프로파일링을 포함하여 자기에 관한 개인정보의 처리를 반대할 권리를 가져야 한다. 관리자는 정보주체의 이익, 권리와 자유에 우월한 처리를 위하여 또는 법적 청구권의 설정, 행사나 방어를 위하여 압도적으로 정당한 이유를 입증하지 않는다면, 더 이상 개인정보를 처리하여서는 안된다.
2. Where personal data are processed for direct marketing purposes, the data subject shall have the right to object at any time to processing of personal data concerning him or her for such marketing, which includes profiling to the extent that it is related to such direct marketing.	2. 개인정보가 다이렉트마케팅 목적으로 처리되는 경우, 정보주체는 그러한 다이렉트마케팅과 관련되는 범위에서 프로파일링을 포함하여, 그러한 마케팅을 위하여 자기에 관한 개인정보의 처리를 언제라도 반대할 권리를 가져야 한다.

원문(영어)	국역
3. Where the data subject objects to processing for direct marketing purposes, the personal data shall no longer be processed for such purposes.	3. 정보주체가 다이렉트마케팅 목적을 위하여 처리를 반대하는 경우, 개인정보는 더 이상 그러한 목적을 위하여 처리되어서는 안된다.
4. At the latest at the time of the first communication with the data subject, the right referred to in paragraphs 1 and 2 shall be explicitly brought to the attention of the data subject and shall be presented clearly and separately from any other information.	4. 늦어도 정보주체에게 최초로 연락을 할 때, 제1항 및 제2항에서 규정된 권리는 정보주체가 인식할 수 있게 명시적으로 주어져야 하며, 다른 정보와 명확하게 분리하여 제시되어야 한다.
5. In the context of the use of information society services, and notwithstanding Directive 2002/58/EC, the data subject may exercise his or her right to object by automated means using technical specifications.	5. 정보사회서비스의 이용에 있어서, 그리고 지침 2002/58/EC에도 불구하고, 정보주체는 기술적 스펙을 이용하는 자동화된 수단에 의하여 반대할 권리를 행사할 수 있다.
6. Where personal data are processed for scientific or historical research purposes or statistical purposes pursuant to Article 89(1), the data subject, on grounds relating to his or her particular situation, shall have the right to object to processing of personal data concerning him or her, unless the processing is necessary for the performance of a task carried out for reasons of public interest.	6. 개인정보가 제89조 제1항에 따라서 과학적·역사적 연구목적 또는 통계목적을 위하여 처리되는 경우, 처리가 공익을 이유로 한 임무의 수행을 위해 필요하지 않다면, 정보주체는 자기의 특별한 상황과 관련되는 이유로 자기에 관한 개인정보의 처리를 반대할 권리를 가져야 한다.
Article 22 Automated individual decision-making, including profiling 1. The data subject shall have the right not to be subject to a decision based solely on automated processing, including profiling, which produces legal effects concerning him or her or similarly significantly affects him or her. 2. Paragraph 1 shall not apply if the decision: (a) is necessary for entering into, or performance of, a contract between the data subject and a data controller; (b) is authorised by Union or Member State law to which the controller is subject and which also lays down suitable measures to safeguard the	제22조 프로파일링을 포함한 자동화된 개별적 의사결정 1. 정보주체는 프로파일링을 포함하여, 자기에 관한 법적 효과를 가져오거나 마찬가지로 자기에 대해 크게 영향을 미치는 자동화된 처리만에 근거한 결정에 따르지 않을 권리를 가져야 한다. 2. 제1항은 만일 그 결정이 다음의 경우에는 적용하지 않는다. (a) 정보주체와 정보관리자 간의 계약의 체결이나 이행을 위해 필요한 경우 (b) 관리자가 준수해야 하고, 또한 정보주체의 권리 및 자유와 정당한 이익을 보장할 적합한 조치를 규정하고 있는 EU법이나 회원국법에 의해 허

원문(영어)	국역
data subject's rights and freedoms and legitimate interests; or (c) is based on the data subject's explicit consent.	용된 경우 (c) 정보주체의 명시적인 동의에 근거한 경우
3. In the cases referred to in points (a) and (c) of paragraph 2, the data controller shall implement suitable measures to safeguard the data subject's rights and freedoms and legitimate interests, at least the right to obtain human intervention on the part of the controller, to express his or her point of view and to contest the decision.	3. 제2항 제a호 및 제c호에 규정된 경우에, 정보관리자는 정보주체의 권리 및 자유와 정당한 이익, 적어도 관리자 측의 인적 개입을 얻고, 정보주체의 견해를 표시하며, 결정을 다툴 권리를 보장할 적합한 조치를 이행하여야 한다.
4. Decisions referred to in paragraph 2 shall not be based on special categories of personal data referred to in Article 9(1), unless point (a) or (g) of Article 9(2) applies and suitable measures to safeguard the data subject's rights and freedoms and legitimate interests are in place.	4. 제9조 제2항 제a호 또는 제g호가 적용되지 않고, 정보주체의 권리 및 자유와 정당한 이익을 보장할 적합한 조치가 마련되어 있지 않다면, 제2항에서 규정된 결정들은 제9조 제1항에서 규정된 특별한 범주의 개인정보에 근거하여서는 안된다.
Section 5 Restrictions Article 23 Restrictions 1. Union or Member State law to which the data controller or processor is subject may restrict by way of a legislative measure the scope of the obligations and rights provided for in Articles 12 to 22 and Article 34, as well as Article 5 in so far as its provisions correspond to the rights and obligations provided for in Articles 12 to 22, when such a restriction respects the essence of the fundamental rights and freedoms and is a necessary and proportionate measure in a democratic society to safeguard: (a) national security; (b) defence; (c) public security; (d) the prevention, investigation, detection or prosecution of criminal offences or the execution of criminal penalties, including the safeguarding against and the prevention of threats to public security; (e) other important objectives of general public	제5절 제한 제23조 제한 1. 정보관리자나 처리자가 준수해야 하는 EU법이나 회원국법은, 그러한 제한이 기본적 권리와 자유의 본질을 존중하며 민주사회에서 다음의 사항을 보장하는 필요하고도 비례적인 조치인 때, 제12조부터 제22조까지와 제34조에서 규정된 권리와 의무, 그리고, 그 조항들이 제12조부터 제22조까지에서 규정된 권리와 의무에 상응하는 한 제5조에서 규정된 의무와 권리의 범위를 입법적 조치에 의해 제한할 수 있다. (a) 국가안보 (b) 방위 (c) 공공의 안전 (d) 공공의 안전의 위협에 대한 보호와 그 예방을 포함하여, 범죄의 예방, 수사, 탐지나 기소 또는 형벌의 집행 (e) 통화, 예산 및 조세문제, 공중보건과 사회보

원문(영어)	국역
interest of the Union or of a Member State, in particular an important economic or financial interest of the Union or of a Member State, including monetary, budgetary and taxation a matters, public health and social security;	장을 포함하여, EU나 회원국의 일반적 공익의 다른 중요한 목적들, 특히 EU나 회원국의 중요한 경제적 또는 재정적 이익
(f) the protection of judicial independence and judicial proceedings;	(f) 사법적 독립성과 사법절차의 보호
(g) the prevention, investigation, detection and prosecution of breaches of ethics for regulated professions;	(g) 규제받는 전문직의 윤리 위반의 예방, 수사, 탐지 및 기소
(h) a monitoring, inspection or regulatory function connected, even occasionally, to the exercise of official authority in the cases referred to in points (a) to (e) and (g);	(h) 제a호부터 제e호까지 및 제g호에서 규정된 경우에 공권력의 행사에 간헐적으로라도 연결된 모니터링, 검사 또는 규제적 기능
(i) the protection of the data subject or the rights and freedoms of others;	(i) 정보주체의 보호 또는 타인의 권리 및 자유
(j) the enforcement of civil law claims.	(j) 민사법적 청구권의 집행
2. In particular, any legislative measure referred to in paragraph 1 shall contain specific provisions at least, where relevant, as to:	2. 특히, 제1항에서 규정된 입법적 조치는 관련되는 경우 적어도 다음에 관한 특별조항을 포함하여야 한다.
(a) the purposes of the processing or categories of processing;	(a) 처리의 목적 ;
(b) the categories of personal data;	(b) 개인정보의 범주 ;
(c) the scope of the restrictions introduced;	(c) 도입된 제한의 범위 ;
(d) the safeguards to prevent abuse or unlawful access or transfer;	(d) 남용 또는 불법적인 접근이나 이전을 방지할 안전장치 ;
(e) the specification of the controller or categories of controllers;	(e) 관리자의 스펙 ;
(f) the storage periods and the applicable safeguards taking into account the nature, scope and purposes of the processing or categories of processing;	(f) 저장기간과 처리의 성질, 범위 및 목적을 고려한 적용가능한 안전장치 ;
(g) the risks to the rights and freedoms of data subjects; and	(g) 정보주체의 권리 및 자유에 대한 리스크 ; 그리고
(h) the right of data subjects to be informed about the restriction, unless that may be prejudicial to the purpose of the restriction.	(h) 제한의 목적을 침해하지 않는다면, 제한에 대해 통지받을 정보주체의 권리
CHAPTER IV Controller and processor Section 1 General obligations	제4장 관리자와 처리자 제1절 일반적 의무

원문(영어)	국역
Article 24 Responsibility of the controller	제24조 관리자의 책임
1. Taking into account the nature, scope, context and purposes of processing as well as the risks of varying likelihood and severity for the rights and freedoms of natural persons, the controller shall implement appropriate technical and organisational measures to ensure and to be able to demonstrate that processing is performed in accordance with this Regulation. Those measures shall be reviewed and updated where necessary.	1. 처리의 성질, 범위, 관계 및 목적, 그리고 개인의 권리와 자유에 대한 다양한 가능성 및 가혹함의 리스크를 고려하여, 관리자는 처리가 본 규칙을 준수하여 이루어지고 있다는 것을 보장하고 입증할 수 있는 적절한 기술적·조직적 조치를 이행하여야 한다. 이들 조치는 필요한 경우에 심사되고 업데이트되어야 한다.
2. Where proportionate in relation to processing activities, the measures referred to in paragraph 1 shall include the implementation of appropriate data protection policies by the controller.	2. 처리활동과 관련하여 비례적인 경우에, 제1항에서 규정된 조치들은 관리자에 의한 적절한 정보보호방침의 이행을 포함하여야 한다.
3. Adherence to approved codes of conduct as referred to in Article 40 or approved certification mechanisms as referred to in Article 42 may be used as an element by which to demonstrate compliance with the obligations of the controller.	3. 제40조에서 규정된 승인된 행동강령 또는 제42조에서 규정된 승인된 인증체계의 준수는 관리자의 의무의 준수를 입증하는 요소로서 이용될 수 있다.
Article 25 Data protection by design and by default	제25조 디자인 및 디폴트에 의한 정보보호
1. Taking into account the state of the art, the cost of implementation and the nature, scope, context and purposes of processing as well as the risks of varying likelihood and severity for rights and freedoms of natural persons posed by the processing, the controller shall, both at the time of the determination of the means for processing and at the time of the processing itself, implement appropriate technical and organisational measures, such as pseudonymisation, which are designed to implement data-protection principles, such as data minimisation, in an effective manner and to integrate the necessary safeguards into the processing in order to meet the requirements of this Regulation and protect the rights of data subjects.	1. 최신기술과 실행비용을 참작하고, 처리의 성질, 범위, 관계 및 목적, 그리고 처리에 의해 제기되는 개인들의 권리 및 자유에 대한 다양한 가능성과 가혹함의 리스크를 고려하여, 관리자는 처리방법을 결정할 때와 처리 그 자체를 할 때에, 본 규칙의 요건을 충족시키고 정보주체의 권리를 보호하기 위하여 정보최소화와 같은 정보보호원칙을 효과적으로 이행하며, 필요한 안전장치를 처리에 도입하도록 설계된, 가명화와 같은 적절한 기술적·조직적 조치를 이행하여야 한다.
2. The controller shall implement appropriate technical and organisational measures for	2. 관리자는 디폴트에 의해 개별적으로 처리를 위해 필요한 개인정보만이 처리되는 것을 보장하

원문(영어)	국역
ensuring that, by default, only personal data which are necessary for each specific purpose of the processing are processed. That obligation applies to the amount of personal data collected, the extent of their processing, the period of their storage and their accessibility. In particular, such measures shall ensure that by default personal data are not made accessible without the individual's intervention to an indefinite number of natural persons.	기 위한 적절한 기술적 · 조직적 조치를 이행하여야 한다. 그 의무는 수집된 개인정보의 양, 그 처리의 범위, 저장기간 및 접근가능성에 적용된다. 특히, 그러한 조치들은 디폴트에 의해 개인정보가 개인의 간섭없이는 불특정다수의 개인들에게 접근될 수 없게 하는 것을 보장하여야 한다.
3. An approved certification mechanism pursuant to Article 42 may be used as an element to demonstrate compliance with the requirements set out in paragraphs 1 and 2 of this Article.	3. 제42조에 의해 승인된 인증체계는 본 조 제1항 및 제2항에서 설정된 요건의 준수를 입증하는 요소로서 이용될 수 있다.
Article 26 Joint controllers 1. Where two or more controllers jointly determine the purposes and means of processing, they shall be joint controllers. They shall in a transparent manner determine their respective responsibilities for compliance with the obligations under this Regulation, in particular as regards the exercising of the rights of the data subject and their respective duties to provide the information referred to in Articles 13 and 14, by means of an arrangement between them unless, and in so far as, the respective responsibilities of the controllers are determined by Union or Member State law to which the controllers are subject. The arrangement may designate a contact point for data subjects. 2. The arrangement referred to in paragraph 1 shall duly reflect the respective roles and relationships of the joint controllers vis-à-vis the data subjects. The essence of the arrangement shall be made available to the data subject. 3. Irrespective of the terms of the arrangement referred to in paragraph 1, the data subject may exercise his or her rights under this Regulation in respect of and against each of the controllers.	제26조 공동관리자 1. 둘 이상의 관리자가 처리의 목적 및 수단을 공동으로 결정하는 경우, 그들은 공동관리자가 되어야 한다. 그들은 본 규칙에 따른 의무, 특히 정보주체의 권리의 행사에 관한 의무의 준수에 대한 각자의 책임과, 그 관리자들의 각자의 책임이 그들이 따라야 하는 EU법이나 회원국법에 의해 결정되지 않는다면, 그들 간의 협약에 의해 제13조 및 제14조에서 규정된 정보를 제공할 각자의 의무를 투명하게 정하여야 한다. 협약은 정보주체를 위해 연락처를 지정할 수 있다. 2. 제1항에서 규정된 협약은 정보주체들에 대하여 공동관리자들의 각자의 역할과 관계를 적정하게 반영하여야 한다. 협약의 주요내용은 정보주체에게 이용될 수 있어야 한다. 3. 제1항에서 규정된 협약문언에 관계없이, 정보주체는 관리자들의 각자에 대해 본 규칙에 의한 권리를 행사할 수 있다.

원문(영어)	국역
Article 27 Representatives of controllers or processors not established in the Union	제27조 EU에 설립되지 않은 관리자나 처리자의 대리인
1. Where Article 3(2) applies, the controller or the processor shall designate in writing a representative in the Union.	1. 제3조 제2항이 적용되는 경우, 관리자나 처리자는 서면으로 EU에서의 대리인을 지명하여야 한다.
2. The obligation laid down in paragraph 1 of this Article shall not apply to:	2. 본 조 제1항에서 규정된 의무는 다음의 경우에 적용되지 아니한다.
(a) processing which is occasional, does not include, on a large scale, processing of special categories of data as referred to in Article 9(1) or processing of personal data relating to criminal convictions and offences referred to in Article 10, and is unlikely to result in a risk to the rights and freedoms of natural persons, taking into account the nature, context, scope and purposes of the processing; or	(a) 간헐적으로 이루어지며, 대규모로 이루어지는 제9조 제1항에서 규정된 특별한 범주의 정보의 처리 또는 제10조에서 규정된 유죄판결 및 형사범죄와 관련되는 정보의 처리를 포함하지 않고, 처리의 성질, 관계, 범위 및 목적을 고려하여 개인의 권리 및 자유에 대한 위험을 초래할 것 같지 않은 처리
(b) a public authority or body.	(b) 공적 기관 또는 기구
3. The representative shall be established in one of the Member States where the data subjects, whose personal data are processed in relation to the offering of goods or services to them, or whose behaviour is monitored, are.	3. 대리인은 물품이나 서비스의 제공과 관련하여 그 개인정보가 처리되거나 또는 그 행동이 모니터링되는 정보주체가 있는 회원국들 중의 하나에서 설립되어야 한다.
4. The representative shall be mandated by the controller or processor to be addressed in addition to or instead of the controller or the processor by, in particular, supervisory authorities and data subjects, on all issues related to processing, for the purposes of ensuring compliance with this Regulation.	4. 대리인은 본 규칙의 준수를 보장하기 위하여 처리와 관련된 모든 문제에 대하여 특히 감독기관 및 정보주체가 관리자나 처리자에 대해 처리하는 일을 그에 부가하거나 또는 그에 대신하여 처리할 권한이 관리자나 처리자에 의하여 위임되어야 한다.
5. The designation of a representative by the controller or processor shall be without prejudice to legal actions which could be initiated against the controller or the processor themselves.	5. 관리자나 처리자에 의한 대리인의 지명은 관리자나 처리자 자신에 대해 제기될 수 있는 법적 소송을 침해하지 않아야 한다.
Article 28 Processor	제28조 처리자
1. Where processing is to be carried out on behalf of a controller, the controller shall use only processors providing sufficient guarantees to	1. 처리가 관리자를 대신하여 이루어진 경우, 관리자는 처리가 본 규칙의 요건을 충족시키며 정보주체의 권리 보호를 보장하는 방식으로 적절한

원문(영어)	국역
implement appropriate technical and organisational measures in such a manner that processing will meet the requirements of this Regulation and ensure the protection of the rights of the data subject.	기술적 · 조직적 조치를 이행하는 충분한 보증을 제공하는 처리자만을 이용하여야 한다.
2. The processor shall not engage another processor without prior specific or general written authorisation of the controller. In the case of general written authorisation, the processor shall inform the controller of any intended changes concerning the addition or replacement of other processors, thereby giving the controller the opportunity to object to such changes.	2. 처리자는 관리자의 사전적으로 특정된 또는 일반적으로 기술된 허가없이는 다른 처리자를 관여시켜서는 안된다. 일반적으로 기술된 허가의 경우에, 처리자는 관리자에게 다른 처리자의 추가 또는 대체에 관한 예정된 변경을 통지하여야 하며, 그렇게 함으로써 관리자에게 그러한 변경을 반대할 기회를 주어야 한다.
3. Processing by a processor shall be governed by a contract or other legal act under Union or Member State law, that is binding on the processor with regard to the controller and that sets out the subject-matter and duration of the processing, the nature and purpose of the processing, the type of personal data and categories of data subjects and the obligations and rights of the controller. That contract or other legal act shall stipulate, in particular, that the processor:	3. 처리자에 의한 처리는 계약 또는 EU법이나 회원국법에 의한 다른 법적 행위에 의해 규율되어야 한다. 그 계약 또는 EU법이나 회원국법에 의한 다른 법적 행위는 관리자와 관련하여 처리자에게 기속력이 있고, 처리의 주제문제 및 기간, 처리의 성질 및 목적, 개인정보의 유형과 정보주체의 범주, 관리자의 의무 및 권리를 설정한다. 그 계약 또는 다른 법적 행위는 특히 처리자가 다음 행위를 할 것을 규정하여야 한다.
(a) processes the personal data only on documented instructions from the controller, including with regard to transfers of personal data to a third country or an international organisation, unless required to do so by Union or Member State law to which the processor is subject; in such a case, the processor shall inform the controller of that legal requirement before processing, unless that law prohibits such information on important grounds of public interest;	(a) 처리자가 따라야 할 EU법이나 회원국법에 의해 그렇게 할 것이 요구되지 않는다면, 개인정보의 제3국 또는 국제조직으로의 이전에 관한 것을 포함하여 처리자는 관리자로부터 문서에 의한 지시에 따라서만 개인정보를 처리한다. 그러한 경우에, 그 법률이 공익상의 중대한 이유로 그러한 통지를 금지하지 않는다면, 처리자는 처리하기 전에 그 법적 요건을 관리자에게 통지하여야 한다.
(b) ensures that persons authorised to process the personal data have committed themselves to confidentiality or are under an appropriate statutory obligation of confidentiality;	(b) 처리자는 개인정보를 처리할 것이 허용된 사람들이 비밀준수를 약속하였거나 또는 적정한 실정법상의 비밀준수의무를 지고 있음을 보장한다.
(c) takes all measures required pursuant to Article 32;	(c) 처리자는 제32조에 의해서 요구된 모든 조치를 취한다.

원문(영어)	국역
(d) respects the conditions referred to in paragraphs 2 and 4 for engaging another processor;	(d) 다른 처리자를 관여시키기 위해서는 제2항과 제4항에서 규정된 조건을 존중한다.
(e) taking into account the nature of the processing, assists the controller by appropriate technical and organisational measures, insofar as this is possible, for the fulfilment of the controller's obligation to respond to requests for exercising the data subject's rights laid down in Chapter III;	(e) 처리의 성질을 고려하여, 처리자는 가능한 경우 제3장에서 규정된 정보주체의 권리를 행사하기 위한 청구에 대해 관리자의 응답의무의 이행을 위하여 적절한 기술적·조직적 조치에 의해 관리자를 지원한다.
(f) assists the controller in ensuring compliance with the obligations pursuant to Articles 32 to 36 taking into account the nature of processing and the information available to the processor;	(f) 처리자는 처리의 성질과 처리자가 이용할 수 있는 정보를 고려하여, 제32조부터 제36조까지에 의한 의무의 준수를 보장함에 있어서 관리자를 지원한다.
(g) at the choice of the controller, deletes or returns all the personal data to the controller after the end of the provision of services relating to processing, and deletes existing copies unless Union or Member State law requires storage of the personal data;	(g) EU법이나 회원국법이 개인정보의 저장을 요구하지 않는다면, 처리자는 처리와 관련되는 서비스의 제공이 종료된 후 관리자의 선택으로 모든 개인정보를 삭제하거나 관리자에게 반환하며, 현존하는 사본을 삭제한다.
(h) makes available to the controller all information necessary to demonstrate compliance with the obligations laid down in this Article and allow for and contribute to audits, including inspections, conducted by the controller or another auditor mandated by the controller.	(h) 처리자는 본 조에서 규정된 의무의 준수를 입증하고, 관리자 또는 관리자가 위임한 다른 검사인이 행하는 검사를 포함한 감사를 허용하고 협조하기 위하여 필요한 모든 정보를 관리자가 이용할 수 있게 한다.
With regard to point (h) of the first subparagraph, the processor shall immediately inform the controller if, in its opinion, an instruction infringes this Regulation or other Union or Member State data protection provisions.	제h호와 관련하여, 처리자는 자기 생각에, 지시가 본 규칙 또는 EU나 회원국의 정보보호규정을 위반한다면 즉시 관리자에게 통지하여야 한다.
4. Where a processor engages another processor for carrying out specific processing activities on behalf of the controller, the same data protection obligations as set out in the contract or other legal act between the controller and the processor as referred to in paragraph 3 shall be imposed on that other processor by way of a contract or other legal act under Union or Member State law, in particular providing sufficient guarantees to implement appropriate	4. 처리자가 관리자를 대신하여 특정한 처리활동을 수행하기 위하여 다른 처리자를 관여시키는 경우, 제3항에서 규정된 바와 같이 관리자와 처리자 간의 계약이나 또는 다른 법적 행위로 설정된 동일한 정보보호의무는 계약 또는 EU법이나 회원국법에 의한 다른 법적 행위에 의하여 그 다른 처리자에게 부과되어야 하며, 특히 처리가 본 규칙의 요건을 충족하는 방식으로 적절한 기술적·조직적 조치를 이행하는 충분한 보증을 제공하여야 한다.

원문(영어)	국역
technical and organisational measures in such a manner that the processing will meet the requirements of this Regulation. Where that other processor fails to fulfil its data protection obligations, the initial processor shall remain fully liable to the controller for the performance of that other processor's obligations.	
5. Adherence of a processor to an approved code of conduct as referred to in Article 40 or an approved certification mechanism as referred to in Article 42 may be used as an element by which to demonstrate sufficient guarantees as referred to in paragraphs 1 and 4 of this Article.	5. 처리자의 제40조에서 규정된 승인된 행동강령 또는 제42조에서 규정된 승인된 인증체계의 준수는 본 조 제1항 및 제4항에서 규정된 충분한 보증을 입증하는 요소로써 이용될 수 있다.
6. Without prejudice to an individual contract between the controller and the processor, the contract or the other legal act referred to in paragraphs 3 and 4 of this Article may be based, in whole or in part, on standard contractual clauses referred to in paragraphs 7 and 8 of this Article, including when they are part of a certification granted to the controller or processor pursuant to Articles 42 and 43.	6. 관리자와 처리자 간의 개별적 계약을 침해하지 않고, 본 조 제3항 및 제4항에서 규정된 계약이나 다른 법적 행위는 제42조 및 제43조에 따라서 관리자나 처리자에게 부여된 인증의 일부인 때를 포함하여, 전부 또는 부분으로, 본 조 제7항 및 제8항에서 규정된 표준계약조항에 근거할 수 있다.
7. The Commission may lay down standard contractual clauses for the matters referred to in paragraph 3 and 4 of this Article and in accordance with the examination procedure referred to in Article 93(2).	7. 유럽위원회는 본 조 제3항 및 제4항에서 규정된 사항에 대해, 그리고 제93조 제2항에서 규정된 심사절차에 따라서 표준계약조항을 설정할 수 있다.
8. A supervisory authority may adopt standard contractual clauses for the matters referred to in paragraph 3 and 4 of this Article and in accordance with the consistency mechanism referred to in Article 63.	8. 감독기관은 본 조 제3항 및 제4항에서 규정된 사항에 대해, 그리고 제63조에서 규정된 일관성체계에 따라서 표준계약조항을 채택할 수 있다.
9. The contract or the other legal act referred to in paragraphs 3 and 4 shall be in writing, including in electronic form.	9. 제3항 및 제4항에서 규정된 계약 또는 다른 법적 행위는 전자적 형태를 포함하여 서면으로 하여야 한다.
10. Without prejudice to Articles 82, 83 and 84, if a processor infringes this Regulation by determining the purposes and means of	10. 제82, 83 및 84조를 침해하지 않고, 처리자가 처리의 목적 및 수단을 결정함으로써 본 규칙을 위반한다면, 그 처리자는 그 처리에 대해 관리

원문(영어)	국역
processing, the processor shall be considered to be a controller in respect of that processing.	자로 간주되어야 한다.
Article 29 Processing under the authority of the controller or processor The processor and any person acting under the authority of the controller or of the processor, who has access to personal data, shall not process those data except on instructions from the controller, unless required to do so by Union or Member State law.	제29조 관리자나 처리자의 권한에 의한 처리 처리자와 개인정보에의 접근권을 가지는 관리자 또는 처리자의 권한으로 행위하는 사람은 EU법이나 회원국법에 의해 그렇게 할 것이 요구되지 않는다면, 관리자로부터의 지시에 따르지 않고서는 그 정보를 처리하여서는 안된다.
Article 30 Records of processing activities 1. Each controller and, where applicable, the controller's representative, shall maintain a record of processing activities under its responsibility. That record shall contain all of the following information: (a) the name and contact details of the controller and, where applicable, the joint controller, the controller's representative and the data protection officer; (b) the purposes of the processing; (c) a description of the categories of data subjects and of the categories of personal data; (d) the categories of recipients to whom the personal data have been or will be disclosed including recipients in third countries or international organisations; (e) where applicable, transfers of personal data to a third country or an international organisation, including the identification of that third country or international organisation and, in the case of transfers referred to in the second subparagraph of Article 49(1), the documentation of suitable safeguards; (f) where possible, the envisaged time limits for erasure of the different categories of data; (g) where possible, a general description of the technical and organisational security measures referred to in Article 32(1).	제30조 처리활동의 기록 1. 각 관리자와 관리자의 대리인이 있는 경우에 그 대리인은 그 책임에 의해 처리활동기록을 유지하여야 한다. 그 기록은 다음 모든 정보를 포함하여야 한다. (a) 관리자와 만일 있는 경우에, 공동관리자, 관리자의 대리인 및 정보보호책임자의 이름과 연락처 (b) 처리의 목적 (c) 정보주체 및 개인정보의 범주에 대한 기술 (d) 제3국 또는 국제조직의 수취인을 포함하여, 개인정보가 공개되었거나 공개될 수취인의 범주 (e) 해당하는 경우, 제3국이나 국제조직의 정체성을 포함하여, 개인정보의 제3국이나 국제조직으로의 이전과 제49조 제1항 제2문에서 규정된 이전의 경우에 적절한 안전장치의 문서화 (f) 가능한 경우, 다른 범주의 정보의 삭제에 대한 예상된 기한 (g) 가능한 경우, 제32조 제1항에서 규정된 기술적 · 조직적 보안조치의 일반적 기술

원문(영어)	국역
2. Each processor and, where applicable, the processor's representative shall maintain a record of all categories of processing activities carried out on behalf of a controller, containing:	2. 처리자와 해당하는 경우 그 처리자의 대리인은 다음을 포함하여, 관리자를 대신하여 수행한 모든 범주의 처리활동의 기록을 유지하여야 한다.
(a) the name and contact details of the processor or processors and of each controller on behalf of which the processor is acting, and, where applicable, of the controller's or the processor's representative, and the data protection officer;	(a) 처리자와 처리자가 대신하고 있는 각 관리자, 그리고 해당하는 경우 관리자나 처리자의 대리인과 정보보호책임자의 이름 및 연락처
(b) the categories of processing carried out on behalf of each controller;	(b) 각 관리자를 대신하여 수행한 처리의 범주
(c) where applicable, transfers of personal data to a third country or an international organisation, including the identification of that third country or international organisation and, in the case of transfers referred to in the second subparagraph of Article 49(1), the documentation of suitable safeguards;	(c) 해당하는 경우, 그 제3국이나 국제조직의 정체성을 포함하여, 정보의 제3국이나 국제조직으로의 이전과 제49조 제1항 제2문에서 규정된 이전의 경우에 적절한 안전장치의 문서화
(d) where possible, a general description of the technical and organisational security measures referred to in Article 32(1).	(d) 가능한 경우, 제32조 제1항에서 규정된 기술적·조직적 보안조치의 일반적 기술
3. The records referred to in paragraphs 1 and 2 shall be in writing, including in electronic form.	3. 제1항과 제2항에서 규정된 기록은 전자적 형태를 포함하여, 문서로 하여야 한다.
4. The controller or the processor and, where applicable, the controller's or the processor's representative, shall make the record available to the supervisory authority on request.	4. 관리자 또는 처리자, 그리고 해당하는 경우 관리자 또는 처리자의 대리인은 요청에 따라 기록을 감독기관이 이용할 수 있게 하여야 한다.
5. The obligations referred to in paragraphs 1 and 2 shall not apply to an enterprise or an organisation employing fewer than 250 persons unless the processing it carries out is likely to result in a risk to the rights and freedoms of data subjects, the processing is not occasional, or the processing includes special categories of data as referred to in Article 9(1) or personal data relating to criminal convictions and offences referred to in Article 10.	5. 그것이 수행하는 처리가 정보주체의 권리와 자유에 대해 위험을 초래할 것 같지 않다면, 그리고 그 처리가 간헐적이라면, 또는 그 처리가 제9조 제1항에서 규정된 특별한 범주의 정보이거나 또는 제10조에서 규정된 유죄판결 및 형사범죄와 관련되는 개인정보를 포함하지 않는다면, 제1항과 제2항에서 규정된 의무는 250인 미만을 고용하는 기업이나 조직에는 적용하여서는 안된다.
Article 31 Cooperation with the supervisory authority	제31조 감독기관과의 협력

원문(영어)	국역
The controller and the processor and, where applicable, their representatives, shall cooperate, on request, with the supervisory authority in the performance of its tasks.	관리자와 처리자, 그리고 해당하는 경우 관리자나 처리자의 대리인은 요청에 따라서 그 임무의 수행에 있어서 감독기관과 협력하여야 한다.
Section 2 Security of personal data Article 32 Security of processing 1. Taking into account the state of the art, the costs of implementation and the nature, scope, context and purposes of processing as well as the risk of varying likelihood and severity for the rights and freedoms of natural persons, the controller and the processor shall implement appropriate technical and organisational measures to ensure a level of security appropriate to the risk, including inter alia as appropriate: (a) the pseudonymisation and encryption of personal data; (b) the ability to ensure the ongoing confidentiality, integrity, availability and resilience of processing systems and services; (c) the ability to restore the availability and access to personal data in a timely manner in the event of a physical or technical incident; (d) a process for regularly testing, assessing and evaluating the effectiveness of technical and organisational measures for ensuring the security of the processing. 2. In assessing the appropriate level of security account shall be taken in particular of the risks that are presented by processing, in particular from accidental or unlawful destruction, loss, alteration, unauthorised disclosure of, or access to personal data transmitted, stored or otherwise processed. 3. Adherence to an approved code of conduct as referred to in Article 40 or an approved certification mechanism as referred to in Article 42 may be used as an element by which to	제2절 개인정보의 보안 제32조 처리의 보안 1. 최신기술과 이행비용을 참작하고, 처리의 성질, 범위, 관계 및 목적과 개인의 권리 및 자유에 대한 다양한 가능성과 가혹성의 위험을 고려하여, 관리자와 처리자는 해당하는 경우 특히 다음을 포함하여, 위험에 적절한 보안수준을 보장하기 위하여 적절한 기술적·조직적 조치를 이행하여야 한다. (a) 개인정보의 가명화와 암호화 (b) 처리제도 및 서비스가 실시중인 비밀준수, 무결성, 활용성과 탄력성을 보장하는 능력 (c) 물리적이나 기술적 사고의 경우에 적시에 개인정보의 이용가능성과 접근성을 회복시키는 능력 (d) 처리의 보안을 보장하기 위한 기술적·조직적 조치의 효율성을 정기적으로 테스트하며, 측정하고, 평가하기 위한 절차 2. 적절한 보안수준을 평가할 때, 특히 전송되거나, 저장되거나 또는 달리 처리된 개인정보가 사고에 의하거나 불법적인 파기, 멸실, 변경, 권한없는 공개나 접근으로부터 처리에 의해 제기된 위험을 특히 고려하여야 한다. 3. 제40조에서 규정된 승인된 행동강령 또는 제42조에서 규정된 승인된 인증체계의 준수는 본조 제1항에서 규정된 요건의 준수를 입증하는 요소로서 이용될 수 있다.

원문(영어)	국역
demonstrate compliance with the requirements set out in paragraph 1 of this Article.	
4. The controller and processor shall take steps to ensure that any natural person acting under the authority of the controller or the processor who has access to personal data does not process them except on instructions from the controller, unless he or she is required to do so by Union or Member State law.	4. 관리자와 처리자는 개인정보에 접근권을 가지는 관리자나 처리자의 권한에 따라 행위하는 자연인이 EU법이나 회원국법에 의해 그렇게 할 것이 요구되지 않는다면, 관리자로부터의 지시에 따르지 않고서는 개인정보를 처리하지 않을 것을 보장하는 조치를 취하여야 한다.
Article 33 Notification of a personal data breach to the supervisory authority	제33조 감독기관에의 개인정보 침해의 신고
1. In the case of a personal data breach, the controller shall without undue delay and, where feasible, not later than 72 hours after having become aware of it, notify the personal data breach to the supervisory authority competent in accordance with Article 55, unless the personal data breach is unlikely to result in a risk to the rights and freedoms of natural persons. Where the notification to the supervisory authority is not made within 72 hours, it shall be accompanied by reasons for the delay.	1. 개인정보 침해의 경우에, 개인정보 침해가 자연인의 권리와 자유에 대한 위험을 초래할 것 같다면, 관리자는 부당한 지체 없이, 가능한 경우 그 사실을 안 때로부터 72시간 이내에 제55조에 의해 관할감독기관에게 개인정보 침해를 신고하여야 한다. 감독기관에의 신고가 72시간 이내에 이루어지지 않은 경우에, 지체의 이유를 첨부하여야 한다.
2. The processor shall notify the controller without undue delay after becoming aware of a personal data breach.	2. 처리자는 개인정보 침해를 알게 된 후 부당한 지체 없이 관리자에게 통보하여야 한다.
3. The notification referred to in paragraph 1 shall at least:	3. 제1항에서 규정된 신고는 적어도 다음 사항을 하여야 한다.
(a) describe the nature of the personal data breach including where possible, the categories and approximate number of data subjects concerned and the categories and approximate number of personal data records concerned; (b) communicate the name and contact details of the data protection officer or other contact point where more information can be obtained; (c) describe the likely consequences of the personal data breach; (d) describe the measures taken or proposed to	(a) 가능한 경우, 관련 정보주체의 범주 및 추정된 숫자와 관련 정보기록의 범주 및 추정된 숫자를 포함하여, 개인정보 침해의 성질을 기술하여야 한다. (b) 정보보호책임자의 이름과 연락처 또는 보다 많은 정보를 획득할 수 있는 다른 연락처를 연락하여야 한다. (c) 개인정보 침해의 발생가능한 결과를 기술하여야 한다. (d) 해당하는 경우, 가능한 부작용을 완화시키는

원문(영어)	국역
be taken by the controller to address the personal data breach, including, where appropriate, measures to mitigate its possible adverse effects.	조치를 포함하여, 개인정보 침해에 대처하기 위하여 관리자에 의해 취해진 또는 취해질 것으로 제안된 조치들을 기술하여야 한다.
4. Where, and in so far as, it is not possible to provide the information at the same time, the information may be provided in phases without undue further delay.	4. 동시에 정보를 제공하는 것이 불가능한 경우에, 정보는 더 이상 부당한 지체 없이 단계적으로 제공될 수 있다.
5. The controller shall document any personal data breaches, comprising the facts relating to the personal data breach, its effects and the remedial action taken. That documentation shall enable the supervisory authority to verify compliance with this Article.	5. 관리자는 개인정보 침해와 관련되는 사실관계, 그 영향과 취해진 구제조치를 포함하여, 개인정보 침해를 문서화하여야 한다. 그 문서화는 감독기관이 본 조의 준수를 입증할 수 있게 하여야 한다.
Article 34 Communication of a personal data breach to the data subject	제34조 개인정보 침해의 정보주체에의 연락
1. When the personal data breach is likely to result in a high risk to the rights and freedoms of natural persons, the controller shall communicate the personal data breach to the data subject without undue delay.	1. 개인정보 침해가 자연인의 권리와 자유에 대해 높은 위험을 야기할 것 같은 경우, 관리자는 부당한 지체 없이 개인정보 침해를 정보주체에게 연락하여야 한다.
2. The communication to the data subject referred to in paragraph 1 of this Article shall describe in clear and plain language the nature of the personal data breach and contain at least the information and measures referred to in points (b), (c) and (d) of Article 33(3).	2. 본 조 제1항에서 규정된 정보주체에의 연락은 개인정보 침해의 성질을 명확하고 평이한 언어로 기술하여야 하며, 적어도 제33조 제3항 제b호, 제c호 및 제d호에서 규정된 정보와 조치를 포함하여야 한다.
3. The communication to the data subject referred to in paragraph 1 shall not be required if any of the following conditions are met:	3. 제1항에서 규정된 정보주체에의 연락은 다음 조건들 중 어느 것이라도 충족되는 경우라면 요구되지 않아야 한다.
(a) the controller has implemented appropriate technical and organisational protection measures, and those measures were applied to the personal data affected by the personal data breach, in particular those that render the personal data unintelligible to any person who is not authorised to access it, such as encryption;	(a) 관리자가 적절한 기술적 · 조직적 보호조치를 이행하였으며, 그들 조치는 개인정보 침해에 의해 영향을 받는 개인정보에 적용되었고, 암호화와 같이 개인정보에 접근할 권한이 없는 사람에게 그 정보를 알 수 없게 만드는 조치였었다면 ;
(b) the controller has taken subsequent measures	(b) 관리자가 제1항에서 규정된 정보주체의 권리

원문(영어)	국역
which ensure that the high risk to the rights and freedoms of data subjects referred to in paragraph 1 is no longer likely to materialise; (c) it would involve disproportionate effort. In such a case, there shall instead be a public communication or similar measure whereby the data subjects are informed in an equally effective manner. 4. If the controller has not already communicated the personal data breach to the data subject, the supervisory authority, having considered the likelihood of the personal data breach resulting in a high risk, may require it to do so or may decide that any of the conditions referred to in paragraph 3 are met.	와 자유에 대한 높은 위험이 더 이상 현실화될 것 같지 않음을 보장하는 후속적인 조치들을 취하였다면 ; (c) 그것이 비례적이지 않은 노력을 포함한다면. 그러한 경우에, 정보주체들이 똑같이 효과적인 방식으로 통지받을 공적 연락수단이나 또는 유사한 수단이 대신 있어야 한다. 4. 관리자가 개인정보 침해사실을 정보주체에게 아직 연락하지 않았다면, 감독기관은 높은 위험을 초래하는 개인정보 침해의 가능성을 고려하여, 관리자에게 그렇게 할 것을 요구할 수 있거나 또는 제3항에서 규정된 조건들 중 어느 것이 충족된 것을 결정할 수 있다.
Section 3 Data protection impact assessment and prior consultation Article 35 Data protection impact assessment 1. Where a type of processing in particular using new technologies, and taking into account the nature, scope, context and purposes of the processing, is likely to result in a high risk to the rights and freedoms of natural persons, the controller shall, prior to the processing, carry out an assessment of the impact of the envisaged processing operations on the protection of personal data. A single assessment may address a set of similar processing operations that present similar high risks. 2. The controller shall seek the advice of the data protection officer, where designated, when carrying out a data protection impact assessment. 3. A data protection impact assessment referred to in paragraph 1 shall in particular be required in the case of: (a) a systematic and extensive evaluation of personal aspects relating to natural persons which is based on automated processing,	제3절 정보보호영향평가와 사전협의 제35조 정보보호영향평가 1. 처리의 성질, 범위, 관계와 목적을 고려하여, 특히 신기술을 이용하는 처리의 유형이 자연인의 권리와 자유에 대해 높은 위험을 야기할 것 같은 경우에, 관리자는 처리에 앞서 개인정보의 보호에 관한 예상된 처리작용의 영향의 평가를 수행하여야 한다. 단일평가는 유사한 높은 위험을 제기하는 유사한 처리작용을 사용할 수 있다. 2. 관리자는 정보보호영향평가를 수행할 때, 지정된 경우, 정보보호책임자의 조언을 구하여야 한다. 3. 제1항에서 규정된 정보보호영향평가는 다음의 경우에 특히 요구되어야 한다. (a) 프로파일링을 포함하여, 자동화된 처리에 근거하며, 그리고 자연인에 관한 법적 효과를 낳거나 또는 마찬가지로 자연인에게 중대하게 영향을

원문(영어)	국역
including profiling, and on which decisions are based that produce legal effects concerning the natural person or similarly significantly affect the natural person;	미치는 결정이 근거하는, 자연인과 관련되는 사적 측면의 체계적이며 포괄적인 평가
(b) processing on a large scale of special categories of data referred to in Article 9(1), or of personal data relating to criminal convictions and offences referred to in Article 10; or	(b) 제9조 제1항에서 규정된 특별한 범주의 정보 또는 제10조에서 규정된 유죄판결 및 형사범죄와 관련되는 개인정보의 대규모적인 처리
(c) a systematic monitoring of a publicly accessible area on a large scale.	(c) 공개적으로 접근가능한 영역의 대규모의 체계적인 모니터링
4. The supervisory authority shall establish and make public a list of the kind of processing operations which are subject to the requirement for a data protection impact assessment pursuant to paragraph 1. The supervisory authority shall communicate those lists to the Board referred to in Article 68.	4. 감독기관은 제1항에 따른 정보보호영향평가의 요건을 준수하는 처리작용의 리스트를 작성하고 공개하여야 한다. 감독기관은 그들 리스트를 제68조에서 규정한 유럽정보보호위원회에 연락하여야 한다.
5. The supervisory authority may also establish and make public a list of the kind of processing operations for which no data protection impact assessment is required. The supervisory authority shall communicate those lists to the Board.	5. 감독기관은 또한 정보보호영향평가가 요구되지 않는 유형의 처리작용의 리스트를 작성해서 공개할 수 있다. 감독기관은 그들 리스트를 유럽정보보호위원회에 연락하여야 한다.
6. Prior to the adoption of the lists referred to in paragraphs 4 and 5, the competent supervisory authority shall apply the consistency mechanism referred to in Article 63 where such lists involve processing activities which are related to the offering of goods or services to data subjects or to the monitoring of their behaviour in several Member States, or may substantially affect the free movement of personal data within the Union.	6. 제4항 및 제5항에서 규정된 리스트의 채택 전에, 그 리스트가 재화나 서비스의 정보주체에의 제공과 관련되거나 또는 몇몇 회원국들에서의 정보주체의 행태의 감시와 관련되거나 또는 EU 역내에서의 개인정보의 자유로운 이동에 실질적으로 영향을 미칠 수 있는 처리활동을 포함하는 경우에, 관할감독기관은 제63조에서 규정된 일관성체계를 적용하여야 한다.
7. The assessment shall contain at least:	7. 평가는 적어도 다음 사항을 포함하여야 한다.
(a) a systematic description of the envisaged processing operations and the purposes of the processing, including, where applicable, the legitimate interest pursued by the controller;	(a) 해당하는 경우, 관리자가 추구하는 정당한 이익을 포함하여, 예상된 처리작용과 처리 목적의 체계적인 기술 ;
(b) an assessment of the necessity and proportionality of the processing operations in	(b) 목적과 관련하여 처리작용의 필요성과 비례성의 평가 ;

원문(영어)	국역
relation to the purposes;	
(c) an assessment of the risks to the rights and freedoms of data subjects referred to in paragraph 1; and	(c) 제1항에서 규정된 정보주체의 권리와 자유에 대한 위험의 평가 ; 그리고
(d) the measures envisaged to address the risks, including safeguards, security measures and mechanisms to ensure the protection of personal data and to demonstrate compliance with this Regulation taking into account the rights and legitimate interests of data subjects and other persons concerned.	(d) 정보주체와 관계되는 다른 사람들의 권리와 정당한 이익을 고려하여, 개인정보의 보호를 보장하며, 본 규칙의 준수를 입증하는 안전장치, 보안조치와 체계를 포함하여, 리스크를 처리할 것으로 예상되는 조치들
8. Compliance with approved codes of conduct referred to in Article 40 by the relevant controllers or processors shall be taken into due account in assessing the impact of the processing operations performed by such controllers or processors, in particular for the purposes of a data protection impact assessment.	8. 관련 관리자나 처리자들에 의한 제40조에서 규정된 승인된 행동강령의 준수는 특히 정보보호영향평가를 위하여 그들 관리자나 처리자에 의해 수행된 처리작용의 영향을 평가함에 있어서 적정하게 고려되어야 한다.
9. Where appropriate, the controller shall seek the views of data subjects or their representatives on the intended processing, without prejudice to the protection of commercial or public interests or the security of processing operations.	9. 해당하는 경우, 관리자는 영리나 공익의 보호 또는 처리작용의 보안을 침해함이 없게, 예정된 처리에 대하여 정보주체나 그 대리인의 견해를 구하여야 한다.
10. Where processing pursuant to point (c) or (e) of Article 6(1) has a legal basis in Union law or in the law of the Member State to which the controller is subject, that law regulates the specific processing operation or set of operations in question, and a data protection impact assessment has already been carried out as part of a general impact assessment in the context of the adoption of that legal basis, paragraphs 1 to 7 shall not apply unless Member States deem it to be necessary to carry out such an assessment prior to processing activities.	10. 제6조 제1항 제c호나 제e호에 따른 처리가 관리자가 준수해야 하는 EU법이나 회원국법에 법적 근거를 가지며, 이러한 법률이 문제의 특별한 처리작용을 규율하고, 정보보호영향평가가 이미 이러한 법적 근거의 채택으로 일반적인 영향평가의 부분으로서 이루어진 경우에, 회원국들이 처리활동 전에 그러한 평가를 수행할 필요가 있다고 생각하지 않는다면 제1항부터 제7항은 적용되지 않아야 한다.
11. Where necessary, the controller shall carry out a review to assess if processing is performed in accordance with the data protection impact assessment at least when there is a change of the risk represented by processing operations.	11. 필요한 경우, 적어도 처리작용에 의해 나타난 위험의 변화가 있을 때, 처리가 정보보호영향평가에 따라서 수행되는지를 평가하기 위하여 관리자는 심사를 수행하여야 한다.

원문(영어)	국역
Article 36 Prior consultation	제36조 사전협의
1. The controller shall consult the supervisory authority prior to processing where a data protection impact assessment under Article 35 indicates that the processing would result in a high risk in the absence of measures taken by the controller to mitigate the risk.	1. 제35조에 의한 정보보호영향평가가 관리자에 의해 취해진 그 위험을 완화시키기 위한 조치가 없는 경우에 처리가 높은 위험을 야기할 것을 나타내는 경우에, 관리자는 처리 전에 감독기관과 협의하여야 한다.
2. Where the supervisory authority is of the opinion that the intended processing referred to in paragraph 1 would infringe this Regulation, in particular where the controller has insufficiently identified or mitigated the risk, the supervisory authority shall, within period of up to eight weeks of receipt of the request for consultation, provide written advice to the controller and, where applicable to the processor, and may use any of its powers referred to in Article 58. That period may be extended by six weeks, taking into account the complexity of the intended processing. The supervisory authority shall inform the controller and, where applicable, the processor, of any such extension within one month of receipt of the request for consultation together with the reasons for the delay. Those periods may be suspended until the supervisory authority has obtained information it has requested for the purposes of the consultation.	2. 감독기관이 제1항에서 규정된 예정된 처리가 본 규칙을 위반한다는 의견인 경우에, 특히 관리자가 불충분하게 그 위험을 인식하거나 완화시킨 경우에, 감독기관은 협의 요청을 받은 날로부터 최대 8주 이내에 관리자와 해당하는 경우 처리자에게 서면으로 조언을 하여야 하며, 제58조에서 규정된 권한들을 사용할 수 있다. 그 기간은 예정된 처리의 복잡성을 고려하여 6주 연장될 수 있다. 감독기관은 관리자와 해당하는 경우 처리자에게 지연이유와 함께 협의요청을 받은 날부터 1월 이내에 그러한 연장을 통지하여야 한다. 그들 기간은 감독기관이 협의목적으로 청구한 정보를 입수한 때까지 정지될 수 있다.
3. When consulting the supervisory authority pursuant to paragraph 1, the controller shall provide the supervisory authority with: (a) where applicable, the respective responsibilities of the controller, joint controllers and processors involved in the processing, in particular for processing within a group of undertakings;	3. 제1항에 따라서 감독기관과 협의를 할 때, 관리자는 감독기관에게 다음 사항을 제공하여야 한다. (a) 해당하는 경우, 처리, 특히 사업체그룹내의 처리에 대해 관여한 관리자, 공동관리자 및 처리자의 각자의 책임
(b) the purposes and means of the intended processing;	(b) 예정된 처리의 목적과 수단
(c) the measures and safeguards provided to protect the rights and freedoms of data subjects pursuant to this Regulation;	(c) 본 규칙에 따른 정보주체의 권리와 자유를 보호하기 위해 제공된 조치와 안전장치

원문(영어)	국역
(d) where applicable, the contact details of the data protection officer; (e) the data protection impact assessment provided for in Article 35; and (f) any other information requested by the supervisory authority.	(d) 해당하는 경우, 정보보호책임자의 연락처 (e) 제35조에서 규정된 정보보호영향평가; 그리고 (f) 감독기관에 의해 요청된 다른 정보
4. Member States shall consult the supervisory authority during the preparation of a proposal for a legislative measure to be adopted by a national parliament, or of a regulatory measure based on such a legislative measure, which relates to processing.	4. 회원국들은 처리와 관련되는, 국가의회에 의해 채택되는 입법안이나 또는 그러한 입법에 근거한 규제조치를 준비하는 동안 감독기관과 협의하여야 한다.
5. Notwithstanding paragraph 1, Member State law may require controllers to consult with, and obtain prior authorisation from, the supervisory authority in relation to processing by a controller for the performance of a task carried out by the controller in the public interest, including processing in relation to social protection and public health.	5. 제1항에도 불구하고, 사회보장 및 공중보건과 관련한 처리를 포함하여 관리자에 의해 공익상 이루어진 임무의 수행을 위하여 관리자에 의한 처리와 관련하여, 회원국법은 관리자에게 감독기관과 협의하고, 그의 사전 허가를 얻도록 요구할 수 있다.
Section 4 Data protection officer Article 37 Designation of the data protection officer 1. The controller and the processor shall designate a data protection officer in any case where: (a) the processing is carried out by a public authority or body, except for courts acting in their judicial capacity; (b) the core activities of the controller or the processor consist of processing operations which, by virtue of their nature, their scope and/or their purposes, require regular and systematic monitoring of data subjects on a large scale; or (c) the core activities of the controller or the processor consist of processing on a large scale of special categories of data pursuant to Article 9 and personal data relating to criminal	제4절 정보보호책임자 제37조 정보보호책임자의 지명 1. 관리자와 처리자는 다음의 경우에 정보보호책임자를 지명하여야 한다. (a) 법원이 재판기관으로 행위하는 경우를 제외하고, 처리가 공적 기관이나 기구에 의하여 수행되는 경우 (b) 관리자나 처리자의 핵심적인 활동이 그 성질, 범위와/또는 목적들에 의하여, 대규모로 정보주체들의 정기적이고 체계적인 모니터링을 요구하는 처리작용을 구성하는 경우 (c) 관리자나 처리자의 핵심적인 활동들이 제9조에 따른 특별한 범주의 정보와 제10조에서 규정한 유죄판결과 형사범죄와 관련되는 개인정보의 대규모 처리를 구성하는 경우

원문(영어)	국역
convictions and offences referred to in Article 10.	
2. A group of undertakings may appoint a single data protection officer provided that a data protection officer is easily accessible from each establishment.	2. 사업체그룹들은 정보보호책임자가 각 회사로부터 수월하게 접근할 수 있다면 한 명의 정보보호책임자를 임명할 수 있다.
3. Where the controller or the processor is a public authority or body, a single data protection officer may be designated for several such authorities or bodies, taking account of their organisational structure and size.	3. 관리자나 처리자가 공적 기관이나 기구인 경우에, 그 조직구조와 크기를 고려하여, 단일의 정보보호책임자가 몇 개의 기관이나 기구를 위하여 지명될 수 있다.
4. n cases other than those referred to in paragraph 1, the controller or processor or associations and other bodies representing categories of controllers or processors may or, where required by Union or Member State law shall, designate a data protection officer. The data protection officer may act for such associations and other bodies representing controllers or processors.	4. 제1항에서 규정된 것들 이외의 경우에, 관리자나 처리자 또는 관리자나 처리자의 범주를 대표하는 협회 및 다른 기구들은 하나의 정보보호책임자를 지명할 수 있거나, 또는 EU법이나 회원국법에 의해 요구되는 경우에는 지명하여야 한다. 정보보호책임자는 관리자나 처리자를 대표하는 협회와 다른 기구들을 위하여 행위할 수 있다.
5. The data protection officer shall be designated on the basis of professional qualities and, in particular, expert knowledge of data protection law and practices and the ability to fulfil the tasks referred to in Article 39.	5. 정보보호책임자는 직업적 소양과, 특히 정보보호법과 실무의 전문적 지식, 그리고 제39조에서 규정된 임무를 수행할 수 있는 능력을 근거로 하여 지명되어야 한다.
6. The data protection officer may be a staff member of the controller or processor, or fulfil the tasks on the basis of a service contract.	6. 정보보호책임자는 관리자나 처리자의 구성원이 될 수 있으며, 또는 서비스계약에 근거하여 임무를 수행할 수 있다.
7. The controller or the processor shall publish the contact details of the data protection officer and communicate them to the supervisory authority.	7. 관리자나 처리자는 정보보호책임자의 연락처를 공개하여야 하며, 감독기관에게 그 연락처를 연락하여야 한다.
Article 38 Position of the data protection officer	제38조 정보보호책임자의 지위
1. The controller and the processor shall ensure that the data protection officer is involved, properly and in a timely manner, in all issues which relate to the protection of personal data.	1. 관리자와 처리자는 정보보호책임자가 개인정보의 보호와 관련되는 모든 문제에 적절하고 적시에 관여할 것을 보장하여야 한다.

원문(영어)	국역
2. The controller and processor shall support the data protection officer in performing the tasks referred to in Article 39 by providing resources necessary to carry out those tasks and access to personal data and processing operations, and to maintain his or her expert knowledge.	2. 관리자와 처리자는 그들 임무와 개인정보에의 접근 및 처리작용을 수행하고, 그 전문적 지식을 유지하는데 필요한 자원을 제공함으로써 제39조에서 규정된 임무를 수행함에 있어서 정보보호책임자를 지원하여야 한다.
3. The controller and processor shall ensure that the data protection officer does not receive any instructions regarding the exercise of those tasks. He or she shall not be dismissed or penalised by the controller or the processor for performing his tasks. The data protection officer shall directly report to the highest management level of the controller or the processor.	3. 관리자와 처리자는 정보보호책임자가 그들 임무의 수행에 관하여 어떠한 지시도 받지 않는다는 것을 보장하여야 한다. 정보보호책임자는 임무수행에 대하여 관리자나 처리자에 의해 해고되거나 처벌을 받아서는 안된다. 정보보호책임자는 관리자나 처리자의 최고경영진에 직접 보고하여야 한다.
4. Data subjects may contact the data protection officer with regard to all issues related to processing of their personal data and to the exercise of their rights under this Regulation.	4. 정보주체들은 그 개인정보의 처리와 본 규칙에 의한 그들 권리의 행사에 관련된 모든 문제에 대해 정보보호책임자와 접촉할 수 있다.
5. The data protection officer shall be bound by secrecy or confidentiality concerning the performance of his or her tasks, in accordance with Union or Member State law.	5. 정보보호책임자는 EU법이나 회원국법에 따라서 그 임무의 수행에 관하여 비밀준수에 의해 구속을 받는다.
6. The data protection officer may fulfil other tasks and duties. The controller or processor shall ensure that any such tasks and duties do not result in a conflict of interests.	6. 정보보호책임자는 다른 임무와 의무를 수행할 수 있다. 관리자나 처리자는 그러한 임무와 의무가 이익충돌로 되지 않도록 보장하여야 한다.
Article 39 Tasks of the data protection officer	제39조 정보보호책임자의 임무
1. The data protection officer shall have at least the following tasks:	1. 정보보호책임자는 적어도 다음 임무를 가져야 한다.
(a) to inform and advise the controller or the processor and the employees who carry out processing of their obligations pursuant to this Regulation and to other Union or Member State data protection provisions;	(a) 관리자나 처리자, 그리고 본 규칙 및 EU나 회원국의 다른 정보보호조항에 따른 의무의 처리를 수행하는 고용인에게 통지하고 조언하는 것.
(b) to monitor compliance with this Regulation, with other Union or Member State data protection provisions and with the policies of the controller or processor in relation to the protection of	(b) 처리작용과 관련 감사에 관여하는 직원의 책임의 분배, 인식제고 및 교육을 포함해서 개인정보의 보호와 관련하여, 본 규칙, EU나 회원국의 다른 정보보호조항, 그리고 관리자나 처리자의

원문(영어)	국역
personal data, including the assignment of responsibilities, awareness-raising and training of staff involved in processing operations, and the related audits; (c) to provide advice where requested as regards the data protection impact assessment and monitor its performance pursuant to Article 35; (d) to cooperate with the supervisory authority; (e) to act as the contact point for the supervisory authority on issues relating to processing, including the prior consultation referred to in Article 36, and to consult, where appropriate, with regard to any other matter.	정책들의 준수를 모니터링하는 것. (c) 정보보호영향평가에 관하여 요청받는 경우에 조언을 제공하며, 제35조에 따라 그 수행을 모니터링하는 것 (d) 감독기관과 협력하는 것 (e) 제36조에서 규정된 사전협의를 포함하여 개인정보의 처리와 관련된 문제들에 관하여 감독기관에 대한 연락처로서 행위하고, 해당하는 경우, 다른 문제에 대해 협의하는 것
2. The data protection officer shall in the performance of his or her tasks have due regard to the risk associated with processing operations, taking into account the nature, scope, context and purposes of processing.	2. 정보보호책임자는 그 임무의 수행에 있어서 처리의 성질, 범위, 관계 및 목적을 고려하여, 처리작용과 관련된 위험에 대해 상당한 참작을 하여야 한다.
Section 5 Codes of conduct and certification	제5절 행동강령과 인증
Article 40 Codes of conduct	제40조 행동강령
1. The Member States, the supervisory authorities, the Board and the Commission shall encourage the drawing up of codes of conduct intended to contribute to the proper application of this Regulation, taking account of the specific features of the various processing sectors and the specific needs of micro, small and medium-sized enterprises.	1. 회원국, 감독기관, 유럽정보보호위원회와 유럽위원회는 다양한 처리영역의 특성과 중소기업들의 구체적 사정을 고려하여, 본 규칙의 적정한 적용에 기여하도록 행동강령의 작성을 장려하여야 한다.
2. Associations and other bodies representing categories of controllers or processors may prepare codes of conduct, or amend or extend such codes, for the purpose of specifying the application of this Regulation, such as with regard to:	2. 관리자나 처리자의 범주를 대표하는 협회와 다른 기구들은 다음에 관한 것과 같이 본 규칙의 조항의 적용을 구체화하기 위하여 행동강령을 마련하거나 그러한 강령을 개정하거나 연장할 수 있다.
(a) fair and transparent processing; (b) the legitimate interests pursued by controllers in specific contexts; (c) the collection of personal data;	(a) 공정하고 투명한 처리 (b) 특정한 관계에서 관리자에 의해 추구된 정당한 이익 (c) 개인정보의 수집

원문(영어)	국역
(d) the pseudonymisation of personal data; (e) the information provided to the public and to data subjects; (f) the exercise of the rights of data subjects; (g) the information provided to, and the protection of, children, and the manner in which the consent of the holders of parental responsibility over children is to be obtained; (h) the measures and procedures referred to in Articles 24 and 25 and the measures to ensure security of processing referred to in Article 32; (i) the notification of personal data breaches to supervisory authorities and the communication of such personal data breaches to data subjects; (j) the transfer of personal data to third countries or international organisations; or (k) out-of-court proceedings and other dispute resolution procedures for resolving disputes between controllers and data subjects with regard to processing, without prejudice to the rights of data subjects pursuant to Articles 77 and 79.	(d) 개인정보의 가명화 (e) 일반인 및 정보주체에게 제공된 정보 (f) 정보주체의 권리의 행사 (g) 아동에게 제공된 정보와 아동의 보호, 그리고 아동에 대해 부모책임 부담자의 동의가 획득되는 방식 (h) 제24조와 제25조에서 규정된 조치 및 절차와 제32조에서 규정된 처리의 보안을 보장하는 조치 (i) 개인정보 침해의 감독기관에의 신고와 정보주체에의 연락 (j) 개인정보의 제3국이나 국제조직으로의 이전 ; 또는 (k) 제77조 및 제79조에 따른 정보주체의 권리를 침해하지 않고, 처리와 관련하여 관리자와 정보주체 간의 분쟁 해결을 위한 법정외 절차와 그밖의 분쟁해결절차
3. In addition to adherence by controllers or processors subject to this Regulation, codes of conduct approved pursuant to paragraph 5 of this Article and having general validity pursuant to paragraph 9 of this Article may also be adhered to by controllers or processors that are not subject to this Regulation pursuant to Article 3 in order to provide appropriate safeguards within the framework of personal data transfers to third countries or international organisations under the terms referred to in point (e) of Article 46(2). Such controllers or processors shall make binding and enforceable commitments, via contractual or other legally binding instruments, to apply those appropriate safeguards including with regard to the rights of data subjects.	3. 관리자나 처리자에 의한 본 규칙의 준수에 부가하여, 본 조 제5항에 따라서 승인되고 본 조 제9항에 따라서 일반적 유효성을 가지는 행동강령은 제46조 제2항 제e호에서 규정된 법문에 따라 제3국이나 국제조직에의 개인정보 이전의 구조 내에서 적절한 안전장치를 제공하기 위하여 제3조에 따라서 본 규칙의 적용을 받지 않는 관리자나 처리자에 의해 또한 준수될 수 있다. 이들 관리자나 처리자는 계약이나 다른 법적으로 구속력 있는 장치에 의하여 정보주체의 권리에 관한 것을 포함하여 적절한 안전장치를 적용하겠다는 약속을 구속력있고 실행가능하게 하여야 한다.
4. A code of conduct referred to in paragraph 2 of this Article shall contain mechanisms which enable the body referred to in Article 41(1) to carry out the mandatory monitoring of compliance	4. 본 조 제2항에서 규정된 행동강령은 제55조 또는 제56조에 따라서 관할권있는 감독기관의 임무와 권한을 침해하지 않고, 제41조 제1항에서 규정된 기구에게 그 행동강령을 적용할 의무를

원문(영어)	국역
with its provisions by the controllers or processors which undertake to apply it, without prejudice to the tasks and powers of supervisory authorities competent pursuant to Article 55 or 56.	지는 관리자나 처리자에 의한 그들 규정의 준수의 의무적 모니터링을 수행하게 하는 제도를 포함하여야 한다.
5. Associations and other bodies referred to in paragraph 2 of this Article which intend to prepare a code of conduct or to amend or extend an existing code shall submit the draft code, amendment or extension to the supervisory authority which is competent pursuant to Article 55. The supervisory authority shall provide an opinion on whether the draft code, amendment or extension complies with this Regulation and shall approve that draft code, amendment or extension if it finds that it provides sufficient appropriate safeguards.	5. 행동강령을 준비하고자 하거나 또는 현행 강령을 개정하거나 연장하고자 하는 본 조 제2항에서 규정된 협회와 다른 기구들은 강령안, 개정 또는 연장을 제55조에 따라서 관할감독기관에게 제출하여야 한다. 감독기관은 강령안, 개정 또는 연장이 본 규칙과 합치하는지에 대해 의견을 제공하여야 하고, 그것이 충분히 적절한 안전장치를 제공한다는 것이 인정되면 그 강령안, 개정 또는 연장을 승인하여야 한다.
6. Where the draft code, or amendment or extension is approved in accordance with paragraph 5, and where the code of conduct concerned does not relate to processing activities in several Member States, the supervisory authority shall register and publish the code.	6. 강령안이나 개정 또는 연장이 제5항에 의하여 승인되는 경우, 그리고 관련 행동강령이 몇몇 회원국들에서 처리활동과 관련이 없는 경우, 감독기관은 강령을 등록하고 공표하여야 한다.
7. Where a draft code of conduct relates to processing activities in several Member States, the supervisory authority which is competent pursuant to Article 55 shall, before approving the draft code, amendment or extension, submit it in the procedure referred to in Article 63 to the Board which shall provide an opinion on whether the draft code, amendment or extension complies with this Regulation or, in the situation referred to in paragraph 3 of this Article, provides appropriate safeguards.	7. 행동강령안이 몇몇 회원국들에서 처리활동과 관련되는 경우에, 제55조에 따라서 관할감독기관은 강령안, 개정 또는 연장을 승인하기 전에 제63조에서 규정된 절차에서 강령안, 개정 또는 연장이 본 규칙과 합치하는지 여부 또는 본 조 제3항에서 규정된 사정에서 적절한 안전장치를 제공하는지 여부에 대해 의견을 제공해야 하는 유럽정보보호위원회에 그것을 제출하여야 한다.
8. Where the opinion referred to in paragraph 7 confirms that the draft code, amendment or extension complies with this Regulation, or, in the situation referred to in paragraph 3, provides appropriate safeguards, the Board shall submit its opinion to the Commission.	8. 제7항에서 규정된 의견이 강령안, 개정 또는 연장이 본 규칙을 준수하고 있는 경우, 또는 제3항에서 규정된 사정에서 적절한 안전장치를 제공하고 있음을 확인하는 경우에, 유럽정보보호위원회는 그 의견을 유럽위원회에 제출하여야 한다.

원문(영어)	국역
9. The Commission may, by way of implementing acts, decide that the approved code of conduct, amendment or extension submitted to it pursuant to paragraph 8 of this Article have general validity within the Union. Those implementing acts shall be adopted in accordance with the examination procedure set out in Article 93(2). 10. The Commission shall ensure appropriate publicity for the approved codes which have been decided as having general validity in accordance with paragraph 9. 11. The Board shall collate all approved codes of conduct, amendments and extensions in a register and shall make them publicly available by way of appropriate means.	9. 유럽위원회는 본 조 제8항에 따라서 그에 제출된 승인된 행동강령, 개정 또는 연장이 EU 역내에서 일반적인 유효성을 가진다는 것을 집행법령에 의하여 결정할 수 있다. 그들 집행법령은 제93조 제2항에서 규정된 심사절차에 따라서 채택되어야 한다. 10. 유럽위원회는 제9항에 의하여 일반적인 유효성을 가지는 것으로 결정된 승인된 강령에 대하여 적절한 공개를 보장하여야 한다. 11. 유럽정보보호위원회는 모든 승인된 행동강령, 개정과 연장을 등록부에 수집하여야 하고, 적절한 수단을 통하여 그것들을 공개해서 이용할 수 있게 하여야 한다.
Article 41 Monitoring of approved codes of conduct 1. Without prejudice to the tasks and powers of the competent supervisory authority under Articles 57 and 58, the monitoring of compliance with a code of conduct pursuant to Article 40 may be carried out by a body which has an appropriate level of expertise in relation to the subject-matter of the code and is accredited for that purpose by the competent supervisory authority. 2. A body as referred to in paragraph 1 may be accredited to monitor compliance with a code of conduct where that body has: (a) demonstrated its independence and expertise in relation to the subject-matter of the code to the satisfaction of the competent supervisory authority; (b) established procedures which allow it to assess the eligibility of controllers and processors concerned to apply the code, to monitor their compliance with its provisions and to periodically review its operation; (c) established procedures and structures to	제41조 승인된 행동강령의 모니터링 1. 제57조와 제58조에 의한 관할감독기관의 임무와 권한을 침해하지 않고, 제40조에 따른 행동강령의 준수의 모니터링은 강령의 주제문제과 관련하여 적정한 수준의 전문성을 가지고 있으며, 관할감독기관에 의해 그 목적으로 인가받은 기구에 의해 수행될 수 있다. 2. 제1항에서 규정된 기구는 그 기구가 다음 사항을 한 경우에 행동강령의 준수를 모니터링하도록 인가될 수 있다. (a) 관할감독기관이 만족스럽게 행동강령의 주제문제와 관련하여 그 독립성과 전문성을 입증한 경우 (b) 관련 관리자와 처리자가 행동강령을 적용하며, 그 규정들의 준수를 모니터하고, 그 활동을 정기적으로 심사하는 자격을 기구가 평가하는 것을 허용하는 절차를 수립한 경우 (c) 행동강령의 침해에 대한 쟁송 또는 행동강령

원문(영어)	국역
handle complaints about infringements of the code or the manner in which the code has been, or is being, implemented by a controller or processor, and to make those procedures and structures transparent to data subjects and the public; and (d) demonstrated to the satisfaction of the competent supervisory authority that its tasks and duties do not result in a conflict of interests. 3. The competent supervisory authority shall submit the draft criteria for accreditation of a body as referred to in paragraph 1 of this Article to the Board pursuant to the consistency mechanism referred to in Article 63. 4. Without prejudice to the tasks and powers of the competent supervisory authority and the provisions of Chapter VIII, a body as referred to in paragraph 1 of this Article shall, subject to appropriate safeguards, take appropriate action in cases of infringement of the code by a controller or processor, including suspension or exclusion of the controller or processor concerned from the code. It shall inform the competent supervisory authority of such actions and the reasons for taking them. 5. The competent supervisory authority shall revoke the accreditation of a body as referred to in paragraph 1 if the conditions for accreditation are not, or are no longer, met or where actions taken by the body infringe this Regulation. 6. This Article shall not apply to processing carried out by public authorities and bodies.	이 관리자나 처리자에 의해 이행되었거나 이행되고 있는 방식을 취급하는 절차와 구조를 확립하였으며, 그리고 그들 절차와 구조를 정보주체와 일반에게 투명하게 만드는 절차와 구조를 확립한 경우 (d) 그 임무와 의무가 이익의 충돌로 되지 않는다는 것을 관할감독기관이 만족스럽게 입증한 경우 3. 관할감독기관은 제63조에서 규정된 일관성체계에 따라서 본 조 제1항에서 규정된 기구의 인정기준안을 유럽정보보호위원회에 제출하여야 한다. 4. 관할감독기관의 임무 및 권한과 제8장의 규정들을 침해하지 않고, 본 조 제1항에서 규정된 기구는 적절한 안전장치에 따라서 관리자나 처리자에 의한 행동강령의 침해의 경우에 관련 관리자나 처리자의 그 행동강령으로부터의 정지나 배제를 포함하여 적절한 조치를 취하여야 한다. 기구는 관할감독기관에게 그러한 조치와 그것들을 취한 이유에 대해 통지하여야 한다. 5. 인가요건이 충족되지 않거나 더 이상 충족되지 않게 되면 또는 기구에 의해 취해진 조치가 본 규칙을 위반하는 경우에, 관할감독기관은 제1항에서 규정된 기구의 인가를 취소하여야 한다. 6. 본 조는 공적 기관과 기구에 의해 수행된 처리에 적용되어서는 안된다.
Article 42 Certification 1. The Member States, the supervisory authorities, the Board and the Commission shall encourage, in particular at Union level, the establishment of data protection certification mechanisms and of data protection seals and	제42조 인증 1. 회원국, 감독기관, 유럽정보보호위원회와 유럽위원회는 특히 EU레벨에서 관리자와 처리자에 의한 처리작용의 본 규칙에의 준수를 입증하기 위하여 정보보호인증체계와 정보보호 씰 및 마크의 설정을 장려하여야 한다. 중소기업의 구

원문(영어)	국역
marks, for the purpose of demonstrating compliance with this Regulation of processing operations by controllers and processors. The specific needs of micro, small and medium-sized enterprises shall be taken into account.	체적인 사정은 고려되어야 한다.
2. In addition to adherence by controllers or processors subject to this Regulation, data protection certification mechanisms, seals or marks approved pursuant to paragraph 5 of this Article may be established for the purpose of demonstrating the existence of appropriate safeguards provided by controllers or processors that are not subject to this Regulation pursuant to Article 3 within the framework of personal data transfers to third countries or international organisations under the terms referred to in point (f) of Article 46(2). Such controllers or processors shall make binding and enforceable commitments, via contractual or other legally binding instruments, to apply those appropriate safeguards, including with regard to the rights of data subjects.	2. 본 규칙의 적용을 받는 관리자나 처리자에 의한 준수에 부가하여, 본 조 제5항에 따라서 승인된 정보보호인증체계, 씰이나 마크는 제46조 제2항 제f호에서 규정된 법문에 의한 제3국이나 국제조직에의 개인정보 이전의 구조 내에서 제3조에 따라서 본 규칙의 적용을 받지 않는 관리자나 처리자에 의해 제공된 적절한 안전장치의 존재를 입증하기 위하여 설정될 수 있다. 그러한 관리자나 처리자는 계약이나 다른 구속력있는 법규범에 의하여 정보주체의 권리에 관한 것을 포함하여, 적절한 안전장치를 적용하겠다는 약속을 구속력있고 실행가능하게 하여야 한다.
3. The certification shall be voluntary and available via a process that is transparent.	3. 인증은 자발적이어야 하며, 투명한 절차를 통하여 이용가능하여야 한다.
4. A certification pursuant to this Article does not reduce the responsibility of the controller or the processor for compliance with this Regulation and is without prejudice to the tasks and powers of the supervisory authorities which are competent pursuant to Article 55 or 56.	4. 본 조에 따른 인증은 본 규칙의 준수를 이유로 관리자나 처리자의 책임을 경감시키지 않으며, 제55조나 제56조에 따라서 관할감독기관의 임무와 권한을 침해하지 않는다.
5. A certification pursuant to this Article shall be issued by the certification bodies referred to in Article 43 or by the competent supervisory authority, on the basis of criteria approved by that competent supervisory authority pursuant to Article 58(3) or by the Board pursuant to Article 63. Where the criteria are approved by the Board, this may result in a common certification, the European Data Protection Seal.	5. 본 조에 따른 인증은 제43조에서 규정된 인증기구에 의하여 또는 제58조 제3항에 따른 그 관할감독기관이나 제63조에 따른 유럽정보보호위원회에 의하여 승인된 기준에 근거하여 관할감독기관에 의하여 발행되어야 한다. 기준이 유럽정보보호위원회에 의해 승인된 경우에, 이것은 공통인증인 유럽정보보호씰로 될 수 있다.

원문(영어)	국역
6. The controller or processor which submits its processing to the certification mechanism shall provide the certification body referred to in Article 43, or where applicable, the competent supervisory authority, with all information and access to its processing activities which are necessary to conduct the certification procedure.	6. 그 처리를 인증체계에 제출하는 관리자나 처리자는 제43조에서 규정된 인증기구 또는 해당하는 경우 관할감독기관에 그 인증절차의 수행에 필요한 모든 정보와 그 처리활동에의 접근을 제공하여야 한다.
7. Certification shall be issued to a controller or processor for a maximum period of three years and may be renewed, under the same conditions, provided that the relevant requirements continue to be met. Certification shall be withdrawn, as applicable, by the certification bodies referred to in Article 43 or by the competent supervisory authority where the requirements for the certification are not or are no longer met.	7. 인증은 최장 3년간 관리자나 처리자에게 발행되어야 하며, 해당 요건이 계속해서 충족되는 한 동일한 조건에서 갱신될 수 있다. 인증요건이 충족되지 않거나 더 이상 충족되지 않게 된 경우에, 인증은 해당하는 경우 제43조에서 규정된 인증기구나 또는 관할감독기관에 의하여 철회되어야 한다.
8. The Board shall collate all certification mechanisms and data protection seals and marks in a register and shall make them publicly available by any appropriate means.	8. 유럽정보보호위원회는 등록부에 모든 인증체계와 정보보호 씰 및 마크를 수집하여야 하며, 적절한 수단을 통하여 그것들을 공개적으로 이용할 수 있게 하여야 한다.
Article 43 Certification bodies	제43조 인증기구
1. Without prejudice to the tasks and powers of the competent supervisory authority under Articles 57 and 58, certification bodies which have an appropriate level of expertise in relation to data protection shall, after informing the supervisory authority in order to allow it to exercise its powers pursuant to point (h) of Article 58(2) where necessary, issue and renew certification. Member States shall ensure that those certification bodies are accredited by one or both of the following:	1. 제57조와 제58조에 의한 관할감독기관의 임무와 권한을 침해하지 않고, 정보보호와 관련하여 적절한 수준의 전문성을 가진 인증기구들은 필요한 경우에 제58조 제2항 제h호에 따른 권한의 행사를 허용하기 위하여 감독기관에 통지한 후에, 인증을 발행하고 갱신하여야 한다. 회원국들은 그들 인증기구가 다음의 하나 또는 양자에 의하여 인가되는 것을 보장하여야 한다.
(a) the supervisory authority which is competent pursuant to Article 55 or 56;	(a) 제55조나 제56조에 따라서 관할감독기관 ;
(b) the national accreditation body named in accordance with Regulation (EC) No 765/2008 of the European Parliament and of the Council in accordance with EN-ISO/IEC 17065/2012 and with the additional requirements established by	(b) 규칙(EC) 765/2008과 제55조나 제56조에 따라서 관할감독기관에 의해 설정된 추가요건에 따라서 명명된 국가인증기구

원문(영어)	국역
the supervisory authority which is competent pursuant to Article 55 or 56.	
2. Certification bodies referred to in paragraph 1 shall be accredited in accordance with that paragraph only where they have:	2. 제1항에서 규정된 인증기구는 다음의 경우에만 그 조항에 의하여 인가되어야 한다.
(a) demonstrated their independence and expertise in relation to the subject-matter of the certification to the satisfaction of the competent supervisory authority;	(a) 관할감독기관이 만족스럽게 인증의 주제문제와 관련하여 독립성과 전문성을 입증한 경우
(b) undertaken to respect the criteria referred to in Article 42(5) and approved by the supervisory authority which is competent pursuant to Article 55 or 56 or by the Board pursuant to Article 63;	(b) 제42조 제5항에서 규정되고, 제55조나 제56조에 따라서 관할권이 있는 감독기관이나 또는 제63조에 따른 유럽정보보호위원회에 의해 승인된 기준을 존중하기로 동의한 경우
(c) established procedures for the issuing, periodic review and withdrawal of data protection certification, seals and marks;	(c) 정보보호인증, 씰 및 마크의 발행, 정기심사와 철회를 위한 절차를 수립한 경우
(d) established procedures and structures to handle complaints about infringements of the certification or the manner in which the certification has been, or is being, implemented by the controller or processor, and to make those procedures and structures transparent to data subjects and the public; and	(d) 인증 침해에 대한 쟁송 또는 인증이 관리자나 처리자에 의해 이행되었거나 이행되고 있는 방식을 취급하는 절차와 체계, 그리고 이들 절차와 구조를 정보주체 및 일반에게 투명하게 하는 절차와 체계를 수립한 경우
(e) demonstrated, to the satisfaction of the competent supervisory authority, that their tasks and duties do not result in a conflict of interests.	(e) 그 임무 및 의무가 이익 충돌이 되지 않음을 관할감독기관이 만족스럽게 입증한 경우
3. The accreditation of certification bodies as referred to in paragraphs 1 and 2 of this Article shall take place on the basis of criteria approved by the supervisory authority which is competent pursuant to Article 55 or 56 or by the Board pursuant to Article 63. In the case of accreditation pursuant to point (b) of paragraph 1 of this Article, those requirements shall complement those envisaged in Regulation (EC) No 765/2008 and the technical rules that describe the methods and procedures of the certification bodies.	3. 본 조 제1항과 제2항에서 규정된 인증기구의 인가는 제55조나 제56조에 따라서 관할감독기관 또는 제63조에 따라서 유럽정보보호위원회에 의하여 승인된 기준을 근거로 하여 이루어져야 한다. 본 조 제1항 제b호에 따라서 인가되는 경우, 그들 요건은 규칙(EC) 765/2008에서 예상된 요건들과 인증기구의 방법과 절차를 규정하는 기술적 규정들을 보완한다.
4. The certification bodies referred to in paragraph 1 shall be responsible for the proper assessment leading to the certification or the	4. 제1항에서 규정된 인증기구는 본 규칙의 준수에 대해 관리자나 처리자의 책임을 침해하지 않고 인증 또는 그러한 인증의 철회를 발생시키는

원문(영어)	국역
withdrawal of such certification without prejudice to the responsibility of the controller or processor for compliance with this Regulation. The accreditation shall be issued for a maximum period of five years and may be renewed on the same conditions provided that the certification body meets the requirements set out in this Article.	적절한 평가에 대해 책임을 부담하여야 한다. 인가는 최장 5년 기간으로 발행되며, 인증기구가 본 조에서 규정된 요건을 충족시키는 경우에 동일한 조건으로 갱신될 수 있다.
5. The certification bodies referred to in paragraph 1 shall provide the competent supervisory authorities with the reasons for granting or withdrawing the requested certification.	5. 제1항에서 규정된 인증기구는 신청된 인증을 부여하거나 철회하는 이유를 관할감독기관에게 제공하여야 한다.
6. The requirements referred to in paragraph 3 of this Article and the criteria referred to in Article 42(5) shall be made public by the supervisory authority in an easily accessible form. The supervisory authorities shall also transmit those requirements and criteria to the Board. The Board shall collate all certification mechanisms and data protection seals in a register and shall make them publicly available by any appropriate means.	6. 본 조 제3항에서 규정된 요건과 제42조 제5항에서 규정된 기준은 쉽게 접근할 수 있는 형태로 감독기관에 의해 공개되어야 한다. 감독기관은 또한 그들 요건과 기준을 유럽정보보호위원회로 보내야 한다. 유럽정보보호위원회는 모든 인증체계와 정보보호 씰을 등록부에 수집하여야 하며, 적절한 수단으로 그것들을 공개적으로 이용할 수 있게 하여야 한다.
7. Without prejudice to Chapter VIII, the competent supervisory authority or the national accreditation body shall revoke an accreditation of a certification body pursuant to paragraph 1 of this Article where the conditions for the accreditation are not, or are no longer, met or where actions taken by a certification body infringe this Regulation.	7. 제8장을 침해하지 않고, 관할감독기관 또는 국가인가기구는 인가요건이 충족되지 않거나 더 이상 충족되지 않게 되거나, 또는 그 인증기구가 취한 행위가 본 규칙을 위반하는 경우, 본 조 제1항에 따른 인증기구의 인가를 취소하여야 한다.
8. The Commission shall be empowered to adopt delegated acts in accordance with Article 92 for the purpose of specifying the requirements to be taken into account for the data protection certification mechanisms referred to in Article 42(1).	8. 유럽위원회는 제42조 제1항에서 규정된 정보보호인증체계에 대해 고려되는 요건을 구체화하기 위하여 제92조에 의하여 위임법령을 채택할 권한을 위임받아야 한다.
9. The Commission may adopt implementing acts laying down technical standards for certification mechanisms and data protection seals and marks, and mechanisms to promote and	9. 유럽위원회는 인증체계와 정보보호 씰 및 마크를 위한 기술기준과 그들 인증체계, 씰 및 마크를 홍보하고 인식시키기 위한 체계를 설정하는 집행법령을 채택할 수 있다. 그들 집행법령은 제

원문(영어)	국역
recognise those certification mechanisms, seals and marks. Those implementing acts shall be adopted in accordance with the examination procedure referred to in Article 93(2).	93조 제2항에서 규정된 심사절차에 의하여 채택되어야 한다.
CHAPTER V Transfers of personal data to third countries or international organisations Article 44 General principle for transfers Any transfer of personal data which are undergoing processing or are intended for processing after transfer to a third country or to an international organisation shall take place only if, subject to the other provisions of this Regulation, the conditions laid down in this Chapter are complied with by the controller and processor, including for onward transfers of personal data from the third country or an international organisation to another third country or to another international organisation. All provisions in this Chapter shall be applied in order to ensure that the level of protection of natural persons guaranteed by this Regulation is not undermined.	제5장 개인정보의 제3국이나 국제조직으로의 이전 제44조 이전의 일반원칙 제3국이나 국제조직으로의 이전 후에 처리되고 있거나 처리될 예정인 개인정보의 이전은 본 규칙의 다른 조항에 따라서 제3국이나 국제조직에서 다른 제3국이나 국제조직으로의 계속된 이전을 포함하여, 관리자와 처리자가 본 장에서 규정된 조건들을 준수하는 경우에만 이루어져야 한다. 본 장의 모든 규정들은 본 규칙에 의해 보장되는 자연인들의 보호수준이 약화되지 않을 것을 보장하기 위하여 적용되어야 한다.
Article 45 Transfers on the basis of an adequacy decision 1. A transfer of personal data to a third country or an international organisation may take place where the Commission has decided that the third country, a territory or one or more specified sectors within that third country, or the international organisation in question ensures an adequate level of protection. Such a transfer shall not require any specific authorisation. 2. When assessing the adequacy of the level of protection, the Commission shall, in particular, take account of the following elements: (a) the rule of law, respect for human rights and fundamental freedoms, relevant legislation, both general and sectoral, including concerning public	제45조 적합성결정에 근거한 이전 1. 제3국이나 국제조직으로의 개인정보의 이전은 유럽위원회가 그 제3국이나 또는 그 제3국내의 영토나 하나 이상의 특정한 영역, 또는 문제의 국제조직이 적합한 보호수준을 보장한다고 결정한 경우에 이루어질 수 있다. 그러한 이전은 특별한 허가를 요구하여서는 안된다. 2. 유럽위원회는 보호수준의 적합성을 평가할 때 특히 다음의 요소를 고려하여야 한다. (a) 법의 지배, 인권과 기본적 자유의 존중, 공공의 안전, 방위, 국가안보와 형사법에 관한 것을 포함한 일반적 및 영역별 관련입법과 공적 기관

원문(영어)	국역
security, defence, national security and criminal law and the access of public authorities to personal data, as well as the implementation of such legislation, data protection rules, professional rules and security measures, including rules for the onward transfer of personal data to another third country or international organisation which are complied with in that country or international organisation, case-law, as well as effective and enforceable data subject rights and effective administrative and judicial redress for the data subjects whose personal data are being transferred;	의 개인정보에의 접근, 그리고 그 국가나 국제조직에서 준수되는 개인정보의 다른 제3국이나 국제조직으로의 계속적인 이전을 위한 규정을 포함하여 그러한 입법, 정보보호규정, 전문적 규정과 보안조치의 실행, 판례, 그리고 실효적이고 실행가능한 정보주체의 권리와 개인정보가 이전되고 있는 정보주체를 위한 실효적인 행정적 · 사법적 구제 ;
(b) the existence and effective functioning of one or more independent supervisory authorities in the third country or to which an international organisation is subject, with responsibility for ensuring and enforcing compliance with the data protection rules, including adequate enforcement powers, for assisting and advising the data subjects in exercising their rights and for cooperation with the supervisory authorities of the Member States; and	(b) 적절한 집행권을 포함하여 정보보호규정의 준수를 보장하고 실행하며, 정보주체가 권리를 행사할 때 그를 지원하고 조언하며, 회원국들의 감독기관과 협력하기 위한 책임을 가진, 그 제3국에 있는 또는 국제조직이 따라야 하는 하나 이상의 독립적인 감독기관의 존재와 실효적인 기능 ; 그리고
(c) the international commitments the third country or international organisation concerned has entered into, or other obligations arising from legally binding conventions or instruments as well as from its participation in multilateral or regional systems, in particular in relation to the protection of personal data.	(c) 제3국이나 관련 국제조직이 가입한 국제협약, 또는 법적으로 구속력있는 관습이나 법규범과 그리고 특히 개인정보의 보호와 관련하여 다자간 또는 지역시스템에의 가입으로부터 생기는 다른 의무
3. The Commission, after assessing the adequacy of the level of protection, may decide, by means of implementing act, that a third country, a territory or one or more specified sectors within a third country, or an international organisation ensures an adequate level of protection within the meaning of paragraph 2 of this Article. The implementing act shall provide for a mechanism for a periodic review, at least every four years, which shall take into account all relevant developments in the third country or international organisation. The	3. 유럽위원회는 보호수준의 적합성을 평가한 후, 제3국 또는 그 제3국의 영토나 하나 이상의 특정한 영역, 또는 국제조직이 본 조 제2항의 의미 내에서의 적합한 보호수준을 보장하고 있는 것을 집행법령에 의하여 결정할 수 있다. 집행법령은 제3국이나 국제조직에서의 모든 관련되는 발전을 고려하여 최소한 4년마다 정기적인 심사제도를 규정하여야 한다. 집행법령은 그 영토와 영역별 적용을 특정하여야 하며, 해당하는 경우, 본 조 제2항 제b호에서 규정된 감독기관을 결정하여야 한다. 집행법령은 제93조 제2항에서 규정된

원문(영어)	국역
implementing act shall specify its territorial and sectoral application and, where applicable, identify the supervisory authority or authorities referred to in point (b) of paragraph 2 of this Article. The implementing act shall be adopted in accordance with the examination procedure referred to in Article 93(2).	심사절차에 의하여 채택되어야 한다.
4. The Commission shall, on an ongoing basis, monitor developments in third countries and international organisations that could affect the functioning of decisions adopted pursuant to paragraph 3 of this Article and decisions adopted on the basis of Article 25(6) of Directive 95/46/EC.	4. 유럽위원회는 본 조 제3항에 따라서 채택된 결정과 지침 95/46/EC 제25조 제6항에 근거하여 채택된 결정의 기능에 영향을 미칠 수 있는 제3국과 국제조직에서의 발전상황을 시행중인 근거에 의해 모니터링하여야 한다.
5. The Commission shall, where available information reveals, in particular following the review referred to in paragraph 3 of this Article, that a third country, a territory or one or more specified sectors within a third country, or an international organisation no longer ensures an adequate level of protection within the meaning of paragraph 2 of this Article, to the extent necessary, repeal, amend or suspend the decision referred to in paragraph 3 of this Article by means of implementing acts without retro-active effect. Those implementing acts shall be adopted in accordance with the examination procedure referred to in Article 93(2). On duly justified imperative grounds of urgency, the Commission shall adopt immediately applicable implementing acts in accordance with the procedure referred to in Article 93(3).	5. 유럽위원회는 특히 본 조 제3항에서 규정된 심사에 따라서 이용가능한 정보가 제3국 또는 그 제3국 내의 영토나 특정된 영역, 또는 국제조직이 본 조 제2항의 의미에서의 적정한 보호수준을 더 이상 보장하지 않음을 나타내는 경우에, 필요한 정도에서, 소급효없이 집행법령에 의하여 본 조 제3항에서 규정된 결정을 취소, 개정 또는 정지시켜야 한다. 그들 집행법령은 제93조 제2항에서 규정된 심사절차에 의해서 채택되어야 한다. 적정하게 정당화된 비상상황을 근거로, 유럽위원회는 제93조 제3항에서 규정된 절차에 의해서 적용가능한 집행법령을 즉시 채택하여야 한다.
6. The Commission shall enter into consultations with the third country or international organisation with a view to remedying the situation giving rise to the decision made pursuant to paragraph 5.	6. 유럽위원회는 제5항에 따라서 이루어진 결정으로 발생하는 상황을 구제하기 위하여 제3국 또는 국제조직과 협의하여야 한다.
7. A decision pursuant to paragraph 5 of this Article is without prejudice to transfers of personal data to the third country, a territory or one or more specified sectors within that third country, or the international organisation in question pursuant to	7. 본 조 제5항에 따른 결정은 제46조부터 제49조까지에 따라서 문제의 제3국이나 그 제3국 내의 영토나 특정한 영역, 또는 국제조직으로의 개인정보의 이전을 침해하지 않는다.

원문(영어)	국역
Articles 46 to 49.	
8. The Commission shall publish in the Official Journal of the European Union and on its website a list of the third countries, territories and specified sectors within a third country and international organisations for which it has decided that an adequate level of protection is or is no longer ensured.	8. 유럽위원회는 적정한 보호수준이 보장되거나 또는 더 이상 보장되지 않는다고 결정한 제3국, 제3국 내의 영토 및 특정된 영역과 국제조직의 리스트를 유럽연합공보와 웹사이트에 공개하여야 한다.
9. Decisions adopted by the Commission on the basis of Article 25(6) of Directive 95/46/EC shall remain in force until amended, replaced or repealed by a Commission Decision adopted in accordance with paragraph 3 or 5 of this Article.	9. 지침 95/46/EC 제25조 제6항을 근거로 하여 유럽위원회에 의해 채택된 결정들은 본 조 제3항 또는 제5항에 의해 채택된 유럽위원회 결정에 의해 개정, 대체 또는 취소될 때 까지 시행되어야 한다.
Article 46 Transfers subject to appropriate safeguards	제46조 적절한 안전장치에 따른 이전
1. In the absence of a decision pursuant to Article 45(3), a controller or processor may transfer personal data to a third country or an international organisation only if the controller or processor has provided appropriate safeguards, and on condition that enforceable data subject rights and effective legal remedies for data subjects are available.	1. 제45조 제3항에 따른 결정이 없는 경우에, 관리자나 처리자는 적절한 안정장치를 제시한 경우에만, 그리고 정보주체의 실행가능한 권리와 정보주체를 위한 실효적인 법적 구제가 이용가능하다는 것을 조건으로 개인정보를 제3국이나 국제조직으로 이전할 수 있다.
2. The appropriate safeguards referred to in paragraph 1 may be provided for, without requiring any specific authorisation from a supervisory authority, by:	2. 제1항에서 규정된 적절한 안전장치는 감독기관으로부터 특별한 허가를 요구하지 않고서도 다음에 의해서도 규정될 수 있다.
(a) a legally binding and enforceable instrument between public authorities or bodies; (b) binding corporate rules in accordance with Article 47; (c) standard data protection clauses adopted by the Commission in accordance with the examination procedure referred to in Article 93(2); (d) standard data protection clauses adopted by a supervisory authority and approved by the Commission pursuant to the examination procedure referred to in Article 93(2);	(a) 공적 기관이나 기구들 간의 법적 구속력이 있고 실행가능한 법규범 ; (b) 제47조에 의한 구속적 기업규칙 ; (c) 제93조 제2항에서 규정된 심사절차에 따라서 유럽위원회가 채택한 표준정보보호조항 ; (d) 감독기관이 채택하고, 제93조 제2항에서 규정된 심사절차에 따라서 유럽위원회가 승인한 표준정보보호조항 ;

원문(영어)	국역
(e) an approved code of conduct pursuant to Article 40 together with binding and enforceable commitments of the controller or processor in the third country to apply the appropriate safeguards, including as regards data subjects' rights; or	(e) 정보주체의 권리에 관한 것을 포함하여, 적절한 안전장치를 적용할 제3국의 관리자나 처리자의 구속적이고 실행가능한 약속과 함께 제40조에 의한 승인된 행동강령
(f) an approved certification mechanism pursuant to Article 42 together with binding and enforceable commitments of the controller or processor in the third country to apply the appropriate safeguards, including as regards data subjects' rights.	(f) 정보주체의 권리에 관한 것을 포함하여, 적절한 안전장치를 적용할 제3국의 관리자나 처리자의 구속적이고 실행가능한 약속과 함께 제42조에 의한 승인된 인증제도
3. Subject to the authorisation from the competent supervisory authority, the appropriate safeguards referred to in paragraph 1 may also be provided for, in particular, by:	3. 관할감독기관으로부터의 허가에 따라서, 제1항에서 규정된 적절한 안전장치는 특히 다음에 의해 또한 규정될 수 있다.
(a) contractual clauses between the controller or processor and the controller, processor or the recipient of the personal data in the third country or international organisation; or	(a) 관리자나 처리자와 제3국이나 국제조직의 관리자, 처리자 또는 개인정보의 수취인 간의 계약조항 ; 또는
(b) provisions to be inserted into administrative arrangements between public authorities or bodies which include enforceable and effective data subject rights.	(b) 공적 기관이나 기구들 간의 행정협정에 삽입된, 실행가능하고 실효적인 정보주체의 권리를 포함하는 조항
4. The supervisory authority shall apply the consistency mechanism referred to in Article 63 in the cases referred to in paragraph 3 of this Article.	4. 감독기관은 본 조 제3항에서 규정된 경우에 제63조에서 규정된 일관성체계를 적용하여야 한다.
5. Authorisations by a Member State or supervisory authority on the basis of Article 26(2) of Directive 95/46/EC shall remain valid until amended, replaced or repealed, if necessary, by that supervisory authority. Decisions adopted by the Commission on the basis of Article 26(4) of Directive 95/46/EC shall remain in force until amended, replaced or repealed, if necessary, by a Commission Decision adopted in accordance with paragraph 2 of this Article.	5. 지침 95/46/EC 제26조 제2항에 근거한 회원국이나 감독기관에 의한 허가는 필요하다면 그 감독기관에 의해 개정, 대체 또는 취소될 때까지는 유효하여야 한다. 지침 95/46/EC 제26조 제4항에 근거하여 유럽위원회에 의해 채택된 결정들은 필요하다면 본 조 제2항에 의해 채택된 유럽위원회결정에 의해 개정, 대체 또는 취소될 때까지는 시행되어야 한다.
Article 47 Binding corporate rules 1. The competent supervisory authority shall	제47조 구속적 기업규칙 1. 관할감독기관은 다음의 경우에 제63조에서 규

원문(영어)	국역
approve binding corporate rules in accordance with the consistency mechanism set out in Article 63, provided that they:	정된 일관성체계에 의하여 구속적 기업규칙을 승인하여야 한다.
(a) are legally binding and apply to and are enforced by every member concerned of the group of undertakings, or group of enterprises engaged in a joint economic activity, including their employees;	(a) 그것이 법적 구속력이 있으며, 그 고용인을 포함하여, 공동경제활동에 참여한 사업체그룹의 모든 관련구성원에게 적용되고 그에 의해 실행되는 경우
(b) expressly confer enforceable rights on data subjects with regard to the processing of their personal data; and	(b) 개인정보의 처리와 관련하여 정보주체에게 실행가능한 권리를 명시적으로 부여하는 경우
(c) fulfil the requirements laid down in paragraph 2.	(c) 제2항에서 규정된 요건을 이행하는 경우
2. The binding corporate rules referred to in paragraph 1 shall specify at least:	2. 제1항에서 규정된 구속적 기업규칙은 적어도 다음을 적시하여야 한다.
(a) the structure and contact details of the group of undertakings, or group of enterprises engaged in a joint economic activity and of each of its members;	(a) 공동경제활동에 관여하는 사업체그룹 또는 기업그룹과 그 구성원 각자의 조직과 연락처
(b) the data transfers or set of transfers, including the categories of personal data, the type of processing and its purposes, the type of data subjects affected and the identification of the third country or countries in question;	(b) 개인정보의 범주, 처리의 유형과 그 목적, 영향을 받는 정보주체의 유형과 문제의 제3국의 정체성을 포함하여 정보이전
(c) their legally binding nature, both internally and externally;	(c) 내부적 및 외부적인 법적 구속성
(d) the application of the general data protection principles, in particular purpose limitation, data minimisation, limited storage periods, data quality, data protection by design and by default, legal basis for processing, processing of special categories of personal data, measures to ensure data security, and the requirements in respect of onward transfers to bodies not bound by the binding corporate rules;	(d) 일반 정보보호원칙의 적용, 특히 목적 제한, 정보 최소화, 제한된 저장기간, 정보 품질, 디자인 및 디폴트에 의한 정보보호, 처리의 법적 근거, 특별한 범주의 개인정보의 처리, 정보보안을 보장하는 조치, 그리고 구속적 기업규칙에 의해 구속되지 않는 기구로의 지속적인 이전에 관한 요건
(e) the rights of data subjects in regard to processing and the means to exercise those rights, including the right not to be subject to decisions based solely on automated processing, including profiling in accordance with Article 22,	(e) 제22조에 의한 프로파일링을 포함하여 자동화된 처리에만 근거한 결정에 따르지 않을 권리, 제79조에 의해 회원국의 관할감독기관과 관할법원에 쟁송을 제기할 권리와 해당하는 경우 구속적 기업규칙의 위반에 대해 구제와 보상을 얻을

원문(영어)	국역
the right to lodge a complaint with the competent supervisory authority and before the competent courts of the Member States in accordance with Article 79, and to obtain redress and, where appropriate, compensation for a breach of the binding corporate rules;	권리를 포함하여, 처리에 관한 정보주체의 권리와 그들 권리를 행사하는 수단
(f) the acceptance by the controller or processor established on the territory of a Member State of liability for any breaches of the binding corporate rules by any member concerned not established in the Union; the controller or the processor shall be exempt from that liability, in whole or in part, only if it proves that that member is not responsible for the event giving rise to the damage;	(f) EU 내에 설립되지 않은 관련 구성원에 의한 구속적 기업규칙의 위반책임의 회원국의 영토상에 설립된 관리자나 처리자에 의한 인정; 관리자나 처리자는 그 구성원이 손해발생사건에 대해 책임이 없다는 것을 입증할 때에만, 전부 또는 부분적으로 그 책임으로부터 면제되어야 한다.
(g) how the information on the binding corporate rules, in particular on the provisions referred to in points (d), (e) and (f) of this paragraph is provided to the data subjects in addition to Articles 13 and 14;	(g) 구속적 기업규칙, 특히 본 항 제d호, 제e호 및 제f호에서 규정된 조항들에 관한 정보가 제13조 및 제14조에 부가하여 정보주체에게 제공되는 방법
(h) the tasks of any data protection officer designated in accordance with Article 37 or any other person or entity in charge of the monitoring compliance with the binding corporate rules within the group of undertakings, or group of enterprises engaged in a joint economic activity, as well as monitoring training and complaint-handling;	(h) 제37조에 의해 지명된 정보보호책임자 또는 공동경제활동에 종사하는 사업체그룹 또는 기업그룹 내의 구속적 기업규칙의 준수의 모니터링과 교육 및 쟁송취급의 모니터링을 담당하는 다른 사람이나 실체의 임무
(i) the complaint procedures;	(i) 쟁송절차
(j) the mechanisms within the group of undertakings, or group of enterprises engaged in a joint economic activity for ensuring the verification of compliance with the binding corporate rules. Such mechanisms shall include data protection audits and methods for ensuring corrective actions to protect the rights of the data subject. Results of such verification should be communicated to the person or entity referred to in point (h) and to the board of the controlling undertaking of a group of undertakings, or of the group of enterprises engaged in a joint economic activity, and should be available upon request to the competent supervisory authority;	(j) 구속적 기업규칙의 준수의 확인을 보장하기 위한 사업체그룹 또는 기업그룹 내의 메카니즘. 그러한 메카니즘은 정보주체의 권리를 보호하기 위한 시정조치를 보장하기 위한 정보보호감사와 방법을 포함하여야 한다. 그러한 확인의 결과는 제h호에서 규정된 사람이나 실체와 공동경제활동에 종사하는 사업체그룹 또는 기업그룹의 이사회에 연락되어야 하며, 요청이 있는 경우에 관할감독기관이 이용할 수 있어야 한다.

원문(영어)	국역
(k) the mechanisms for reporting and recording changes to the rules and reporting those changes to the supervisory authority; (l) the cooperation mechanism with the supervisory authority to ensure compliance by any member of the group of undertakings, or group of enterprises engaged in a joint economic activity, in particular by making available to the supervisory authority the results of verifications of the measures referred to in point (j); (m) the mechanisms for reporting to the competent supervisory authority any legal requirements to which a member of the group of undertakings, or group of enterprises engaged in a joint economic activity is subject in a third country which are likely to have a substantial adverse effect on the guarantees provided by the binding corporate rules; and (n) the appropriate data protection training to personnel having permanent or regular access to personal data. 3. The Commission may specify the format and procedures for the exchange of information between controllers, processors and supervisory authorities for binding corporate rules within the meaning of this Article. Those implementing acts shall be adopted in accordance with the examination procedure set out in Article 93(2).	(k) 규정의 변경을 보고하고 기록하며, 그들 변경을 감독기관에 보고하는 메카니즘 (l) 특히 제j호에서 규정된 조치의 확인의 결과를 감독기관이 이용할 수 있게 함으로써, 공동경제활동에 종사하는 사업체그룹 또는 기업그룹의 구성원에 의한 준수를 보장하는 감독기관에의 협력 메카니즘 (m) 공동경제활동에 종사하는 사업체그룹 또는 기업그룹의 구성원이 제3국에서 따라야 할, 구속적 기업규칙에 의해 규정된 보장에 대해 상당히 악영향을 가질 것 같은 법적 요건을 관할감독기관에게 하는 보고제도 (n) 개인정보에 대해 상시적이거나 정기적으로 접근하는 직원에 대한 적절한 정보보호교육 3. 유럽위원회는 본 조의 의미 내의 구속적 기업규칙에 대해 관리자, 처리자 및 감독기관들 간의 정보의 교환을 위한 형식과 절차를 적시할 수 있다. 그들 집행법령은 제93조 제2항에서 설정된 심사절차에 의해 채택되어야 한다.
Article 48 Transfers or disclosures not authorised by Union law Any judgment of a court or tribunal and any decision of an administrative authority of a third country requiring a controller or processor to transfer or disclose personal data may only be recognised or enforceable in any manner if based on an international agreement, such as a mutual legal assistance treaty, in force between the requesting third country and the Union or a Member State, without prejudice to other grounds for transfer pursuant to this Chapter.	제48조 EU법이 허가하지 않은 이전 또는 공개 관리자나 처리자에게 개인정보를 이전하거나 공개할 것을 요구하는 제3국의 법원이나 심판소의 판결과 행정기관의 결정은 본 장에 따른 다른 이전 이유를 침해하지 않고, 요청하는 제3국과 EU나 회원국 간에 시행중인 상호법지원조약과 같은 국제협정에 근거하는 경우라면 인정되거나 집행될 수 있을 뿐이다.

원문(영어)	국역
Article 49 Derogations for specific situations	제49조 특별한 상황에 대한 특례
1. In the absence of an adequacy decision pursuant to Article 45(3), or of appropriate safeguards pursuant to Article 46, including binding corporate rules, a transfer or a set of transfers of personal data to a third country or an international organisation shall take place only on one of the following conditions:	1. 구속적 기업규칙을 포함하여, 제45조 제3항에 따른 적합성결정 또는 제46조에 따른 적절한 안전장치가 없는 경우에, 개인정보의 제3국이나 국제조직으로의 이전은 다음의 조건들 중의 하나에 근거해서만 이루어져야 한다.
(a) the data subject has explicitly consented to the proposed transfer, after having been informed of the possible risks of such transfers for the data subject due to the absence of an adequacy decision and appropriate safeguards;	(a) 정보주체가 적합성결정과 적절한 안전장치가 없기 때문에 정보주체에게 그러한 이전의 가능한 위험을 통지받은 후에, 제안 받은 이전을 명시적으로 동의한 경우 ;
(b) the transfer is necessary for the performance of a contract between the data subject and the controller or the implementation of pre-contractual measures taken at the data subject's request;	(b) 정보주체와 관리자 간의 계약의 이행, 또는 정보주체의 요청으로 취해진 계약전 조치의 이행을 위하여 이전이 필요한 경우 ;
(c) the transfer is necessary for the conclusion or performance of a contract concluded in the interest of the data subject between the controller and another natural or legal person;	(c) 관리자와 다른 자연인이나 법인 간에 정보주체를 위해 체결된 계약의 체결이나 이행을 위해 이전이 필요한 경우 ;
(d) the transfer is necessary for important reasons of public interest;	(d) 중대한 공익상의 이유로 이전이 필요한 경우 ;
(e) the transfer is necessary for the establishment, exercise or defence of legal claims;	(e) 법적 청구권의 설정, 행사 또는 방어를 위하여 이전이 필요한 경우 ;
(f) the transfer is necessary in order to protect the vital interests of the data subject or of other persons, where the data subject is physically or legally incapable of giving consent;	(f) 정보주체가 사실상 또는 법률상 동의할 수 없는 경우에, 정보주체 또는 다른 사람의 중대한 이익을 보호하기 위하여 이전이 필요한 경우 ;
(g) the transfer is made from a register which according to Union or Member State law is intended to provide information to the public and which is open to consultation either by the public in general or by any person who can demonstrate a legitimate interest, but only to the extent that the conditions laid down by Union or Member State law for consultation are fulfilled in the particular case.	(g) EU법이나 회원국법에 따라서 일반에게 정보를 제공하도록 예정되어있으며, 일반공중이나 정당한 이익을 입증할 수 있는 사람에 의해 조회하도록 개방되어 있으나, EU법이나 회원국법에서 규정된 조회의 조건이 특정한 경우에 총족된 범위에서만 개방되어 있는 등록부로부터 이전이 이루어진 경우 ;
Where a transfer could not be based on a provision	이전이 구속적 기업규칙에 관한 조항들을 포함하

원문(영어)	국역
in Article 45 or 46, including the provisions on binding corporate rules, and none of the derogations for a specific situation referred to in the first subparagraph of this paragraph is applicable, a transfer to a third country or an international organisation may take place only if the transfer is not repetitive, concerns only a limited number of data subjects, is necessary for the purposes of compelling legitimate interests pursued by the controller which are not overridden by the interests or rights and freedoms of the data subject, and the controller has assessed all the circumstances surrounding the data transfer and has on the basis of that assessment provided suitable safeguards with regard to the protection of personal data. The controller shall inform the supervisory authority of the transfer. The controller shall, in addition to providing the information referred to in Articles 13 and 14, inform the data subject of the transfer and on the compelling legitimate interests pursued.	여, 제45조나 제46조의 규정에 근거할 수 없으며, 본 항 제1문에서 규정된 특별한 상황에 대한 특례가 적용될 수 없는 경우에, 제3국이나 국제조직으로의 이전은 그 이전이 반복적이 아니며, 한정된 숫자의 정보주체만이 관련되며, 정보주체의 이익이나 또는 권리 및 자유가 우월하지 않은 관리자에 의해 추구된 압도적인 정당한 이익을 위하여 필요하며, 그리고 관리자가 정보이전을 둘러싼 모든 상황을 평가하고, 이러한 평가에 근거하여 개인정보의 보호와 관련하여 적합한 안전장치를 제공한 경우에만 이루어질 수 있다. 관리자는 감독기관에게 그 이전을 통지하여야 한다. 관리자는 제13조와 제14조에서 규정된 정보의 제공에 부가하여, 정보주체에게 이전과 관리자가 추구한 압도적인 정당한 이익에 대해 통지하여야 한다.
2. A transfer pursuant to point (g) of the first subparagraph of paragraph 1 shall not involve the entirety of the personal data or entire categories of the personal data contained in the register. Where the register is intended for consultation by persons having a legitimate interest, the transfer shall be made only at the request of those persons or if they are to be the recipients.	2. 제1항 제g호에 따른 이전은 등록부에 포함된 모든 개인정보나 개인정보의 모든 범주를 포함하여서는 안된다. 그 등록부가 정당한 이익을 가지는 사람에 의한 참조가 예정되는 경우에, 그 이전은 그 사람들의 요청에 따라서만 또는 그들이 수취인인 경우에만 이루어져야 한다.
3. Points (a), (b) and (c) of the first subparagraph of paragraph 1 and the second subparagraph thereof shall not apply to activities carried out by public authorities in the exercise of their public powers.	3. 제1항 제a호, 제b호 및 제c호와 동 항 제2문은 공적 기관에 의해 공권력의 행사로 이루어진 활동에 대해 적용되어서는 안된다.
4. The public interest referred to in point (d) of the first subparagraph of paragraph 1 shall be recognised in Union law or in the law of the Member State to which the controller is subject.	4. 제1항 제d호에서 규정된 공익은 관리자가 따라야 하는 EU법이나 회원국법에서 인정되어야 한다.

원문(영어)	국역
5. In the absence of an adequacy decision, Union or Member State law may, for important reasons of public interest, expressly set limits to the transfer of specific categories of personal data to a third country or an international organisation. Member States shall notify such provisions to the Commission.	5. 적합성결정이 없는 경우에, EU법이나 회원국법은 중요한 공익의 이유로 특별한 범주의 개인정보의 제3국이나 국제조직으로의 이전에 대한 한계를 명시적으로 설정할 수 있다. 회원국들은 그러한 규정들을 유럽위원회에 통보하여야 한다.
6. The controller or processor shall document the assessment as well as the suitable safeguards referred to in the second subparagraph of paragraph 1 of this Article in the records referred to in Article 30.	6. 관리자나 처리자는 제30조에서 규정된 기록에 본 조 제1항 제2문에서 규정된 평가와 적합한 안전장치를 문서화하여야 한다.
Article 50 International cooperation for the protection of personal data In relation to third countries and international organisations, the Commission and supervisory authorities shall take appropriate steps to: (a) develop international cooperation mechanisms to facilitate the effective enforcement of legislation for the protection of personal data; (b) provide international mutual assistance in the enforcement of legislation for the protection of personal data, including through notification, complaint referral, investigative assistance and information exchange, subject to appropriate safeguards for the protection of personal data and other fundamental rights and freedoms; (c) engage relevant stakeholders in discussion and activities aimed at furthering international cooperation in the enforcement of legislation for the protection of personal data; (d) promote the exchange and documentation of personal data protection legislation and practice, including on jurisdictional conflicts with third countries.	제50조 개인정보 보호를 위한 국제협력 제3국 및 국제조직과 관련하여, 유럽위원회와 감독기관들은 다음과 같은 적절한 조치를 취하여야 한다. (a) 개인정보의 보호를 위한 입법의 효과적인 실행을 촉진하는 국제협력제도를 발전시키는 ; (b) 개인정보와 다른 기본적 권리 및 자유의 보호를 위한 적절한 안전장치를 조건으로, 통지, 쟁송소개, 조사지원과 정보교환을 포함하여, 개인정보 보호를 위한 입법의 실행에서 국제적 상호지원을 제공하는 ; (c) 관련 이해관계인들을 개인정보보호입법의 시행에 있어서 국제협력을 촉진시키는 것을 목적으로 하는 토론과 활동에 참여시키는 ; (d) 제3국과의 사법충돌에 관한 것을 포함하여, 개인정보보호입법과 실무의 교환과 문서화를 촉진시키는.
CHAPTER VI Independent supervisory authorities Section 1 Independent status Article 51 Supervisory authority	제6장 독립적 감독기관 제1절 독립적 지위 제51조 감독기관

원문(영어)	국역
1. Each Member State shall provide for one or more independent public authorities to be responsible for monitoring the application of this Regulation, in order to protect the fundamental rights and freedoms of natural persons in relation to processing and to facilitate the free flow of personal data within the Union ('supervisory authority').	1. 각 회원국은 처리와 관련하여 자연인의 기본적 권리와 자유를 보호하고, EU내에서 개인정보의 자유로운 유통을 촉진하기 위하여 본 규칙의 적용을 모니터링할 책임이 있는 하나 이상의 독립적 공적 기관을 규정하여야 한다('감독기관').
2. Each supervisory authority shall contribute to the consistent application of this Regulation throughout the Union. For that purpose, the supervisory authorities shall cooperate with each other and the Commission in accordance with Chapter VII.	2. 각 감독기관은 EU 전역에서 본 규칙의 일관성 있는 적용에 기여하여야 한다. 그를 위하여, 감독기관들은 제7장에 의하여 서로 그리고 유럽위원회와 협력하여야 한다.
3. Where more than one supervisory authority is established in a Member State, that Member State shall designate the supervisory authority which is to represent those authorities in the Board and shall set out the mechanism to ensure compliance by the other authorities with the rules relating to the consistency mechanism referred to in Article 63.	3. 한 회원국에서 하나 이상의 감독기관이 설치된 경우에, 그 회원국은 유럽정보보호위원회에서 그 기관들을 대표할 감독기관을 지명하여야 하고, 다른 기관들에 의한 제63조에서 규정된 일관성체계와 관련되는 규정의 준수를 보장할 제도를 설정하여야 한다.
4. Each Member State shall notify to the Commission the provisions of its law which it adopts pursuant to this Chapter, by 25 May 2018 and, without delay, any subsequent amendment affecting them.	4. 각 회원국은 본 장에 따라서 채택하는 법조항을 2018년 5월 25일까지, 그리고, 그 법조항에 영향을 미치는 후속적인 개정을 지체없이 유럽위원회에 통보하여야 한다.
Article 52 Independence	제52조 독립성
1. Each supervisory authority shall act with complete independence in performing its tasks and exercising its powers in accordance with this Regulation.	1. 각 감독기관은 본 규칙에 따라서 임무를 수행하고 그 권한을 행사함에 있어서 완전한 독립성을 가지고 행위하여야 한다.
2. The member or members of each supervisory authority shall, in the performance of their tasks and exercise of their powers in accordance with this Regulation, remain free from external influence, whether direct or indirect, and shall neither seek nor take instructions from anybody.	2. 각 감독기관의 구성원은 본 규칙에 따라서 그 임무의 수행과 그 권한의 행사에 있어서 직접적이든 간접적이든 외부의 영향으로부터 자유로워야 하며, 누구한테서도 지시를 구하거나 받아서는 안된다.

원문(영어)	국역
3. Member or members of each supervisory authority shall refrain from any action incompatible with their duties and shall not, during their term of office, engage in any incompatible occupation, whether gainful or not.	3. 각 감독기관의 구성원은 그 임무와 양립할 수 없는 행위를 자제하여야 하며, 재직기간 중에 영리적인지 여부와 관계없이 양립할 수 없는 직업에 종사하여서는 안된다.
4. Each Member State shall ensure that each supervisory authority is provided with the human, technical and financial resources, premises and infrastructure necessary for the effective performance of its tasks and exercise of its powers, including those to be carried out in the context of mutual assistance, cooperation and participation in the Board.	4. 각 회원국은 각 감독기관이 유럽정보보호위원회에서의 상호원조, 협력과 참여를 위하여 수행되는 것들을 포함하여, 그 임무의 효과적인 수행과 그 권한의 행사에 필요한 인적, 기술적 및 재정적 자원, 청사와 인프라를 제공받는 것을 보장하여야 한다.
5. Each Member State shall ensure that each supervisory authority chooses and has its own staff which shall be subject to the exclusive direction of the member or members of the supervisory authority concerned.	5. 각 회원국은 각 감독기관이 관련 감독기관의 구성원의 지시에 전적으로 따라야 하는 그 자신의 직원을 선택하고 가지는 것을 보장하여야 한다.
6. Each Member State shall ensure that each supervisory authority is subject to financial control which does not affect its independence and that it has separate, public annual budgets, which may be part of the overall state or national budget.	6. 각 회원국은 각 감독기관이 그 독립성에 영향을 미치지 않는 재정통제에 따를 것과 주 또는 국가의 총계예산의 일부가 될 수 있는 별개의 공적인 연간 예산을 가지는 것을 보장하여야 한다.
Article 53 General conditions for the members of the supervisory authority 1. Member States shall provide for each member of their supervisory authorities to be appointed by means of a transparent procedure by: – their parliament; – their government; – their head of State; or – an independent body entrusted with the appointment under Member State law. 2. Each member shall have the qualifications, experience and skills, in particular in the area of the protection of personal data, required to perform its duties and exercise its powers.	제53조 감독기관 구성원들의 일반적 조건 1. 회원국들은 투명한 절차에 의하여 다음에 의해 임명될 감독기관의 각 구성원을 규정하여야 한다. – 의회; – 정부; – 국가수반 ; 또는 – 회원국법에 의해 임명이 위임된 독립적 기구 2. 각 구성원은 특히 개인정보보호 분야에서 그 의무를 수행하고 그 권한을 행사하기 위하여 요구되는 자격, 경험 및 실력을 가져야 한다.

원문(영어)	국역
3. The duties of a member shall end in the event of the expiry of the term of office, resignation or compulsory retirement, in accordance with the law of the Member State concerned.	3. 구성원의 직무는 관계 회원국법에 따라서 재직기간의 만료, 사임 또는 강제퇴직의 경우에 종료된다.
4. A member shall be dismissed only in cases of serious misconduct or if the member no longer fulfils the conditions required for the performance of the duties.	4. 구성원은 중대한 비행이나 그 직무의 수행을 위해 요구되는 조건을 더 이상 충족하지 못하게 된 경우에만 해임되어야 한다.
Article 54 Rules on the establishment of the supervisory authority	제54조 감독기관의 설립에 관한 규정
1. Each Member State shall provide by law for all of the following:	1. 각 회원국은 법률로 다음 모두를 규정하여야 한다.
(a) the establishment of each supervisory authority;	(a) 각 감독기관의 설치 ;
(b) the qualifications and eligibility conditions required to be appointed as member of each supervisory authority;	(b) 각 감독기관의 구성원으로 임명되기 위해 요구되는 자격요건 및 적격요건 ;
(c) the rules and procedures for the appointment of the member or members of each supervisory authority;	(c) 각 감독기관의 구성원의 임명규정과 절차 ;
(d) the duration of the term of the member or members of each supervisory authority of no less than four years, except for the first appointment after 24 May 2016, part of which may take place for a shorter period where that is necessary to protect the independence of the supervisory authority by means of a staggered appointment procedure;	(d) 2016년 5월 24일 이후 최초의 임명을 제외하고, 4년보다 짧지 않은 각 감독기관의 구성원의 임기, 그 구성원들 중 일부는 시간차 임명절차에 의하여 감독기관의 독립성을 보호하기 위하여 필요한 경우에 보다 단기로 임명할 수 있다 ;
(e) whether and, if so, for how many terms the member or members of each supervisory authority is eligible for reappointment;	(e) 각 감독기관의 구성원이 재임용 될 수 있는지, 그리고 만일 그러하다면, 몇 회 재임용될 수 있는지 ;
(f) the conditions governing the obligations of the member or members and staff of each supervisory authority, prohibitions on actions, occupations and benefits incompatible therewith during and after the term of office and rules governing the cessation of employment.	(f) 각 감독기관의 구성원과 직원의 의무, 행위에 대한 금지, 재직기간 중 및 후에 직무와 양립할 수 없는 직업과 편익을 규율하는 약관과 고용의 종료를 규율하는 규정
2. The member or members and the staff of each supervisory authority shall, in accordance with	2. 각 감독기관의 구성원과 직원은 EU법이나 회원국법에 따라서 그 임무의 수행이나 그 권한의

원문(영어)	국역
Union or Member State law, be subject to a duty of professional secrecy both during and after their term of office, with regard to any confidential information which has come to their knowledge in the course of the performance of their tasks or exercise of their powers. During their term of office, that duty of professional secrecy shall in particular apply to reporting by natural persons of infringements of this Regulation.	행사 중에 알게 된 비밀정보와 관련하여 재직 중 및 후에 직업상 비밀준수의무를 준수하여야 한다. 재직 중에, 그 직업상의 비밀준수의무는 특히 본 규칙 위반의 자연인에 의한 보고에 적용되어야 한다.
Section 2 Competence, tasks and powers Article 55 Competence 1. Each supervisory authority shall be competent for the performance of the tasks assigned to and the exercise of the powers conferred on it in accordance with this Regulation on the territory of its own Member State. 2. Where processing is carried out by public authorities or private bodies acting on the basis of point (c) or (e) of Article 6(1), the supervisory authority of the Member State concerned shall be competent. In such cases Article 56 does not apply. 3. Supervisory authorities shall not be competent to supervise processing operations of courts acting in their judicial capacity.	제2절 관할, 임무와 권한 제55조 관할 1. 각 감독기관은 그 자신의 회원국의 영토상에서 본 규칙에 따라서 자기에게 부여된 임무를 수행하며, 권한을 행사할 관할이 있어야 한다. 2. 제6조 제1항 제c호 또는 제e호에 근거하여 행위하는 공적 기관이나 사적 기구에 의해 처리가 이루어진 경우에, 관계 회원국의 감독기관이 관할하여야 한다. 그러한 경우에 제56조는 적용되지 않는다. 3. 감독기관들은 재판기관의 자격에서 행위하는 법원의 처리작용을 감독할 관할이 있어서는 안된다.
Article 56 Competence of the lead supervisory authority 1. Without prejudice to Article 55, the supervisory authority of the main establishment or of the single establishment of the controller or processor shall be competent to act as lead supervisory authority for the cross-border processing carried out by that controller or processor in accordance with the procedure provided in Article 60. 2. By derogation from paragraph 1, each supervisory authority shall be competent to handle a complaint lodged with it or a possible	제56조 주 감독기관의 관할 1. 제55조를 침해하지 않고, 관리자나 처리자의 주된 설립체 또는 단일 설립체의 감독기관은 제60조에서 규정된 절차에 따라서 그 관리자나 처리자에 의해 수행된 국경을 넘는 처리를 위한 주 감독기관으로 행위할 관할이 있어야 한다. 2. 제1항의 특례에 의해, 주제문제가 그 회원국에 있는 설립체에만 관련되거나 또는 그 회원국에 있는 정보주체에만 실질적으로 영향을 준다면,

원문(영어)	국역
infringement of this Regulation, if the subject matter relates only to an establishment in its Member State or substantially affects data subjects only in its Member State.	각 감독기관은 그에 신청된 쟁송 또는 본 규칙의 위반을 취급할 관할이 있어야 한다.
3. In the cases referred to in paragraph 2 of this Article, the supervisory authority shall inform the lead supervisory authority without delay on that matter. Within a period of three weeks after being informed the lead supervisory authority shall decide whether or not it will handle the case in accordance with the procedure provided in Article 60, taking into account whether or not there is an establishment of the controller or processor in the Member State of which the supervisory authority informed it.	3. 본 조 제2항에서 규정된 경우에, 감독기관은 주 감독기관에게 그 문제에 대해 지체 없이 통지하여야 한다. 통지받은 날부터 3주 이내에, 감독기관이 그것을 통지한 회원국에 있는 관리자나 처리자의 설립체가 있는지 여부를 고려하여, 주 감독기관은 제60조에서 규정된 절차에 따라서 그 사건을 취급할 것인지 여부를 결정하여야 한다.
4. Where the lead supervisory authority decides to handle the case, the procedure provided in Article 60 shall apply. The supervisory authority which informed the lead supervisory authority may submit to the lead supervisory authority a draft for a decision. The lead supervisory authority shall take utmost account of that draft when preparing the draft decision referred to in Article 60(3).	4. 주 감독기관이 사건을 취급하기로 결정하는 경우에, 제60조에서 규정된 절차가 적용되어야 한다. 주 감독기관에게 통지한 감독기관은 주 감독기관에게 결정안을 제출할 수 있다. 주 감독기관은 제60조 제3항에서 규정된 결정안을 준비할 때, 그 결정안을 최대한 고려하여야 한다.
5. Where the lead supervisory authority decides not to handle the case, the supervisory authority which informed the lead supervisory authority shall handle it according to Articles 61 and 62.	5. 주 감독기관이 사건을 취급하지 않기로 결정한 경우에, 주 감독기관에게 통지한 감독기관은 제61조 및 제62조에 따라서 사건을 취급하여야 한다.
6. The lead supervisory authority shall be the sole interlocutor of the controller or processor for the cross-border processing carried out by that controller or processor.	6. 주 감독기관은 그 관리자나 처리자가 수행한 국경을 넘는 처리를 위한 관리자나 처리자의 단일 교섭창구가 되어야 한다.
Article 57 Tasks 1. Without prejudice to other tasks set out under this Regulation, each supervisory authority shall on its territory: (a) monitor and enforce the application of this Regulation;	제57조 임무 1. 본 규칙에서 규정된 다른 임무를 침해하지 않고, 각 감독기관은 그 영토상에서 다음을 하여야 한다. (a) 본 규칙의 적용을 감시하고 집행하는 것

원문(영어)	국역
(b) promote public awareness and understanding of the risks, rules, safeguards and rights in relation to processing. Activities addressed specifically to children shall receive specific attention;	(b) 처리와 관련하여 위험, 규정, 안전장치 및 권리에 대한 일반의 인식과 이해를 향상시키는 것. 특히 아동에 대한 활동은 특별한 관심을 받아야 한다;
(c) advise, in accordance with Member State law, the national parliament, the government, and other institutions and bodies on legislative and administrative measures relating to the protection of natural persons' rights and freedoms with regard to processing;	(c) 회원국법에 따라서, 처리와 관련하여 자연인의 권리와 자유의 보호와 관련되는 입법적 · 행정적 조치에 대해 국가의회, 정부, 그리고 다른 기관 및 기구들에게 조언하는 것
(d) promote the awareness of controllers and processors of their obligations under this Regulation;	(d) 본 규칙에 의한 의무에 대한 관리자와 처리자의 인식을 향상시키는 것
(e) upon request, provide information to any data subject concerning the exercise of their rights under this Regulation and, if appropriate, cooperate with the supervisory authorities in other Member States to that end;	(e) 요청에 따라서, 본 규칙에 따른 권리의 행사에 관하여 정보주체에게 정보를 제공하고, 해당하는 경우, 그 목적을 위해 다른 회원국의 감독기관들과 협력하는 것
(f) handle complaints lodged by a data subject, or by a body, organisation or association in accordance with Article 80, and investigate, to the extent appropriate, the subject matter of the complaint and inform the complainant of the progress and the outcome of the investigation within a reasonable period, in particular if further investigation or coordination with another supervisory authority is necessary;	(f) 정보주체 또는 제80조에 의한 기구, 조직이나 협회에 의하여 청구된 쟁송을 취급하며, 적절한 범위에서 쟁송의 주제문제를 조사하고, 합리적인 기간 이내에 그 조사의 진행 및 결과, 특히 추가적인 조사 또는 다른 감독기관과의 조정이 필요한지를 청구인에게 알리는 것
(g) cooperate with, including sharing information and provide mutual assistance to, other supervisory authorities with a view to ensuring the consistency of application and enforcement of this Regulation;	(g) 본 규칙의 적용 및 집행의 일관성을 보장하기 위하여 정보공유를 포함하여 다른 감독기관과 협력하며, 상호원조를 제공하는 것
(h) conduct investigations on the application of this Regulation, including on the basis of information received from another supervisory authority or other public authority;	(h) 다른 감독기관이나 다른 공적 기관으로부터 받은 정보에 근거하는 것을 포함하여, 본 규칙의 적용에 관한 조사를 행하는 것
(i) monitor relevant developments, insofar as they have an impact on the protection of personal data, in particular the development of information and communication technologies and commercial practices;	(i) 개인정보의 보호에 관해 영향을 가지는 경우에, 관련 발전상, 특히 정보통신기술 및 상업적 실무를 모니터링하는 것
(j) adopt standard contractual clauses referred	(j) 제28조 제8항과 제46조 제2항 제d호에서 규

원문(영어)	국역
to in Article 28(8) and in point (d) of Article 46(2);	정된 표준계약조항을 채택하는 것
(k) establish and maintain a list in relation to the requirement for data protection impact assessment pursuant to Article 35(4);	(k) 제35조 제4항에 의한 정보보호영향평가의 요건과 관련하여 리스트를 만들고 유지하는 것
(l) give advice on the processing operations referred to in Article 36(2);	(l) 제36조 제2항에서 규정된 처리작용에 대해 조언을 하는 것
(m) encourage the drawing up of codes of conduct pursuant to Article 40(1) and provide an opinion and approve such codes of conduct which provide sufficient safeguards, pursuant to Article 40(5);	(m) 제40조 제1항에 의한 행동강령의 작성을 장려하며, 제40조 제5항에 의해서 의견을 제공하고, 충분한 안전장치를 제공하는 그러한 행동강령을 승인하는 것
(n) encourage the establishment of data protection certification mechanisms and of data protection seals and marks pursuant to Article 42(1), and approve the criteria of certification pursuant to Article 42(5);	(n) 제42조 제1항에 따른 정보보호인증제도와 정보보호 씰 및 마크의 설정을 장려하며, 제42조 제5항에 따른 인증기준을 승인하는 것
(o) where applicable, carry out a periodic review of certifications issued in accordance with Article 42(7);	(o) 해당하는 경우, 제42조 제7항에 따라서 발행된 인증의 정기적인 심사를 수행하는 것
(p) draft and publish the criteria for accreditation of a body for monitoring codes of conduct pursuant to Article 41 and of a certification body pursuant to Article 43;	(p) 제41조에 의해서 행동강령을 모니터링하는 기구와 제43조에 의해서 인증기구의 인가기준을 입안해서 공표하는 것
(q) conduct the accreditation of a body for monitoring codes of conduct pursuant to Article 41 and of a certification body pursuant to Article 43;	(q) 제41조에 의해서 행동강령을 모니터링하는 기구와 제43조에 의해서 인증기구의 인가를 행하는 것
(r) authorise contractual clauses and provisions referred to in Article 46(3);	(r) 제46조 제3항에서 규정된 계약조항을 허가하는 것
(s) approve binding corporate rules pursuant to Article 47;	(s) 제47조에 의해서 구속적 기업규칙을 승인하는 것
(t) contribute to the activities of the Board;	(t) 유럽정보보호위원회의 활동에 기여하는 것
(u) keep internal records of infringements of this Regulation and of measures taken in accordance with Article 58(2); and	(u) 본 규칙의 위반과 제58조 제2항에 따라서 취해진 조치의 내부기록을 보존하는 것
(v) fulfil any other tasks related to the protection of personal data.	(v) 개인정보의 보호와 관련된 다른 임무를 완수하는 것
2. Each supervisory authority shall facilitate the submission of complaints referred to in point (f) of paragraph 1 by measures such as a complaint submission form which can also be completed electronically, without excluding other means of communication.	2. 각 감독기관은 다른 통신수단을 배제시키지 않고, 또한 전자적으로 완성될 수 있는 쟁송신청서와 같은 조치에 의해, 제1항 제f호에서 규정된 쟁송의 제기를 촉진시켜야 한다.

원문(영어)	국역
3. The performance of the tasks of each supervisory authority shall be free of charge for the data subject and, where applicable, for the data protection officer.	3. 각 감독기관의 임무의 수행은 정보주체와 해당하는 경우 정보보호책임자를 위하여 무료여야 한다.
4. Where requests are manifestly unfounded or excessive, in particular because of their repetitive character, the supervisory authority may charge a reasonable fee based on administrative costs, or refuse to act on the request. The supervisory authority shall bear the burden of demonstrating the manifestly unfounded or excessive character of the request.	4. 청구가 명백히 근거가 없거나 또는 특히 그 반복성으로 인해 과도한 경우에, 감독기관은 행정비용에 근거한 합리적인 수수료를 부과할 수 있으며, 또는 그 청구에 따라 행위할 것을 거부할 수 있다. 감독기관은 청구가 명백히 근거 없거나 과도한 것에 대해 입증책임을 부담하여야 한다.
Article 58 Powers	제58조 권한
1. Each supervisory authority shall have all of the following investigative powers:	1. 각 감독기관은 다음 모든 조사권을 가져야 한다.
(a) to order the controller and the processor, and, where applicable, the controller's or the processor's representative to provide any information it requires for the performance of its tasks;	(a) 관리자 및 처리자, 그리고 해당하는 경우 관리자나 처리자의 대리인에게 그 임무의 수행을 위해 요구되는 정보를 제공할 것을 명령하는 것
(b) to carry out investigations in the form of data protection audits;	(b) 정보보호감사의 형태로 조사를 수행하는 것
(c) to carry out a review on certifications issued pursuant to Article 42(7);	(c) 제42조 제7항에 의하여 발행된 인증에 대한 심사를 수행하는 것
(d) to notify the controller or the processor of an alleged infringement of this Regulation;	(d) 관리자나 처리자에게 본 규칙의 추정된 위반에 대해 통보하는 것
(e) to obtain, from the controller and the processor, access to all personal data and to all information necessary for the performance of its tasks;	(e) 관리자 및 처리자로부터 그 임무수행을 위하여 필요한 모든 개인정보와 모든 정보에의 접근을 얻는 것
(f) to obtain access to any premises of the controller and the processor, including to any data processing equipment and means, in accordance with Union or Member State procedural law.	(f) EU나 회원국의 절차법에 따라서 정보처리장치와 수단을 포함하여 관리자 및 처리자의 구내에 출입하는 것
2. Each supervisory authority shall have all of the following corrective powers:	2. 각 감독기관은 다음 모든 시정권을 가져야 한다.
(a) to issue warnings to a controller or processor that intended processing operations are likely to infringe provisions of this Regulation;	(a) 예정된 처리작용이 본 규칙의 조항을 위반할 것 같다는 사실을 관리자나 처리자에게 경고를 발령하는 것

원문(영어)	국역
(b) to issue reprimands to a controller or a processor where processing operations have infringed provisions of this Regulation;	(b) 처리작용이 본 규칙의 조항을 위반한 경우에 관리자나 처리자에게 계고를 발령하는 것
(c) to order the controller or the processor to comply with the data subject's requests to exercise his or her rights pursuant to this Regulation;	(c) 본 규칙에 따라서 그 권리를 행사하는 정보주체의 청구에 따를 것을 관리자나 처리자에게 명령하는 것
(d) to order the controller or processor to bring processing operations into compliance with the provisions of this Regulation, where appropriate, in a specified manner and within a specified period;	(d) 해당하는 경우, 특정된 방식으로 그리고 특정된 기간 이내에 처리작용이 본 규칙의 조항을 준수하도록 관리자나 처리자에게 명령하는 것
(e) to order the controller to communicate a personal data breach to the data subject;	(e) 개인정보침해사실을 정보주체에게 연락할 것을 관리자에게 명령하는 것
(f) to impose a temporary or definitive limitation including a ban on processing;	(f) 처리에 대한 금지를 포함하여, 임시적이거나 최종적인 제한을 부과하는 것
(g) to order the rectification or erasure of personal data or restriction of processing pursuant to Articles 16, 17 and 18 and the notification of such actions to recipients to whom the personal data have been disclosed pursuant to Article 17(2) and Article 19;	(g) 제16조, 제17조 및 제18조에 의한 개인정보의 정정이나 삭제 또는 처리의 제한을 명령하고, 제17조 제2항과 제19조에 의해서 개인정보가 공개된 수취인들에게 그러한 행위의 통지를 명령하는 것
(h) to withdraw a certification or to order the certification body to withdraw a certification issued pursuant to Articles 42 and 43, or to order the certification body not to issue certification if the requirements for the certification are not or are no longer met;	(h) 제42조와 제43조에 의해서 발행된 인증을 철회하거나 인증기구에게 철회할 것을 명령하거나, 또는 인증요건이 충족되지 않거나 더 이상 충족되지 않게 된다면 인증기구에게 인증을 발행하지 말 것을 명령하는 것
(i) to impose an administrative fine pursuant to Article 83, in addition to, or instead of measures referred to in this paragraph, depending on the circumstances of each individual case;	(i) 각 개별사건의 상황에 따라서 본 항에서 규정된 조치에 부가하거나 그에 대신하여 제83조에 의해 행정적 과징금을 부과하는 것
(j) to order the suspension of data flows to a recipient in a third country or to an international organisation.	(j) 제3국에 있는 수취인이나 국제조직에 대한 정보 유통의 정지를 명령하는 것
3. Each supervisory authority shall have all of the following authorisation and advisory powers:	3. 각 감독기관은 다음 모든 허가권과 지도권을 가져야 한다.
(a) to advise the controller in accordance with the prior consultation procedure referred to in Article 36;	(a) 제36조에서 규정된 사전협의절차에 따라서 관리자에게 조언하는 것
(b) to issue, on its own initiative or on request,	(b) 개인정보의 보호와 관련된 문제에 대해 국가

원문(영어)	국역
opinions to the national parliament, the Member State government or, in accordance with Member State law, to other institutions and bodies as well as to the public on any issue related to the protection of personal data;	의회, 회원국정부 또는 회원국법에 따라서 다른 기관 및 기구와 일반에게 직권으로 또는 요청에 따라서 의견을 발하는 것
(c) to authorise processing referred to in Article 36(5), if the law of the Member State requires such prior authorisation;	(c) 회원국법이 그러한 사전허가를 요구한다면, 제36조 제5항에서 규정된 처리를 허가하는 것
(d) to issue an opinion and approve draft codes of conduct pursuant to Article 40(5);	(d) 제40조 제5항에 따라서 의견을 발하며, 행동강령안을 승인하는 것
(e) to accredit certification bodies pursuant to Article 43;	(e) 제43조에 의해서 인증기구를 인가하는 것
(f) to issue certifications and approve criteria of certification in accordance with Article 42(5);	(f) 제42조 제5항에 따라서 인증을 발행하고 인증기준을 승인하는 것
(g) to adopt standard data protection clauses referred to in Article 28(8) and in point (d) of Article 46(2);	(g) 제28조 제8항과 제46조 제2항 제d호에서 규정된 표준정보보호조항을 채택하는 것
(h) to authorise contractual clauses referred to in point (a) of Article 46(3);	(h) 제46조 제3항 제a호에서 규정된 계약조항을 허가하는 것
(i) to authorise administrative arrangements referred to in point (b) of Article 46(3);	(i) 제46조 제3항 제b호에서 규정된 행정협정을 허가하는 것
(j) to approve binding corporate rules pursuant to Article 47.	(j) 제47조에 의해 구속적 기업규칙을 승인하는 것
4. The exercise of the powers conferred on the supervisory authority pursuant to this Article shall be subject to appropriate safeguards, including effective judicial remedy and due process, set out in Union and Member State law in accordance with the Charter.	4. 본 조에 의해 감독기관에게 부여된 권한의 행사는 유럽연합기본권헌장에 따라서 EU법과 회원국법에서 규정된, 효과적인 사법적 구제와 적정절차를 포함하여 적절한 안전장치를 적용하여야 한다.
5. Each Member State shall provide by law that its supervisory authority shall have the power to bring infringements of this Regulation to the attention of the judicial authorities and where appropriate, to commence or engage otherwise in legal proceedings, in order to enforce the provisions of this Regulation.	5. 각 회원국은 그 감독기관이 본 규칙의 위반에 대해 사법기관의 주의를 환기시키며, 해당하는 경우, 본 규칙의 조항을 집행하기 위하여 법적 소송을 개시하거나 달리 참여할 권한을 가져야 할 것을 법률로 규정하여야 한다.
6. Each Member State may provide by law that its supervisory authority shall have additional powers to those referred to in paragraphs 1, 2 and 3. The exercise of those powers shall not impair the effective operation of Chapter VII.	6. 각 회원국은 그 감독기관이 제1항, 제2항 및 제3항에서 규정된 권한들에 더해 추가적인 권한을 가져야 할 것을 법률로 규정할 수 있다. 그들 권한의 행사는 제7장의 효과인 기능을 손상시켜서는 안된다.

원문(영어)	국역
Article 59 Activity reports Each supervisory authority shall draw up an annual report on its activities, which may include a list of types of infringement notified and types of measures taken in accordance with Article 58(2). Those reports shall be transmitted to the national parliament, the government and other authorities as designated by Member State law. They shall be made available to the public, to the Commission and to the Board.	제59조 활동보고 각 감독기관은 그 활동에 관한 연차보고서를 작성하여야 하며, 보고서는 신고된 침해유형의 리스트와 제58조 제2항에 따라서 취해진 조치를 포함할 수 있다. 그들 보고서는 국가의회, 정부와 회원국법에 의해 지정된 다른 기관들에게 보내져야 한다. 보고서는 일반인, 유럽위원회와 유럽정보보호위원회가 이용할 수 있게 하여야 한다.
CHAPTER VII Cooperation and consistency Section 1 Cooperation Article 60 Cooperation between the lead supervisory authority and the other supervisory authorities concerned 1. The lead supervisory authority shall cooperate with the other supervisory authorities concerned in accordance with this Article in an endeavour to reach consensus. The lead supervisory authority and the supervisory authorities concerned shall exchange all relevant information with each other. 2. The lead supervisory authority may request at any time other supervisory authorities concerned to provide mutual assistance pursuant to Article 61 and may conduct joint operations pursuant to Article 62, in particular for carrying out investigations or for monitoring the implementation of a measure concerning a controller or processor established in another Member State. 3. The lead supervisory authority shall, without delay, communicate the relevant information on the matter to the other supervisory authorities concerned. It shall without delay submit a draft decision to the other supervisory authorities concerned for their opinion and take due account of their views.	제7장 협력과 일관성 제1절 협력 제60조 주 감독기관과 다른 관계 감독기관 간의 협력 1. 주 감독기관은 합의를 이루기 위한 노력으로 본 조에 따라서 다른 관계 감독기관과 협력하여야 한다. 주 감독기관과 관계 감독기관은 서로 모든 관련정보를 교환하여야 한다. 2. 주 감독기관은 다른 관계 감독기관에게 제61조에 의해 상호원조를 제공할 것을 언제라도 요청할 수 있으며, 특히 조사를 수행하기 위하거나 또는 다른 회원국에서 설립된 관리자나 처리자에 대한 조치의 이행을 모니터링하기 위하여 제62조에 의한 공동작업을 수행할 수 있다. 3. 주 감독기관은 그 사안에 관한 정보를 다른 관계 감독기관에게 지체없이 연락하여야 한다. 주 감독기관은 결정안을 다른 관계 감독기관에게 지체없이 제출하여 그 의견을 구하며, 그 견해를 정당하게 고려하여야 한다.

원문(영어)	국역
4. Where any of the other supervisory authorities concerned within a period of four weeks after having been consulted in accordance with paragraph 3 of this Article, expresses a relevant and reasoned objection to the draft decision, the lead supervisory authority shall, if it does not follow the relevant and reasoned objection or is of the opinion that the objection is not relevant or reasoned, submit the matter to the consistency mechanism referred to in Article 63.	4. 다른 관계 감독기관은 본 조 제3항에 의해서 협의를 받은 후 4주 이내에 그 결정안에 대해 관련성 있고 이유 있는 반대를 표시한 경우에, 주 감독기관은 만일 그 관련성 있고 이유 있는 반대에 따르지 않거나 또는 반대가 관련성이 없거나 이유가 없다는 의견이라면 그 사안을 제63조에서 규정된 일관성체계에 제출하여야 한다.
5. Where the lead supervisory authority intends to follow the relevant and reasoned objection made, it shall submit to the other supervisory authorities concerned a revised draft decision for their opinion. That revised draft decision shall be subject to the procedure referred to in paragraph 4 within a period of two weeks.	5. 주 감독기관이 관련성 있고 이유 있는 반대에 따르려는 경우에, 그 의견을 구하여 개정된 결정안을 다른 관계 감독기관에게 제출하여야 한다. 그 개정된 결정안은 2주 이내에 제4항에서 규정된 절차에 따라야 한다.
6. Where none of the other supervisory authorities concerned has objected to the draft decision submitted by the lead supervisory authority within the period referred to in paragraphs 4 and 5, the lead supervisory authority and the supervisory authorities concerned shall be deemed to be in agreement with that draft decision and shall be bound by it.	6. 다른 관계 감독기관이 제4항 및 제5항에서 규정된 기간 이내에 주 감독기관이 제출한 결정안에 반대하지 않은 경우에, 주 감독기관과 관계 감독기관은 그 결정안에 합의한 것으로 간주되어야 하며, 그것에 구속되어야 한다.
7. The lead supervisory authority shall adopt and notify the decision to the main establishment or single establishment of the controller or processor, as the case may be and inform the other supervisory authorities concerned and the Board of the decision in question, including a summary of the relevant facts and grounds. The supervisory authority with which a complaint has been lodged shall inform the complainant on the decision.	7. 주 감독기관은 각 경우에 맞게 결정을 채택하고 관리자나 처리자의 주된 설립체나 단일의 설립체에 그것을 통보하여야 하며, 관련 사실관계와 이유 요약을 포함하여 문제의 결정에 대해 다른 관계 감독기관과 유럽정보보호위원회에게 통지하여야 한다. 쟁송이 신청된 감독기관은 그 신청인에게 그 결정에 대해 통지하여야 한다.
8. By derogation from paragraph 7, where a complaint is dismissed or rejected, the supervisory authority with which the complaint was lodged shall adopt the decision and notify	8. 제7항의 특례에 의하여, 쟁송이 각하 또는 기각된 경우에, 쟁송이 신청된 감독기관은 결정을 채택하고 그것을 신청인에게 통보하여야 하며, 관리자에게 그것을 통지하여야 한다.

원문(영어)	국역
it to the complainant and shall inform the controller thereof.	
9. Where the lead supervisory authority and the supervisory authorities concerned agree to dismiss or reject parts of a complaint and to act on other parts of that complaint, a separate decision shall be adopted for each of those parts of the matter. The lead supervisory authority shall adopt the decision for the part concerning actions in relation to the controller, shall notify it to the main establishment or single establishment of the controller or processor on the territory of its Member State and shall inform the complainant thereof, while the supervisory authority of the complainant shall adopt the decision for the part concerning dismissal or rejection of that complaint, and shall notify it to that complainant and shall inform the controller or processor thereof.	9. 주 감독기관과 관계 감독기관이 쟁송의 일부에 대해 각하나 기각하기로 다른 부분에 대해 처리하기로 합의하는 경우에, 그 사안의 각 부분에 대해 별개의 결정이 채택되어야 한다. 주 감독기관은 관리자에 관련된 행위에 관한 부분에 대한 결정을 채택하여야 하며, 그것을 그 회원국의 영토상의 관리자나 처리자의 주된 설립체나 단일 설립체에게 통보하여야 하고, 그 신청인에게 통지하여야 한다. 한편, 신청인의 감독기관은 그 쟁송의 각하 또는 기각에 관한 부분에 대한 결정을 채택하여야 하며, 그 신청인에 대해 그것을 통보하여야 하고, 그에 대한 관리자나 처리자에게 통지하여야 한다.
10. After being notified of the decision of the lead supervisory authority pursuant to paragraphs 7 and 9, the controller or processor shall take the necessary measures to ensure compliance with the decision as regards processing activities in the context of all its establishments in the Union. The controller or processor shall notify the measures taken for complying with the decision to the lead supervisory authority, which shall inform the other supervisory authorities concerned.	10. 제7항과 제9항에 의해서 주 감독기관의 결정에 대해 통보를 받은 후, 관리자나 처리자는 EU 내의 모든 설립체의 처리활동에 대하여 결정의 준수를 보장하는 필요한 조치를 취하여야 한다. 관리자나 처리자는 그 결정의 준수를 위해 취한 조치를 주 감독기관에게 통보하여야 하며, 주 감독기관은 다른 관계 감독기관에게 통지하여야 한다.
11. Where, in exceptional circumstances, a supervisory authority concerned has reasons to consider that there is an urgent need to act in order to protect the interests of data subjects, the urgency procedure referred to in Article 66 shall apply.	11. 예외적인 상황에서, 관계 감독기관이 정보주체의 이익을 보호하기 위하여 행위를 할 긴급한 필요가 있다고 생각할 이유가 있는 경우에, 제66조에서 규정된 긴급절차가 적용되어야 한다.
12. The lead supervisory authority and the other supervisory authorities concerned shall supply the information required under this Article to each other by electronic means, using a standardised format.	12. 주 감독기관과 다른 관계 감독기관은 표준화된 포맷을 이용하여 전자적 수단으로써 본 조에서 요구된 정보를 상호 제공하여야 한다.

원문(영어)	국역
Article 61 Mutual assistance	제61조 상호원조
1. Supervisory authorities shall provide each other with relevant information and mutual assistance in order to implement and apply this Regulation in a consistent manner, and shall put in place measures for effective cooperation with one another. Mutual assistance shall cover, in particular, information requests and supervisory measures, such as requests to carry out prior authorisations and consultations, inspections and investigations.	1. 감독기관들은 일관성있게 본 규칙을 이행하고 적용하기 위하여 관련정보와 상호원조를 서로 제공하여야 하며, 상호 실효적인 협력을 위한 조치를 정비하여야 한다. 상호원조는 특히 정보요청과, 사전허가와 협의, 검사와 조사를 수행하는 요청과 같은 감독조치를 포함하여야 한다.
2. Each supervisory authority shall take all appropriate measures required to reply to a request of another supervisory authority without undue delay and no later than one month after receiving the request. Such measures may include, in particular, the transmission of relevant information on the conduct of an investigation.	2. 각 감독기관은 그 요청을 받은 날부터 1월 이내에 부당한 지체없이 다른 감독기관의 요청에 응답할 것이 요청되는 모든 적절한 조치를 취하여야 한다. 그러한 조치는 특히 조사의 수행에 관한 관련정보의 전송을 포함할 수 있다.
3. Requests for assistance shall contain all the necessary information, including the purpose of and reasons for the request. Information exchanged shall be used only for the purpose for which it was requested.	3. 원조요청은 요청의 목적과 요청이유를 포함하여, 모든 필요한 정보를 포함하여야 한다. 교환된 정보는 요청된 목적을 위하여서만 이용되어야 한다.
4. The requested supervisory authority shall not refuse to comply with the request unless: (a) it is not competent for the subject-matter of the request or for the measures it is requested to execute; or (b) compliance with the request would infringe this Regulation or Union or Member State law to which the supervisory authority receiving the request is subject.	4. 요청을 받은 감독기관은 다음의 경우에 해당하지 않으면 그 요청에 따를 것을 거부하여서는 안된다. (a) 요청받은 주제문제에 대해 또는 실행을 요청받은 조치에 대해 관할이 아닌 경우 ; 또는 (b) 요청의 준수가 본 규칙이나 또는 요청을 받은 감독기관이 준수해야 할 EU법이나 회원국법을 위반하는 경우
5. The requested supervisory authority shall inform the requesting supervisory authority of the results or, as the case may be, of the progress of the measures taken in order to respond to the request. The requested supervisory authority shall provide reasons for any refusal to comply	5. 요청받은 감독기관은 요청하는 감독기관에게 그 결과 또는, 경우에 따라서, 요청에 응하기 위하여 취한 조치의 진행에 대해 통지하여야 한다. 요청받은 감독기관은 제4항에 의하여 요청에 따를 것을 거부하는 이유를 제공하여야 한다.

원문(영어)	국역
with a request pursuant to paragraph 4.	
6. Requested supervisory authorities shall, as a rule, supply the information requested by other supervisory authorities by electronic means, using a standardised format.	6. 요청받은 감독기관들은 일반적으로 다른 감독기관에 의하여 요청받은 정보를 표준화된 포맷을 이용하여 전자적 수단에 의하여 제공하여야 한다.
7. Requested supervisory authorities shall not charge a fee for any action taken by them pursuant to a request for mutual assistance. Supervisory authorities may agree on rules to indemnify each other for specific expenditure arising from the provision of mutual assistance in exceptional circumstances.	7. 요청받은 감독기관들은 상호원조 요청에 따라서 취한 조치에 대해 비용을 부과하여서는 안된다. 감독기관들은 예외적인 상황에서 상호원조의 제공으로 발생하는 특별한 비용에 대해 서로 면제하는 규정에 대해 합의할 수 있다.
8. Where a supervisory authority does not provide the information referred to in paragraph 5 of this Article within one month of receiving the request of another supervisory authority, the requesting supervisory authority may adopt a provisional measure on the territory of its Member State in accordance with Article 55(1). In that case, the urgent need to act under Article 66(1) shall be presumed to be met and require an urgent binding decision from the Board pursuant to Article 66(2).	8. 감독기관이 다른 감독기관의 요청을 받은 날로부터 1월 이내에 본 조 제5항에서 규정된 정보를 제공하지 않는 경우에, 요청하는 감독기관은 제55조 제1항에 따라서 그 회원국의 영토상에서 임시조치를 채택할 수 있다. 그러한 경우에, 제66조 제1항에 의해 행위할 긴급한 필요성은 충족된 것으로 추정되어야 하며, 제66조 제2항에 의해 유럽정보보호위원회에게 긴급한 구속적 결정을 요구하여야 한다.
9. The Commission may, by means of implementing acts, specify the format and procedures for mutual assistance referred to in this Article and the arrangements for the exchange of information by electronic means between supervisory authorities, and between supervisory authorities and the Board, in particular the standardised format referred to in paragraph 6 of this Article. Those implementing acts shall be adopted in accordance with the examination procedure referred to in Article 93(2).	9. 유럽위원회는 집행법령에 의하여 본 조에서 규정된 상호원조의 포맷 및 절차, 그리고 감독기관들 간, 감독기관들과 유럽정보보호위원회 간에 전자적 수단에 의한 정보교환을 위한 협정, 특히 본 조 제6항에서 규정된 표준화된 포맷을 구체화할 수 있다. 그들 집행법령은 제93조 제2항에서 규정된 심사절차에 따라서 채택되어야 한다.
Article 62 Joint operations of supervisory authorities	제62조 감독기관들의 공동활동
1. The supervisory authorities shall, where appropriate, conduct joint operations including joint investigations and joint enforcement	1. 감독기관들은, 해당하는 경우, 다른 회원국의 감독기관들의 구성원이나 직원이 포함된 공동조사와 공동집행조치를 포함하는 공동활동을 수행

원문(영어)	국역
measures in which members or staff of the supervisory authorities of other Member States are involved.	하여야 한다.
2. Where the controller or processor has establishments in several Member States or where a significant number of data subjects in more than one Member State are likely to be substantially affected by processing operations, a supervisory authority of each of those Member States shall have the right to participate in joint operations. The supervisory authority which is competent pursuant to Article 56(1) or (4) shall invite the supervisory authority of each of those Member States to take part in the joint operations and shall respond without delay to the request of a supervisory authority to participate.	2. 관리자나 처리자가 몇몇 회원국들에서 설립체를 가지고 있는 경우 또는 하나 이상의 회원국의 상당수의 정보주체들이 처리활동에 의해 상당히 영향을 받을 것 같은 경우에, 그들 각 회원국의 감독기관은, 해당하는 경우, 공동활동에 참여할 권리를 가져야 한다. 제56조 제1항이나 제4항에 의해 관할권이 있는 감독기관은 그들 각 회원국의 감독기관에게 관련 공동활동에 참여하도록 초청하여야 하며, 감독기관의 참여요청에 대해 지체없이 응답하여야 한다.
3. A supervisory authority may, in accordance with Member State law, and with the seconding supervisory authority's authorisation, confer powers, including investigative powers on the seconding supervisory authority's members or staff involved in joint operations or, in so far as the law of the Member State of the host supervisory authority permits, allow the seconding supervisory authority's members or staff to exercise their investigative powers in accordance with the law of the Member State of the seconding supervisory authority. Such investigative powers may be exercised only under the guidance and in the presence of members or staff of the host supervisory authority. The seconding supervisory authority's members or staff shall be subject to the Member State law of the host supervisory authority.	3. 감독기관은 회원국법에 따라서 그리고 원조하는 감독기관의 허가에 의하여, 공동활동에 관여한 원조하는 감독기관의 구성원이나 직원에게 조사권을 포함하여 권한을 부여할 수 있거나 또는 원조요청 감독기관의 회원국법이 허용하는 한, 원조하는 감독기관의 구성원이나 직원이 원조하는 감독기관의 회원국법에 따른 조사권을 행사하는 것을 허용할 수 있다. 그러한 조사권은 원조요청 감독기관의 구성원이나 직원의 지도와 참석에 의해서만 행사될 수 있다. 원조하는 감독기관의 구성원이나 직원은 원조요청 감독기관의 국가법에 따라야 한다.
4. Where, in accordance with paragraph 1, staff of a seconding supervisory authority operate in another Member State, the Member State of the host supervisory authority shall assume responsibility for their actions, including liability, for any damage caused by them during their	4. 제1항에 따라서, 원조하는 감독기관의 직원이 다른 회원국에서 활동하는 경우에, 원조요청 감독기관의 회원국은 그 직원들이 활동하는 영토의 회원국의 법에 따라서 그들이 활동하는 동안 그들에 의해 초래된 손해에 대해 배상책임을 포함하여 그들의 행위책임을 부담하여야 한다.

원문(영어)	국역
operations, in accordance with the law of the Member State in whose territory they are operating.	
5. The Member State in whose territory the damage was caused shall make good such damage under the conditions applicable to damage caused by its own staff. The Member State of the seconding supervisory authority whose staff has caused damage to any person in the territory of another Member State shall reimburse that other Member State in full any sums it has paid to the persons entitled on their behalf.	5. 손해가 야기된 영토의 회원국은 그 자신의 직원에 의해 야기된 손해에 적용될 수 있는 조건에 따라서 손해를 배상하여야 한다. 그 직원이 다른 회원국의 영토에 있는 사람에게 손해를 야기한 원조하는 감독기관의 회원국은 대신하여 피해자에게 지불한 금액을 전액 그 다른 회원국에게 변상하여야 한다.
6. Without prejudice to the exercise of its rights vis-à-vis third parties and with the exception of paragraph 5, each Member State shall refrain, in the case provided for in paragraph 1, from requesting reimbursement from another Member State in relation to damage referred to in paragraph 4.	6. 제3자에 대한 권리의 행사를 침해하지 않는 경우, 그리고 제5항의 예외로, 각 회원국은 제1항에서 규정된 경우에 제4항에서 규정된 손해와 관련하여 다른 회원국에 대한 변상청구를 자제하여야 한다.
7. Where a joint operation is intended and a supervisory authority does not, within one month, comply with the obligation laid down in the second sentence of paragraph 2 of this Article, the other supervisory authorities may adopt a provisional measure on the territory of its Member State in accordance with Article 55. In that case, the urgent need to act under Article 66(1) shall be presumed to be met and require an opinion or an urgent binding decision from the Board pursuant to Article 66(2).	7. 공동활동이 예정되고, 감독기관이 본 조 제2항 제2문에서 규정된 의무를 1월 이내에 이행하지 않는 경우, 다른 감독기관들은 제55조에 따라서 그 회원국의 영토상에서 임시조치를 채택할 수 있다. 그 경우에, 제66조 제1항에 의해 행위할 긴급한 필요성은 충족된 것으로 간주되어야 하며, 제66조 제2항에 의해 유럽정보보호위원회에게 의견이나 긴급한 구속적 결정을 요구하여야 한다.
Section 2 Consistency Article 63 Consistency mechanism In order to contribute to the consistent application of this Regulation throughout the Union, the supervisory authorities shall cooperate with each other and, where relevant, with the Commission, through the consistency mechanism as set out in this Section.	제2절 일관성 제63조 일관성체계 EU 전역에서 본 규칙의 일관성 있는 적용에 기여하기 위하여, 감독기관들은 본 절에서 규정된 일관성체계에 의하여 서로, 그리고, 관련된 경우에, 유럽위원회와 협력하여야 한다.

원문(영어)	국역
Article 64 Opinion of the Board	제64조 유럽정보보호위원회의 의견
1. The Board shall issue an opinion where a competent supervisory authority intends to adopt any of the measures below. To that end, the competent supervisory authority shall communicate the draft decision to the Board, when it:	1. 유럽정보보호위원회는 관할감독기관이 아래의 조치들 중 어느 하나를 채택하려고 하는 경우에 의견을 내어야 한다. 그러한 목적에서, 관할감독기관은 다음의 경우에, 결정안을 유럽정보보호위원회에 연락하여야 한다.
(a) aims to adopt a list of the processing operations subject to the requirement for a data protection impact assessment pursuant to Article 35(4);	(a) 제35조 제4항에 의해 정보보호영향평가가 요구되는 처리작용의 리스트를 채택할 것을 목적으로 하는 경우 ;
(b) concerns a matter pursuant to Article 40(7) whether a draft code of conduct or an amendment or extension to a code of conduct complies with this Regulation;	(b) 제40조 제7항에 의해 행동강령안 또는 행동강령의 개정이나 연장이 본 규칙을 준수하는지의 문제와 관련되는 경우 ;
(c) aims to approve the criteria for accreditation of a body pursuant to Article 41(3) or a certification body pursuant to Article 43(3);	(c) 제41조 제3항에 의한 기구 또는 제43조 제3항에 의한 인증기구의 인가기준을 승인하는 것을 목적으로 하는 경우 ;
(d) aims to determine standard data protection clauses referred to in point (d) of Article 46(2) and in Article 28(8);	(d) 제46조 제2항 제d호와 제28조 제8항에서 규정된 표준정보보호조항의 결정을 목적으로 하는 경우 ;
(e) aims to authorise contractual clauses referred to in point (a) of Article 46(3); or	(e) 제46조 제3항 제a호에서 규정된 계약조항의 허가를 목적으로 하는 경우 ; 또는
(f) aims to approve binding corporate rules within the meaning of Article 47.	(f) 제47조의 의미 내에서의 구속적 기업규칙의 승인을 목적으로 하는 경우
2. Any supervisory authority, the Chair of the Board or the Commission may request that any matter of general application or producing effects in more than one Member State be examined by the Board with a view to obtaining an opinion, in particular where a competent supervisory authority does not comply with the obligations for mutual assistance in accordance with Article 61 or for joint operations in accordance with Article 62.	2. 감독기관, 유럽정보보호위원회 위원장 또는 유럽위원회는 일반적 적용문제나 하나 이상의 회원국에서 효과를 발생시키는 문제는 특히 관할감독기관이 제61조에 의한 상호원조의무 또는 제62조에 의한 공동활동의무를 준수하지 않는 경우, 의견을 얻기 위하여 유럽정보보호위원회의 심사를 받을 것을 요청할 수 있다.
3. In the cases referred to in paragraphs 1 and 2, the Board shall issue an opinion on the matter submitted to it provided that it has not already issued an opinion on the same matter. That opinion shall be adopted within eight weeks by simple majority of the members of the Board. That	3. 제1항과 제2항에서 규정된 경우에, 유럽정보보호위원회는 동일한 사안에 대해 아직 의견을 발하지 않았다면 제출된 사안에 대한 의견을 발하여야 한다. 그 의견은 유럽정보보호위원회의 구성원의 단순다수결로 8주 이내에 채택되어야 한다. 그 기간은 주제문제의 복잡성을 고려하여,

원문(영어)	국역
period may be extended by a further six weeks, taking into account the complexity of the subject matter. Regarding the draft decision referred to in paragraph 1 circulated to the members of the Board in accordance with paragraph 5, a member which has not objected within a reasonable period indicated by the Chair, shall be deemed to be in agreement with the draft decision.	6주 더 연장될 수 있다. 제5항에 따라서 유럽정보보호위원회의 구성원에게 회람된 제1항에서 규정된 결정안에 관하여, 유럽정보보호위원회 위원장에 의해 제시된 합리적인 기간 이내에 반대를 하지 않은 구성원은 그 결정안에 동의하는 것으로 간주되어야 한다.
4. Supervisory authorities and the Commission shall, without undue delay, communicate by electronic means to the Board, using a standardised format any relevant information, including as the case may be a summary of the facts, the draft decision, the grounds which make the enactment of such measure necessary, and the views of other supervisory authorities concerned.	4. 감독기관과 유럽위원회는, 경우에 따라서, 사실관계의 개요, 결정안, 그러한 조치의 시행을 필요로 하는 이유와 다른 관련감독기관들의 견해를 포함한 관련정보를 부당한 지체없이 표준화된 포맷을 이용하여 전자적 수단에 의해 유럽정보보호위원회에 연락하여야 한다.
5. The Chair of the Board shall, without undue, delay inform by electronic means:	5. 유럽정보보호위원회 위원장은 부당한 지체없이 전자적 수단에 의해 다음을 통지하여야 한다.
(a) the members of the Board and the Commission of any relevant information which has been communicated to it using a standardised format. The secretariat of the Board shall, where necessary, provide translations of relevant information; and	(a) 유럽정보보호위원회의 구성원들과 유럽위원회에게 표준화된 포맷을 사용하여 유럽정보보호위원회에 전달된 관련정보 ; 그리고
(b) the supervisory authority referred to, as the case may be, in paragraphs 1 and 2, and the Commission of the opinion and make it public.	(b) 경우에 따라서 제1항과 제2항에서 규정된 감독기관과 유럽위원회에게 의견을 통지하고, 그것을 공개하는 것.
6. The competent supervisory authority shall not adopt its draft decision referred to in paragraph 1 within the period referred to in paragraph 3.	6. 관할감독기관은 제3항에서 규정된 기간 이내에, 제1항에서 규정된 결정안을 채택하여서는 안된다.
7. The supervisory authority referred to in paragraph 1 shall take utmost account of the opinion of the Board and shall, within two weeks after receiving the opinion, communicate to the Chair of the Board by electronic means whether it will maintain or amend its draft decision and, if any, the amended draft decision, using a standardised format.	7. 제1항에서 규정된 감독기관은 유럽정보보호위원회의 의견을 최대한 고려하여야 하며, 결정안을 유지할 것인지 또는 개정할 것인지, 그리고 있다면 개정된 결정안을 표준화된 포맷을 사용하여 전자적 수단에 의하여 유럽정보보호위원회 위원장에게 의견을 접수한 후 2주 이내에 연락하여야 한다.

원문(영어)	국역
8. Where the supervisory authority concerned informs the Chair of the Board within the period referred to in paragraph 7 of this Article that it does not intend to follow the opinion of the Board, in whole or in part, providing the relevant grounds, Article 65(1) shall apply.	8. 관련 감독기관은 타당한 근거를 제공하여 유럽정보보호위원회의 의견을 전부 또는 부분적으로 따르지 않을 것임을 유럽정보보호위원회 위원장에게 본 조 제7항에서 규정된 기간 이내에 통지한 경우, 제65조 제1항이 적용되어야 한다.
Article 65 Dispute resolution by the Board 1. In order to ensure the correct and consistent application of this Regulation in individual cases, the Board shall adopt a binding decision in the following cases: (a) where, in a case referred to in Article 60(4), a supervisory authority concerned has raised a relevant and reasoned objection to a draft decision of the lead authority or the lead authority has rejected such an objection as being not relevant or reasoned. The binding decision shall concern all the matters which are the subject of the relevant and reasoned objection, in particular whether there is an infringement of this Regulation; (b) where there are conflicting views on which of the supervisory authorities concerned is competent for the main establishment; (c) where a competent supervisory authority does not request the opinion of the Board in the cases referred to in Article 64(1), or does not follow the opinion of the Board issued under Article 64. In that case, any supervisory authority concerned or the Commission may communicate the matter to the Board. 2. The decision referred to in paragraph 1 shall be adopted within one month from the referral of the subject-matter by a two-thirds majority of the members of the Board. That period may be extended by a further month on account of the complexity of the subject-matter. The decision referred to in paragraph 1 shall be reasoned and addressed to the lead supervisory authority and all the supervisory authorities concerned and	제65조 유럽정보보호위원회에 의한 분쟁해결 1. 개별적인 경우에 본 규칙의 정확하고 일관성 있는 적용을 보장하기 위하여, 유럽정보보호위원회는 다음의 경우에 구속적 결정을 채택하여야 한다. (a) 제60조 제4항에서 규정된 경우에, 관계 감독기관이 주 감독기관의 결정안에 대해 관련성 있고 이유 있는 반대를 표시하였거나 또는 주 감독기관이 관련성이 없거나 이유가 없다고 하여 반대를 기각한 경우. 구속적 결정은 관련성 있고 이유 있는 반대의 대상인 모든 사안들, 특히 본 규칙의 위반이 있는지와 관련되어야 한다. (b) 주 설립체에 대해 관할하는 관계 감독기관들의 견해가 충돌하는 경우 ; (c) 관할감독기관이 제64조 제1항에서 규정된 경우에 있어서 유럽정보보호위원회의 의견을 요청하지 않거나 또는 제64조에 의해 발한 유럽정보보호위원회의 의견을 따르지 않는 경우. 그러한 경우에, 관계 감독기관 또는 유럽위원회는 그 사안을 유럽정보보호위원회에 연락할 수 있다. 2. 제1항에서 규정된 결정은 주제문제의 소개로부터 1월 이내에 유럽정보보호위원회 구성원의 3분의 2 이상의 다수결로 채택되어야 한다. 그 기간은 주제문제의 복잡성을 이유로 1월 더 연장될 수 있다. 제1항에서 규정된 결정은 주 감독기관과 모든 관계 감독기관에게 이유를 붙여서 제기되어야 하며, 그들에 대해 구속력을 가져야 한다.

원문(영어)	국역
binding on them.	
3. Where the Board has been unable to adopt a decision within the periods referred to in paragraph 2, it shall adopt its decision within two weeks following the expiration of the second month referred to in paragraph 2 by a simple majority of the members of the Board. Where the members of the Board are split, the decision shall by adopted by the vote of its Chair.	3. 유럽정보보호위원회가 제2항에서 규정된 기간 이내에 결정을 채택할 수 없었던 경우에, 위원회 구성원의 단순다수결로 제2항에서 규정된 두 번째 달의 종료로부터 2주 이내에 그 결정을 채택하여야 한다. 위원회 구성원의 의견이 똑같이 나뉜 경우에, 결정은 위원회 위원장의 표결로 채택되어야 한다.
4. The supervisory authorities concerned shall not adopt a decision on the subject matter submitted to the Board under paragraph 1 during the periods referred to in paragraphs 2 and 3.	4. 관계 감독기관들은 제2항과 제3항에서 규정된 기간 중에 제1항에 의해 유럽정보보호위원회에 제기된 주제문제에 관한 결정을 채택하여서는 안 된다.
5. The Chair of the Board shall notify, without undue delay, the decision referred to in paragraph 1 to the supervisory authorities concerned. It shall inform the Commission thereof. The decision shall be published on the website of the Board without delay after the supervisory authority has notified the final decision referred to in paragraph 6.	5. 유럽정보보호위원회 위원장은 제1항에서 규정된 결정을 관계 감독기관에게 부당한 지체없이 통보하여야 한다. 유럽위원회에 대해서도 그에 대해 통지하여야 한다. 결정은 감독기관이 제6항에서 규정된 최종결정을 통보한 후 지체없이 유럽정보보호위원회의 웹사이트에 공표되어야 한다.
6. The lead supervisory authority or, as the case may be, the supervisory authority with which the complaint has been lodged shall adopt its final decision on the basis of the decision referred to in paragraph 1 of this Article, without undue delay and at the latest by one month after the Board has notified its decision. The lead supervisory authority or, as the case may be, the supervisory authority with which the complaint has been lodged, shall inform the Board of the date when its final decision is notified respectively to the controller or the processor and to the data subject. The final decision of the supervisory authorities concerned shall be adopted under the terms of Article 60(7), (8) and (9). The final decision shall refer to the decision referred to in paragraph 1 of this Article and shall specify that the decision referred to in that paragraph will be published on the website of the Board in accordance with	6. 주 감독기관 또는 경우에 따라서, 쟁송이 신청된 감독기관은 부당한 지체없이 그리고 유럽정보보호위원회가 그 결정을 통보한 후 늦어도 1월까지 본 조 제1항에서 규정된 결정에 근거하여 최종결정을 채택하여야 한다. 주 감독기관 또는 경우에 따라서, 쟁송이 신청된 감독기관은 그 최종결정이 관리인이나 처리인 및 정보주체에게 각각 통보된 일자를 유럽정보보호위원회에게 통지하여야 한다. 관련 감독기관의 최종결정은 제60조 제7항, 제8항 및 제9항의 규정에 따라서 채택되어야 한다. 최종결정은 본 조 제1항에서 규정된 결정을 인용하여야 하며, 동 항에서 규정된 결정이 본 조 제5항에 따라서 유럽정보보호위원회의 웹사이트상에 공표될 것임을 적시하여야 한다. 최종결정은 본 조 제1항에서 규정된 결정을 첨부하여야 한다.

원문(영어)	국역
paragraph 5 of this Article. The final decision shall attach the decision referred to in paragraph 1 of this Article.	
Article 66 Urgency procedure 1. In exceptional circumstances, where a supervisory authority concerned considers that there is an urgent need to act in order to protect the rights and freedoms of data subjects, it may, by way of derogation from the consistency mechanism referred to in Articles 63, 64 and 65 or the procedure referred to in Article 60, immediately adopt provisional measures intended to produce legal effects on its own territory with a specified period of validity which shall not exceed three months. The supervisory authority shall, without delay, communicate those measures and the reasons for adopting them to the other supervisory authorities concerned, to the Board and to the Commission. 2. Where a supervisory authority has taken a measure pursuant to paragraph 1 and considers that final measures need urgently be adopted, it may request an urgent opinion or an urgent binding decision from the Board, giving reasons for requesting such opinion or decision. 3. Any supervisory authority may request an urgent opinion or an urgent binding decision, as the case may be, from the Board where a competent supervisory authority has not taken an appropriate measure in a situation where there is an urgent need to act, in order to protect the rights and freedoms of data subjects, giving reasons for requesting such opinion or decision, including for the urgent need to act. 4. By derogation from Article 64(3) and Article 65(2), an urgent opinion or an urgent binding decision referred to in paragraphs 2 and 3 of this Article shall be adopted within two weeks by simple majority of the members of the Board.	제66조 긴급절차 1. 예외적인 상황에서, 관계감독기관이 정보주체의 권리와 자유를 보호하기 위하여 행위할 긴급한 필요성이 있다고 생각하는 경우, 제63조, 제64조 및 제65조에서 규정된 일관성체계의 특례에 의하여 또는 제60조에서 규정된 절차에 의하여 3월을 초과하지 않는 특정한 유효기간으로 그 자신의 영토상에서 법적 효과의 발생을 의도한 임시조치를 즉시 채택할 수 있다. 감독기관은 그것들을 채택한 조치와 이유들을 다른 관계감독기관, 유럽정보보호위원회와 유럽위원회에게 지체없이 연락하여야 한다. 2. 감독기관은 제1항에 의한 조치를 취하고, 최종조치가 긴급하게 채택될 필요가 있다고 생각하는 경우, 그러한 의견 또는 결정을 요청하는 이유를 제시하여, 유럽정보보호위원회에게 긴급한 의견 또는 긴급한 구속적 결정을 요청할 수 있다. 3. 관할감독기관이 행위할 긴급한 필요성을 포함하여 그러한 의견이나 결정을 요청하는 이유를 제시하여 정보주체의 권리와 자유를 보호하기 위하여 행위할 긴급한 필요성이 있는 상황에서 적절한 조치를 취하지 않은 경우에, 감독기관은 경우에 따라서 긴급한 의견이나 긴급한 구속적 결정을 유럽정보보호위원회에게 요청할 수 있다. 4. 제64조 제3항과 제65조 제2항의 특례에 의하여, 본 조 제2항 및 제3항에서 규정된 긴급한 의견 또는 긴급한 구속적 결정은 유럽정보보호위원회의 구성원들의 단순다수결로 2주 이내에 채택되어야 한다.

원문(영어)	국역
Article 67 Exchange of information The Commission may adopt implementing acts of general scope in order to specify the arrangements for the exchange of information by electronic means between supervisory authorities, and between supervisory authorities and the Board, in particular the standardised format referred to in Article 64. Those implementing acts shall be adopted in accordance with the examination procedure referred to in Article 93(2).	제67조 정보의 교환 유럽위원회는 감독기관들 간, 그리고 감독기관들과 유럽정보보호위원회 간의 정보교환을 위한 협약을 전자적 수단, 특히 제64조에서 규정된 표준화된 포맷에 의하여 구체화하기 위하여 일반적 범위의 집행법령을 채택할 수 있다. 그들 집행법령은 제93조 제2항에 규정된 심사절차에 따라서 채택되어야 한다.
Section 3 European data protection board Article 68 European Data Protection Board 1. The European Data Protection Board (the 'Board') is hereby established as a body of the Union and shall have legal personality. 2. The Board shall be represented by its Chair. 3. The Board shall be composed of the head of one supervisory authority of each Member State and of the European Data Protection Supervisor, or their respective representatives. 4. Where in a Member State more than one supervisory authority is responsible for monitoring the application of the provisions pursuant to this Regulation, a joint representative shall be appointed in accordance with that Member State's law. 5. The Commission shall have the right to participate in the activities and meetings of the Board without voting right. The Commission shall designate a representative. The Chair of the Board shall communicate to the Commission the activities of the Board. 6. In the cases referred to in Article 65, the	제3절 유럽정보보호위원회 제68조 유럽정보보호위원회 1. 유럽정보보호위원회는 유럽연합의 기구로서 설립되며, 법인격을 가져야 한다. 2. 유럽정보보호위원회는 그 위원장에 의해 대표되어야 한다. 3. 유럽정보보호위원회는 각 회원국의 하나의 감독기관의 장과 유럽정보보호감독관 또는 그들 각각의 대리인으로 구성되어야 한다. 4. 회원국에서 하나 이상의 감독기관이 본 규칙에 따른 규정의 적용을 모니터링할 책임이 있는 경우, 하나의 공동대표가 그 회원국법에 따라서 임명되어야 한다. 5. 유럽위원회는 투표권없이 유럽정보보호위원회의 활동과 회의에 참가할 권리를 가져야 한다. 유럽위원회는 대리인을 지명하여야 한다. 유럽정보보호위원회 위원장은 유럽정보보호위원회의 활동에 대해 유럽위원회에 연락하여야 한다. 6. 제65조에서 규정된 경우에, 유럽정보보호감독

원문(영어)	국역
European Data Protection Supervisor shall have voting rights only on decisions which concern principles and rules applicable to the Union institutions, bodies, offices and agencies which correspond in substance to those of this Regulation.	관은 실체에 있어서 본 규칙의 그것들에 상당하는 EU기관, 기구, 사무소, 그리고 에이전시에 적용가능한 원칙 및 규정들과 관련되는 결정에 대해서만 투표권을 가져야 한다.
Article 69 Independence 1. The Board shall act independently when performing its tasks or exercising its powers pursuant to Articles 70 and 71. 2. Without prejudice to requests by the Commission referred to in point (b) of Article 70(1) and in Article 70(2), the Board shall, in the performance of its tasks or the exercise of its powers, neither seek nor take instructions from anybody.	제69조 독립성 1. 유럽정보보호위원회는 제70조 및 제71조에 따라서 그 임무를 수행하거나 그 권한을 행사할 때 독립적으로 행위해야 한다. 2. 제70조 제1항 제b호와 제70조 제2항에서 규정된 유럽위원회에 의한 요청을 침해하지 않고, 유럽정보보호위원회는 그 임무의 수행이나 그 권한의 행사에서 누구로부터서도 지시를 구하거나 받아서는 안된다.
Article 70 Tasks of the Board 1. The Board shall ensure the consistent application of this Regulation. To that end, the Board shall, on its own initiative or, where relevant, at the request of the Commission, in particular: (a) monitor and ensure the correct application of this Regulation in the cases provided for in Articles 64 and 65 without prejudice to the tasks of national supervisory authorities; (b) advise the Commission on any issue related to the protection of personal data in the Union, including on any proposed amendment of this Regulation; (c) advise the Commission on the format and procedures for the exchange of information between controllers, processors and supervisory authorities for binding corporate rules; (d) issue guidelines, recommendations, and best practices on procedures for erasing links, copies or replications of personal data from publicly available communication services as referred to in Article 17(2);	제70조 유럽정보보호위원회의 임무 1. 유럽정보보호위원회는 본 규칙의 일관성있는 적용을 보장하여야 한다. 그를 위하여, 유럽정보보호위원회는 그 자신의 직권으로 또는 관련되는 경우 유럽위원회의 요청으로 특히 다음을 하여야 한다. (a) 국가감독기관들의 임무를 침해하지 않고 제64조와 제65조에서 규정된 경우에 본 규칙의 정확한 적용을 모니터하고 보장하는 것 (b) 본 규칙의 제안된 개정에 관한 것을 포함하여, 유럽연합에서 개인정보의 보호와 관련된 문제에 대해 유럽위원회에 조언하는 것 (c) 구속적 기업규칙에 대해 관리자, 처리자와 감독기관들 간의 정보의 교환을 위한 포맷과 절차에 대해 유럽위원회에 조언하는 것 (d) 제17조 제2항에서 규정된 공중이용통신서비스로부터 개인정보의 링크, 복사 또는 복제를 삭제하기 위한 절차에 관한 가이드라인, 권고 및 모범실무를 발하는 것

원문(영어)	국역
(e) examine, on its own initiative, on request of one of its members or on request of the Commission, any question covering the application of this Regulation and issue guidelines, recommendations and best practices in order to encourage consistent application of this Regulation;	(e) 그 자신의 직권으로, 그 구성원의 일인의 요구로 또는 유럽위원회의 요구로 본 규칙의 적용에 관한 질문을 조사하고, 본 규칙의 일관성있는 적용을 장려하기 위하여 가이드라인, 권고 및 모범실무를 발하는 것
(f) issue guidelines, recommendations and best practices in accordance with point (e) of this paragraph for further specifying the criteria and conditions for decisions based on profiling pursuant to Article 22(2);	(f) 제22조 제2항에 의한 프로파일링에 근거한 결정의 기준 및 조건을 보다 구체화하기 위하여 본 항 제e호에 따라서 가이드라인, 권고 및 모범실무를 발하는 것
(g) issue guidelines, recommendations and best practices in accordance with point (e) of this paragraph for establishing the personal data breaches and determining the undue delay referred to in Article 33(1) and (2) and for the particular circumstances in which a controller or a processor is required to notify the personal data breach;	(g) 개인정보 침해의 입증과 제33조 제1항과 제2항에서 규정된 부당한 지체의 결정을 위하여, 그리고 관리자나 처리자가 개인정보 침해사실을 신고할 것이 요구되는 특별한 상황을 위하여 본 항 제e호에 따라서 가이드라인, 권고 및 모범실무를 발하는 것
(h) issue guidelines, recommendations and best practices in accordance with point (e) of this paragraph as to the circumstances in which a personal data breach is likely to result in a high risk to the rights and freedoms of the natural persons referred to in Article 34(1).	(h) 개인정보 침해가 제34조 제1항에서 규정된 자연인의 권리와 자유에 대한 높은 위험을 초래할 것 같은 상황에 대하여 본 항 제e호에 의하여 가이드라인, 권고 및 모범실무를 발하는 것
(i) issue guidelines, recommendations and best practices in accordance with point (e) of this paragraph for the purpose of further specifying the criteria and requirements for personal data transfers based on binding corporate rules adhered to by controllers and binding corporate rules adhered to by processors and on further necessary requirements to ensure the protection of personal data of the data subjects concerned referred to in Article 47;	(i) 관리자에 의해 준수된 구속적 기업규칙과 처리자에 의해 준수된 구속적 기업규칙, 그리고 제47조에서 규정된 관련 정보주체의 개인정보의 보호를 보장하는 추가적인 필요요건에 근거한 정보이전의 기준과 요건을 보다 구체화하기 위하여 본 항 제e호에 따라서 가이드라인, 권고 및 모범실무를 발하는 것
(j) issue guidelines, recommendations and best practices in accordance with point (e) of this paragraph for the purpose of further specifying the criteria and requirements for the personal data transfers on the basis of Article 49(1);	(j) 제49조 제1항에 근거한 개인정보이전의 기준과 요건을 보다 구체화하기 위하여 본 항 제e호에 따라서 가이드라인, 권고 및 모범실무를 발하는 것
(k) draw up guidelines for supervisory authorities	(k) 제58조 제1항, 제2항 및 제3항에서 규정된

원문(영어)	국역
concerning the application of measures referred to in Article 58(1), (2) and (3) and the setting of administrative fines pursuant to Article 83;	조치의 적용과 제83조에 의한 행정적 과징금의 결정에 관하여 감독기관을 위하여 가이드라인을 작성하는 것
(l) review the practical application of the guidelines, recommendations and best practices referred to in points (e) and (f);	(l) 제e호와 제f호에서 규정된 가이드라인, 권고 및 모범실무의 실제적용을 심사하는 것
(m) issue guidelines, recommendations and best practices in accordance with point (e) of this paragraph for establishing common procedures for reporting by natural persons of infringements of this Regulation pursuant to Article 54(2);	(m) 제54조 제2항에 의하여 본 규칙의 위반에 대한 개인에 의한 보고를 위한 공통절차를 확립하기 위하여 본 항 제e호에 따라서 가이드라인, 권고 및 모범실무를 발하는 것
(n) encourage the drawing-up of codes of conduct and the establishment of data protection certification mechanisms and data protection seals and marks pursuant to Articles 40 and 42;	(n) 제40조 및 제42조에 의하여 행동강령의 작성과 정보보호인증제도와 정보보호 씰 및 마크의 설정을 장려하는 것
(o) carry out the accreditation of certification bodies and its periodic review pursuant to Article 43 and maintain a public register of accredited bodies pursuant to Article 43(6) and of the accredited controllers or processors established in third countries pursuant to Article 42(7);	(o) 제43조에 의하여 인증기구의 인가와 그 정기적 심사를 수행하며, 제43조 제6항에 의하여 인가받은 기구와 제42조 제7항에 의하여 제3국에서 설립된 인가받은 관리자나 처리자의 공적 등록부를 유지하는 것
(p) specify the requirements referred to in Article 43(3) with a view to the accreditation of certification bodies under Article 42;	(p) 제42조에 의한 인증기구의 인가를 위하여 제43조 제3항에서 규정된 요건을 구체화하는 것
(q) provide the Commission with an opinion on the certification requirements referred to in Article 43(8);	(q) 제43조 제8항에서 규정된 인증요건에 관한 의견을 유럽위원회에 제시하는 것
(r) provide the Commission with an opinion on the icons referred to in Article 12(7);	(r) 제12조 제7항에서 규정된 아이콘에 대한 의견을 유럽위원회에 제시하는 것
(s) provide the Commission with an opinion for the assessment of the adequacy of the level of protection in a third country or international organisation, including for the assessment whether a third country, a territory or one or more specified sectors within that third country, or an international organisation no longer ensures an adequate level of protection. To that end, the Commission shall provide the Board with all necessary documentation, including correspondence with the government of the third country, with regard to that third country, territory or specified sector, or with the international organisation.	(s) 제3국, 그 제3국의 영토나 하나 이상의 특정한 영역, 또는 국제조직이 더 이상 적합한 보호수준을 보장하지 않는지에 대한 평가를 포함하여, 제3국이나 국제조직에서 보호수준의 적합성의 평가에 대한 의견을 유럽위원회에 제시하는 것. 그를 위하여, 유럽위원회는 그 제3국, 영토 또는 특정한 처리영역과 관련하여 그 제3국정부 또는 국제조직과의 교신을 포함하여, 모든 필요한 문서를 유럽정보보호위원회에 제공하여야 한다.

원문(영어)	국역
(t) issue opinions on draft decisions of supervisory authorities pursuant to the consistency mechanism referred to in Article 64(1), on matters submitted pursuant to Article 64(2) and to issue binding decisions pursuant to Article 65, including in cases referred to in Article 66;	(t) 제64조 제1항에서 규정된 일관성체계에 의한 감독기관의 결정안과 제64조 제2항에 의해 제기된 사안들에 관한 의견을 발하고, 제66조에서 규정된 경우들을 포함하여 제65조에 의한 구속적 결정을 발하는 것
(u) promote the cooperation and the effective bilateral and multilateral exchange of information and best practices between the supervisory authorities;	(u) 감독기관들 간의 협력과 실효적인 양자간 및 다자간 정보교환과 모범실무를 촉진시키는 것
(v) promote common training programmes and facilitate personnel exchanges between the supervisory authorities and, where appropriate, with the supervisory authorities of third countries or with international organisations;	(v) 공통교육프로그램을 향상시키며, 감독기관들 간, 그리고 해당하는 경우 제3국의 감독기관들이나 국제조직들과 인적 교류를 촉진시키는 것
(w) promote the exchange of knowledge and documentation on data protection legislation and practice with data protection supervisory authorities worldwide.	(w) 세계 정보보호감독기관과 정보보호입법 및 실무에 대한 지식과 자료의 교환을 촉진시키는 것
(x) issue opinions on codes of conduct drawn up at Union level pursuant to Article 40(9); and (y) maintain a publicly accessible electronic register of decisions taken by supervisory authorities and courts on issues handled in the consistency mechanism.	(x) 제40조 제9항에 의해 유럽연합 차원에서 작성된 행동강령에 관한 의견을 발하는 것; 그리고 (y) 일관성체계에서 다룬 문제에 관해 감독기관과 법원이 취한 결정의 공개적으로 접근가능한 전자공부를 유지하는 것
2. Where the Commission requests advice from the Board, it may indicate a time limit, taking into account the urgency of the matter.	2. 유럽위원회는 유럽정보보호위원회로부터의 조언을 요청하는 경우, 그 사안의 긴급성을 고려하여 기한을 지정할 수 있다.
3. The Board shall forward its opinions, guidelines, recommendations, and best practices to the Commission and to the committee referred to in Article 93 and make them public.	3. 유럽정보보호위원회는 그 의견, 가이드라인, 권고와 모범실무를 유럽위원회와 제93조에서 규정된 위원회에 송부하여야 하며, 그것들을 공개하여야 한다.
4. The Board shall, where appropriate, consult interested parties and give them the opportunity to comment within a reasonable period. The Board shall, without prejudice to Article 76, make the results of the consultation procedure publicly available.	4. 유럽정보보호위원회는 해당하는 경우 이해당사자들과 협의하여야 하며, 합리적인 기간 내에 의견을 진술할 기회를 주어야 한다. 유럽정보보호위원회는 제76조를 침해하지 않고 협의절차의 결과를 공개적으로 이용할 수 있게 만들어야 한다.

원문(영어)	국역
Article 71 Reports 1. The Board shall draw up an annual report regarding the protection of natural persons with regard to processing in the Union and, where relevant, in third countries and international organisations. The report shall be made public and be transmitted to the European Parliament, to the Council and to the Commission. 2. The annual report shall include a review of the practical application of the guidelines, recommendations and best practices referred to in point (l) of Article 70(1) as well as of the binding decisions referred to in Article 65.	제71조 보고서 1. 유럽정보보호위원회는 유럽연합, 관련되는 경우, 제3국 및 국제조직에서의 처리와 관련하여 자연인들의 보호에 관한 연차보고서를 작성하여야 한다. 보고서는 공개되며, 유럽의회, 이사회 및 유럽위원회에 송부되어야 한다. 2. 연차보고서는 제70조 제1항 제호에서 규정된 가이드라인, 권고 및 모범실무와 제65조에서 규정된 구속적 결정의 실제적용에 대한 심사를 포함하여야 한다.
Article 72 Procedure 1. The Board shall take decisions by a simple majority of its members, unless otherwise provided for in this Regulation. 2. The Board shall adopt its own rules of procedure by a two-thirds majority of its members and organise its own operational arrangements.	제72조 절차 1. 본 규칙에서 달리 규정되어 있지 않다면, 유럽정보보호위원회는 그 구성원의 단순다수결로 결정하여야 한다. 2. 유럽정보보호위원회는 그 구성원의 3분의 2 다수결로 그 자신의 절차규정을 채택하여야 하며, 그 자신의 활동계획을 마련하여야 한다.
Article 73 Chair 1. The Board shall elect a chair and two deputy chairs from amongst its members by simple majority. 2. The term of office of the Chair and of the deputy chairs shall be five years and be renewable once.	제73조 위원장 1. 유럽정보보호위원회는 그 구성원 중에서 단순다수결로 1인의 위원장과 2인의 부위원장을 선출하여야 한다. 2. 위원장과 부위원장의 임기는 5년이며, 1회 연임될 수 있다.
Article 74 Tasks of the Chair 1. The Chair shall have the following tasks: (a) to convene the meetings of the Board and prepare its agenda; (b) to notify decisions adopted by the Board pursuant to Article 65 to the lead supervisory authority and the supervisory authorities concerned;	제74조 위원장의 직무 1. 위원장은 다음의 직무를 가져야 한다. (a) 유럽정보보호위원회의 회의를 소집하며, 그 의사일정을 준비하는 것 (b) 제65조에 의하여 유럽정보보호위원회가 채택한 결정을 주 감독기관과 관련 감독기관에게 통보하는 것

원문(영어)	국역
(c) to ensure the timely performance of the tasks of the Board, in particular in relation to the consistency mechanism referred to in Article 63.	(c) 특히 제63조에서 규정된 일관성체계와 관련하여, 유럽정보보호위원회의 적시의 직무수행을 보장하는 것
2. The Board shall lay down the allocation of tasks between the Chair and the deputy chairs in its rules of procedure.	2. 유럽정보보호위원회는 그 절차규정에서 위원장과 부위원장 간의 직무의 배분을 규정하여야 한다.
Article 75 Secretariat	제75조 사무국
1. The Board shall have a secretariat, which shall be provided by the European Data Protection Supervisor.	1. 유럽정보보호위원회는 사무국을 가져야 하며, 사무국은 유럽정보보호감독관이 제공하여야 한다.
2. The secretariat shall perform its tasks exclusively under the instructions of the Chair of the Board.	2. 사무국은 유럽정보보호위원회의 위원장의 지시에 따라서만 그 직무를 수행하여야 한다.
3. The staff of the European Data Protection Supervisor involved in carrying out the tasks conferred on the Board by this Regulation shall be subject to separate reporting lines from the staff involved in carrying out tasks conferred on the European Data Protection Supervisor.	3. 본 규칙에 의해 유럽정보보호위원회에 부여된 직무를 수행하는 것과 관련된 유럽정보보호감독관의 직원은 유럽정보보호감독관에게 부여된 직무를 수행하는 직원과는 별개의 보고라인에 따라야 한다.
4. Where appropriate, the Board and the European Data Protection Supervisor shall establish and publish a Memorandum of Understanding implementing this Article, determining the terms of their cooperation, and applicable to the staff of the European Data Protection Supervisor involved in carrying out the tasks conferred on the Board by this Regulation.	4. 해당하는 경우, 유럽정보보호위원회와 유럽정보보호감독관은 본 졸를 이행하고, 협력조건을 결정하며, 본 규칙에 의해 유럽정보보호위원회에 부여된 직무를 수행하는 것과 관련된 유럽정보보호감독관의 직원에게 적용되는 양해각서를 제정하여 공표하여야 한다.
5. The secretariat shall provide analytical, administrative and logistical support to the Board.	5. 사무국은 분석적, 행정적 및 논리적 지원을 유럽정보보호위원회에 제공하여야 한다.
6. The secretariat shall be responsible in particular for:	6. 사무국은 특히 다음을 책임져야 한다.
(a) the day-to-day business of the Board; (b) communication between the members of the Board, its Chair and the Commission; (c) communication with other institutions and the public;	(a) 유럽정보보호위원회의 일상 업무 (b) 유럽정보보호위원회의 구성원, 그 위원장 및 유럽위원회 간의 연락 (c) 다른 기관들 및 일반과의 연락

원문(영어)	국역
(d) the use of electronic means for the internal and external communication; (e) the translation of relevant information; (f) the preparation and follow-up of the meetings of the Board; (g) the preparation, drafting and publication of opinions, decisions on the settlement of disputes between supervisory authorities and other texts adopted by the Board.	(d) 내부 및 외부의 전자적 연락수단의 이용 (e) 관련정보의 번역 (f) 유럽정보보호위원회의 회의의 준비와 자료정리 (g) 의견, 감독기관들 간의 분쟁의 해결에 관한 결정과 유럽정보보호위원회가 채택한 다른 텍스트의 준비, 입안 및 발행
Article 76 Confidentiality 1. The discussions of the Board shall be confidential where the Board deems it necessary, as provided for in its rules of procedure. 2. Access to documents submitted to members of the Board, experts and representatives of third parties shall be governed by Regulation (EC) No 1049/2001 of the European Parliament and of the Council.	제76조 비밀준수 1. 절차규칙에서 규정된 바와 같이, 유럽정보보호위원회의 토론은 위원회가 필요하다고 간주하는 경우에 비밀로 유지되어야 한다. 2. 유럽정보보호위원회의 구성원, 전문가 및 제3자의 대리인에게 제출된 문서에의 접근은 규칙(EC) No 1049/2001에 의해 규율되어야 한다.
CHAPTER VIII Remedies, liability and penalties Article 77 Right to lodge a complaint with a supervisory authority 1. Without prejudice to any other administrative or judicial remedy, every data subject shall have the right to lodge a complaint with a supervisory authority, in particular in the Member State of his or her habitual residence, place of work or place of the alleged infringement if the data subject considers that the processing of personal data relating to him or her infringes this Regulation. 2. The supervisory authority with which the complaint has been lodged shall inform the complainant on the progress and the outcome of the complaint including the possibility of a judicial remedy pursuant to Article 78.	제8장 권리구제, 책임 및 벌칙 제77조 감독기관에 쟁송을 제기할 권리 1. 다른 행정적 또는 사법적 구제를 침해하지 않고, 모든 정보주체는 특히 자기와 관련되는 개인정보의 처리가 본 규칙을 위반한다고 생각한다면, 특히 일상적 거주지, 활동지 또는 추정된 침해지인 회원국에서 감독기관에게 쟁송을 신청할 권리를 가져야 한다. 2. 쟁송이 제기된 감독기관은 청구인에게 제78조에 의한 사법적 구제의 가능성을 포함하여 쟁송의 진행상황 및 결과를 통지하여야 한다.
Article 78 Right to an effective judicial remedy against a supervisory authority	제78조 감독기관을 상대로 한 실효적인 사법적 구제권

원문(영어)	국역
1. Without prejudice to any other administrative or non-judicial remedy, each natural or legal person shall have the right to an effective judicial remedy against a legally binding decision of a supervisory authority concerning them.	1. 다른 행정적 또는 비사법적 구제를 침해하지 않고, 각 자연인 또는 법인은 그에 관한 감독기관의 법적인 구속적 결정에 대해 실효적인 사법적 구제권을 가져야 한다.
2. Without prejudice to any other administrative or non-judicial remedy, each data subject shall have the right to a an effective judicial remedy where the supervisory authority which is competent pursuant to Articles 55 and 56 does not handle a complaint or does not inform the data subject within three months on the progress or outcome of the complaint lodged pursuant to Article 77.	2. 다른 행정적 또는 비사법적 구제를 침해하지 않고, 제55조 및 제56조에 의해 관할감독기관이 쟁송을 취급하지 않거나 또는 제77조에 의해 신청된 쟁송의 진행상황이나 결과에 대해 3월 이내에 정보주체에게 통지하지 않는 경우, 각 정보주체는 실효적인 사법적 구제권을 가져야 한다.
3. Proceedings against a supervisory authority shall be brought before the courts of the Member State where the supervisory authority is established.	3. 감독기관에 대한 소송은 감독기관이 설치된 회원국의 법원에 제기되어야 한다.
4. Where proceedings are brought against a decision of a supervisory authority which was preceded by an opinion or a decision of the Board in the consistency mechanism, the supervisory authority shall forward that opinion or decision to the court.	4. 일관성체계에서 유럽정보보호위원회의 의견이나 결정이 먼저 이루어진 감독기관의 결정에 대한 소송이 제기된 경우, 감독기관은 그 의견이나 결정을 법원에 송부하여야 한다.
Article 79 Right to an effective judicial remedy against a controller or processor	제79조 관리자나 처리자를 상대로 한 실효적인 사법적 구제권
1. Without prejudice to any available administrative or non-judicial remedy, including the right to lodge a complaint with a supervisory authority pursuant to Article 77, each data subject shall have the right to an effective judicial remedy where he or she considers that his or her rights under this Regulation have been infringed as a result of the processing of his or her personal data in non-compliance with this Regulation.	1. 제77조에 의해 감독기관에게 쟁송을 제기할 권리를 포함하여, 이용가능한 행정적 또는 비사법적 구제를 침해하지 않고, 각 정보주체는 본 규칙에 의한 자신의 권리가 본 규칙을 준수하지 않는 자기의 개인정보의 처리의 결과로서 침해되었다고 생각하는 경우에, 실효적인 사법적 구제권을 가져야 한다.
2. Proceedings against a controller or a processor shall be brought before the courts of the Member State where the controller or processor has an	2. 관리자나 처리자를 상대로 한 소송은 관리자나 처리자가 설립체를 가지고 있는 회원국의 법원에 제기되어야 한다. 그 대신, 관리자나 처리자

원문(영어)	국역
establishment. Alternatively, such proceedings may be brought before the courts of the Member State where the data subject has his or her habitual residence, unless the controller or processor is a public authority of a Member State acting in the exercise of its public powers.	가 그 공권력의 행사로 행위하는 회원국의 공적 기관이 아니라면, 그 소송은 정보주체가 일상적 거주지를 가지고 있는 회원국의 법원에 제기될 수 있다.
Article 80 Representation of data subjects 1. The data subject shall have the right to mandate a not-for-profit body, organisation or association which has been properly constituted in accordance with the law of a Member State, has statutory objectives which are in the public interest, and is active in the field of the protection of data subjects' rights and freedoms with regard to the protection of their personal data to lodge the complaint on his or her behalf, to exercise the rights referred to in Articles 77, 78 and 79 on his or her behalf, and to exercise the right to receive compensation referred to in Article 82 on his or her behalf where provided for by Member State law. 2. Member States may provide that any body, organisation or association referred to in paragraph 1 of this Article, independently of a data subject's mandate, has the right to lodge, in that Member State, a complaint with the supervisory authority which is competent pursuant to Article 77 and to exercise the rights referred to in Articles 78 and 79 if it considers that the rights of a data subject under this Regulation have been infringed as a result of the processing.	제80조 정보주체들의 대리인 1. 회원국법에서 규정된 경우에, 정보주체를 대신하여 쟁송을 제기하고, 그를 대신하여 제77조, 제78조 및 제79조에서 규정된 권리를 행사하고, 그를 대신하여 제82조에서 규정된 보상을 받을 권리를 행사하기 위하여, 정보주체는 회원국법에 따라서 적정하게 구성되었으며, 공익인 실정법상의 목적을 가지며, 개인정보 보호와 관련하여 정보주체의 권리 및 자유의 보호의 영역에서 활동하는 비영리적인 기구, 조직이나 협회에게 위임할 권리를 가져야 한다. 2. 회원국들은 정보주체의 위임과 관계없이, 정보주체의 권리가 본 규칙을 준수하지 않은 개인정보의 처리의 결과로서 침해되었다고 생각한다면, 본 조 제1항에서 규정된 기구, 조직이나 협회가 그 회원국에서 제77조에 의해서 관할감독기관에게 쟁송을 신청하며, 제78조와 제79조에서 규정된 권리를 행사할 권리를 가져야 할 것을 규정할 수 있다.
Article 81 Suspension of proceedings 1. Where a competent court of a Member State has information on proceedings, concerning the same subject matter as regards processing by the same controller or processor, that are pending in a court in another Member State, it shall contact that court in the other Member State to confirm	제81조 소송의 정지 1. 한 회원국의 관할법원이 동일한 관리자나 처리자에 의한 소송에 관한 동일한 주제문제에 대하여 소송이 다른 회원국의 법원에 계속 중이라는 정보를 가지는 경우에, 다른 회원국의 그 법원과 연락하여 그러한 소송의 존재를 확인하여야 한다.

원문(영어)	국역
the existence of such proceedings.	
2. Where proceedings concerning the same subject matter as regards processing of the same controller or processor are pending in a court in another Member State, any competent court other than the court first seized may suspend its proceedings.	2. 동일한 관리자나 처리자의 처리에 관한 주제 문제에 대한 소송이 다른 회원국의 법원에서 계속 중인 경우에, 첫 번째 수소법원이 아닌 관할법원은 그 소송을 정지시킬 수 있다.
3. Where those proceedings are pending at first instance, any court other than the court first seized may also, on the application of one of the parties, decline jurisdiction if the court first seized has jurisdiction over the actions in question and its law permits the consolidation thereof.	3. 소송이 제1심에서 계속 중인 경우에, 첫 번째 수소법원이 문제의 행위에 대한 재판관할권을 가지며, 그 법률이 그 병합을 허용한다면 첫 번째 수소법원이 아닌 법원은 일방 당사자의 청구로 재판관할권을 거부할 수 있다.
Article 82 Right to compensation and liability	제82조 배상권과 책임
1. Any person who has suffered material or non-material damage as a result of an infringement of this Regulation shall have the right to receive compensation from the controller or processor for the damage suffered.	1. 본 규칙 위반의 결과로서 물질적 또는 비물질적 손해를 입은 사람은 받은 손해에 대해 관리자나 처리자로부터 배상을 받을 권리를 가져야 한다.
2. Any controller involved in processing shall be liable for the damage caused by processing which infringes this Regulation. A processor shall be liable for the damage caused by processing only where it has not complied with obligations of this Regulation specifically directed to processors or where it has acted outside or contrary to lawful instructions of the controller.	2. 처리에 관여한 관리자는 본 규칙을 위반하는 처리에 의해 야기된 손해에 대해 책임을 져야 한다. 처리자는 특별히 처리자에게 지시된 본 규칙의 의무를 준수하지 않은 경우에만 또는 관리자의 적법한 지시에 대해 그 범위를 일탈하거나 반하여 행위한 경우에만, 처리에 의해 야기된 손해에 대해 책임을 져야 한다.
3. A controller or processor shall be exempt from liability under paragraph 2 if it proves that it is not in any way responsible for the event giving rise to the damage.	3. 손해를 야기하는 사건에 대해 전혀 책임이 없음을 입증하면, 관리자나 처리자는 제2항에 의한 책임으로부터 면제되어야 한다.
4. Where more than one controller or processor, or both a controller and a processor, are involved in the same processing and where they are, under paragraphs 2 and 3, responsible for any damage caused by processing, each controller or processor shall be held liable for the	4. 하나 이상의 관리자나 처리자 또는 관리자 및 처리자 양자가 동일한 처리에 관여한 경우, 그리고 그들이 처리에 의해 야기된 손해에 대해 제2항과 제3항에 의하여 책임이 있는 경우, 각 관리자나 처리자는 정보주체의 실효적인 배상을 보장하기 위하여 모든 손해에 대해 책임을 부담하여

원문(영어)	국역
entire damage in order to ensure effective compensation of the data subject.	야 한다.
5. Where a controller or processor has, in accordance with paragraph 4, paid full compensation for the damage suffered, that controller or processor shall be entitled to claim back from the other controllers or processors involved in the same processing that part of the compensation corresponding to their part of responsibility for the damage, in accordance with the conditions set out in paragraph 2.	5. 한 관리자나 처리자가 손해에 대해 제4항에 따라서 완전한 배상을 한 경우, 그 관리자나 처리자는 동일한 처리에 관여한 다른 관리자들이나 처리자들로부터 제2항에서 규정된 조건에 따라서 손해의 그들 책임부분에 상응하는 배상액을 구상할 권리를 가져야 한다.
6. Court proceedings for exercising the right to receive compensation shall be brought before the courts competent under the law of the Member State referred to in Article 79(2).	6. 배상을 받을 권리를 행사하기 위한 소송은 제79조 제2항에서 규정된 회원국법에 의해 관할권이 있는 법원에 제기되어야 한다.
Article 83 General conditions for imposing administrative fines	제83조 과징금 부과를 위한 일반적 조건
1. Each supervisory authority shall ensure that the imposition of administrative fines pursuant to this Article in respect of infringements of this Regulation referred to in paragraphs 4, 5 and 6 shall in each individual case be effective, proportionate and dissuasive.	1. 각 감독기관은 제4항, 제5항 및 제6항에서 규정된 본 규칙의 위반에 대해 본 조에 의한 과징금의 부과가 각 개별적인 경우에 실효적이며, 비례적이고 억지적이어야 할 것을 보장하여야 한다.
2. Administrative fines shall, depending on the circumstances of each individual case, be imposed in addition to, or instead of, measures referred to in points (a) to (h) and (j) of Article 58(2). When deciding whether to impose an administrative fine and deciding on the amount of the administrative fine in each individual case due regard shall be given to the following:	2. 과징금은 각 개별적 경우의 사정에 따라서, 제58조 제2항 제a호부터 제h호까지 그리고 제j호에서 규정된 조치에 부가하여 또는 그에 대체하여 부과되어야 한다. 각 개별적 경우에 과징금을 부과할지 여부를 결정할 때 그리고 과징금 금액을 결정할 때, 다음 사항에 대해 정당한 고려가 이루어져야 한다.
(a) the nature, gravity and duration of the infringement taking into account the nature scope or purpose of the processing concerned as well as the number of data subjects affected and the level of damage suffered by them;	(a) 관련 처리의 성질, 범위 또는 목적을 고려하여 침해의 성질, 정도 및 지속기간, 그리고 영향을 받은 정보주체의 숫자와 그에 의해 받은 손해의 정도
(b) the intentional or negligent character of the infringement;	(b) 침해의 고의성 또는 과실적 성격

원문(영어)	국역
(c) any action taken by the controller or processor to mitigate the damage suffered by data subjects;	(c) 정보주체가 받은 손해를 완화시키기 위해 관리자나 처리자가 취한 조치
(d) the degree of responsibility of the controller or processor taking into account technical and organisational measures implemented by them pursuant to Articles 25 and 32;	(d) 제25조 및 제32조에 따라서 그에 의해 이행된 기술적 · 조직적 조치를 고려하여 관리자나 처리자의 책임의 정도
(e) any relevant previous infringements by the controller or processor;	(e) 관리자나 처리자에 의한 이전의 관련 침해사실
(f) the degree of cooperation with the supervisory authority, in order to remedy the infringement and mitigate the possible adverse effects of the infringement;	(f) 침해를 구제하고, 그 침해의 가능한 부작용을 완화시키기 위한 감독기관과의 협력의 정도
(g) the categories of personal data affected by the infringement;	(g) 침해에 의해 영향을 받은 개인정보의 범주
(h) the manner in which the infringement became known to the supervisory authority, in particular whether, and if so to what extent, the controller or processor notified the infringement;	(h) 침해가 감독기관에 알려진 방식, 특히 관리자나 처리자가 침해를 신고하였는지 여부와 하였다면 어느 정도로 하였는지
(i) where measures referred to in Article 58(2) have previously been ordered against the controller or processor concerned with regard to the same subject-matter, compliance with those measures;	(i) 제58조 제2항에서 규정된 조치가 동일한 주제 문제와 관련하여 관련 관리자나 처리자에게 이전에 명령된 경우에, 그들 조치의 준수
(j) adherence to approved codes of conduct pursuant to Article 40 or approved certification mechanisms pursuant to Article 42; and	(j) 제40조에 의해 승인된 행동강령 또는 제42조에 의해 승인된 인증제도의 준수
(k) any other aggravating or mitigating factor applicable to the circumstances of the case, such as financial benefits gained, or losses avoided, directly or indirectly, from the infringement.	(k) 그 침해로부터 직접적으로나 간접적으로 얻은 재정상 이익 또는 회피된 손실과 같이, 그 사안의 상황에 적용할 수 있는 다른 악화시키거나 완화시키는 요인
3. If a controller or processor intentionally or negligently, for the same or linked processing operations, infringes several provisions of this Regulation, the total amount of the administrative fine shall not exceed the amount specified for the gravest infringement.	3. 관리자나 처리자가 동일하거나 관련된 처리작용에 대해 고의나 과실로 본 규칙의 여러 조항들을 위반한다면, 과징금의 총액은 그 가장 중한 위반에 대해 규정된 금액을 초과하여서는 안된다.
4. Infringements of the following provisions shall, in accordance with paragraph 2, be subject to administrative fines up to 10 000 000 EUR, or in the case of an undertaking, up to 2 % of the total worldwide annual turnover of the preceding	4. 다음 조항들의 위반은 제2항에 따라서 10,000,000 유로까지 또는 기업의 경우에 이전 회계연도의 세계연간전체매출액의 2%까지 중에서 높은 쪽의 과징금이 부과되어야 한다.

원문(영어)	국역
financial year, whichever is higher:	
(a) the obligations of the controller and the processor pursuant to Articles 8, 11, 25 to 39 and 42 and 43;	(a) 제8조, 제11조, 제25조부터 제39조까지와 제42조 및 제43조에 의한 관리자 및 처리자의 의무
(b) the obligations of the certification body pursuant to Articles 42 and 43;	(b) 제42조 및 제43조에 의한 인증기구의 의무
(c) the obligations of the monitoring body pursuant to Article 41(4).	(c) 제41조 제4항에 의한 모니터링기구의 의무
5. Infringements of the following provisions shall, in accordance with paragraph 2, be subject to administrative fines up to 20 000 000 EUR, or in the case of an undertaking, up to 4 % of the total worldwide annual turnover of the preceding financial year, whichever is higher:	5. 다음 조항들의 위반은 제2항에 따라서 20,000,000 유로 또는 기업의 경우 이전 회계연도의 세계연간전체매출액의 4%까지 중에서 높은 쪽의 과징금이 부과되어야 한다.
(a) the basic principles for processing, including conditions for consent, pursuant to Articles 5, 6, 7 and 9;	(a) 제5조, 제6조, 제7조 및 제9조에 의해 동의의 조건을 포함하여, 처리의 기본원칙
(b) the data subjects' rights pursuant to Articles 12 to 22;	(b) 제12조부터 제22조까지에 의한 정보주체의 권리
(c) the transfers of personal data to a recipient in a third country or an international organisation pursuant to Articles 44 to 49;	(c) 제44조부터 제49조까지에 의한 제3국이나 국제조직의 수취인으로의 개인정보의 이전
(d) any obligations pursuant to Member State law adopted under Chapter IX;	(d) 제9장에 의해 채택된 회원국법에 의한 의무
(e) non-compliance with an order or a temporary or definitive limitation on processing or the suspension of data flows by the supervisory authority pursuant to Article 58(2) or failure to provide access in violation of Article 58(1).	(e) 제58조 제2항에 의해서 감독기관에 의한 명령 또는 처리에 대한 임시적이거나 최종적인 제한 또는 정보유통의 정지의 불준수 또는 제58조 제1항에 위반하여 접근을 제공하지 않는 것
6. Non-compliance with an order by the supervisory authority as referred to in Article 58(2) shall, in accordance with paragraph 2 of this Article, be subject to administrative fines up to 20 000 000 EUR, or in the case of an undertaking, up to 4 % of the total worldwide annual turnover of the preceding financial year, whichever is higher.	6. 제58조 제2항에서 규정된 바와 같이 감독기관에 의한 명령의 불준수는 본 조 제2항에 따라서 20,000,000 유로 또는 기업의 경우 이전 회계연도의 세계연간전체매출액의 4%까지 중에서 높은 쪽의 과징금이 부과되어야 한다.
7. Without prejudice to the corrective powers of supervisory authorities pursuant to Article 58(2),	7. 제58조 제2항에 의한 감독기관의 시정권을 침해하지 않고, 각 회원국은 과징금이 그 회원국에

원문(영어)	국역
each Member State may lay down the rules on whether and to what extent administrative fines may be imposed on public authorities and bodies established in that Member State. 8. The exercise by the supervisory authority of its powers under this Article shall be subject to appropriate procedural safeguards in accordance with Union and Member State law, including effective judicial remedy and due process. 9. Where the legal system of the Member State does not provide for administrative fines, this Article may be applied in such a manner that the fine is initiated by the competent supervisory authority and imposed by competent national courts, while ensuring that those legal remedies are effective and have an equivalent effect to the administrative fines imposed by supervisory authorities. In any event, the fines imposed shall be effective, proportionate and dissuasive. Those Member States shall notify to the Commission the provisions of their laws which they adopt pursuant to this paragraph by 25 May 2018 and, without delay, any subsequent amendment law or amendment affecting them.	서 설립된 공적 기관 및 기구들에 대해 부과될 수 있는지 및 어느 정도로 부과될 수 있는지에 대한 규정을 설정할 수 있다. 8. 본 조에 의한 감독기관의 권한 행사는 실효적인 사법적 구제와 적정절차를 포함하여, EU법 및 회원국법에 따라서 적절한 절차적 안전장치를 따라야 한다. 9. 회원국법제도가 과징금을 규정하고 있지 않는 경우, 본 조는 그들 법적 구제가 실효적이며 감독기관에 의해 부과된 과징금에 대해 동등한 효과를 가지는 것을 보장하면서, 과징금이 관할감독기관에 의해 제안되고 관할국가법원에 의해 부과되는 방식으로 적용될 수 있다. 어떠한 경우에도, 부과된 과징금은 실효적이며, 비례적이고 억지적이어야 한다. 그들 회원국은 본 항에 의해 채택하는 법조항들을 2018년 5월 25일까지, 그리고 그들 법조항에 영향을 미치는 후속개정법이나 개정을 지체없이 유럽위원회에 통보하여야 한다.
Article 84 Penalties 1. Member States shall lay down the rules on other penalties applicable to infringements of this Regulation in particular for infringements which are not subject to administrative fines pursuant to Article 83, and shall take all measures necessary to ensure that they are implemented. Such penalties shall be effective, proportionate and dissuasive. 2. Each Member State shall notify to the Commission the provisions of its law which it adopts pursuant to paragraph 1, by 25 May 2018 and, without delay, any subsequent amendment affecting them.	제84조 벌칙 1. 회원국들은 특히 제83조에 의한 과징금이 부과되지 않는 위반에 대해 본 규칙의 위반에 적용할 수 있는 벌칙규정을 설정하여야 하며, 그것이 이행되는 것을 보장하는 필요한 모든 조치를 취하여야 한다. 2. 각 회원국은 제1항에 의해 채택하는 법조항들을 2018년 5월 25일까지, 그리고 그들 법조항에 영향을 미치는 후속 개정을 지체없이 유럽위원회에 통보하여야 한다.

원문(영어)	국역
CHAPTER IX Provisions relating to specific processing situations	제9장 특별한 정보처리상황과 관련되는 조항
Article 85 Processing and freedom of expression and information	제85조 처리와 표현 및 정보의 자유
1. Member States shall by law reconcile the right to the protection of personal data pursuant to this Regulation with the right to freedom of expression and information, including processing for journalistic purposes and the purposes of academic, artistic or literary expression.	1. 회원국들은 본 규칙에 의한 개인정보의 보호권과, 언론과 학문적, 예술적 또는 문학적 표현을 위한 처리를 포함하여, 표현 및 정보의 자유권을 법률에 의하여 조화시켜야 한다.
2. For processing carried out for journalistic purposes or the purpose of academic artistic or literary expression, Member States shall provide for exemptions or derogations from Chapter II (principles), Chapter III (rights of the data subject), Chapter IV (controller and processor), Chapter V (transfer of personal data to third countries or international organisations), Chapter VI (independent supervisory authorities), Chapter VII (cooperation and consistency) and Chapter IX (specific data processing situations) if they are necessary to reconcile the right to the protection of personal data with the freedom of expression and information.	2. 언론을 위하여 또는 학문적, 예술적 또는 문학적 표현을 위하여 수행된 처리에 대하여, 회원국들은 그것들이 개인정보의 보호권과 표현 및 정보의 자유를 조화시킬 필요가 있다면, 제2장(원칙), 제3장(정보주체의 권리), 제4장(관리자와 처리자), 제5장(개인정보의 제3국 또는 국제조직으로의 이전), 제6장(독립적 감독기관), 제7장(협력과 일관성) 및 제9장(특정한 정보처리상황)의 규정들의 적용제외 또는 특례를 규정하여야 한다.
3. Each Member State shall notify to the Commission the provisions of its law which it has adopted pursuant to paragraph 2 and, without delay, any subsequent amendment law or amendment affecting them.	3. 각 회원국은 제2항에 의하여 채택한 법조항들과, 그들 법조항에 영향을 미치는 후속개정법 또는 개정을 지체없이 유럽위원회에 통보하여야 한다.
Article 86 Processing and public access to official documents	제86조 처리와 공문서에의 일반적 접근
Personal data in official documents held by a public authority or a public body or a private body for the performance of a task carried out in the public interest may be disclosed by the authority or body in accordance with Union or Member State law to which the public authority or body is subject in order to reconcile public access to official	공적 기관이나 공적 기구 또는 공익으로 이행된 임무의 수행을 위한 사적 기구에 의해 보유된 공문서에서의 개인정보는 공문서에의 일반적 접근과 본 규칙에 의한 개인정보의 보호권을 조화시키기 위하여 공적 기관이나 기구가 준수해야 하는 EU법이나 회원국법에 따라서 기관이나 기구에 의하여 공개될 수 있다.

원문(영어)	국역
documents with the right to the protection of personal data pursuant to this Regulation.	
Article 87 Processing of the national identification number Member States may further determine the specific conditions for the processing of a national identification number or any other identifier of general application. In that case the national identification number or any other identifier of general application shall be used only under appropriate safeguards for the rights and freedoms of the data subject pursuant to this Regulation.	제87조 국민식별번호의 처리 회원국들은 국민식별번호 또는 일반적으로 적용되는 다른 식별자의 처리를 위하여 특별한 조건들을 추가적으로 결정할 수 있다. 그 경우에, 국민식별번호 또는 일반적으로 적용되는 다른 식별자는 본 규칙에 의한 정보주체의 권리와 자유를 위하여 적절한 안전장치에 의해서만 이용되어야 한다.
Article 88 Processing in the context of employment 1. Member States may, by law or by collective agreements, provide for more specific rules to ensure the protection of the rights and freedoms in respect of the processing of employees' personal data in the employment context, in particular for the purposes of the recruitment, the performance of the contract of employment, including discharge of obligations laid down by law or by collective agreements, management, planning and organisation of work, equality and diversity in the workplace, health and safety at work, protection of employer's or customer's property and for the purposes of the exercise and enjoyment, on an individual or collective basis, of rights and benefits related to employment, and for the purpose of the termination of the employment relationship. 2. Those rules shall include suitable and specific measures to safeguard the data subject's human dignity, legitimate interests and fundamental rights, with particular regard to the transparency of processing, the transfer of personal data within a group of undertakings, or a group of enterprises engaged in a joint economic activity and monitoring	제88조 고용관계에서의 처리 1. 회원국들은 특히 채용, 법률이나 단체협약에 의해 설정된 의무의 면제를 포함하여 고용계약의 이행, 경영, 업무의 계획과 구성, 직장에서의 평등과 다양성, 작업에서의 건강과 안전, 고용주나 고객의 재산권의 보호를 위하여, 그리고 개별적 또는 집단적 근거로 고용과 관련된 권리 및 이익의 행사 및 향유를 위하여, 그리고 고용관계의 종료를 위하여, 고용관계에서의 근로자들의 개인정보의 처리에 대해 권리와 자유의 보호를 보장하는 보다 세부적인 규정을 법률 또는 단체협약에 의하여 규정할 수 있다. 2. 그들 규정은 특히 처리의 투명성, 공동경제활동에 관여한 사업체그룹이나 기업그룹 내에서의 개인정보의 이전과 직장에서의 모니터링시스템과 관련하여, 정보주체의 인간의 존엄성, 정당한 이익 및 기본권을 보장하는 적합하고 특별한 조치를 포함하여야 한다.

원문(영어)	국역
systems at the work place.	
3. Each Member State shall notify to the Commission those provisions of its law which it adopts pursuant to paragraph 1, by 25 May 2018 and, without delay, any subsequent amendment affecting them.	3. 각 회원국은 제1항에 의해 채택하는 법조항을 2018년 5월 25일까지, 그리고 그들 법조항에 영향을 미치는 후속 개정을 지체없이 통보하여야 한다.
Article 89 Safeguards and derogations relating to processing for archiving purposes in the public interest, scientific or historical research purposes or statistical purposes	제89조 공익상의 아카이브, 과학적이나 역사적 연구 또는 통계를 위한 처리와 관련되는 안전장치와 특례
1. Processing for archiving purposes in the public interest, scientific or historical research purposes or statistical purposes, shall be subject to appropriate safeguards, in accordance with this Regulation, for the rights and freedoms of the data subject. Those safeguards shall ensure that technical and organisational measures are in place in particular in order to ensure respect for the principle of data minimisation. Those measures may include pseudonymisation provided that those purposes can be fulfilled in that manner. Where those purposes can be fulfilled by further processing which does not permit or no longer permits the identification of data subjects, those purposes shall be fulfilled in that manner.	1. 공익상의 아카이브 또는 과학적 · 역사적 연구나 통계를 위한 처리는 본 규칙에 따라서 정보주체의 권리와 자유를 위한 적절한 안전장치에 의하여야 한다. 그들 안전장치는 기술적 · 조직적 조치가 특히 정보 최소화의 원칙에 대한 존중을 보장하기 위하여 마련될 것을 보장하여야 한다. 그들 조치는 그들 목적이 그러한 방식으로 이행될 수 있다면, 가명화를 포함할 수 있다. 그들 목적이 정보주체의 신원을 허용하지 않거나 더 이상 허용하지 않게 되는 추가적인 처리에 의해 이행될 수 있을 경우, 그들 목적은 그러한 방식으로 이행되어야 한다.
2. Where personal data are processed for scientific or historical research purposes or statistical purposes, Union or Member State law may provide for derogations from the rights referred to in Articles 15, 16, 18 and 21 subject to the conditions and safeguards referred to in paragraph 1 of this Article in so far as such rights are likely to render impossible or seriously impair the achievement of the specific purposes, and such derogations are necessary for the fulfilment of those purposes.	2. 개인정보가 과학적이나 역사적 연구 또는 통계를 위하여 처리되는 경우, 그러한 권리가 특정한 목적들의 달성을 불가능하게 만들거나 또는 심각하게 훼손시킬 것 같으며, 그리고 그러한 특례가 그들 목적의 완수에 필요한 한, EU법이나 회원국법은 본 조 제1항에서 규정된 조건과 안전장치에 따라서 제15조, 제16조, 제18조 및 제21조에서 규정된 권리의 특례를 규정할 수 있다.
3. Where personal data are processed for archiving purposes in the public interest, Union	3. 개인정보가 공익상의 아카이브를 위하여 처리되는 경우, EU법이나 회원국법은 그러한 권리가

원문(영어)	국역
or Member State law may provide for derogations from the rights referred to in Articles 15, 16, 18, 19, 20 and 21 subject to the conditions and safeguards referred to in paragraph 1 of this Article in so far as such rights are likely to render impossible or seriously impair the achievement of the specific purposes, and such derogations are necessary for the fulfilment of those purposes.	특정한 목적들의 달성을 불가능하게 만들거나 또는 심각하게 훼손시킬 것 같으며, 그리고 그러한 특례가 그들 목적의 완수에 필요한 한, 본 조 제1항에서 규정된 조건과 안전장치에 따라서 제15조, 제16조, 제18조, 제19조, 제20조 및 제21조에서 규정된 권리의 특례를 규정할 수 있다.
4. Where processing referred to in paragraphs 2 and 3 serves at the same time another purpose, the derogations shall apply only to processing for the purposes referred to in those paragraphs.	4. 제2항과 제3항에서 규정된 처리가 동시에 다른 목적에 사용되는 경우, 특례는 그들 조항에서 규정된 목적들을 위한 처리에만 적용되어야 한다.
Article 90 Obligations of secrecy 1. Member States may adopt specific rules to set out the powers of the supervisory authorities laid down in points (e) and (f) of Article 58(1) in relation to controllers or processors that are subject, under Union or Member State law or rules established by national competent bodies, to an obligation of professional secrecy or other equivalent obligations of secrecy where this is necessary and proportionate to reconcile the right of the protection of personal data with the obligation of secrecy. Those rules shall apply only with regard to personal data which the controller or processor has received as a result of or has obtained in an activity covered by that obligation of secrecy. 2. Each Member State shall notify to the Commission the rules adopted pursuant to paragraph 1, by 25 May 2018 and, without delay, any subsequent amendment affecting them.	제90조 비밀준수의무 1. 회원국들은, 개인정보보호권과 비밀준수의무를 조화시키기 위하여 필요하며 비례적인 경우, EU법이나 회원국법 또는 국가관할기구에 의해 제정된 규정에 따라서 직업적 비밀준수의무나 다른 동등한 비밀준수의무의 적용을 받는 관리자나 처리자와 관련하여, 제58조 제1항 제e호 및 제f호에서 규정된 감독기관에 의한 권한을 설정하는 구체적인 규정을 채택할 수 있다. 그들 규정은 관리자나 처리자가 그러한 비밀준수의무의 대상이 되는 활동의 결과로서 받은 또는 그 활동에서 얻은 개인정보와 관련하여서만 적용되어야 한다. 2. 각 회원국은 제1항에 의해 채택한 규정을 2018년 5월 25일까지, 그리고 그들 규정에 영향을 미치는 후속적인 개정을 지체없이 유럽위원회에 통보하여야 한다.
Article 91 Existing data protection rules of churches and religious associations 1. Where in a Member State, churches and religious associations or communities apply, at the time of entry into force of this Regulation, comprehensive rules relating to the protection of natural persons with regard to processing, such	제91조 교회 및 종교단체의 현행정보보호규정 1. 어느 회원국에서 교회와 종교단체가, 본 규칙의 시행 시에, 처리에 관하여 자연인들의 보호와 관련되는 포괄적 규정들을 적용하는 경우에, 그러한 규정들은 본 규칙의 규정들과 일치한다면, 계속해서 적용될 수 있다.

원문(영어)	국역
rules may continue to apply, provided that they are brought into line with this Regulation.	
2. Churches and religious associations which apply comprehensive rules in accordance with paragraph 1 of this Article shall be subject to the supervision of an independent supervisory authority, which may be specific, provided that it fulfils the conditions laid down in Chapter VI of this Regulation.	2. 본 조 제1항에 따라서 포괄적인 규정들을 적용하는 교회와 종교단체는 독립적 감독기관이 본 규칙 제6장에서 규정된 조건들을 이행한다면, 특정적일 수 있는 독립적 감독기관의 감독에 따라야 한다.
CHAPTER X Delegated acts and implementing acts	제10장 위임법령과 집행법령
Article 92 Exercise of the delegation	제92조 위임의 행사
1. The power to adopt delegated acts is conferred on the Commission subject to the conditions laid down in this Article.	1. 위임법령을 채택할 권한은 본 조에서 규정된 조건에 따라서 유럽위원회에 부여된다.
2. The delegation of power referred to in Article 12(8) and Article 43(8) shall be conferred on the Commission for an indeterminate period of time from 24 May 2016.	2. 제12조 제8항과 제43조 제8항에서 규정된 권한의 위임은 2016년 5월 24일부터 불확정기간 동안 유럽위원회에 부여되어야 한다.
3. The delegation of power referred to in Article 12(8) and Article 43(8) may be revoked at any time by the European Parliament or by the Council. A decision of revocation shall put an end to the delegation of power specified in that decision. It shall take effect the day following that of its publication in the Official Journal of the European Union or at a later date specified therein. It shall not affect the validity of any delegated acts already in force.	3. 제12조 제8항과 제43조 제8항에서 규정된 권한의 위임은 유럽의회와 이사회에 의해 언제라도 철회될 수 있다. 철회결정은 그 결정에서 특정된 권한의 위임을 종결시켜야 한다. 그것은 유럽연합공보에서 그 결정의 공포일의 다음 날 또는 공보에서 적시된 일자에 효력을 가져야 한다. 그것은 이미 시행 중인 위임법령들의 효력에 영향을 미쳐서는 안된다.
4. As soon as it adopts a delegated act, the Commission shall notify it simultaneously to the European Parliament and to the Council.	4. 유럽위원회가 위임법령을 채택할 때는 그것을 유럽의회와 이사회에 동시에 통보하여야 한다.
5. A delegated act adopted pursuant to Article 12(8) and Article 43(8) shall enter into force only if no objection has been expressed by either the European Parliament or the Council within a period of three months of notification of that act	5. 제12조 제8항과 제43조 제8항에 의해 채택된 위임법령은 그 법령을 유럽의회와 이사회에 통보한 날로 부터 3월 이내에 유럽의회 또는 이사회에 의해 반대가 표시되지 않은 경우에만 또는 그 기간의 만료 전에 유럽의회와 이사회가 모두 반

원문(영어)	국역
to the European Parliament and the Council or if, before the expiry of that period, the European Parliament and the Council have both informed the Commission that they will not object. That period shall be extended by three months at the initiative of the European Parliament or of the Council.	대하지 않을 것임을 유럽위원회에 통지한 경우에만 시행되어야 한다. 그 기간은 유럽의회나 이사회의 직권으로 3월까지 연장되어야 한다.
Article 93 Committee procedure 1. The Commission shall be assisted by a committee. That committee shall be a committee within the meaning of Regulation (EU) No 182/2011. 2. Where reference is made to this paragraph, Article 5 of Regulation (EU) No 182/2011 shall apply. 3. Where reference is made to this paragraph, Article 8 of Regulation (EU) No 182/2011, in conjunction with Article 5 thereof, shall apply.	제93조 위원회 절차 1. 유럽위원회는 위원회에 의해 지원을 받아야 한다. 그 위원회는 규칙(EU) No 182/2011의 의미 내에서의 위원회이어야 한다. 2. 본 항에 대해 인용이 이루어지는 경우, 규칙(EU) No 182/2011 제5조가 적용되어야 한다. 3. 본 항에 대해 인용이 이루어지는 경우, 규칙(EU) No 182/2011 제8조가 제5조와 연계하여 적용되어야 한다.
CHAPTER XI Final provisions Article 94 Repeal of Directive 95/46/EC 1. Directive 95/46/EC is repealed with effect from 25 May 2018. 2. References to the repealed Directive shall be construed as references to this Regulation. References to the Working Party on the Protection of Individuals with regard to the Processing of Personal Data established by Article 29 of Directive 95/46/EC shall be construed as references to the European Data Protection Board established by this Regulation.	제11장 최종규정 제94조 지침 95/46/EC의 폐지 1. 지침 95/46/EC은 2018년 5월 25일부터 폐지된다. 2. 폐지된 지침에 대한 인용은 본 규칙에 대한 인용으로 해석되어야 한다. 지침 95/46/EC 제29조에 의해 설립된 개인정보처리와 관련한 개인의 보호에 관한 작업반에 대한 인용은 본 규칙에 의해 설립된 유럽정보보호위원회에 대한 인용으로 해석되어야 한다.
Article 95 Relationship with Directive 2002/58/EC This Regulation shall not impose additional obligations on natural or legal persons in relation to processing in connection with the provision of publicly available electronic communications services in public communication networks in the	제95조 지침 2002/58/EC와의 관계 본 규칙은 지침 2002/58/EC에서 규정된 동일한 목적을 가진 특정한 의무에 따르는 사안들과 관련된 유럽연합의 공공통신망에서의 공중이용전자통신서비스의 제공과 연결된 처리와 관련하여 자연인이나 법인에 대해 추가적인 의무를 부과하

원문(영어)	국역
Union in relation to matters for which they are subject to specific obligations with the same objective set out in Directive 2002/58/EC.	여서는 안된다.
Article 96 Relationship with previously concluded Agreements International agreements involving the transfer of personal data to third countries or international organisations which were concluded by Member States prior to 24 May 2016, and which comply with Union law as applicable prior to that date, shall remain in force until amended, replaced or revoked.	제96조 이전에 체결된 협정과의 관계 2016년 5월 24일 이전에 회원국들에 의해 체결되었으며, 그 일자 이전에 적용가능한 것으로서 EU법을 준수하는, 개인정보의 제3국이나 국제조직으로의 이전을 포함하는 국제협정은 개정되거나 대체되거나 철회될 때까지는 효력을 가져야 한다.
Article 97 Commission reports 1. By 25 May 2020 and every four years thereafter, the Commission shall submit a report on the evaluation and review of this Regulation to the European Parliament and to the Council. The reports shall be made public. 2. In the context of the evaluations and reviews referred to in paragraph 1, the Commission shall examine, in particular, the application and functioning of: (a) Chapter V on the transfer of personal data to third countries or international organisations with particular regard to decisions adopted pursuant to Article 45(3) of this Regulation and decisions adopted on the basis of Article 25(6) of Directive 95/46/EC; (b) Chapter VII on cooperation and consistency. 3. For the purpose of paragraph 1, the Commission may request information from Member States and supervisory authorities. 4. In carrying out the evaluations and reviews referred to in paragraphs 1 and 2, the Commission shall take into account the positions and findings of the European Parliament, of the Council, and of other relevant bodies or sources.	제97조 유럽위원회 보고서 1. 2020년 5월 25일까지 그리고 그 이후에는 매 4년마다 유럽위원회는 본 규칙의 평가와 심사에 관한 보고서를 유럽의회와 이사회에 제출하여야 한다. 보고서는 공개되어야 한다. 2. 제1항에서 규정된 평가 및 심사에서, 유럽위원회는 특히 다음 규정의 적용과 기능을 조사하여야 한다. (a) 특별히 본 규칙 제45조 제3항에 의해 채택된 결정과 지침 95/46/EC 제25조 제6항에 근거하여 채택된 결정들과 관련하여서 개인정보의 제3국이나 국제조직으로의 이전에 관한 제5장 (b) 협력과 일관성에 관한 제7장 3. 제1항의 목적에 대해서, 유럽위원회는 회원국들과 감독기관들에게 정보를 요청할 수 있다. 4. 제1항과 제2항에서 규정된 평가와 심사를 수행할 때, 유럽위원회는 유럽의회, 이사회 및 다른 관련 기구나 출처의 지위 및 결정들을 고려하여야 한다.

원문(영어)	국역
5. The Commission shall, if necessary, submit appropriate proposals to amend this Regulation, in particular taking into account of developments in information technology and in the light of the state of progress in the information society.	5. 유럽위원회는 필요하다면 특히 정보기술의 발전을 고려하여, 그리고 정보사회에서의 발전상의 관점에서 본 규칙을 개정하기 위한 적절한 법안을 제출하여야 한다.
Article 98 Review of other Union legal acts on data protection The Commission shall, if appropriate, submit legislative proposals with a view to amending other Union legal acts on the protection of personal data, in order to ensure uniform and consistent protection of natural persons with regard to processing. This shall in particular concern the rules relating to the protection of natural persons with regard to processing by Union institutions, bodies, offices and agencies and on the free movement of such data.	제98조 다른 EU정보보호법령의 심사 유럽위원회는 처리와 관련하여 자연인들의 통일적이고 일관성 있는 보호를 보장하기 위하여, 개인정보 보호에 대한 다른 EU법령을 개정할 목적으로, 해당한다면, 입법안을 제출하여야 한다. 이것은 특히 EU기관, 기구, 사무소 및 에이전시에 의한 처리에 관하여 자연인들의 보호와 관련되며, 그러한 정보의 자유로운 이동에 관한 규정과 관련되어야 한다.
Article 99 Entry into force and application 1. This Regulation shall enter into force on the twentieth day following that of its publication in the Official Journal of the European Union. 2. It shall apply from 25 May 2018.	제99조 시행과 적용 1. 본 규칙은 유럽연합공보에서 공표된 날의 20일째 되는 날에 시행되어야 한다. 2. 그것은 2018년 5월 25일부터 적용되어야 한다.
This Regulation shall be binding in its entirety and directly applicable in all Member States. Done at Brussels, 27 April 2016. For the European Parliament / The President / M. SCHULZ For the Council / The President / J.A. HENNIS-PLASSCHAERT	본 규칙은 모든 회원국들에서 완전히 구속력을 가지며, 직접 적용될 수 있어야 한다. 2016년 4월 27일 브뤼셀에서 이루어지다. 유럽의회를 위하여 / 의장 / M. SCHULZ 이사회를 위하여 / 상임의장 / J.A. HENNIS-PLASSCHAERT

사항색인

판례색인

■ 저자

함인선

고려대학교 법과대학 및 대학원 법학과 졸업
일본 와세다(早稲田)대학 법학연구과 수료(법학박사)
현재 전남대학교 법학전문대학원 교수

저서: EU개인정보판례(2015), 정보사회와 법(개정판, 2013) 주민소송(개정판, 2012)
역서: 유럽정보보호법(2015), EU법 입문(2014)

EU개인정보보호법

EU PERSNAL DATA PROTECTION LAW

인쇄 | 2016년 8월 12일
발행 | 2016년 8월 25일

저자 | 함인선
발행인 | 지병문
발행처 | 마로니에(전남대학교출판부의 Imprint)

등록 | 1981. 5. 21. 第53호
주소 | 61186 광주광역시 북구 용봉로 77
전화 | (062) 530-0571~2 마케팅 530-0573
팩스 | (062) 530-0579
홈페이지 | http://www.cnup.co.kr
이메일 | cnup0571@hanmail.net

값 30,000원

ISBN 978-89-6849-338-6 (93360)

이 도서의 국립중앙도서관 출판예정도서목록(CIP)은
서지정보유통지원시스템 홈페이지(http://seoji.nl.go.kr)와
국가자료공동목록시스템(http://www.nl.go.kr/kolisnet)에서 이용하실 수 있습니다.
(CIP제어번호 : CIP2016019555)

* 본서는 2013년 정부(교육부)의 재원으로
한국연구재단의 지원을 받아 수행된 연구임(NRF-2013SIA6A4A02015565).